新文科·经济管理学科
数学基础教材

总主编 柯媛元 龙永红

微积分（上册）

中国人民大学数学学院 胡长英 编

中国教育出版传媒集团
高等教育出版社·北京

内容提要

　　本书是在新文科背景下精心编写的新一代微积分教材。全书分为上、下两册，上册内容包括函数、极限与连续、一元函数的导数与微分、微分中值定理以及导数的应用、不定积分。

　　本书在内容上力求精炼简洁，通过实际应用案例提升知识的趣味性。本书提供了丰富的数字资源，包括教学课件、课后练习答案、考研真题解析及训练、重难点讲解等内容。这些资源既方便教师教学，又便于学生自主学习。

　　本书适合作为高等学校人文社科、经管类专业学生的微积分课程教材，也可供从事相关科学技术工作的专业人士参考使用。

图书在版编目（CIP）数据

微积分. 上册 / 中国人民大学数学学院, 胡长英编 .
北京 : 高等教育出版社, 2025. 9 . －－（新文科·经济管理学科数学基础课程教材 / 柯媛元, 龙永红总主编）.
ISBN 978-7-04-062750-3

Ⅰ. O172

中国国家版本馆 CIP 数据核字第 2024AY2762 号

Weijifen

策划编辑　安　琪	责任编辑　安　琪	封面设计　王　洋	版式设计　杨　树
责任绘图　马天驰	责任校对　刘娟娟	责任印制　刘弘远	

出版发行	高等教育出版社	网　　址	http://www.hep.edu.cn
社　　址	北京市西城区德外大街 4 号		http://www.hep.com.cn
邮政编码	100120	网上订购	http://www.hepmall.com.cn
印　　刷	北京宏伟双华印刷有限公司		http://www.hepmall.com
开　　本	787mm×1092mm　1/16		http://www.hepmall.cn
印　　张	15.75		
字　　数	360 千字	版　　次	2025 年 9 月第 1 版
购书热线	010-58581118	印　　次	2025 年 9 月第 1 次印刷
咨询电话	400-810-0598	定　　价	37.10 元

前　言

　　《微积分 (上册)》是在教育部加强新文科建设的背景下, 面向全国普通高校、应用型本科人文社科专业, 尤其是经管类专业的学生而编写的教材。教材精选了适当的数学理论和应用案例, 采用流畅简洁、通俗易懂的语言, 详细阐释了函数及数列的极限理论、分析了函数的连续性、可导性、可微性以及可积性等内容。

　　本教材从大学数学课程的内容、深度和广度以及数学知识与专业知识融合等多角度考虑, 紧密结合新时代人文社科类专业特点, 依据考研大纲编写而成。教材涵盖人文社科类专业学生所需的全部基本数学理论, 并通过有趣易懂的应用案例, 培养学生运用数学知识解决实际问题的能力。每章末配有自测题及答案, 便于学生进行自我评估。为了满足更高层次的需求, 本教材还提供了丰富的数字资源, 包括各章考研真题的详细解析与专项训练, 以及各章重难点讲解视频。

　　此外, 本教材配有精美的教学课件, 每节课件分为基础知识部分和拓展知识部分, 各高校可根据自身需求选择合适的授课内容。

　　由于编者水平有限, 书中难免存在不足之处, 恳请广大读者批评指正。

编者

2025 年 6 月

目　　录

第 1 章 函 数

微积分立足于极限理论之上, 深入探讨函数的连续性、可导 (微) 性以及可积性等核心特性. 本章将聚焦于函数这一核心概念, 全面而系统地梳理与函数相关的基础知识, 为后续的深入学习打下坚实的理论基石.

本章将详细地介绍集合、区间、邻域等基本概念, 在此基础上界定函数及其常见的几何性质, 并系统介绍复合函数与反函数的概念, 详细阐述各类基本初等函数的定义及其独特性质. 本章末将特别介绍经济学领域中的常见函数及其特性, 为后续章节中经济问题的引入和探讨做好充分的准备, 使得读者能够更好地将微积分理论与实际经济分析相结合.

第 1 章
重难点讲解

§1.1 集合、区间与邻域

1.1.1 集合

1. 集合

定义 1.1.1 具有某种特定性质或者特征的事物的全体称为**集合**, 构成集合的每一个事物或者对象称为集合的**元素**.

通常用大写字母 A, B, C, X, Y 等表示集合, 用小写字母 a, b, c, x, y 等表示集合中的元素. 对于给定的集合 A 与元素 a, 两者的关系是确定的. 若元素 a 在集合 A 中, 记作 $a \in A$, 读作 a **属于** A; 若元素 a 不在集合 A 中, 记作 $a \notin A$, 读作 a **不属于** A, 两者必居其一. 不含任何元素的集合称为**空集**, 记作 $\varnothing$.

集合的表示方法通常有**列举法**和**描述法**. 列举法是把集合中的所有元素按任意顺序一一列举在花括号内. 例如, 掷一颗骰子所有可能出现的点数构成的集合可用列举法表示为 $A = \{1, 2, 3, 4, 5, 6\}$. 用列举法表示集合时, 必须列出集合中的所有元素, 不能遗漏或重复. 描述法是标明集合中元素所具有的某种确定性质或者特征. 例如, 全体偶数构成的集合可以用描述法表示为 $A = \{$全体偶数$\}$, 或者 $A = \{x \mid x = 2n, n$为整数$\}$.

此外, 集合的表示方法还有符号法、图示法和区间法. 这几种表示方法在后续内容中会一一介绍.

由有限个元素构成的集合称为**有限集**; 由无限个元素构成的集合称为**无限集**. 例如, 上面骰子的点数构成的集合是有限集; 全体偶数构成的集合是无限集.

元素为数字的集合称为**数集**. 全体自然数构成的集合称为**自然数集**, 通常用 $\mathbf{N}$ 表示, 即 $\mathbf{N} = \{0, 1, 2, 3, \cdots\}$ 或者 $\mathbf{N} = \{$自然数$\}$. 全体整数构成的集合称为**整数集**, 用 $\mathbf{Z}$ 表示. 全体有理数构成的集合称为**有理数集**, 用 $\mathbf{Q}$ 表示. 全体实数构成的集合称为**实数集**, 用 $\mathbf{R}$ 表示. 全体复数构成的集合称为**复数集**, 用 $\mathbf{C}$ 表示.

这里, 用 $\mathbf{N}, \mathbf{Z}, \mathbf{Q}, \mathbf{R}, \mathbf{C}$ 分别表示自然数集、整数集、有理数集、实数集、复数集的方法, 即符号法.

2. 子集

定义 1.1.2　如果集合 A 中的每一个元素都在集合 B 中, 则称集合 A 是集合 B 的**子集**, 记作 $A \subseteq B$ 或者 $B \supseteq A$. 如果集合 A 是集合 B 的子集, 且集合 B 中含有不属于集合 A 的元素, 则称集合 A 是集合 B 的**真子集**, 记作 $A \subset B$, 或者 $B \supset A$.

例如自然数集 $\mathbf{N}$ 是整数集 $\mathbf{Z}$ 的真子集, 即 $\mathbf{N} \subset \mathbf{Z}$; 有理数集 $\mathbf{Q}$ 是实数集 $\mathbf{R}$ 的真子集, 即 $\mathbf{Q} \subset \mathbf{R}$. 显然集合 A 是自己的子集, 即 $A \subseteq A$; 空集 $\varnothing$ 是任何集合的子集.

若集合 A 是集合 B 的子集, 集合 B 又是集合 C 的子集, 则集合 A 是集合 C 的子集, 即 $A \subseteq B, B \subseteq C$, 则 $A \subseteq C$. 这个性质称为集合关系的**传递性**.

如果 $A \subseteq B$, 且 $B \subseteq A$, 则称集合 A 与 B **相等**, 记作 $A = B$.

3. 集合的运算

集合的并　由集合 A 和集合 B 中所有元素构成的集合, 称为集合 A 与集合 B 的并, 记作 $A \cup B$, 即 $A \cup B = \{x \mid x \in A$ 或 $x \in B\}$ (如图 1.1.1 阴影部分).

集合的并的性质: $A \subseteq A \cup B, B \subseteq A \cup B, A \cup \varnothing = A, A \cup A = A$.

集合的交　由集合 A 和集合 B 所有公共元素构成的集合, 称为集合 A 与集合 B 的交, 记作 $A \cap B$, 即 $A \cap B = \{x \mid x \in A$ 且 $x \in B\}$ (如图 1.1.2 阴影部分).

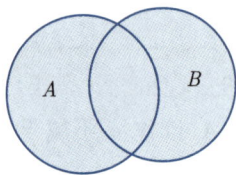

图 1.1.1

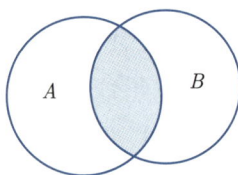

图 1.1.2

集合的交的性质: $A \cap B \subseteq A, A \cap B \subseteq B, A \cap \varnothing = \varnothing, A \cap A = A$.

集合的差　由所有属于集合 A 而不属于集合 B 的元素构成的集合, 称为集合 A 与集合 B 的差, 记作 $A - B$, 即 $A - B = \{x \mid x \in A$ 且 $x \notin B\}$ (如图 1.1.3 阴影部分).

全集　如果一个集合含有所研究问题中涉及的所有元素, 则称这个集合为全集, 记为 U.

补集　设有全集 U, 集合 A 是 U 的子集, 则全集 U 中所有不属于 A 的元素构成的集合称为 A 在 U 中的补集, 记作 $\overline{A}$, 即 $\overline{A} = \{x \mid x \in U$ 且 $x \notin A\}$ (如图 1.1.4 阴影部分).

补集具有性质: $A \cup \overline{A} = U, A \cap \overline{A} = \varnothing$.

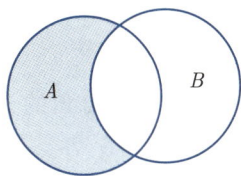

图 1.1.3

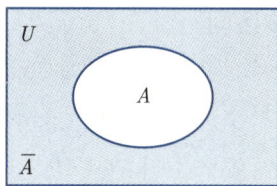

图 1.1.4

例如掷一颗骰子, 所有可能出现的点数构成的集合是全集, 即 $U = \{1, 2, 3, 4, 5, 6\}$. 若令集合 $A = \{$所掷点数不超过 3$\}$, $B = \{$所掷点数是偶数$\}$, 即 $A = \{1, 2, 3\}$, $B = \{2, 4, 6\}$, 则 A 和 B 都是全集 U 的子集, 且 $A \cap B = \{2\}$, $A \cup B = \{1, 2, 3, 4, 6\}$. A 在 U 中的补集为 $\overline{A} = \{4, 5, 6\}$, B 在 U 中的补集为 $\overline{B} = \{1, 3, 5\}$. 显然 $A \cup \overline{A} = U$, $B \cup \overline{B} = U$.

图 1.1.1—图 1.1.4 便是用图示法表示集合.

4. 集合的运算律

交换律　$A \cup B = B \cup A$; $A \cap B = B \cap A$.

结合律　$(A \cup B) \cup C = A \cup (B \cup C)$; $(A \cap B) \cap C = A \cap (B \cap C)$.

分配律　$(A \cup B) \cap C = (A \cap C) \cup (B \cap C)$; $(A \cap B) \cup C = (A \cup C) \cap (B \cup C)$.

摩根律　$\overline{A \cup B} = \overline{A} \cap \overline{B}$; $\overline{A \cap B} = \overline{A} \cup \overline{B}$.

5. 实数集

实数由有理数和无理数两部分组成, 因此实数集 **R** 包含有理数集和无理数集. 实数集中的所有点都可以和数轴上的点一一对应. 为方便起见, 我们通常用同一个字母或者数字既表示某个实数, 又表示数轴上以该实数为坐标的点, 例如实数 a 与点 a, 实数 2 与点 2, 实数 $\sqrt{3}$ 与点 $\sqrt{3}$.

数轴上表示有理数的点称为有理点; 表示无理数的点称为无理点.

实数集 **R** 具有封闭性、有序性、传递性以及稠密性.

封闭性　实数集内任意两个实数做加、减、乘、除 (分母不为零) 运算的结果还是实数; 任何实数都可以开奇数次方, 结果仍是实数; 非负实数可以开偶数次方, 结果也还是实数.

有序性　任意两个实数 a, b 必满足下列三个关系之一: $a < b$, $a = b$, $a > b$.

传递性　若 $a > b$, $b > c$, 则 $a > c$.

稠密性　数轴上任意两个不同的点 (有理点或者无理点) 之间一定存在无穷多个有理点, 也存在无穷多个无理点.

1.1.2 区间

区间是一种表示实数集合的方式, 它描述了一个数集, 该集合包含两个端点间的所有实数. 区间按照其长度是否有限可分为有限区间和无限区间.

1. 有限区间

设 a, b 均为实数, 并且 $a < b$, 则

(1) 满足不等式 $a < x < b$ 的所有实数 x 的集合, 称为以 a, b 为端点的开区间, 记作 (a, b), 即 $(a, b) = \{x \mid a < x < b\}$, 在数轴上可表示为图 1.1.5.

(2) 满足不等式 $a \leqslant x \leqslant b$ 的所有实数 x 的集合, 称为以 a, b 为端点的闭区间, 记作 $[a, b]$, 即 $[a, b] = \{x \mid a \leqslant x \leqslant b\}$, 在数轴上可表示为图 1.1.6.

图 1.1.5　　　　　　　　　　　　　　图 1.1.6

(3) 满足不等式 $a < x \leqslant b$ (或 $a \leqslant x < b$) 的所有实数 x 的集合, 称为以 a, b 为端点的半开半闭区间, 记作 $(a, b]$ (或 $[a, b)$), 即 $(a, b] = \{x \mid a < x \leqslant b\}$ (或 $[a, b) = \{x \mid a \leqslant x < b\}$), 在数轴上可分别表示为图 1.1.7 (a) 和图 1.1.7 (b) .

(a)　　　　　　　　　　　　　　　　(b)

图 1.1.7

以上为有限区间, 其中右端点 b 与左端点 a 的差值 $b - a$ 称为**有限区间的长度**.

2. 无限区间

以下几类区间称为无限区间 (或无穷区间).

$(a, +\infty) = \{x \mid a < x < +\infty\}$　　　　(如图 1.1.8) ;

$(-\infty, b) = \{x \mid -\infty < x < b\}$　　　　(如图 1.1.9) ;

$[a, +\infty) = \{x \mid a \leqslant x < +\infty\}$　　　　(如图 1.1.10) ;

$(-\infty, b] = \{x \mid -\infty < x \leqslant b\}$　　　　(如图 1.1.11) ;

$(-\infty, +\infty) = \{x \mid -\infty < x < +\infty\}$　　　　(如图 1.1.12) .

图 1.1.8　　　　　　　　　　　　　　图 1.1.9

图 1.1.10　　　　　　　　　　　　　图 1.1.11

$$\overline{}\!\!\!\rightarrow$$
x

图 1.1.12

上面的 $-\infty$ 读作负无穷, $+\infty$ 读作正无穷.

1.1.3　邻域

邻域也是一类常用的实数集, 在数轴上它是以某个点为中心的对称区间.

1. 有限点的 δ 邻域

定义 1.1.3　设 $\delta > 0$ 为任意正数, 以点 x_0 为中心, 到点 x_0 的距离小于 δ 的全体点的集合 $\{x \mid |x - x_0| < \delta\} = (x_0 - \delta, x_0 + \delta)$ (如图 1.1.13) 称为点 x_0 的 δ **邻域** (简称为 x_0 的**邻域**), 记为 $U(x_0, \delta)$, 其中 δ 称为邻域的 **半径**, 即

$$U(x_0, \delta) = (x_0 - \delta, x_0 + \delta) = \{x \mid |x - x_0| < \delta\} = \{x \mid x_0 - \delta < x < x_0 + \delta\}.$$

2. 有限点的去心邻域

定义 1.1.4　在以点 x_0 为中心, δ 为半径的邻域 $U(x_0, \delta)$ 中, 去除中心点 x_0, 得到点 x_0 的去心 δ 邻域 (如图 1.1.14), 记为 $\mathring{U}(x_0, \delta)$, 或 $U(x_0, \delta)\backslash\{x_0\}$, 即

$$\mathring{U}(x_0, \delta) = U(x_0, \delta)\backslash\{x_0\} = (x_0 - \delta, x_0) \cup (x_0, x_0 + \delta) = \{x \mid 0 < |x - x_0| < \delta\},$$

其中 $(x_0 - \delta, x_0)$ 称为 x_0 的**左邻域**, $(x_0, x_0 + \delta)$ 称为 x_0 的**右邻域**.

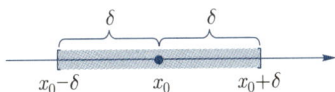
图 1.1.13

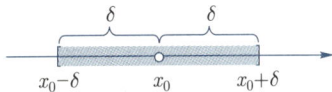
图 1.1.14

对于无穷远点 ∞ 也可以定义邻域.

3. 无穷邻域

定义 1.1.5　设 $M > 0$, 我们称 $U(\infty, M) = \{x \mid |x| > M\} = (-\infty, -M) \cup (M, +\infty)$ 为 ∞ 的 M邻域 (如图 1.1.15) .

图 1.1.15

§1.2　函数的定义与几何特性

1.2.1　函数的定义

人们在社会活动中经常会遇到一些 "量", 在观察过程中保持固定数值的量称为**常量**, 一般用字母 $a, b, c, \cdots$ 表示; 在观察过程中不断变化的量称为**变量**, 一般用字母 $x, y, z, u, v, \cdots$ 表示. 常量可以看成变量的特例. 一般在数轴上常量表示一个定点, 变量表示一个动点.

在研究问题时, 人们经常会遇到多个变量, 而这些变量之间存在着一定的关联, 例如, 某种商品的销量受价格变动的影响; 一个人的身高随着年龄的变化而变化; 一天中的气温随时间的变化而变化等. 这种变量之间的相互依赖关系可以用下面的函数来刻画.

定义 1.2.1　设集合 D 为实数集 $\mathbf{R}$ 的一个非空子集, 若按照某个对应法则 f, 对于任意 $x \in D$, 都存在唯一的 $y \in \mathbf{R}$ 与之对应, 则称对应法则 f 为定义在 D 上的一个

函数关系, 或称变量 y 是变量 x 的函数, 记为 $y = f(x), x \in D$, 其中 x 称为 **自变量**, y 称为 **因变量**. 自变量 x 的取值范围 D 称为函数的 **定义域**, 记为 $D, D(f)$ 或者 D_f, 因变量 y 的取值范围称为函数的 **值域**, 记为 $R, R(f)$ 或者 R_f, $R_f = \{y \mid y = f(x), x \in D\} \subseteq \mathbf{R}$.

例如, 函数 $y = x^2$ 的定义域为 $\mathbf{R}$, 值域为 $R_f = \{y \mid y \geqslant 0\}$; 函数 $y = \ln x$ 的定义域为 $\mathbf{R}_+ = \{x \mid x > 0\}$, 值域为 $\mathbf{R}$.

【注意】 1. 记号 f 和 $f(x)$ 的含义是有区别的, 前者表示自变量 x 和因变量 y 之间的对应法则, 后者表示与自变量 x 对应的函数值. 但是对应法则 f 是抽象的, 它是通过函数值 $f(x)$ 体现出来的, 所以为了叙述方便, 一般用记号 $y = f(x), x \in D$ 来表示定义在 D 上的函数.

2. 表示函数关系的记号除了常用的 f, 还可用其他英文字母或者希腊字母, 如 g, h, G, F, φ, ψ 等, 相应的函数记为 $y = g(x), y = h(x), y = G(x), y = F(x), y = \varphi(x)$, $y = \psi(x)$ 等. 有时甚至直接用因变量的记号来表示函数, 即把函数记作 $y = y(x)$.

函数的定义域和值域都是实数集 $\mathbf{R}$ 的子集, 构成函数的要素是对应法则 f 与定义域 $D(f)$. 如果两个函数的定义域和对应法则都相同, 那么这两个函数就是相同的函数, 否则就是不同的函数.

那么如何确定函数的定义域? 一般来讲, 函数的定义域可分为两种情形: 一是有实际背景的函数, 定义域需要根据实际背景中变量的实际意义来确定. 例如边长为 x 的正方形的面积函数 $S(x) = x^2$, 这里要求边长 x 为正数, 故 $S(x)$ 的定义域为 $D = \{x \mid x > 0\}$.

另一种是用抽象的表达式表示的函数, 这种函数的定义域是指使函数表达式有意义的自变量取值的全体, 称为函数的自然定义域. 如 $y = \dfrac{1}{x}$ 的定义域为 $(-\infty, 0) \cup (0, +\infty)$; $y = \sqrt{1 - x}$ 的定义域为 $(-\infty, 1]$.

1.2.2 函数的几何特性

1. 函数的单调性

定义 1.2.2 设函数 $y = f(x)$ 的定义域为 D, 若对于任意 $x_1, x_2 \in D$, 且 $x_1 < x_2$, 总有 $f(x_1) < f(x_2)$, 则称 $f(x)$ 在 D 内是 **单调递增函数**; 若对于任意 $x_1, x_2 \in D$, 且 $x_1 < x_2$, 总有 $f(x_1) > f(x_2)$, 则称 $f(x)$ 在 D 内是 **单调递减函数**. 单调递增函数和单调递减函数统称为 **单调函数**.

例如, 函数 $y = x^3$ 是单调递增函数 (如图 1.2.1); 函数 $y = -2x$ 是单调递减函数 (如图 1.2.2).

需要说明的是, 并不是所有函数在定义域中都呈现整体的单调性, 它们可能在某些区间内单调递增, 在某些区间内单调递减. 我们把使得函数单调递增 (递减) 的区间称为函数的单调递增 (递减) 区间, 单调递增区间和单调递减区间统称为函数的 **单调区间**. 描述一个函数是单调递增 (或单调递减) 函数, 必须注明相应的单调区间, 即标明函数在哪

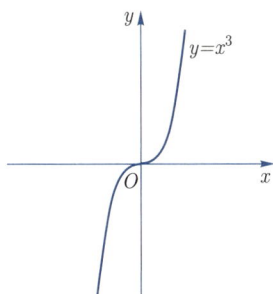

图 1.2.1

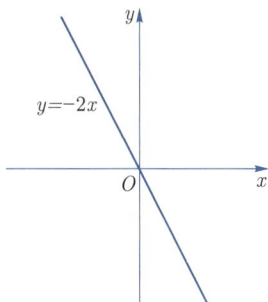

图 1.2.2

些区间上单调递增, 哪些区间上单调递减.

例如图 1.2.3 中函数 $y = x^2$ 在区间 $(-\infty, 0)$ 内单调递减; 在区间 $(0, +\infty)$ 内单调递增.

2. 函数的有界性

定义 1.2.3 设函数 $y = f(x)$ 的定义域为 D, 若存在一个实数 K, 使得对任意 $x \in D$, 都有 $f(x) \leqslant K$, 则称 $f(x)$ 在 D 上有**上界**, K 称为 $f(x)$ 的一个上界; 若存在一个实数 G, 使得对任意 $x \in D$, 都有 $f(x) \geqslant G$, 则称 $f(x)$ 在 D 上**有下界**, G 称为 $f(x)$ 的一个下界; 若存在一个正数 M, 使得对任意 $x \in D$, 都有 $|f(x)| \leqslant M$, 则称 $f(x)$ 在 D 上**有界**. 若对于任何正数 M, 至少存在一个 $x \in D$, 使得 $|f(x)| > M$, 则称函数 $f(x)$ 在 D 上**无界**.

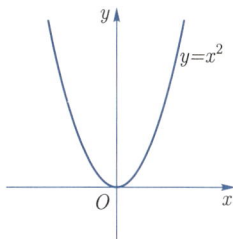

图 1.2.3

显然函数 $f(x)$ 在 D 上有界的充分必要条件是它在 D 上既有上界又有下界.

例如函数 $y = x^2$, 因为对于任意 $x \in \mathbf{R}$, $y = x^2 \geqslant 0$, 所以函数 $y = x^2$ 在 $\mathbf{R}$ 上有下界; 再如函数 $y = \sin x$, 因为对于任意 $x \in \mathbf{R}$, 都有 $|\sin x| \leqslant 1$, 故函数 $y = \sin x$ 在 $\mathbf{R}$ 上有界.

有的函数可能在定义域的某些区间内是有界的, 但是在另一些区间内是无界的. 例如函数 $y = x^2$ 在 $\mathbf{R}$ 的任意有限区间上都是有界的, 但是在 $(a, +\infty)$ 或者 $(-\infty, a)$ $(a \in \mathbf{R})$ 内是无界的.

3. 函数的奇偶性

定义 1.2.4 设函数 $y = f(x)$ 的定义域 D 是关于原点对称的区间 (即若 $x \in D$, 必有 $-x \in D$), 若对于任意 $x \in D$, 都有 $f(-x) = -f(x)$, 则称 $f(x)$ 为**奇函数**; 若对于任意 $x \in D$, 都有 $f(-x) = f(x)$, 则称 $f(x)$ 为**偶函数**.

例如函数 $y = x$ 是奇函数 (如图 1.2.4) ; $y = x^4$ 是偶函数 (如图 1.2.5) .

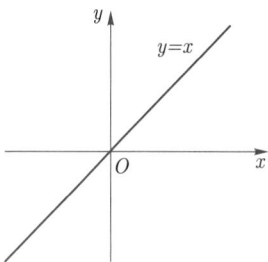

图 1.2.4

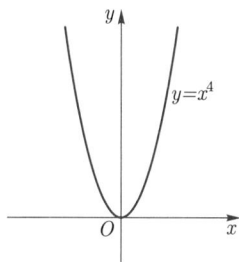

图 1.2.5

【注意】　奇函数的图形关于原点对称; 偶函数的图形关于 y 轴对称.

不是奇函数也不是偶函数的函数称为**非奇非偶函数**.

例如, 指数函数 $y = \mathrm{e}^x$ 是非奇非偶函数 (如图 1.2.6). 但是 $y = \mathrm{e}^{x^2}$ 是偶函数 (如图 1.2.7).

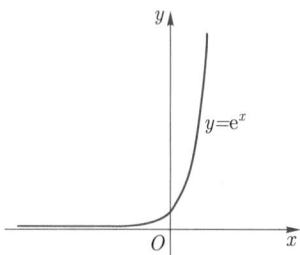

图 1.2.6

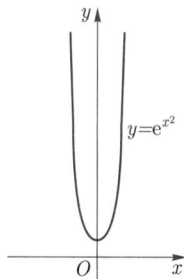

图 1.2.7

4. 函数的周期性

定义 1.2.5　设函数 $y = f(x)$ 的定义域为 D, 若存在一个正数 T, 使得对任意 $x \in D$, 有 $x + T \in D$, 且满足

$$f(x + T) = f(x),$$

则称 $y = f(x)$ 为**周期函数**. 满足上式的最小正数 T 称为 $f(x)$ 的**最小正周期**, 简称 $f(x)$ 的**周期**. 通常我们所说的周期函数的周期是指最小正周期.

例如, $y = \sin x$ 和 $y = \cos x$ 是周期为 2π 的周期函数 (如图 1.2.8) .

$y = \tan x$ 和 $y = \cot x$ 是周期为 π 的周期函数 (如图 1.2.9) .

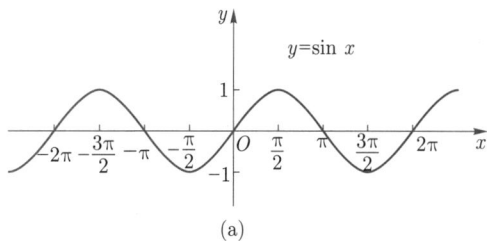

(a)

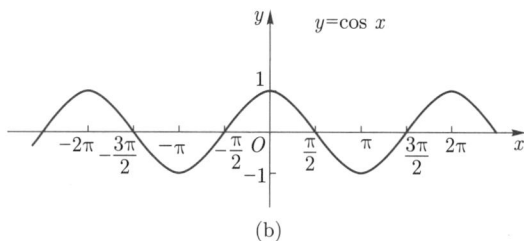

(b)

图 1.2.8

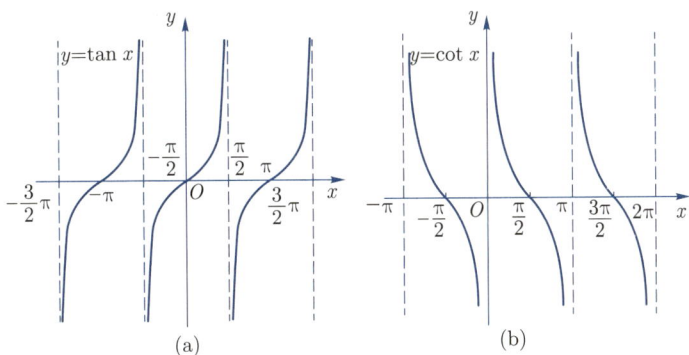

图 1.2.9

§1.3 复合函数与反函数

1.3.1 复合函数

定义 1.3.1 设有两个函数 $y = f(u), u \in D_f$ 以及 $u = g(x), x \in X$. 记 R_g 为函数 $u = g(x)$ 的值域, 若 $R_g \cap D_f \neq \varnothing$, 则函数 $y = f[g(x)]$ 有意义, 称函数 $y = f[g(x)]$ 为由函数 $y = f(u), u \in D_f$ 与 $u = g(x), x \in X$ 构成的**复合函数**, 其中 x 为自变量, y 为因变量, u 为**中间变量**.

【注意】 不是任何两个函数都能构成复合函数. 例如 $y = f(u) = \sqrt{u}, u = g(x) = -1 - x^2$, 因为 $R_g \cap D_f = \varnothing$, 所以这两个函数无法构成复合函数.

对于复合函数 $y = f[g(x)]$, 我们经常称 $y = f(u)$ 为外层函数, 称 $u = g(x)$ 为内层函数. 复合函数 $y = f[g(x)]$ 的定义域是使得内、外层函数都有意义的点的集合.

例如 $y = \sqrt{2x+1}$ 由函数 $y = \sqrt{u}$ 与 $u = 2x + 1$ 复合而成, 函数有意义需 $u = 2x + 1 \geqslant 0$, 即 $x \geqslant -\dfrac{1}{2}$, 所以函数 $y = \sqrt{2x+1}$ 的定义域为 $D = \left\{ x \mid x \geqslant -\dfrac{1}{2} \right\}$, 或者写成区间形式 $\left[-\dfrac{1}{2}, +\infty \right)$.

再如函数 $y = \arcsin \dfrac{x+2}{2}$ 由函数 $y = \arcsin u$ 与 $u = \dfrac{x+2}{2}$ 复合而成, 函数有意义需 $|u| = \left| \dfrac{x+2}{2} \right| \leqslant 1$, 即 $-4 \leqslant x \leqslant 0$, 所以函数 $y = \arcsin \dfrac{x+2}{2}$ 的定义域为 $D = \{ x \mid -4 \leqslant x \leqslant 0 \}$, 或者写成区间形式 $[-4, 0]$.

形如 $[f(x)]^{g(x)}$ $(f(x) > 0$ 且 $f(x) \neq 1)$ 的函数称为**幂指函数**. 例如 $x^{\sin x}$, x^x, $(2x+1)^{x^3}$ 等都是幂指函数.

【注意】 幂指函数在形式上兼具幂函数和指数函数的特点, 但它既不是幂函数也不是指数函数, 因为它的底数部分和指数部分都是自变量 x 的表达式. 通常, 幂指函数可以化为以 e 为底的复合函数形式, 即

$$[f(x)]^{g(x)} = e^{g(x)\ln f(x)}.$$

因此, 对幂指函数的讨论可转化为对复合函数的讨论.

1.3.2 反函数

定义 1.3.2 设函数 $y = f(x)$ 的定义域为 D_f, 值域为 R_f, 若对于任意 $y \in R_f$, 在 D_f 中都存在唯一确定的且满足 $y = f(x)$ 的 x 与 y 相对应, 则称函数 $y = f(x)$ 有反函数, 并将 f 的反函数记为 f^{-1}, 称 $x = f^{-1}(y)$ 为 $y = f(x)$ 的**反函数**.

【注意】 (1) 我们习惯用 x 表示自变量, y 表示因变量, 因此函数 $y = f(x)$ 的反函数常记为 $y = f^{-1}(x), x \in R_f, y \in D_f$.

(2) 在同一直角坐标系中, 函数 $y = f(x)$ 与 $x = f^{-1}(y)$ 的图像是相同的, 而 $y = f(x)$ 与 $y = f^{-1}(x)$ 的图像关于直线 $y = x$ 对称. 如图 1.3.1.

例如, $y = 2^x$ 与 $y = \log_2 x$ 互为反函数, 它们的图像关于 $y = x$ 对称, 见图 1.3.2.

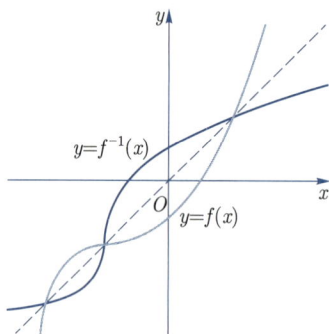

图 1.3.1

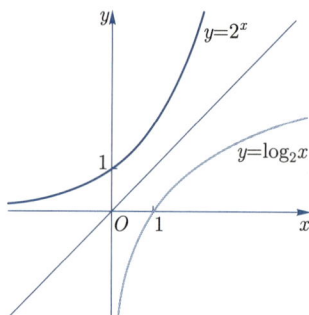

图 1.3.2

但是若将函数 $y = \log_2 x$ 写成 $x = \log_2 y$, 则 $x = \log_2 y$ 的图像就是 $y = 2^x$ 的图像.

由定义 1.3.2 可知函数 $y = f(x)$ 有反函数 $x = f^{-1}(y)$ 时, x 与 y 是一一对应的. 为此, 可以证明单调函数一定有反函数, 且其反函数和 $f(x)$ 有相同的单调性.

§1.4 几类常见函数

1.4.1 基本初等函数

1. 基本初等函数

(1) **常数函数** $y = C(C \in \mathbf{R})$;

(2) **幂函数** $y = x^\alpha(\alpha \in \mathbf{R})$;

(3) **指数函数** $y = a^x$ ($a > 0$ 且 $a \neq 1$), 特别地, 当 $a = e$ 时, $y = e^x$;

(4) **对数函数** $y = \log_a x$ $(a > 0$ 且 $a \neq 1)$, 特别地, 当 $a = e$ 时, $y = \ln x$;

(5) **三角函数** $y = \sin x, y = \cos x, y = \tan x, y = \cot x, y = \sec x, y = \csc x$;

(6) **反三角函数** $y = \arcsin x, y = \arccos x, y = \arctan x, y = \text{arccot } x$.

2. 基本初等函数的图像及几何特性

(1) 常数函数 $y = C(C \in \mathbf{R})$

定义域为 $(-\infty, +\infty)$, 图像为平行于 x 轴, 且截距为 C 的直线, 偶函数, 如图 1.4.1.

(2) 幂函数 $y = x^\alpha (\alpha \in \mathbf{R})$

幂函数的定义域随着 α 的取值不同而不同, 但是不论 α 取何值, $y = x^\alpha$ 在 $(0, +\infty)$ 内都有定义, 且都经过 $(1, 1)$ 点. 奇偶性和单调性均取决于 α. 下面给出常见的几个幂函数的图像, 如图 1.4.2.

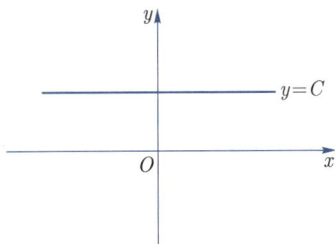

图 1.4.1

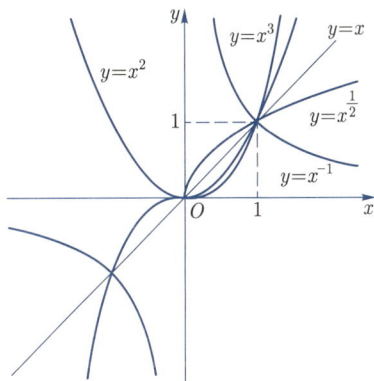

图 1.4.2

(3) 指数函数 $y = a^x$ $(a > 0$ 且 $a \neq 1)$

定义域为 $(-\infty, +\infty)$, 值域为 $(0, +\infty)$, 且都经过点 $(0, 1)$, 无奇偶性. 当 $a > 1$ 时, 函数在 $(-\infty, +\infty)$ 内单调递增; 当 $0 < a < 1$ 时, 函数在 $(-\infty, +\infty)$ 内单调递减. 如图 1.4.3. 特别地, $y = e^x$ 在定义域 $(-\infty, +\infty)$ 内单调递增, $y = e^{-x}$ 在定义域 $(-\infty, +\infty)$ 内单调递减, 如图 1.4.4.

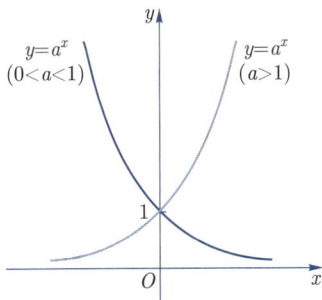

图 1.4.3

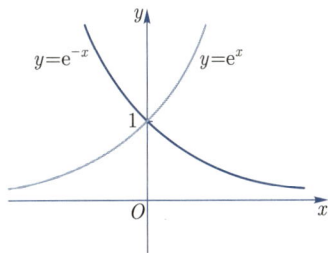

图 1.4.4

(4) **对数函数** $y = \log_a x \, (a > 0 \text{ 且 } a \neq 1)$

定义域为 $(0, +\infty)$, 值域为 $(-\infty, +\infty)$, 且都经过点 $(1, 0)$, 无奇偶性. 当 $a > 1$ 时, 函数在 $(0, +\infty)$ 内单调递增; 当 $0 < a < 1$ 时, 函数在 $(0, +\infty)$ 内单调递减. 如图 1.4.5. 特别地, 当 $a = e$ 时, $y = \log_e x$ 又可记为 $y = \ln x$, 在定义域 $(0, +\infty)$ 内单调递增, 如图 1.4.6.

(5) **三角函数** $y = \sin x, y = \cos x, y = \tan x, y = \cot x, y = \sec x, y = \csc x$

正弦函数、余弦函数 $y = \sin x$ 和 $y = \cos x$ 的定义域都是 $(-\infty, +\infty)$, 值域都是 $[-1, 1]$, 且都是周期为 2π 的函数. 因为 $\sin(-x) = -\sin x, \cos(-x) = \cos x$, 所以 $y = \sin x$ 是奇函数, $y = \cos x$ 是偶函数, 如图 1.4.7.

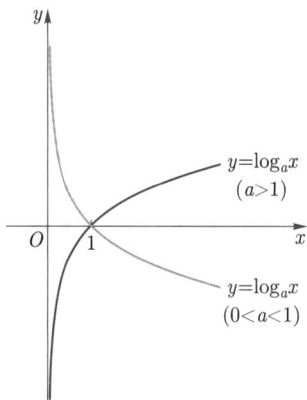

图 1.4.5

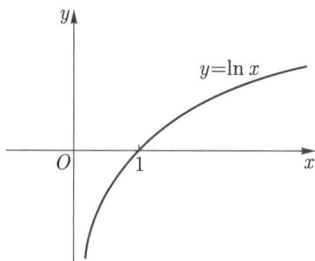

图 1.4.6

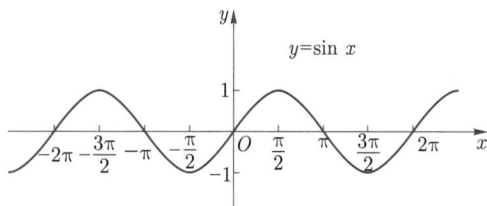

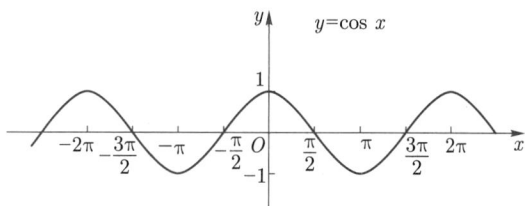

图 1.4.7

正切函数 $y = \tan x$ 的定义域为 $D = \left\{ x \,\middle|\, x \in \mathbf{R} \text{ 且 } x \neq \dfrac{2n+1}{2}\pi, n = 0, \pm 1, \pm 2, \cdots \right\}$, 值域为 $(-\infty, +\infty)$, 周期为 π. 因为 $\tan(-x) = -\tan x$, 所以正切函数 $y = \tan x$ 为奇函数, 如图 1.4.8.

余切函数 $y = \cot x$ 的定义域为 $D = \{ x \,|\, x \in \mathbf{R} \text{ 且 } x \neq n\pi, \, n = 0, \pm 1, \pm 2, \cdots \}$, 值域为 $(-\infty, +\infty)$, 周期为 π, 因为 $\cot(-x) = -\cot x$, 所以余切函数 $y = \cot x$ 为奇函数, 如图 1.4.9.

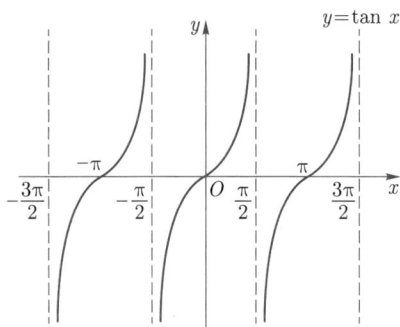

图 1.4.8

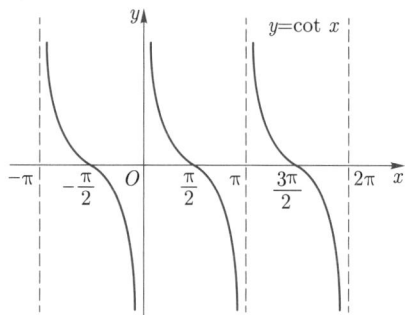

图 1.4.9

正割函数 $y = \sec x$ 的定义域为 $D = \left\{ x \mid x \in \mathbf{R} 且 x \neq \dfrac{2n+1}{2}\pi, n = 0, \pm 1, \pm 2, \cdots \right\}$, 值域为 $\{y \mid y \geqslant 1 或 y \leqslant -1\}$, 周期为 2π, 因为 $\sec(-x) = \sec x$, 所以正割函数 $y = \sec x$ 为偶函数, 如图 1.4.10.

余割函数 $y = \csc x$ 的定义域为 $D = \{x \mid x \in \mathbf{R} 且 x \neq n\pi, n = 0, \pm 1, \pm 2, \cdots\}$, 值域为 $\{y \mid y \geqslant 1 或 y \leqslant -1\}$, 周期为 2π, 因为 $\csc(-x) = -\csc x$, 所以余割函数 $y = \csc x$ 为奇函数, 如图 1.4.11.

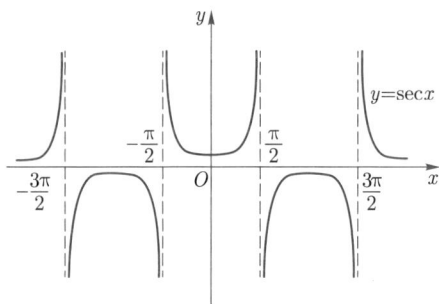

图 1.4.10

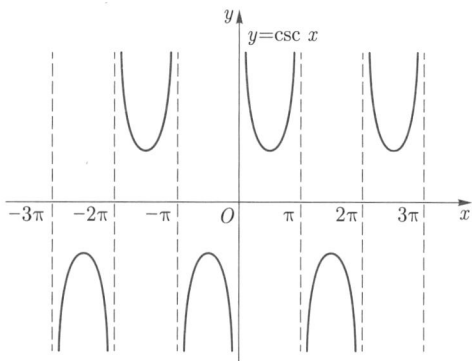

图 1.4.11

(6) 反三角函数 $y = \arcsin x, y = \arccos x, y = \arctan x, y = \operatorname{arccot} x$

反正弦函数 $y = \arcsin x$ 的定义域为 $[-1, 1]$, 值域为 $\left[-\dfrac{\pi}{2}, \dfrac{\pi}{2}\right]$, 因为 $\arcsin(-x) = -\arcsin x$, 所以 $y = \arcsin x$ 是奇函数, 且在定义域上单调递增. 如图 1.4.12.

反余弦函数 $y = \arccos x$ 的定义域为 $[-1, 1]$, 值域为 $[0, \pi]$, 因为 $\arccos(-x) = \pi - \arccos x$, 所以 $y = \arccos x$ 是非奇非偶函数, 且在定义域上单调递减, 如图 1.4.13.

反正切函数 $y = \arctan x$ 的定义域为 $(-\infty, +\infty)$, 值域为 $\left(-\dfrac{\pi}{2}, \dfrac{\pi}{2}\right)$, 因为 $\arctan(-x) = -\arctan x$, 所以 $y = \arctan x$ 是奇函数, 且在定义域内单调递增. 如图 1.4.14.

反余切函数 $y = \operatorname{arccot} x$ 的定义域为 $(-\infty, +\infty)$, 值域为 $(0, \pi)$, 因为 $\operatorname{arccot}(-x) = \pi - \operatorname{arccot} x$, 所以 $y = \operatorname{arccot} x$ 是非奇非偶函数, 且在定义域内单调递减, 如图 1.4.15.

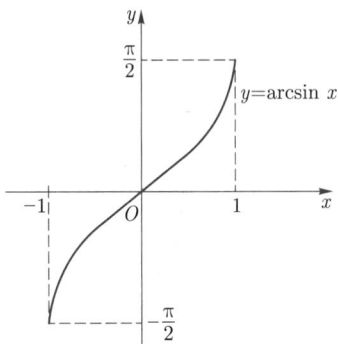

图 1.4.12

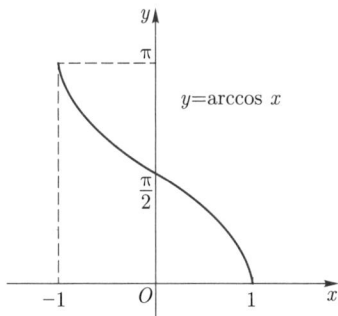

图 1.4.13

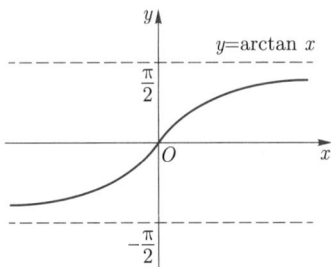

图 1.4.14

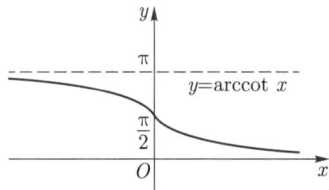

图 1.4.15

1.4.2   初等函数

由基本初等函数经过有限次四则运算和有限次复合所得到的可以用一个解析式表示的函数称为**初等函数**.

例如, $y = \ln(2x + 1)$, $y = \mathrm{e}^{x\sin x}$, $y = \arcsin(\ln 2x)$ 都是初等函数.

幂指函数是初等函数, 因为幂指函数可转化为复合函数, 即 $f(x)^{g(x)} = \mathrm{e}^{g(x)\ln f(x)}$.

1.4.3   非初等函数

在本书中, 我们遇到的函数大多数是初等函数, 但是根据需要, 有时也会研究一些非初等函数. 这里我们主要介绍分段函数.

在定义域内, 自变量取不同的值, 其对应法则不能用统一的数学表达式表示, 而是需要用两个或者两个以上的式子表示的函数统称为**分段函数**. 使得函数表达式发生改变的点称为分段点.

例如, $f(x) = \begin{cases} x, & x \geqslant 0, \\ -1, & x < 0, \end{cases}$ $f(x) = \begin{cases} \sin x, & x > 0, \\ 1, & x = 0, \\ -x, & x < 0 \end{cases}$ 都是分段函数, 0 都是分段点.

【注意】 (1) 分段函数是一个函数而不是多个函数;

(2) 分段函数的定义域是各段定义域的并集.

例如, 分段函数 $f(x) = \begin{cases} x, & |x| < 1, \\ x^2, & |x| \geqslant 1, \end{cases}$ 定义域为 $D =$

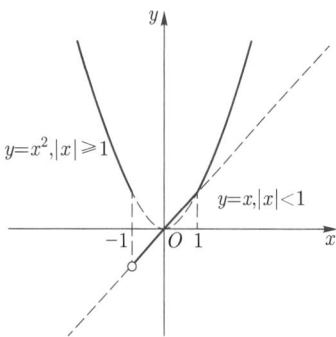

图 1.4.16

$(-1,1) \cup (-\infty,-1] \cup [1,+\infty) = (-\infty,+\infty)$, 如图 1.4.16.

下面介绍几个特殊的分段函数.

符号函数 $y = \operatorname{sgn} x = \begin{cases} 1, & x > 0, \\ 0, & x = 0, \\ -1, & x < 0 \end{cases}$ 的定义域为

$(-\infty,+\infty)$, 0 为分段点, 其图像如图 1.4.17 所示.

取整函数 设 x 为任意实数, 称 $y = [x]$ 为**取整函数**, 其中 $[x]$ 表示不超过 x 的最大整数.

显然, 取整函数 $y = [x]$ 的定义域为 $(-\infty,+\infty)$, 值域为整数集合, 如图 1.4.18 所示, 其图形呈阶梯状, 又称为阶梯形曲线.

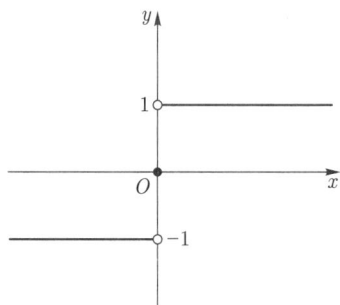

图 1.4.17

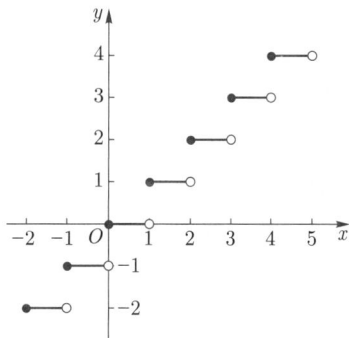

图 1.4.18

狄利克雷函数 $y = D(x) = \begin{cases} 1, & x \text{为有理数}, \\ 0, & x \text{为无理数}. \end{cases}$

狄利克雷函数是性质比较特殊的分段函数: 它在任何区间上不存在单调性; 它是有界函数, 因为 $|D(x)| \leqslant 1$; 它是偶函数, 即 $D(-x) = D(x)$; 它是周期函数, 任何非零有理数均为其周期, 由于没有最小的正有理数, 所以 $D(x)$ 没有最小正周期; 它的图像无法画出, 可以想象, 其图像上有无穷多个点稠密地分布在 x 轴 (即 $y = 0$) 上, 也有无穷多个点稠密地分布在直线 $y = 1$ 上.

【思考】 函数 $y = |x|$ 是初等函数还是非初等函数?

§1.5 经济学中的常用函数

在经济学中, 成本、收益、利润一直是人们十分关注的问题. 研究这些问题时, 除了要定义成本函数、收益函数和利润函数外, 还会经常用到需求函数、供给函数、市场价格等经济变量.

1.5.1 需求函数

一种商品的需求量是指消费者一定时期内在各种可能价格水平下愿意而且能够购买的该商品数量. 反映商品的需求量与其影响因素之间关系的函数称为**需求函数**. 通常来讲, 影响需求量的因素有很多, 主要包括商品的价格、消费者收入水平、同类商品的价格、消费者的偏好和消费者对该商品的价格预期等. 我们若假定影响需求的其他因素不变, 仅考虑该商品的价格对需求量的影响, 即假设商品的需求量 Q_d 是商品价格 P 的函数, 则可得到下面的需求函数

$$Q_d = f(P).$$

一般情况下, 若不考虑其他因素, 仅考察商品价格变动对需求量的影响时, 商品价格越高, 需求量越少; 反之, 商品价格越低, 需求量越高, 所以需求量 Q_d 是商品价格 P 的单调递减函数. 但在经济学中, 为了突出价格在资源配置中的核心作用, 习惯用反需求函数 $P = f^{-1}(Q_d)$ 反映需求量与价格之间的关系, 如图 1.5.1.

同理, 也可以假定其他影响因素不变, 仅考虑商品价格对供给量的影响, 建立供给量与商品价格之间的函数关系, 便可得到供给函数.

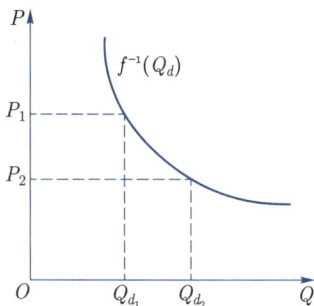

图 1.5.1

1.5.2 供给函数

一种商品的市场供给量 Q_s 与商品的价格 P 存在对应关系, 反映这种关系的函数称为**供给函数**. 供给函数一般记作 $Q_s = f(P)$ 或 $P = f^{-1}(Q_s)$.

通常商品价格上涨时生产者愿意生产, 会使商品供给量增加; 商品价格下降时生产者的生产意愿下降, 会使商品供给量减少. 因此供给量 Q_s 是商品价格 P 的单调递增函数. 同样, 为突出价格的核心作用, 以及更好地分析价格如何调整实现供需平衡, 人们经常绘制以价格 P 为纵坐标, Q 为横坐标的供给函数图像. 如图 1.5.2.

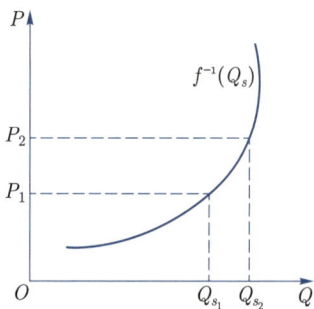

图 1.5.2

供需均衡

需求函数与供给函数都可以写成以价格 P 为因变量的函数, 两者密切相关. 当生产的产品能全部销售给消费者时, 可认为市场供给量等于需求量, 此时可将需求函数和供给函数的图像 (即需求曲线与供给曲线) 绘于同一坐标系中. 因为需求函数是递减函数, 供给函数是递增函数, 两者图像交于一点时 (如图 1.5.3), 这一点就是需求量与供给量相等的点, 称为**均衡点**, 即使得供、需平衡的点. 这一点对应的商品价格 P_0 称为**均衡价格**, 这一点对应的需求量和供给量称为**均衡需求量**和**均衡供给量**. 当商品的市场价格 P 高于均衡价格 P_0 时, 生产者愿意生产, 但需求量下降, 会出现供大于求的现象, 从而使该种商品的价格下降; 当市场价格 P 低于均衡价格 P_0 时, 需求量增加, 生产者生产意愿不强, 会产生供不应求的现象, 从而使商品的市场价格逐渐上升, 这就是所谓的**市场价格调剂**. 一般来讲, 市场的均衡是暂时的, 当条件发生变化时, 原有的均衡状态就会被破坏, 市场会在新的条件下建立新的均衡.

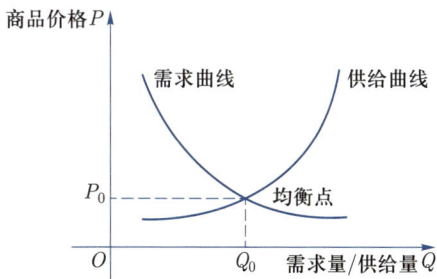

图 1.5.3

1.5.3 总成本函数、总收益函数及总利润函数

总成本 是指生产一定数量的商品所需投入的全部费用的总额, 通常记作 C. 一般地, 总成本由固定成本和可变成本两部分构成, 固定成本包括设备费用、厂房费用等, 一般默认固定成本为定值; 可变成本包括原材料成本、雇佣劳动力的成本等. 一般情形下可变成本随着产量的增加而增加. 因此总成本 C 可以写成产量 Q 的函数, 即

$$C(Q) = C_0 + C_1(Q),$$

其中, C_0 为固定成本, $C_1(Q)$ 为可变成本.

总收益 是指生产者销售一定数量的商品所得到的全部收入. 总收益通常记作 R. 若将价格 P 看作销量 Q 的函数, 则总收益就可以写成销售量 Q 的函数, 即

$$R(Q) = P(Q) \cdot Q.$$

当商品的价格 P 保持不变时, 总收益就是商品价格 P 与销量 Q 的乘积, 即

$$R = P \cdot Q$$

总利润 总利润是总收益与总成本之差, 即可表示为

$$L(Q) = R(Q) - C(Q).$$

显然, 当总收益等于总成本时, 企业的利润为零.

【注意】 在研究经济问题时, 一般假设生产的商品能全部销售出去, 故生产数量、销售量和需求量可用同一个 Q 表示.

例 已知某品牌瓶装饮料售价为 7 元, 每瓶成本为 3 元, 生产该种饮料的固定成本为 80 万元. 在过去的一年生产并销售了 500 万瓶, 求这一年生产这种饮料的总成本、总收益和总利润.

解 根据总成本、总收益和总利润的公式有

总成本: $C = C_0 + C_1(Q) = (800\ 000 + 3 \times 5\ 000\ 000)$ 元 $= 1\ 580$ 万元;

总收益: $R = P \cdot Q = (7 \times 5\ 000\ 000)$ 元 $= 3\ 500$ 万元;

总利润: $L = R - C = (3\ 500 - 1\ 580)$ 万元 $= 1\ 920$ 万元.

习 题 1

1. 用描述法表示下列集合:

(1) 绝对值不超过 2 的所有实数;

(2) 方程 $x^2 - 3x - 4 = 0$ 的根构成的集合;

(3) 曲线 $y = 2x^2$ 与 $y = 2x$ 的交点构成的集合;

(4) 圆 $x^2 + y^2 = 1$ 与圆 $x^2 + y^2 = 4$ 形成的圆环 (包括边界) 的全部点的集合.

2. 已知集合 $A = \{1, 2, 3\}$, $B = \{2, 3, 4\}$, $C = \{1, 3, 4\}$, 求:

(1) $A \cup B$;   (2) $A \cap C$;   (3) $B - A$;   (4) $A - C$;   (5) $(A \cap B) \cup C$.

3. 已知集合 $A = \{(x, y) \mid x + y + 1 = 0\}$, $B = \{(x, y) \mid x - y - 1 = 0\}$, $C = \{(x, y) \mid 2x - 3y = 6\}$, 求: (1) $A \cap B$;   (2) $A \cap C$;   (3) $B \cup C$;   (4) $A \cap B \cap C$.

4. 用区间表示下列不等式:

(1) $|x| \leqslant 1$;   (2) $0 < |x| < 2$;

(3) $|x| \geqslant 3$;   (4) $|x + 1| \leqslant 1$;

(5) $|x - 1| > 1$;   (6) $1 < |x - 2| < 4$;

(7) $|x - 1| < a \ (a > 0)$;   (8) $|x - a| < \varepsilon \ (\varepsilon > 0)$.

5. 判断下列关系是不是以 x 为自变量的函数关系:

(1) $y = \sqrt{-x}$;   (2) $y = |x|$;

(3) $y = \sqrt{1 - x^2}$;   (4) $y = \ln(-x^4)$;

(5) $y = \arcsin(|x| + 2)$;   (6) $y^2 = 2x$.

6. 求下列函数的定义域:

(1) $y = \sqrt{x^2 - 2x - 3}$;   (2) $y = \arcsin\sqrt{x^2 - 1}$;

(3) $y = \dfrac{x}{1 - \sqrt{2x}}$;　　　　　　　　　(4) $y = \ln(1 + x^2)$;

(5) $y = \sqrt{\ln(x - 2)}$;　　　　　　　　(6) $y = \dfrac{\ln(3 - x)}{\sqrt{x + 1}} + \ln(x + 2)$;

(7) $y = \arccos \dfrac{2 - x^2}{2}$;　　　　　　(8) $y = \sin(1 - x) + \arcsin(x - 1)$;

(9) $y = \dfrac{x^3 - 1}{x - 2} + \sqrt{\dfrac{x + 1}{x - 1}}$;　　　　(10) $y = \begin{cases} x + 1, & x < 0, \\ x - 1, & x \geqslant 0. \end{cases}$

7. 求下列函数的定义域, 并判断单调性:

(1) $f(x) = x - 2$;　　　　　　　　　　(2) $f(x) = x^5$;

(3) $f(x) = -\ln x$;　　　　　　　　　　(4) $f(x) = \mathrm{e}^{-2x}$;

(5) $f(x) = \log_a 2x \ (a > 0, a \neq 1)$;　　(6) $f(x) = \arcsin x$.

8. 求下列函数的定义域, 并判断奇偶性:

(1) $f(x) = \dfrac{\tan x}{x}$;　　　　　　　　　(2) $f(x) = \ln(\sqrt{1 + x^2} - x)$;

(3) $f(x) = x^2 + \sin |x|$;　　　　　　　(4) $f(x) = (1 - x^2)\cos x$;

(5) $f(x) = \dfrac{|x|}{x}$;　　　　　　　　　　(6) $f(x) = \dfrac{\mathrm{e}^x - \mathrm{e}^{-x}}{2}$;

(7) $f(x) = \dfrac{\mathrm{e}^x - \mathrm{e}^{-x}}{\mathrm{e}^x + \mathrm{e}^{-x}}$;　　　　　　(8) $f(x) = \ln \dfrac{1 - x}{1 + x}$.

9. 判断下列函数在定义域内是否有界:

(1) $f(x) = \ln 2x$;　　　　　　　　　　(2) $f(x) = \mathrm{e}^{-x}$;

(3) $f(x) = \arcsin(-x)$;　　　　　　　(4) $f(x) = \arctan 2x$;

(5) $f(x) = \dfrac{1}{\sqrt{x + 1}}$;　　　　　　　(6) $f(x) = \dfrac{x}{x^2 - 2}$.

10. 说明下列函数由哪些函数复合而成, 并给出定义域:

(1) $y = \sqrt{(x - 1)^2 + 3x}$;　　　　　　(2) $y = (1 + 3\sqrt{x})^2$;

(3) $y = \sqrt{\ln x}$;　　　　　　　　　　(4) $y = 2^{\arcsin 2x}$;

(5) $y = \cos^2(1 + \sqrt{2x})$;　　　　　(6) $y = \ln x^2$.

11. 某儿童玩具厂家计划今年扩大生产, 前期投入的厂房、设备等花费了 2 万元, 根据购买的原材料以及雇工的费用计算出每生产一件玩具的成本约为 80 元, 该种玩具市场售价为 220 元. 厂家计划销售量在 1 000 件以下时按原价出售, 当销售量超过 1 000 件时, 超出部分按原价的 60% 销售, 请写出销售量为 Q 时的总成本函数、总收益函数以及总利润函数.

12. 设厂家销售某种产品的总收益 R 为销售量 Q 的二次函数. 经统计知, 当销售量 $Q = 0$ (件) 时, 总收益 $R = 0$ (元), 当销售量 $Q = 2\,000$ (件) 时, 总收益为 $6\,000$ 元; 当销售量 $Q = 4\,000$ (件) 时, 总收益为 $8\,000$ 元, 求总收益 R 与销售量 Q 的关系式.

常用数学公式

第 2 章　极限与连续

极限是微积分的重要基础理论之一，与其他的科学思想方法一样，它也是社会发展的产物. 极限思想是在探求某些实际问题的精确解答过程中产生的，它体现了变量与常量、无限与有限的对立统一关系，是唯物辩证法的对立统一规律在数学领域中的应用. 借助极限思想，人们可以从有限中洞察无限、从静态中把握动态、从量变中发现质变、从近似达到精确.

第2章
重难点讲解

本章将深入学习数列与一元函数的极限思想、极限的性质、求极限的方法、两类重要极限应用等，并从极限理论延伸到函数在一点的连续性和在区间上的连续性，为第 3 章学习导数奠定理论基础.

§2.1　数列的极限

2.1.1　数列及数列极限的定义

定义 2.1.1　一个定义在正整数集合上的函数 $a_n = f(n)$, 当自变量 n 按照正整数 $1,2,3,\cdots$ 依次增大的顺序取值时，函数值按照相应的顺序排成一列数:

$$a_1 = f(1), \quad a_2 = f(2), \quad \cdots, \quad a_n = f(n),\cdots$$

称为一个**无穷数列**，简称**数列**，记为 $\{a_n\}$. 数列中的每一个数称为数列的**项**，$a_n = f(n)$ 称为**通项** (或一般项).

例如:(1) 数列 $\left\{\dfrac{1}{n}\right\}$, 通项为 $a_n = \dfrac{1}{n}$, 各项依次为 $1, \dfrac{1}{2}, \dfrac{1}{3}, \cdots, \dfrac{1}{n}, \cdots$;

(2) 数列 $\left\{\dfrac{n-1}{n}\right\}$, 通项为 $a_n = \dfrac{n-1}{n}$, 各项依次为 $0, \dfrac{1}{2}, \dfrac{2}{3}, \dfrac{3}{4}, \cdots, \dfrac{n-1}{n}, \cdots$;

(3) 数列 $\{(-1)^{n-1}\}$, 通项为 $a_n = (-1)^{n-1}$, 各项依次为 $1, -1, 1, -1, \cdots, (-1)^{n-1}, \cdots$;

(4) 数列 $\{2n-1\}$, 通项为 $a_n = 2n-1$, 各项依次为 $1, 3, 5, \cdots, 2n-1, \cdots$.

观察这些数列，当 n 无限增大时，数列呈现各自的变化趋势:

数列 (1) 当 n 无限增大时，分母无限增大，分数值无限趋于 0;

数列 (2) 当 n 无限增大时，分数值无限趋于 1;

数列 (3) 当 n 无限增大时，数列的项在 1 和 -1 之间来回跳动，没有固定的趋势;

数列 (4) 当 n 无限增大时，数列的项也无限增大，且趋于正无穷.

显然数列 (1) 和 (2) 在 n 无限增大时, 都无限趋于一个确定的数, 我们称这样的数列为有极限的数列, 无限趋近的确定数称为数列的极限.

定义 2.1.2 (数列极限的描述性定义)   当 n 无限增大时, 若数列 $\{a_n\}$ 的项 a_n 无限接近于一个确定的数 a, 则称数列 $\{a_n\}$ 是**收敛**的, 且收敛于 a, 或称数 a 为数列 $\{a_n\}$ 的**极限**, 记为

$$\lim_{n\to\infty} a_n = a, \quad 或者 a_n \to a(n \to \infty).$$

否则, 当 n 无限增大时, 数列 $\{a_n\}$ 不趋于 (不无限接近于) 任何确定的数, 则称数列 $\{a_n\}$ **发散** , 或者称 $\lim\limits_{n\to\infty} a_n$ 不存在.

例如: 当 $n \to \infty$ 时, 数列 $\left\{\dfrac{1}{n}\right\}$ 收敛于 0, 即 $\lim\limits_{n\to\infty} \dfrac{1}{n} = 0$; 当 $n \to \infty$ 时, 数列 $\left\{\dfrac{n-1}{n}\right\}$ 收敛于 1, 即 $\lim\limits_{n\to\infty} \dfrac{n-1}{n} = 1$. 但是 $\lim\limits_{n\to\infty} (-1)^{n-1}$ 不存在 (或称数列 $\{(-1)^{n-1}\}$ 发散), $\lim\limits_{n\to\infty} (2n-1)$ 也不存在 (或称数列 $\{2n-1\}$ 发散).

【注意】   这里的 $n \to \infty$ 是指 $n \to +\infty$, 由于正整数 n 只能趋于 $+\infty$, 故在书写时可以将 $n \to +\infty$ 简写为 $n \to \infty$.

那么这里的 "无限接近" 该如何用数学语言刻画呢? 我们知道两个数 a 和 b 的接近程度可以用这两个数的差的绝对值 $|b-a|$ 来度量, $|b-a|$ 越小, a 与 b 就越接近. 因此, a_n 无限接近于数 a 也可以用它们差的绝对值来度量.

当 n 无限增大时, a_n 无限接近于数 a;

$\Leftrightarrow$ 当 n 无限增大时, $|a_n - a|$ 无限趋于 0;

$\Leftrightarrow$ 当 n 无限增大时, $|a_n - a|$ 可以任意小;

$\Leftrightarrow$ 当 n 增大到一定程度以后, $|a_n - a|$ 能小于任意事先给定的很小的正数 ε;

$\Leftrightarrow$ 对于任意给定的很小的正数 ε, 总存在正整数 N, 当 $n > N$ 时, 不等式 $|a_n - a| < \varepsilon$ 总成立. 为此, 给出数列极限的数学定义 ($\varepsilon - N$ 定义).

定义 2.1.3 (数列极限的 $\varepsilon - N$ 定义)   设有数列 $\{a_n\}$, 如果存在数 a, 对于任意给定的正数 ε (不论多么小), 总存在正整数 N, 使得当 $n > N$ 时, 不等式 $|a_n - a| < \varepsilon$ 总成立, 则称数 a 是数列 $\{a_n\}$ 的极限, 或者称数列 $\{a_n\}$ 收敛于 a, 记为

$$\lim_{n\to\infty} a_n = a, \quad 或者 a_n \to a(n \to \infty).$$

如果一个数列有极限, 我们就称这个数列是收敛的, 否则称它是发散的. 一般称数列 $\{(-1)^{n-1}\}$ 震荡式发散, 称数列 $\{2n-1\}$ 无穷式发散.

数列极限可以简写为如下形式:

$\lim\limits_{n\to\infty} a_n = a \Leftrightarrow$ 对任意 $\varepsilon > 0$, 总存在正整数 N, 当 $n > N$ 时, 恒有 $|a_n - a| < \varepsilon$ 成立.

2.1.2 数列极限的几何意义

对于任意的 $\varepsilon > 0$, 总存在正整数 N, 当 $n > N$ 时, 有 $|a_n - a| < \varepsilon$, 即 $a - \varepsilon < a_n < a + \varepsilon$. 故当 $n > N$ 时, $a_n(n = N+1, N+2, \cdots)$ 各项落在 a 的 ε 邻域 $(a - \varepsilon, a + \varepsilon)$ 中, 只有少数 (至多 N 个) 落在区间外. 如图 2.1.1 所示.

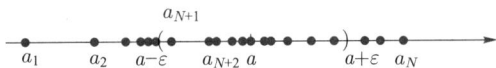

图 2.1.1

那么, 如何求一个数列的极限呢? 对于简单的数列, 可以通过观察法求得极限.

例 2.1.1 用观察法求下列数列的极限:

$$(1)\ \left\{1 + \frac{(-1)^n}{n}\right\}; \quad (2)\ \left\{\frac{1}{3^n}\right\}; \quad (3)\ \{2^n - 1\}; \quad (4)\ \left\{\frac{1 + (-1)^{n-1}}{2}\right\}; \quad (5)\ \{2\}.$$

解 (1) 令 $a_n = 1 + \dfrac{(-1)^n}{n}$, 则 $a_1 = 0, a_2 = \dfrac{3}{2}, a_3 = \dfrac{2}{3}, a_4 = \dfrac{5}{4}, \cdots$. 随着 n 无限增大, 奇数项均小于 1 且趋于 1, 偶数项均大于 1 且趋于 1, 数列的项最终会随着 n 无限增大而无限趋于 1, 故 $\lim\limits_{n \to \infty} \left(1 + \dfrac{(-1)^n}{n}\right) = 1$.

(2) 令 $a_n = \dfrac{1}{3^n}$, 则 $a_1 = \dfrac{1}{3}, a_2 = \dfrac{1}{3^2}, a_3 = \dfrac{1}{3^3}, \cdots$. 数列的项随着 n 无限增大而无限趋于 0, 故 $\lim\limits_{n \to \infty} \dfrac{1}{3^n} = \lim\limits_{n \to \infty} \left(\dfrac{1}{3}\right)^n = 0$.

事实上, 对于一般的 $\lim\limits_{n \to \infty} q^n$, 只要 $0 < q < 1$, 都有 $\lim\limits_{n \to \infty} q^n = 0$.

(3) 令 $a_n = 2^n - 1$, 则 $a_1 = 1, a_2 = 3, a_3 = 7, \cdots$. 数列的项随着 n 无限增大而无限增大, 故 $\lim\limits_{n \to \infty} (2^n - 1)$ 不存在, 或者说数列 $\{2^n - 1\}$ 发散 (此时可以记作 $\lim\limits_{n \to \infty} (2^n - 1) = \infty$).

(4) 令 $a_n = \dfrac{1 + (-1)^{n-1}}{2}$, 则 $a_1 = 1, a_2 = 0, a_3 = 1, a_4 = 0, \cdots$. 数列的项随着 n 无限增大在 1 和 0 之间来回跳动, 无固定趋势, 故 $\lim\limits_{n \to \infty} \dfrac{1 + (-1)^{n-1}}{2}$ 不存在, 或者说数列 $\left\{\dfrac{1 + (-1)^{n-1}}{2}\right\}$ 发散.

(5) 令 $a_n = 2$, 则 $a_1 = 2, a_2 = 2, a_3 = 2, \cdots$. 这是常数数列, 数列的通项随着 n 无限增大始终为 2, 故 $\lim\limits_{n \to \infty} 2 = 2$ (即**常数数列的极限就是常数本身**).

对于比较简单的数列我们都可通过观察来求得极限, 并把一些常用的极限结果直接用于极限计算中. 如 $\lim\limits_{n \to \infty} \dfrac{1}{n} = 0$, 事实上, 更一般地有 $\lim\limits_{n \to \infty} \dfrac{1}{n^k} = 0 (k > 0)$; 当 $0 < q < 1$ 时,

$\lim\limits_{n\to\infty} q^n = 0$, 而当 $q > 1$ 时, $\lim\limits_{n\to\infty} q^n = \infty$, 当 $q = 1$ 时, $\lim\limits_{n\to\infty} q^n = 1$ 等.

【注意】 发散到无穷的数列可以形式上记作 $\lim\limits_{n\to\infty} a_n = \infty$, 但它表示的是极限不存在并发散到 ∞.

对于更为一般的数列, 需要借助四则运算等方法来求极限. 下面介绍数列极限的四则运算法则以及其他常用的求极限方法.

2.1.3 数列极限的四则运算法则

设 $\lim\limits_{n\to\infty} a_n = a$, $\lim\limits_{n\to\infty} b_n = b$, 那么

(1) $\lim\limits_{n\to\infty} (Ca_n) = C \lim\limits_{n\to\infty} a_n = Ca$, 其中 C 是常数;

(2) $\lim\limits_{n\to\infty} (a_n \pm b_n) = \lim\limits_{n\to\infty} a_n \pm \lim\limits_{n\to\infty} b_n = a \pm b$;

(3) $\lim\limits_{n\to\infty} a_n b_n = \lim\limits_{n\to\infty} a_n \lim\limits_{n\to\infty} b_n = ab$;

(4) 若 $\lim\limits_{n\to\infty} b_n = b \neq 0$, 则 $\lim\limits_{n\to\infty} \dfrac{a_n}{b_n} = \dfrac{\lim\limits_{n\to\infty} a_n}{\lim\limits_{n\to\infty} b_n} = \dfrac{a}{b}$.

【注意】 数列极限的四则运算法则成立的前提是两个数列 $\{a_n\}$ 和 $\{b_n\}$ 在 $n \to \infty$ 时都有极限.

例 2.1.2 求下列数列的极限:

(1) $\lim\limits_{n\to\infty} \dfrac{2n^2 - n + 1}{3n^2 + 3n - 2}$; (2) $\lim\limits_{n\to\infty} \dfrac{4^n - 3^n}{4^{n+1} + 2^n}$.

解 (1) 分式中分子、分母都是关于 n 的多项式, 但是分子、分母在 $n \to \infty$ 时极限都不存在, 不能直接使用四则运算法则, 将分子、分母同除以 n^2 之后再使用四则运算法则.

$$\lim_{n\to\infty} \frac{2n^2 - n + 1}{3n^2 + 3n - 2} = \lim_{n\to\infty} \frac{2 - \dfrac{1}{n} + \dfrac{1}{n^2}}{3 + \dfrac{3}{n} - \dfrac{2}{n^2}} = \frac{\lim\limits_{n\to\infty} \left(2 - \dfrac{1}{n} + \dfrac{1}{n^2}\right)}{\lim\limits_{n\to\infty} \left(3 + \dfrac{3}{n} - \dfrac{2}{n^2}\right)} = \frac{\lim\limits_{n\to\infty} 2 - \lim\limits_{n\to\infty} \dfrac{1}{n} + \lim\limits_{n\to\infty} \dfrac{1}{n^2}}{\lim\limits_{n\to\infty} 3 + \lim\limits_{n\to\infty} \dfrac{3}{n} - \lim\limits_{n\to\infty} \dfrac{2}{n^2}} = \frac{2}{3}.$$

事实上, 若将 (1) 中数列的分子、分母中 n 的最高次幂同时换为 $k(k > 1)$, 结果也一样.

$$\lim_{n\to\infty} \frac{2n^k - n + 1}{3n^k + 3n - 2} = \lim_{n\to\infty} \frac{2 - \dfrac{1}{n^{k-1}} + \dfrac{1}{n^k}}{3 + \dfrac{3}{n^{k-1}} - \dfrac{2}{n^k}} = \frac{\lim\limits_{n\to\infty} \left(2 - \dfrac{1}{n^{k-1}} + \dfrac{1}{n^k}\right)}{\lim\limits_{n\to\infty} \left(3 + \dfrac{3}{n^{k-1}} - \dfrac{2}{n^k}\right)} = \frac{2}{3}.$$

可见, 对于分子、分母都是关于 n 的多项式的极限 $\lim\limits_{n\to\infty} \dfrac{f(n)}{g(n)}$, 只要分子、分母中 n 的最高次幂相同, 极限结果就等于分子、分母中最高次项系数比. 那么若分子中 n 的最高次幂低于 (或高于) 分母中 n 的最高次幂, 结果又会如何?

$$\lim_{n\to\infty}\frac{2n-1}{n^2+3}=\lim_{n\to\infty}\frac{\dfrac{2}{n}-\dfrac{1}{n^2}}{1+\dfrac{3}{n^2}}=\frac{\lim_{n\to\infty}\left(\dfrac{2}{n}-\dfrac{1}{n^2}\right)}{\lim_{n\to\infty}\left(1+\dfrac{3}{n^2}\right)}=\frac{\lim_{n\to\infty}\dfrac{2}{n}-\lim_{n\to\infty}\dfrac{1}{n^2}}{\lim_{n\to\infty}1+\lim_{n\to\infty}\dfrac{3}{n^2}}=0;$$

$$\lim_{n\to\infty}\frac{2n^2-1}{n+3}=\lim_{n\to\infty}\frac{2n-\dfrac{1}{n}}{1+\dfrac{3}{n}}=\infty.$$

由此可见, 当分子中 n 的最高次幂低于分母中 n 的最高次幂时, 极限为零; 当分子中 n 的最高次幂高于分母中 n 的最高次幂时, 极限不存在并发散到 ∞.

因此, 对于分子、分母都是关于 n 的多项式的极限问题: $\lim\limits_{n\to\infty}\dfrac{f(n)}{g(n)}$, 处理方法是分子、分母同除以分母中 n 的最高次幂 (请读者思考为什么? 是否可以同除以分子中 n 的最高次幂?), 其极限结果与分子、分母中 n 的最高次幂有关, 可得如下结论:

$$\lim_{n\to\infty}\frac{f(n)}{g(n)}=\lim_{n\to\infty}\frac{a_kn^k+a_{k-1}n^{k-1}+\cdots+a_1n+a_0}{b_mn^m+b_{m-1}n^{m-1}+\cdots+b_1n+b_0}=\begin{cases}0,&k<m,\\[2mm]\dfrac{a_k}{b_m},&k=m,\\[2mm]\infty,&k>m.\end{cases}\quad\begin{array}{l}(a_k\neq0,b_m\neq0,\\ m,n\text{为非负整数.})\end{array}$$

(2) 是极限问题 $\lim\limits_{n\to\infty}\dfrac{f(n)}{g(n)}$ 的变形, 处理方法相似. 需要分子、分母同除以 4^n, 使分子、分母极限都存在后使用四则运算法则.

$$\lim_{n\to\infty}\frac{4^n-3^n}{4^{n+1}+2^n}=\lim_{n\to\infty}\frac{1-\left(\dfrac{3}{4}\right)^n}{4+\left(\dfrac{2}{4}\right)^n}=\frac{\lim_{n\to\infty}1-\lim_{n\to\infty}\left(\dfrac{3}{4}\right)^n}{\lim_{n\to\infty}4+\lim_{n\to\infty}\left(\dfrac{2}{4}\right)^n}=\frac{1}{4},$$

其中 $\lim\limits_{n\to\infty}\left(\dfrac{3}{4}\right)^n=0,\lim\limits_{n\to\infty}\left(\dfrac{2}{4}\right)^n=0.$

【思考】 本题分子、分母是否可以同除以 4^{n+1}?

2.1.4　数列极限的性质

为了今后学习的需要, 我们将不加证明地给出以下常用性质和定理:

性质 2.1.1 数列 $\{a_n\}$ 若有极限, 则极限唯一.

性质 2.1.2 $\lim\limits_{n\to\infty}a_n=a$ 的充分必要条件是 $\lim\limits_{n\to\infty}a_{n+k}=a$ (k 为正整数).

此处数列 $\{a_{n+k}\}$ 的各项依次是 $a_{1+k},a_{2+k},\cdots,a_{n+k},\cdots$ 即数列 $\{a_{n+k}\}$ 是数列 $\{a_n\}$ 去掉了前 k 项后剩余的项构成的数列, 性质 2.1.2 说明**数列的极限与前有限项无关**. 事实上, 改变、增加或者减少数列的有限项, 都不会影响数列的敛散性和极限值.

性质 2.1.3 $\lim\limits_{n\to\infty}a_n=a$ 的充分必要条件是 $\lim\limits_{n\to\infty}a_{2n}=\lim\limits_{n\to\infty}a_{2n-1}=a$.

若数列为 $\{a_n\}$, 各项依次为 $a_1,a_2,a_3,a_4,\cdots,a_{n-1},a_n,\cdots$, 则

$\{a_{2n}\}$ 是数列 $\{a_n\}$ 的所有偶数项构成的数列, 称为数列 $\{a_n\}$ 的**偶数列**, 各项依次为 $a_2, a_4, a_6, a_8, \cdots, a_{2n}, \cdots$;

$\{a_{2n-1}\}$ 是数列 $\{a_n\}$ 的所有奇数项构成的数列, 称为数列 $\{a_n\}$ 的**奇数列**, 各项依次为 $a_1, a_3, a_5, a_7, \cdots, a_{2n-1}, \cdots$.

性质 2.1.3 说明一个**数列收敛于 a 的充分必要条件是它的奇数列和偶数列都收敛于** a. 本性质可以进一步推广为

推论 2.1.1　数列 $\{a_n\}$ 收敛于 a 的充分必要条件是它的任意子列都收敛于 a.

何为任意子列? 在数列 $\{a_n\}$ 中任意抽取无限多项并保持这些项在原数列 $\{a_n\}$ 中的先后顺序而得到的新数列称为原数列 $\{a_n\}$ 的一个**子列**. 推论 2.1.1 说明数列 $\{a_n\}$ 若收敛于 a, 则不论按照何种规则抽取的子列一定也收敛于 a. 反之, 若数列 $\{a_n\}$ 的任意子列都收敛于 a, 则数列 $\{a_n\}$ 本身也收敛于 a. 需要指出, 一个发散的数列也可能有收敛的子列. 例如数列 $\{(-1)^n\}$ 发散, 但是它的奇数列收敛于 -1, 偶数列收敛于 1.

性质 2.1.4　若数列 $\{a_n\}$, $\{b_n\}$ 收敛, 且有正整数 N_0, 当 $n > N_0$ 时, 总有 $a_n > b_n$, 则

$$\lim_{n\to\infty} a_n \geqslant \lim_{n\to\infty} b_n.$$

性质 2.1.4 通常称为不等式性质. 若数列 $\{b_n\}$ 是常数数列 $\{0\}$, 则得到下面的推论.

推论 2.1.2　若数列 $\{a_n\}$ 收敛, 且存在自然数 N_0, 当 $n > N_0$ 时, 有 $a_n > 0$ $(a_n < 0)$, 则

$$\lim_{n\to\infty} a_n \geqslant 0 \; (\lim_{n\to\infty} a_n \leqslant 0).$$

推论 2.1.2 说明数列 $\{a_n\}$ 从某一项之后各项都为正 (负), 则其极限非负 (非正).

性质 2.1.5 (保号性)　若 $\lim_{n\to\infty} a_n = a$, 且 $a > 0$ (或 $a < 0$), 则存在自然数 N_0, 当 $n > N_0$ 时有 $a_n > 0$ (或 $a_n < 0$).

性质 2.1.5 说明若数列的极限为正 (负), 则从某一项开始, 数列的各项都为正 (负).

定理 2.1.1 (夹挤定理)　若存在正整数 N_0, 当 $n \geqslant N_0$ 时, 数列 $\{a_n\}, \{b_n\}, \{c_n\}$ 满足 $c_n \leqslant a_n \leqslant b_n$, 且 $\lim_{n\to\infty} c_n = \lim_{n\to\infty} b_n = A$, 则 $\lim_{n\to\infty} a_n = A$.

定理 2.1.1 说明从某一项起三个具有大小关系的数列, 若最大的数列和最小的数列收敛于相同的数, 那么中间的数列也会收敛于这个数 (如图 2.1.2).

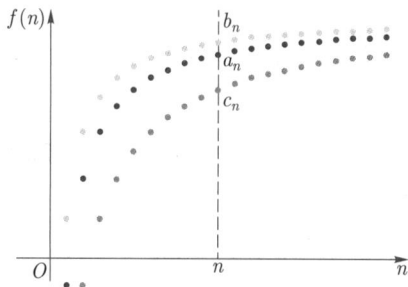

图 2.1.2

例 2.1.3 利用定理 2.1.1 计算下列数列的极限:

(1) $\lim\limits_{n\to\infty}\dfrac{n-1}{n^2}\ (n\geqslant 2)$;　　(2) $a_n=\sqrt[n]{4^n+3^n}$;

(3) $a_n=\dfrac{n}{3n^2+1}+\dfrac{n}{3n^2+2}+\cdots+\dfrac{n}{3n^2+n}$.

解 (1) 因为
$$\frac{1}{n^2}\leqslant\frac{n-1}{n^2}\leqslant\frac{n}{n^2}=\frac{1}{n}(n\geqslant 2),$$

而
$$\lim_{n\to\infty}\frac{1}{n^2}=\lim_{n\to\infty}\frac{1}{n}=0,$$

由定理 2.1.1 知
$$\lim_{n\to\infty}\frac{n-1}{n^2}=0.$$

(2) 因为
$$4=\sqrt[n]{4^n}\leqslant\sqrt[n]{4^n+3^n}\leqslant\sqrt[n]{4^n+4^n}=\sqrt[n]{2\times 4^n}=4\times 2^{\frac{1}{n}},$$

而
$$\lim_{n\to\infty}4=4,\quad\lim_{n\to\infty}4\times 2^{\frac{1}{n}}=4\lim_{n\to\infty}2^{\frac{1}{n}}=4,$$

故由定理 2.1.1 知
$$\lim_{n\to\infty}a_n=\lim_{n\to\infty}\sqrt[n]{4^n+3^n}=4,$$

其中 $\lim\limits_{n\to\infty}2^{\frac{1}{n}}=2^0=1$.

(3) 数列 $\{a_n\}$ 的各项依次是 $a_1=\dfrac{1}{3\times 1^2+1}$, $a_2=\dfrac{2}{3\times 2^2+1}+\dfrac{2}{3\times 2^2+2}$, $a_3=\dfrac{3}{3\times 3^2+1}+\dfrac{3}{3\times 3^2+2}+\dfrac{3}{3\times 3^2+3}$, $\cdots$, 显然数列的每一项都是一个和式, 且和式中的项数随着 n 的增大而增多. 本题不能用四则运算法则来求, 而需要借助定理 2.1.1. 具体地, 由于
$$\frac{1}{3n^2+n}\leqslant\frac{1}{3n^2+k}\leqslant\frac{1}{3n^2+1},\quad 1\leqslant k\leqslant n,$$

则
$$\frac{n}{3n^2+n}\leqslant\frac{n}{3n^2+k}\leqslant\frac{n}{3n^2+1},\quad 1\leqslant k\leqslant n.$$

当 $k=1$ 时,
$$\frac{n}{3n^2+n}\leqslant\frac{n}{3n^2+1}\leqslant\frac{n}{3n^2+1};$$

当 $k=2$ 时,
$$\frac{n}{3n^2+n}\leqslant\frac{n}{3n^2+2}\leqslant\frac{n}{3n^2+1};$$

当 $k=3$ 时,
$$\frac{n}{3n^2+n}\leqslant\frac{n}{3n^2+3}\leqslant\frac{n}{3n^2+1};$$

$$\cdots$$

当 $k=n$ 时,
$$\frac{n}{3n^2+n}\leqslant\frac{n}{3n^2+n}\leqslant\frac{n}{3n^2+1}.$$

将上面 n 个式子对应部分相加, 中间即为 a_n,
$$n\frac{n}{3n^2+n}\leqslant a_n\leqslant n\frac{n}{3n^2+1}.$$

又因为 $\lim\limits_{n\to\infty}\dfrac{n^2}{3n^2+n}=\lim\limits_{n\to\infty}\dfrac{n^2}{3n^2+1}=\dfrac{1}{3}$, 由定理 2.1.1 知 $\lim\limits_{n\to\infty}a_n=\dfrac{1}{3}$.

观察数列 $\left\{\dfrac{2}{n^2}\right\}$ 和 $\{(-1)^n\}$ 发现, 数列各项都是在一个有界范围内变化的. 如 $\left\{\dfrac{2}{n^2}\right\}$, 对于任意正整数 n, 都有 $\left|\dfrac{2}{n^2}\right| \leqslant 2$; 同样, 对于任意正整数 n, 都有 $|(-1)^n| \leqslant 1$, 这样的数列称为有界数列. 而数列 $\{2^n\}$, 随着 $n \to \infty$, $2^n \to \infty$, 它是无界数列.

定义 2.1.4 如果存在常数 $M > 0$, 使得数列 $\{a_n\}$ 满足:

$$|a_n| \leqslant M, \quad n = 1, 2, \cdots,$$

那么称数列 $\{a_n\}$ 为**有界数列**. 否则如果对于任何常数 $M > 0$, 都至少存在一项 a_{N_0}, 满足 $|a_{N_0}| > M$, 那么称数列 $\{a_n\}$ 为**无界数列**.

若数列有界, 则存在常数 $M > 0$, 使得对任意 n, 有 $|a_n| \leqslant M$, 即 $-M \leqslant a_n \leqslant M(n = 1, 2, \cdots)$, 这里 M 称为数列的一个**上界**, $-M$ 称为数列的一个**下界**, 数列有界指数列既有上界又有**下界**.

性质 2.1.6 (有界性) 若数列 $\{a_n\}$ 收敛, 则 $\{a_n\}$ 必是有界数列.

事实上, 若数列 $\{a_n\}$ 收敛于 a, 即 $\lim\limits_{n \to \infty} a_n = a$. 由数列极限的 $\varepsilon - N$ 定义知对任意 $\varepsilon > 0$, 必存在正整数 N, 当 $n > N$ 时有 $|a_n - a| < \varepsilon$, 故

$$|a_n| = |a_n - a + a| \leqslant |a_n - a| + |a| \leqslant \varepsilon + |a|,$$

取 $M = \max\{|a_1|, |a_2|, \cdots, |a_N|, \varepsilon + |a|\}$, 则对任意的 n, 有 $|a_n| \leqslant M$.

【注意】 数列有界只是数列收敛的必要条件, 而非充分条件. 事实上, 当数列 $\{a_n\}$ 有界时, 无法推出数列 $\{a_n\}$ 一定收敛, 例如 $\{(-1)^n\}$. 但是无界数列一定发散.

在我们研究的数列中, 有一类数列的每一项都小于等于或者大于等于后面的项, 称其为单调数列.

定义 2.1.5 如果数列 $\{a_n\}$ 满足 $a_n \leqslant a_{n+1}$(或者 $a_n \geqslant a_{n+1}, n = 1, 2, \cdots$), 那么称数列 $\{a_n\}$ 是**单调递增数列** (或者**单调递减数列**). 单调递增数列和单调递减数列统称为**单调数列**.

定理 2.1.2 (单调有界定理) 单调递增且有上界的数列必有极限; 单调递减且有下界的数列必有极限.

即如果数列 $\{a_n\}$ 单调递增且有上界 M, 即: $a_1 \leqslant a_2 \leqslant \cdots \leqslant a_n \leqslant a_{n+1} \leqslant \cdots \leqslant M$, 那么存在某个常数 a, 使得

$$\lim_{n \to \infty} a_n = a \ (\leqslant M);$$

如果数列 $\{a_n\}$ 单调递减且有下界 M, 即: $a_1 \geqslant a_2 \geqslant \cdots \geqslant a_n \geqslant a_{n+1} \geqslant \cdots \geqslant M$, 那么存在某个常数 a, 使得

$$\lim_{n \to \infty} a_n = a \ (\geqslant M).$$

【注意】 单调有界定理只能证明数列存在极限, 不一定能求出极限.

有了单调有界定理, 我们就可以证明重要极限 $\lim\limits_{n\to\infty}\left(1+\dfrac{1}{n}\right)^n$ 是存在的.

2.1.5 重要极限 $\lim\limits_{n\to\infty}\left(1+\dfrac{1}{n}\right)^n = \mathrm{e}$

用单调有界定理证明 $\lim\limits_{n\to\infty}\left(1+\dfrac{1}{n}\right)^n$ 是存在的.

证明 设 $a_n = (1+\dfrac{1}{n})^n$, 根据公式

$$a^{n+1} - b^{n+1} = (a-b)(a^n + a^{n-1}b + a^{n-2}b^2 + \cdots + ab^{n-1} + b^n),$$

当 $a > b > 0$ 时,

$$a^n + a^{n-1}b + a^{n-2}b^2 + \cdots + ab^{n-1} + b^n < (n+1)a^n,$$

因此有 $\qquad\qquad a^{n+1} - b^{n+1} < (a-b)(n+1)a^n,$

移项有 $\qquad\qquad a^n[a - (n+1)(a-b)] < b^{n+1},$

整理得 $\qquad\qquad a^n[(n+1)b - na] < b^{n+1}. \qquad\qquad (2.1.1)$

取 $a = 1+\dfrac{1}{n}, b = 1+\dfrac{1}{n+1}$, 满足 $a > b > 0$, 代入式 $(2.1.1)$ 有

$$\left(1+\dfrac{1}{n}\right)^n\left[(n+1)\dfrac{n+2}{n+1} - n\dfrac{n+1}{n}\right] < \left(1+\dfrac{1}{n+1}\right)^{n+1},$$

即 $\qquad\qquad \left(1+\dfrac{1}{n}\right)^n < \left(1+\dfrac{1}{n+1}\right)^{n+1},$

得到 $a_n < a_{n+1}$, 故数列 $\left\{\left(1+\dfrac{1}{n}\right)^n\right\}$ 是单调递增的.

取 $a = 1+\dfrac{1}{2n}, b = 1$ (仍然满足 $a>b>0$), 代入式 $(2.1.1)$ 有

$$\left(1+\dfrac{1}{2n}\right)^n\left[(n+1) - n\dfrac{2n+1}{2n}\right] < 1,$$

整理得 $\qquad\qquad \left(1+\dfrac{1}{2n}\right)^n < 2,$

平方后有 $\qquad\qquad \left(1+\dfrac{1}{2n}\right)^{2n} < 4, \quad n = 1, 2, \cdots.$

即 $a_{2n} < 4$, 故数列 $\{a_n\}$ 的偶数列有上界. 又因为数列 $\{a_n\}$ 单调递增, 故 $a_{2n-1} < a_{2n} < 4$, 所以整个数列都有上界, 即 $a_n = \left(1 + \dfrac{1}{n}\right)^n < 4$. 根据单调有界定理知数列 $a_n = \left(1 + \dfrac{1}{n}\right)^n$ 的极限存在.

我们也可通过对该数列取值, 判断它的极限是否存在. 对 $a_n = \left(1 + \dfrac{1}{n}\right)^n$, n 依次取 $1, 10, 100, 10\,000, \cdots$, 数列 $\{a_n\}$ 的结果如表 2.1.1 所示:

表 2.1.1 $a_n = \left(1 + \dfrac{1}{n}\right)^n$ 的部分取值结果

$\left(1 + \dfrac{1}{1}\right)^1 = 2$
$\left(1 + \dfrac{1}{10}\right)^{10} = 2.593\,742\,46$
$\left(1 + \dfrac{1}{100}\right)^{100} = 2.704\,813\,829\,421\,526\,093$
$\left(1 + \dfrac{1}{10\,000}\right)^{10\,000} = 2.718\,145\,926\,825\,224\,864$
$\left(1 + \dfrac{1}{1\,000\,000}\right)^{1\,000\,000} = 2.718\,280\,469\,319\,376\,883$
$\left(1 + \dfrac{1}{100\,000\,000}\right)^{100\,000\,000} = 2.718\,281\,814\,867\,636\,217$
$\left(1 + \dfrac{1}{100\,000\,000\,000\,000}\right)^{100\,000\,000\,000\,000} = 2.718\,281\,828\,459\,031\,643$
$\cdots$

观察表 2.1.1 也会发现数列 $\{a_n\}$ 是单调递增的, 且有上界 ($a_n < 3$), 故根据单调有界定理知它的极限是存在的. 最早发现极限 $\lim\limits_{n \to \infty} \left(1 + \dfrac{1}{n}\right)^n$ 的结果的是瑞士数学家欧拉, 他发现这个极限结果是一个无理数 (无限不循环小数), 以 e 来命名此极限, 故 e 也称为欧拉数. 即 $\lim\limits_{n \to \infty} \left(1 + \dfrac{1}{n}\right)^n = e$, $e \approx 2.718\,28$, 这是一个**重要极限**.

事实上, 极限 $\lim\limits_{n \to \infty} \left(1 + \dfrac{1}{n}\right)^n$ 中 n 可以换成 n 的函数 $u(n)$, 即 $\lim\limits_{n \to \infty} \left(1 + \dfrac{1}{u(n)}\right)^{u(n)}$

的形式, 只要括号里是 "$1+\dfrac{1}{u\left(n\right)}$" 的形式, 且 $\dfrac{1}{u\left(n\right)}$ 与外面的幂 $u(n)$ 互为倒数, 且在 $n \to \infty$ 时, $u(n) \to \infty$, 极限结果就是 e.

例 2.1.4 利用重要极限 $\lim\limits_{n \to \infty} \left(1+\dfrac{1}{n}\right)^{n} = \mathrm{e}$ 求下列极限问题:

(1) $\lim\limits_{n \to \infty} \left(1+\dfrac{2}{n}\right)^{2n}$; (2) $\lim\limits_{n \to \infty} \left(1-\dfrac{2}{n}\right)^{\frac{n}{2}}$; (3) $\lim\limits_{n \to \infty} \left(\dfrac{n-1}{n+1}\right)^{n}$.

解 (1) 只需对括号外面的幂进行变形使之与 $\dfrac{2}{n}$ 互为倒数即可 (必须恒等变形), 故

$$\lim_{n \to \infty} \left(1+\frac{2}{n}\right)^{2n} = \lim_{n \to \infty} \left[\left(1+\frac{2}{n}\right)^{\frac{n}{2}}\right]^{4} = \left[\lim_{n \to \infty} \left(1+\frac{2}{n}\right)^{\frac{n}{2}}\right]^{4} = \mathrm{e}^{4}.$$

(2) 考虑变形 $1-\dfrac{2}{n} = 1+\dfrac{-2}{n}$, 再将幂变为 $\dfrac{-2}{n}$ 的倒数:

$$\lim_{n \to \infty} \left(1-\frac{2}{n}\right)^{\frac{n}{2}} = \lim_{n \to \infty} \left(1+\frac{-2}{n}\right)^{\frac{n}{2}} = \lim_{n \to \infty} \left[\left(1+\frac{-2}{n}\right)^{\frac{n}{-2}}\right]^{-1} = \mathrm{e}^{-1}.$$

(3) 先将括号内的部分变形为 "$1+\dfrac{1}{u\left(n\right)}$" 的形式后再进一步求极限:

$$\begin{aligned}
\lim_{n \to \infty} \left(\frac{n-1}{n+1}\right)^{n} &= \lim_{n \to \infty} \left(\frac{n+1-2}{n+1}\right)^{n} \\
&= \lim_{n \to \infty} \left(1+\frac{-2}{n+1}\right)^{n} \\
&= \lim_{n \to \infty} \frac{\left(1+\dfrac{-2}{n+1}\right)^{n+1}}{1+\dfrac{-2}{n+1}} \\
&= \frac{\lim\limits_{n \to \infty} \left[\left(1+\dfrac{-2}{n+1}\right)^{\frac{n+1}{-2}}\right]^{-2}}{\lim\limits_{n \to \infty} \left(1+\dfrac{-2}{n+1}\right)} = \frac{\mathrm{e}^{-2}}{1} = \mathrm{e}^{-2}.
\end{aligned}$$

有了重要极限 $\lim\limits_{n \to \infty} \left(1+\dfrac{1}{n}\right)^{n} = \mathrm{e}$, 就可以研究连续复利问题了.

2.1.6   连续复利问题

什么是连续复利?   连续复利就是计息的间隔任意小, 且前期的利息归入本期的本金进行重复计息的利息计算方式.

设本金是 A, 年利率为 r, 如果一年结算一次, 则一年后本息合计为 $A(1+r)$.

如果一年结算 n 次, 且每一次结算的本息和作为下一次的本金, 年利率为 r, 则每次结算的利率为 $\dfrac{r}{n}$, 那么第一次结算时的本息和为 $A\left(1+\dfrac{r}{n}\right)$, 第二次结算的本息和为

$A\left(1+\dfrac{r}{n}\right)\left(1+\dfrac{r}{n}\right) = A\left(1+\dfrac{r}{n}\right)^2, \cdots$. 以此类推, 一年结算 n 次后本息和为 $A\left(1+\dfrac{r}{n}\right)^n$.

当 $n \to \infty$ 时, 计息间隔任意小, 即按照连续复利方式计算, 则一年后本息和为

$$A(r) = \lim_{n\to\infty} A\left(1+\frac{r}{n}\right)^n = \lim_{n\to\infty} A\left[\left(1+\frac{r}{n}\right)^{\frac{n}{r}}\right]^r = A\mathrm{e}^r.$$

t 年后, 本息和为 $A_t(r) = A\mathrm{e}^{rt}$.

例 2.1.5   现有 10 万元存入银行, 存满一年取出, 银行的年定期存款利率为 r, 有三种结算方式: (1) 一年结算一次; (2) 每月结算一次, 且每次结算的本息和作为下个月的本金; (3) 一年结算 n 次, 且每次结算的本息和作为下一次的本金. 问: 存满一年时三种结算方式的本息和各是多少? 如果按照连续复利方式计算, 那么一年后本息和是多少? 如果存期为 5 年, 每年按照连续复利方式计算, 那么 5 年后本息和是多少?

解   如果银行一年结算一次, 则存满一年时本息合计 $10(1+r)$(万元).

如果每月结算一次, 年利率为 r, 则每次结算的利率是 $\dfrac{r}{12}$, 那么满一年时本息合计 $10\left(1+\dfrac{r}{12}\right)^{12}$ (万元).

如果一年结算 n 次, 则每次结算的利率是 $\dfrac{r}{n}$, 一年期满时的本息和为 $10\left(1+\dfrac{r}{n}\right)^n$.

如果 n 趋于无穷, 即按照连续复利方式计算, 一年期满时本息合计

$$A_1 = \lim_{n\to\infty} 10\left(1+\frac{r}{n}\right)^n = 10\mathrm{e}^r.$$

如果存期为 5 年, 按照连续复利方式计算, 则满 5 年时本息合计

$$A_5 = 10\mathrm{e}^{5r}.$$

如果按照定期年利率 $r=2.2\%$ 计算, 则

一年结算一次, 一年本息和 $10(1+r) = 10(1+0.022) = 10.22$ 万元.

每月结算一次, 一年本息和 $10\left(1+\dfrac{r}{12}\right)^{12} = 10\left(1+\dfrac{0.022}{12}\right)^{12} = 10.222\,2$ 万元.

按连续复利, 一年本息和 $A_1 = 10\mathrm{e}^r = 10 \times \mathrm{e}^{0.022} = 10.222\,4$ 万元.

按连续复利, 5 年本息和 $A_5 = 10\mathrm{e}^{5r} = 10 \times \mathrm{e}^{5\times0.022} = 10 \times \mathrm{e}^{0.11} \approx 11.162\,7$ (万元).

练习 2.1

1. 用观察法判断下列数列的极限是否存在?

(1) $\{a\}$ (a 为常数);
(2) $\left\{\dfrac{n-1}{n}\right\}$;
(3) $\left\{1-\dfrac{1}{3^n}\right\}$;

(4) $\left\{\dfrac{1}{\sqrt{n}}\right\}$;
(5) $\{2n-3\}$;
(6) $\left\{\dfrac{1+(-1)^n}{2}\right\}$;

(7) $\{n(1+(-1)^n)\}$;
(8) $\left\{(-1)^n\dfrac{2n-1}{2n+1}\right\}$.

2. 求下列极限:

(1) $\lim\limits_{n\to\infty}\dfrac{2n+4}{n-3}$;
(2) $\lim\limits_{n\to\infty}\dfrac{5n^3+4}{n^4-1}$;

(3) $\lim\limits_{n\to\infty}\sqrt{n}(\sqrt{n+1}-\sqrt{n-1})$;
(4) $\lim\limits_{n\to\infty}\dfrac{2^{2n}+3^{n+2}}{4^n-3^{n-1}}$;

(5) $\lim\limits_{n\to\infty}\sin 2n$;
(6) $\lim\limits_{n\to\infty}\left(\dfrac{2}{n}-4\right)$;

(7) $\lim\limits_{n\to\infty}\dfrac{2n^2(n+4)}{n^3-3n+2}$;
(8) $\lim\limits_{n\to\infty}\dfrac{\sin\alpha}{n+3}$;

(9) $\lim\limits_{n\to\infty}\dfrac{1}{n-3}\sin\dfrac{\pi}{n-3}$;
(10) $\lim\limits_{n\to\infty}\left(\dfrac{2}{3}\right)^n$.

3. 用定理 2.1.1(夹挤定理) 求下列数列的极限:

(1) $a_n=\dfrac{1}{\sqrt{n^2+1}}+\dfrac{1}{\sqrt{n^2+2}}+\cdots+\dfrac{1}{\sqrt{n^2+n}}$;

(2) $a_n=\sqrt[n]{1+2^n}$;

(3) $a_n=\dfrac{1}{n^2+1}+\dfrac{2}{n^2+2}+\cdots+\dfrac{n}{n^2+n}$;

(4) $a_n=n\left(\dfrac{1}{n^2+\pi}+\dfrac{1}{n^2+2\pi}+\cdots+\dfrac{1}{n^2+n\pi}\right)$.

4. 利用重要极限 $\lim\limits_{n\to\infty}\left(1+\dfrac{1}{n}\right)^n=\mathrm{e}$ 求下列极限:

(1) $\lim\limits_{n\to\infty}\left(1-\dfrac{1}{2n}\right)^n$;
(2) $\lim\limits_{n\to\infty}\left(1+\dfrac{3}{n}\right)^n$;

(3) $\lim\limits_{n\to\infty}\left(1-\dfrac{2}{n}\right)^{-n}$;
(4) $\lim\limits_{n\to\infty}\left(1-\dfrac{1}{n}\right)^{2n}$;

(5) $\lim\limits_{n\to\infty}\left(\dfrac{n-2}{n+1}\right)^{n+1}$;
(6) $\lim\limits_{n\to\infty}\left(1+\dfrac{4}{n}\right)^{n+2}$;

(7) $\lim\limits_{n\to\infty}\left(1+\dfrac{1}{2n+1}\right)^{n-3}$;
(8) $\lim\limits_{n\to\infty}\dfrac{(n+1)^n}{(n+2)^{n+2}}$.

§2.2   函数的极限

2.2.1   函数极限的定义

数列 $a_n = f(n)$, $n \in \mathbf{N}_+$ 是定义在正整数集上的函数 (离散函数), 它的极限问题是特殊的函数极限问题. 因为数列 $a_n = f(n)$, $n \in \mathbf{N}_+$ 的自变量 n 只有一种变化方式: $n \to \infty$, 而对于一般的函数 $y = f(x)$, $x \in D$, 自变量 x 有多种变化方式, 可以趋于一个定点 x_0(从 x_0 两侧趋于 x_0, 或者单侧趋于 x_0), 也可以趋于无穷 ∞(同时趋于 $-\infty$ 和 $+\infty$, 或者单侧趋于 $-\infty$ 或 $+\infty$).

例如对于函数 $f(x) = x^2$, 当 x 从 2 的两侧无限趋于 2 (但不等于 2) 时, 函数值会如何变化呢? 我们列出表 2.2.1, 观察当 x 从 2 的两侧趋于 2 时函数值的变化情况.

表 2.2.1 x 从 2 的两侧趋近于 2 时 $f(x)$ 的值

x	1.9	1.99	1.999	1.999 9	2	2.000 1	2.001	2.01	2.1
$f(x)$	3.61	3.960 1	3.996 001	3.999 600 01	4	4.000 400 01	4.004 001	4.040 1	4.41

表 2.2.1 显示当 x 从 2 的两侧逐渐趋于 2 时, 函数值逐渐趋于 4, 即 $x \to 2$ 时, $f(x) \to 4$, 可以写成极限 $\lim\limits_{x \to 2} f(x) = 4$. 由此可以定义函数在自变量趋于一个定点时的极限.

1. 自变量趋于定点时的函数极限

(1) 双侧极限 $(x \to x_0)$

定义 2.2.1 (描述性定义)   设函数 $f(x)$ 在点 x_0 的某个去心邻域内有定义, 若存在某个确定的常数 A, 当 $x \to x_0$ (从 x_0 两侧趋于 x_0, 但 $x \neq x_0$, 如图 2.2.1 所示) 时, $f(x)$ 无限趋于 A, 则称数 A 为 $f(x)$ 在 $x \to x_0$ 时的极限, 记作

$$\lim_{x \to x_0} f(x) = A, \quad \text{或者} \quad f(x) \to A(x \to x_0).$$

图 2.2.1

【注意】   函数 $f(x)$ 在点 x_0 的某个去心邻域内有定义意味着 $f(x)$ 在点 x_0 处可以有定义, 也可以没有定义. 求 $f(x)$ 在点 x_0 的极限只研究在 $x \to x_0$ 时 $f(x)$ 的变化趋势, 不要求 $f(x)$ 本身在点 x_0 一定有定义.

如何理解当 x 趋于 x_0 时, $f(x)$ 无限趋于 A? 显然

当 $x \to x_0$ 时, $f(x) \to A$,

$\Leftrightarrow$ 当 x 充分接近 x_0 时, $f(x)$ 充分接近数 A;

$\Leftrightarrow$ 当 x 充分接近 x_0 时, $f(x)$ 与数 A 的距离可以任意小;

$\Leftrightarrow$ 对于任意小的 $\varepsilon > 0$, 存在 x_0 的邻域, 当 x 落在该邻域中时, 有 $|f(x) - A| < \varepsilon$ 成立.

⇔ 对任意小的 $\varepsilon > 0$, 存在 $\delta > 0$ (δ 是很小的正数), 当 $x \in \boldsymbol{U}(x_0, \delta) = \{x | 0 < |x - x_0| < \delta\}$ 时, 有 $|f(x) - A| < \varepsilon$ 成立.

为此, 得到函数在一点极限的数学定义.

定义 2.2.2 ($\varepsilon - \delta$ 定义) 设函数 $f(x)$ 在点 x_0 的某个去心邻域内有定义, 若存在常数 A, 对于任意 $\varepsilon > 0$, 总存在 $\delta > 0$, 当 $0 < |x - x_0| < \delta$ 时, 恒有 $|f(x) - A| < \varepsilon$ 成立, 则称数 A 为 $f(x)$ 在 $x \to x_0$ 时的极限, 记作 $\lim\limits_{x \to x_0} f(x) = A$.

【注意】 这里 $0 < |x - x_0|$ 意味着 $x \neq x_0$, $|x - x_0| < \delta$ 意味着 x 充分靠近 x_0, $|f(x) - A| < \varepsilon$ 意味着 $f(x)$ 充分接近数 A. 所以 ε 刻画 $f(x)$ 与数 A 的接近程度, δ 刻画 x 与 x_0 的接近程度, ε 是任意给定的很小的数, δ 是随 ε 而确定的很小的正数.

从几何上来看, 对于任意 $x \in \mathring{U}(x_0, \delta)$, 有 $|f(x) - A| < \varepsilon$ 成立, 即 $A - \varepsilon < f(x) < A + \varepsilon$ 成立. 因此, 当 x 落在 x_0 的去心邻域 $\mathring{U}(x_0, \delta)$ 内时, $f(x)$ 的取值落在两条平行线 $A - \varepsilon$ 和 $A + \varepsilon$ 之间 (如图 2.2.2).

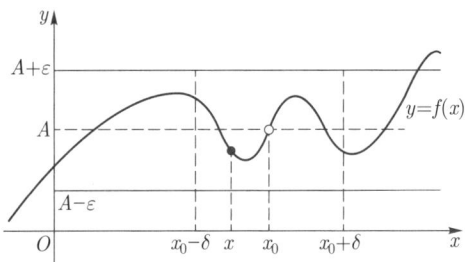

图 2.2.2

对于函数 $f(x) = x^2$, 当 x 从 2 的左侧无限趋于 2(但不等于 2) 时, 一般记作 $x \to 2^-$, 相应的极限记为 $\lim\limits_{x \to 2^-} f(x)$, 由表 2.2.1 知 $\lim\limits_{x \to 2^-} f(x) = 4$. 同理, 当 x 从 2 的右侧无限趋于 2 (但不等于 2) 时, 一般记作 $x \to 2^+$, 相应的极限记为 $\lim\limits_{x \to 2^+} f(x)$, 由表 2.2.1 知 $\lim\limits_{x \to 2^+} f(x) = 4$. 这里将 $\lim\limits_{x \to 2^-} f(x)$ 称为函数 $f(x) = x^2$ 在 $x = 2$ 处的左极限, $\lim\limits_{x \to 2^+} f(x)$ 称为函数 $f(x) = x^2$ 在 $x = 2$ 处的右极限. 左、右极限统称为单侧极限, 更一般地可定义一个点的单侧极限.

(2) 单侧极限 ($x \to x_0^-$ 或 $x \to x_0^+$)

定义 2.2.3 (描述性定义) 设函数 $f(x)$ 在 x_0 的某个左邻域 (右邻域) 内有定义, 若 $f(x)$ 在 $x \to x_0^-(x \to x_0^+)$ 的过程中, $f(x)$ 无限趋于某个确定的数 A, 则称数 A 为函数 $f(x)$ 在 $x \to x_0^-(x \to x_0^+)$ 时的左 (右) 极限, 记作

$$\lim\limits_{x \to x_0^-} f(x) = A \, (\lim\limits_{x \to x_0^+} f(x) = A), \text{或者} f(x) \to A(x \to x_0^-, \text{或} x \to x_0^+).$$

【注意】 $x \to x_0^-$ 指 $x < x_0$ 且 $x \to x_0$ (如图 2.2.3(a)); $x \to x_0^+$ 指 $x > x_0$ 且 $x \to x_0$ (如图 2.2.3(b)).

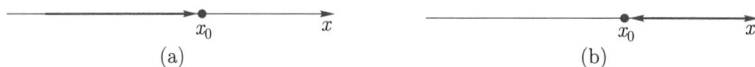

图 2.2.3

与双侧极限类似, 单侧极限的数学定义可以写为如下形式:

定义 2.2.4 ($\varepsilon - \delta$ **定义**)   设函数 $f(x)$ 在 x_0 的某个左邻域 (右邻域) 内有定义, 若存在常数 A, 对于任意 $\varepsilon > 0$, 存在 $\delta > 0$, 当 $x_0 - \delta < x < x_0(x_0 < x < x_0 + \delta)$ 时, 恒有 $|f(x) - A| < \varepsilon$, 则称数 A 为 $f(x)$ 在 $x \to x_0^-(x \to x_0^+)$ 时的左 (右) 极限, 记作 $\lim\limits_{x \to x_0^-} f(x) = A(\lim\limits_{x \to x_0^+} f(x) = A)$.

为了书写上的方便, 我们经常将左极限 $\lim\limits_{x \to x_0^-} f(x)$ 记为 $f(x_0 - 0)$, 即 $f(x_0 - 0) = \lim\limits_{x \to x_0^-} f(x)$. 将右极限 $\lim\limits_{x \to x_0^+} f(x)$ 记为 $f(x_0 + 0)$, 即 $f(x_0 + 0) = \lim\limits_{x \to x_0^+} f(x)$.

2. 自变量趋于无穷 ($x \to \infty$) 时的函数极限

观察 $x \to \infty$ 时, 函数 $y = \dfrac{1}{x}$ 和 $y = \dfrac{1}{x^2}$ 的变化趋势, 如图 2.2.4 所示.

显然, 当 $x \to -\infty$ 时, $y = \dfrac{1}{x} \to 0$; 当 $x \to +\infty$ 时, $y = \dfrac{1}{x} \to 0$, 可合写为当 $x \to \infty$ 时, $y = \dfrac{1}{x} \to 0$. 同样, 对于函数 $y = \dfrac{1}{x^2}$, $x \to \infty$ (x 同时趋于 $+\infty$ 和 $-\infty$) 时, 也有 $y = \dfrac{1}{x^2} \to 0$. 这样也可以定义函数在自变量趋于无穷时的极限.

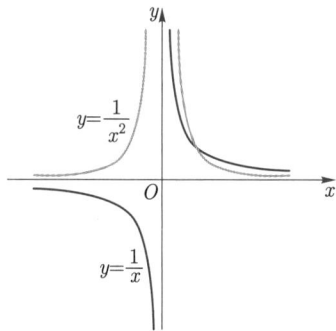

图 2.2.4

(1) 双侧极限

定义 2.2.5 (**描述性定义**)   设函数 $y = f(x)$ 在 $|x| > M > 0$ 时有定义, 当 $x \to \infty$ (x 沿着 x 轴向正、负方向同时趋于 $+\infty$ 和 $-\infty$, 如图 2.2.5) 时, $f(x)$ 无限趋于某个确定的数 A, 则称数 A 为函数 $f(x)$ 在 $x \to \infty$ 时的极限, 记作

$$\lim_{x \to \infty} f(x) = A, \text{ 或者 } f(x) \to A \, (x \to \infty).$$

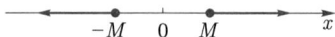

图 2.2.5

$\lim\limits_{x \to \infty} f(x) = A$ 意味着对任意 $\varepsilon > 0$, 总存在 $M_0 > 0$, 当 $|x| > M_0 > M$ 时, $f(x)$ 与 A 的距离小于事先给定的正数 ε, 即 $|f(x) - A| < \varepsilon$. 所以当 $|x| > M_0$ 时, $f(x)$ 落在 A 的一个 ε 邻域 $(A - \varepsilon, A + \varepsilon)$ 中, 如图 2.2.6.

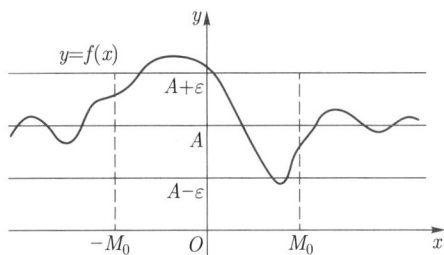

图 2.2.6

为此得到极限过程 $x \to \infty$ 时的数学定义.

定义 2.2.6　设函数 $y = f(x)$ 在无穷邻域 $(-\infty, -M) \cup (M, +\infty)$ 内有定义, 若存在常数 A, 对于任意的 $\varepsilon > 0$, 总存在 M_0 $(M_0 > M > 0)$, 当 $|x| > M_0$ 时, 恒有 $|f(x) - A| < \varepsilon$ 成立, 则称数 A 为函数 $f(x)$ 在 $x \to \infty$ 时的极限, 记作 $\lim\limits_{x \to \infty} f(x) = A$.

(2) 单侧极限

定义 2.2.7 (描述性定义)　设函数 $f(x)$ 在 $(M, +\infty)$(或 $(-\infty, -M)$) 内有定义, 如果函数 $y = f(x)$ 在 $x \to +\infty$(或 $x \to -\infty$) 的过程中 (如图 2.2.7), 对应的函数值无限趋于某个确定的数 A, 则称数 A 为函数 $f(x)$ 在 $x \to +\infty$($x \to -\infty$) 时的极限, 记作

$$\lim_{x \to +\infty} f(x) = A \left(\lim_{x \to -\infty} f(x) = A \right), \quad \text{或者} \quad f(x) \to A \ (x \to +\infty, \text{或 } x \to -\infty).$$

图 2.2.7

类似于趋于无穷的双侧极限, 给出单侧极限的数学定义.

定义 2.2.8　设函数 $f(x)$ 在 $x \to +\infty$(或 $x \to -\infty$) 的过程中有定义, 若存在常数 A, 对于任意 $\varepsilon > 0$, 存在 $M_0 > 0$, 当 $x > M_0$(或 $x < -M_0$) 时, 恒有 $|f(x) - A| < \varepsilon$ 成立, 则称数 A 为函数 $f(x)$ 在 $x \to +\infty$(或 $x \to -\infty$) 时的极限, 记作 $\lim\limits_{x \to +\infty} f(x) = A$(或 $\lim\limits_{x \to -\infty} f(x) = A$).

故函数 $y = f(x), x \in D$ 的自变量 x 的变化过程共有 6 种:

(1) $x \to x_0$(x 从 x_0 两侧趋于 x_0 但 $x \neq x_0$);

(2) $x \to x_0^-$ ($x < x_0$ 且趋于 x_0);

(3) $x \to x_0^+$ ($x > x_0$ 且趋于 x_0);

(4) $x \to \infty$ (x 沿着 x 轴正、负方向趋于 $+\infty$ 和 $-\infty$);

(5) $x \to -\infty$ (x 沿着 x 轴负方向趋于 $-\infty$);

(6) $x \to +\infty$ (x 沿着 x 轴正方向趋于 $+\infty$).

为了后面方便表述, 我们将这 6 种变化过程统一写为 $x \to X$, 并给出函数极限的统一描述性定义.

定义 2.2.9 若函数 $f(x)$ 在 $x \to X$ 的过程中有定义, 当 $x \to X$ 时, 对应的函数值 $f(x)$ 无限趋于确定的数 A, 则称数 A 为 $f(x)$ 在 $x \to X$ 时的极限, 记作

$$\lim_{x \to X} f(x) = A \quad \text{或者} \quad f(x) \to A(x \to X).$$

否则, 称函数 $f(x)$ 在 $x \to X$ 的过程中极限不存在.

显然, 函数若在某个变化过程中极限存在, 则 **极限值唯一** .

2.2.2 函数极限的性质

性质 2.2.1 函数 $f(x)$ 在 $x \to x_0$ 时的极限 $\lim\limits_{x \to x_0} f(x)$ 存在的充分必要条件是函数 $f(x)$ 在点 x_0 处的左、右极限都存在且相等. 即

$$\lim_{x \to x_0} f(x) = A \Leftrightarrow \lim_{x \to x_0^-} f(x) = \lim_{x \to x_0^+} f(x) = A.$$

如 $\lim\limits_{x \to 2} x^2 = 4 \Leftrightarrow \lim\limits_{x \to 2^-} x^2 = \lim\limits_{x \to 2^+} x^2 = 4.$

性质 2.2.2 函数 $f(x)$ 在 $x \to \infty$ 时的极限 $\lim\limits_{x \to \infty} f(x)$ 存在的充分必要条件是函数 $f(x)$ 在 $x \to -\infty$ 和 $x \to +\infty$ 时的极限都存在且相等. 即

$$\lim_{x \to \infty} f(x) = A \Leftrightarrow \lim_{x \to -\infty} f(x) = \lim_{x \to +\infty} f(x) = A.$$

如 $\lim\limits_{x \to \infty} \dfrac{1}{x^2} = 0 \Leftrightarrow \lim\limits_{x \to -\infty} \dfrac{1}{x^2} = \lim\limits_{x \to +\infty} \dfrac{1}{x^2} = 0.$

若极限过程是 $x \to x_0$, 则初等函数还有如下性质:

性质 2.2.3 若函数 $f(x)$ 是初等函数 (包括基本初等函数), x_0 在 $f(x)$ 的定义区间内, 则当 $x \to x_0$ (或 $x \to x_0^+, x \to x_0^-$) 时, $\lim\limits_{x \to x_0} f(x) = f(x_0)$ (或 $\lim\limits_{x \to x_0^-} f(x) = f(x_0), \lim\limits_{x \to x_0^+} f(x) = f(x_0)$).

即初等函数在其定义区间内任何点处的极限值都存在且等于函数在这一点的函数值.

例 2.2.1 已知函数 $f(x) = 2x^2 + 3x - 1$, 求 $\lim\limits_{x \to 0} f(x)$ 和 $\lim\limits_{x \to 1} f(x)$.

解 显然 $f(x) = 2x^2 + 3x - 1$ 是初等函数, 定义域为 $\mathbf{R}$, 根据性质 2.2.3 知函数在其定义区间内任何点的极限值等于函数在该点的函数值, 故

$$\lim_{x \to 0} f(x) = \lim_{x \to 0} (2x^2 + 3x - 1) = f(0) = -1,$$

$$\lim_{x \to 1} f(x) = \lim_{x \to 1} (2x^2 + 3x - 1) = f(1) = 4.$$

例 2.2.2 已知函数 $f(x) = \sin(2x^2)$, 求 $\lim\limits_{x \to 0} f(x)$ 以及 $\lim\limits_{x \to a} f(x) \, (a \in \mathbf{R})$.

解 $f(x) = \sin(2x^2)$ 是初等函数, 其定义域为 $\mathbf{R}$, 所以

$$\lim_{x \to 0} f(x) = \lim_{x \to 0} \sin(2x^2) = \sin 0 = 0,$$

$$\lim_{x \to a} f(x) = \lim_{x \to a} \sin(2x^2) = \sin(2a^2).$$

我们遇到的函数大多数是初等函数, 而根据性质 2.2.3 知初等函数在其定义区间内任何点的极限不但存在, 且等于函数在该点的函数值, 故初等函数在其定义区间内任何点处的极限问题就变得非常简单了. 可是如果极限过程为 $x \to x_0$, 但 x_0 不在初等函数的定义区间内, 或者变化过程是 $x \to \infty$, 那么该如何求极限呢?

若是基本初等函数, 则可以借助其图像求极限.

例 2.2.3 试用函数图像判断下列函数在相应变化过程中的极限.

(1) $\lim\limits_{x \to \frac{\pi}{2}^-} \tan x;$ $\quad \lim\limits_{x \to \frac{\pi}{2}^+} \tan x.$

(2) $\lim\limits_{x \to -\infty} \mathrm{e}^x;$ $\quad \lim\limits_{x \to +\infty} \mathrm{e}^x;$ $\quad \lim\limits_{x \to \infty} \mathrm{e}^x.$

(3) $\lim\limits_{x \to 0^+} \ln x;$ $\quad \lim\limits_{x \to +\infty} \ln x.$

(4) $\lim\limits_{x \to -\infty} \arctan x;$ $\quad \lim\limits_{x \to +\infty} \arctan x;$ $\quad \lim\limits_{x \to \infty} \arctan x.$

解 (1) $y = \tan x$ 虽然是基本初等函数, 但是由于 $x = \dfrac{\pi}{2}$ 不在其定义域内, 不能用性质 2.2.3.

我们借助函数图像来求极限. 如图 2.2.8, 根据 $y = \tan x$ 的图像显然有

$$\lim_{x \to \frac{\pi}{2}^-} \tan x = +\infty; \quad \lim_{x \to \frac{\pi}{2}^+} \tan x = -\infty.$$

【注意】 这里 $\lim\limits_{x \to \frac{\pi}{2}} \tan x = \infty$ 代表极限不存在且发散到无穷大.

(2) 根据 $y = \mathrm{e}^x$ 的图像 (如图 2.2.9), 显然有 $\lim\limits_{x \to -\infty} \mathrm{e}^x = 0$, $\lim\limits_{x \to +\infty} \mathrm{e}^x = +\infty$, 故 $\lim\limits_{x \to \infty} \mathrm{e}^x$ 不存在.

(3) 由于 0 不在 $\ln x$ 的定义域内, 不能用性质 2.2.3. 根据 $y = \ln x$ 的图像 (如图 2.2.10), 有

$$\lim_{x \to 0^+} \ln x = -\infty, \quad \lim_{x \to +\infty} \ln x = +\infty.$$

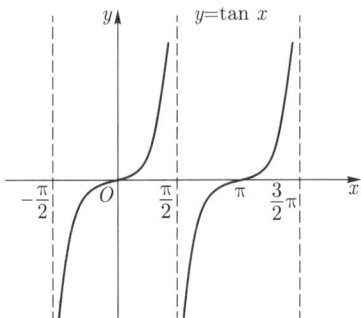

图 2.2.8

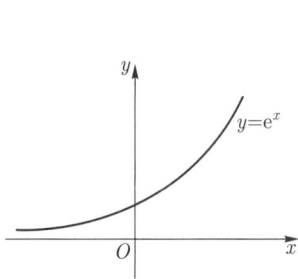

图 2.2.9

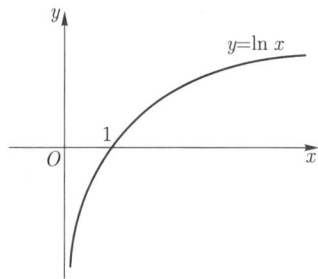

图 2.2.10

(4) 根据 $y = \arctan x$ 图像 (如图 2.2.11), 有

$$\lim_{x \to -\infty} \arctan x = -\frac{\pi}{2}, \quad \lim_{x \to +\infty} \arctan x = \frac{\pi}{2},$$

故 $\lim\limits_{x \to \infty} \arctan x$ 不存在.

因此, 对于基本初等函数可以借助图像研究其极限问题. 但对于一般初等函数, 且极限点不在定义域中, 该如何求极限呢?

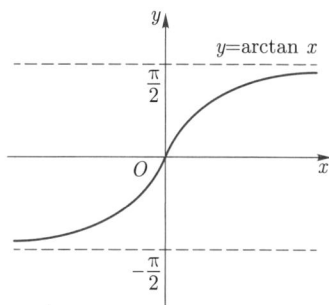

图 2.2.11

例 2.2.4 求极限 $\lim\limits_{x \to 1} \left(\dfrac{x}{x-1} - \dfrac{1}{x^2-x} \right)$.

【分析】 观察极限点 $x = 1$ 不在定义域中, 先通分, 然后约去使得分母为零的因子:

$$\frac{x}{x-1} - \frac{1}{x^2-x} = \frac{x^2-1}{x^2-x} = \frac{x+1}{x},$$

而 $x = 1$ 在 $\dfrac{x+1}{x}$ 的定义域中, 可应用性质 2.2.3.

解
$$\lim_{x \to 1} \left(\frac{x}{x-1} - \frac{1}{x^2-x} \right) = \lim_{x \to 1} \frac{x+1}{x} = 2.$$

因此, 若函数是初等函数, 变化过程是趋于定点 (如 $x \to x_0$), 如果 x_0 在初等函数的定义域中, 由性质 2.2.3 知极限问题得以解决; 如果 x_0 不在函数的定义域中, 但是可以约去使得分母为零的因子 (如例 2.2.4), 极限问题也得以解决. 而当 x_0 不在函数的定义域中, 又无法约去零因子时, §2.3 和 §4.2 会进一步学习解决方法. 这样一来, 趋于定点的极限问题就集中在非初等函数上, 所以分段函数 (由第 1 章知分段函数是非初等函数) 在分段点处的极限问题就成为本节的学习重点.

例 2.2.5 如图 2.2.12, 函数 $f(x) = \begin{cases} a-x, & x < 0, \\ x^2+a, & x \geqslant 0 \end{cases}$ ($a > 0$, 且 a 为常数), 求 $\lim\limits_{x \to 0} f(x)$.

【分析】 显然, $f(x)$ 是分段函数, $x = 0$ 是分段点, 求函数在 $x \to 0$ 时的极限, 需要先求函数在点 $x = 0$ 处的左、右极限, 若左、右极限都存在且相等, $\lim\limits_{x \to 0} f(x)$ 才存在.

解 在 $x = 0$ 的左极限: $\lim\limits_{x \to 0^-} f(x) = \lim\limits_{x \to 0^-} (a-x) = a$;

在 $x = 0$ 的右极限: $\lim\limits_{x \to 0^+} f(x) = \lim\limits_{x \to 0^+} (x^2+a) = a$.

由于左极限等于右极限, 所以函数在分段点 $x = 0$ 处的极限存在, 且

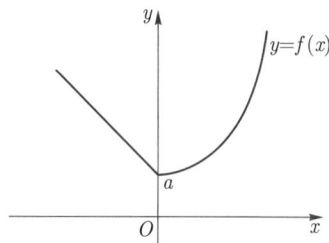

图 2.2.12

$$\lim_{x \to 0} f(x) = \lim_{x \to 0^-} f(x) = \lim_{x \to 0^+} f(x) = a.$$

例 2.2.6 已知函数 $f(x) = \begin{cases} -\dfrac{1}{x}, & x < 0, \\ \sqrt{2+x^2}, & x \geqslant 0, \end{cases}$ 求 $\lim\limits_{x \to 0} f(x)$.

解 在 $x = 0$ 处的左极限: $\lim\limits_{x \to 0^-} f(x) = \lim\limits_{x \to 0^-} \left(-\dfrac{1}{x} \right) = +\infty$;

在 $x = 0$ 处的右极限: $\lim\limits_{x \to 0^+} f(x) = \lim\limits_{x \to 0^+} \sqrt{2 + x^2} = \sqrt{2}$. 由于左极限不存在, 所以函数在分段点 $x = 0$ 处的极限不存在, 即 $\lim\limits_{x \to 0} f(x)$ 不存在 (如图 2.2.13).

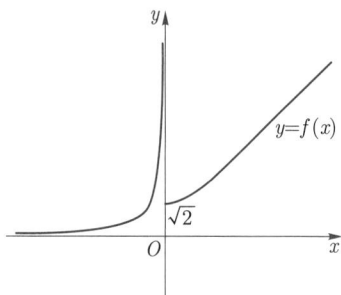

图 2.2.13

例 2.2.7 判断极限 $\lim\limits_{x \to 0} \dfrac{|x|}{x}$ 是否存在?

解 由于 $f(x) = \dfrac{|x|}{x} = \begin{cases} 1, & x > 0, \\ -1, & x < 0 \end{cases}$ (如图 2.2.14)

显然是分段函数, 在分段点 $x = 0$ 处的左、右极限分别为

$\lim\limits_{x \to 0^-} f(x) = \lim\limits_{x \to 0^-} (-1) = -1; \lim\limits_{x \to 0^+} f(x) = \lim\limits_{x \to 0^+} 1 = 1.$

左、右极限虽都存在, 但不相等, 故极限 $\lim\limits_{x \to 0} \dfrac{|x|}{x}$ 不存在.

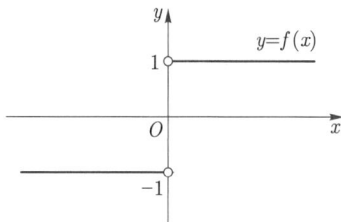

图 2.2.14

例 2.2.8 已知函数 $f(x) = \begin{cases} \mathrm{e}^x, & x < 0, \\ b, & x = 0, \\ \sqrt[3]{a + bx^2}, & x > 0, \end{cases}$

若 $\lim\limits_{x \to 0} f(x)$ 存在, 求 a, b 的值.

解 本题中分段函数 $f(x)$ 含有常数 a, b, 已知 $f(x)$ 在分段点 $x = 0$ 处极限存在, 根据性质 2.2.1 知 $f(x)$ 在点 $x = 0$ 处的左、右极限都存在且相等.

在 $x = 0$ 处的左极限: $\lim\limits_{x \to 0^-} f(x) = \lim\limits_{x \to 0^-} \mathrm{e}^x = 1$;

在 $x = 0$ 处的右极限: $\lim\limits_{x \to 0^+} f(x) = \lim\limits_{x \to 0^+} \sqrt[3]{a + bx^2} = \sqrt[3]{a}$.

若要左极限等于右极限, 需要 $\sqrt[3]{a} = 1$, 所以 $a = 1$, 显然 b 可以为任何实数.

若本题改为:

例 2.2.9 已知函数 $f(x) = \begin{cases} \mathrm{e}^x, & x < 0, \\ b, & x = 0, \\ \sqrt[3]{a + bx^2}, & x > 0, \end{cases}$ 若 $\lim\limits_{x \to 0} f(x) = f(0)$, 求 a, b 的值.

解 $\lim\limits_{x \to 0} f(x) = f(0)$ 意味着 $\lim\limits_{x \to 0} f(x)$ 存在且等于 $f(0)$. 同例 2.2.8, 先求左、右极限并令其相等, 得 $a = 1$, 即 $\lim\limits_{x \to 0} f(x) = 1$. 而 $f(0) = b$, 若要 $\lim\limits_{x \to 0} f(x) = f(0)$, 需要

$$1 = \lim\limits_{x \to 0} f(x) = f(0) = b,$$

故 $b = 1$. 综上, 若 $\lim\limits_{x \to 0} f(x) = f(0)$, 则 $a = 1, b = 1$.

练习 2.2

1. 根据图像, 求下列函数的极限:

(1) $\lim\limits_{x \to 0} (x^2 + 1)$; $\lim\limits_{x \to 2} (x^2 + 1)$; $\lim\limits_{x \to -2} (x^2 + 1)$.

(2) $\lim\limits_{x \to +\infty} x^3$; $\lim\limits_{x \to -\infty} x^3$; $\lim\limits_{x \to \infty} x^3$.

(3) $\lim\limits_{x \to +\infty} e^{-x}$; $\lim\limits_{x \to -\infty} e^{-x}$; $\lim\limits_{x \to \infty} e^{-x}$.

(4) $\lim\limits_{x \to +\infty} \log_2(1+x)$; $\lim\limits_{x \to 0} \log_2(1+x)$; $\lim\limits_{x \to -1^+} \log_2(1+x)$.

(5) $\lim\limits_{x \to +\infty} \mathrm{arccot}\, x$; $\lim\limits_{x \to -\infty} \mathrm{arccot}\, x$; $\lim\limits_{x \to \infty} \mathrm{arccot}\, x$.

(6) $\lim\limits_{x \to 0} \cos x$; $\lim\limits_{x \to \frac{\pi}{2}} \cos x$; $\lim\limits_{x \to \infty} \cos x$.

2. 求下列初等函数的极限:

(1) $\lim\limits_{x \to 0} \dfrac{\tan x + 1}{2\cos x}$;

(2) $\lim\limits_{x \to -2} \dfrac{2x}{\ln (x+4)}$;

(3) $\lim\limits_{x \to 1} \dfrac{x^n}{nx + 1}$($n$ 为自然数);

(4) $\lim\limits_{x \to \frac{\pi}{2}} \dfrac{\cos x - 1}{2\sin x}$;

(5) $\lim\limits_{x \to \pi} \dfrac{(\pi - x) + \sin x}{\cos 2x}$;

(6) $\lim\limits_{x \to +\infty} \dfrac{2}{\arctan x}$.

3. 设分段函数 $f(x) = \begin{cases} x^2 - 2, & x \leqslant 0, \\ e^{2x} - 3, & x > 0, \end{cases}$ 判断函数 $f(x)$ 在点 $x = 0$ 处的极限是否存在.

4. 设分段函数 $f(x) = \begin{cases} 2x + 3, & x \leqslant 0, \\ \ln x, & x > 0, \end{cases}$ 判断函数 $f(x)$ 在点 $x = 0$ 处的极限是否存在.

5. 已知分段函数 $f(x) = \begin{cases} \sqrt{2x + 2}, & x \leqslant 1, \\ e^{1-x} + a, & x > 1 \end{cases}$ 在点 $x = 1$ 处的极限存在, 求常数 a.

6. 已知分段函数 $f(x) = \begin{cases} \cos x + a, & x \leqslant 0, \\ \ln (1+x) + bx + 2, & x > 0 \end{cases}$ 在点 $x = 0$ 处的极限存在, 求常数 a, b.

§2.3 函数极限的性质与运算法则

对于一般的初等函数, 若 $x \to x_0$, 但 x_0 不在初等函数的定义区间内, 也无法通过约去使得分母为零的因子求极限, 此时该如何求极限? 若 $x \to \infty$, 又该如何求极限? 解决这些问题需要学习本节中函数极限的性质、四则运算法则以及 §4.2 中的洛必达法则.

2.3.1 函数极限的性质

讨论当极限 $\lim\limits_{x \to X} f(x)$ 存在时函数 $f(x)$ 的性质, 就是讨论 $f(x)$ 在变化过程 $x \to X$ 中某个邻域内的性质. 我们习惯上称函数在某一邻域内的性质为函数的局部性质. 下面以 $x \to x_0$ 为例, 首先讨论函数的局部有界性.

定义 2.3.1 设函数 $y = f(x)$ 在点 x_0 的某个去心邻域 $\mathring{U}(x_0, \delta)(\delta > 0)$ 内有定义. 如果存在 $M > 0$, 对任意的 $x \in \mathring{U}(x_0, \delta)$, 总有 $|f(x)| \leqslant M$ 成立, 那么称函数 $f(x)$ 在 x_0 的去心邻域 $\mathring{U}(x_0, \delta)$ 内是局部有界的.

【注意】 局部有界是讨论函数在局部范围内的有界性, 不要求函数在整个定义范围内都有界.

性质 2.3.1 (局部有界性) 若 $\lim\limits_{x \to x_0} f(x) = A$, 则存在常数 $M > 0$ 和 $\delta > 0$, 使得当 $x \in \mathring{U}(x_0, \delta)$ 时, 有 $|f(x)| \leqslant M$.

证明 当 $x \to x_0$ 时, $\lim\limits_{x \to x_0} f(x) = A$, 即对任意的 $\varepsilon > 0$, 存在 x_0 的某个去心邻域 $\mathring{U}(x_0, \delta)$, 使得当 $x \in \mathring{U}(x_0, \delta)$ 时, 有 $|f(x) - A| < \varepsilon$ 成立, 从而

$$|f(x)| = |f(x) - A + A| \leqslant |f(x) - A| + |A| = |A| + \varepsilon.$$

令 $M = |A| + \varepsilon$, 则函数 $f(x)$ 在 x_0 的去心邻域 $\mathring{U}(x_0, \delta)$ 中是有界的. 如图 2.3.1.

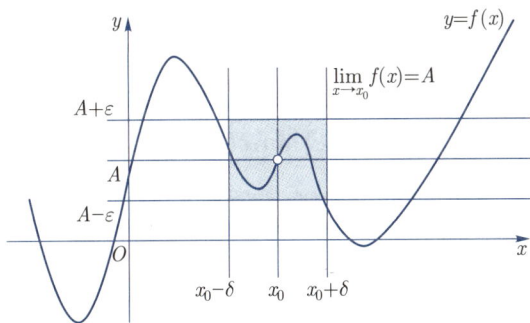

图 2.3.1

性质 2.3.2 若 $\lim\limits_{x \to X} f(x) = A$, $\lim\limits_{x \to X} g(x) = B$, 且 $A > B$(或 $A < B$), 则 $f(x)$ 与 $g(x)$ 在变化过程 $x \to X$ 中的某个邻域内满足 $f(x) > g(x)$(或 $f(x) < g(x)$).

性质 2.3.2 说明在同一变化过程 $x \to X$ 下, 若函数 $f(x)$ 的极限值大于 $g(x)$ 的极限值, 则在 x 充分靠近 X 时, 函数 $f(x)$ 本身也大于 $g(x)$. 尤其是当 $g(x) = 0$ 时, 有下面的推论:

推论 2.3.1 (局部保号性) 若 $\lim\limits_{x \to X} f(x) = A > 0$(或 $A < 0$), 则在变化过程 $x \to X$ 中的某一邻域内满足 $f(x) > 0$(或 $f(x) < 0$).

局部保号性非常重要, 在后面的学习中会经常用到.

性质 2.3.3　若 $\lim\limits_{x \to X} f(x) = A$, $\lim\limits_{x \to X} g(x) = B$, 且在变化过程 $x \to X$ 中的某一邻域内满足 $f(x) > g(x)$, 则 $A \geqslant B$.

性质 2.3.3 说明在变化过程 $x \to X$ 下, 函数 $f(x)$ 若大于 $g(x)$, 则 $f(x)$ 的极限值也不会小于 $g(x)$ 的极限值. 若 $g(x) = 0$, 则有下面的推论:

推论 2.3.2　若 $\lim\limits_{x \to X} f(x) = A$, 且在变化过程 $x \to X$ 中的某一邻域内满足 $f(x) > 0$(或 $f(x) < 0$), 则 $A \geqslant 0$(或 $A \leqslant 0$).

性质 2.3.4 (复合函数求极限)　设函数 $f[g(x)]$ 由函数 $y = f(u)$ 和函数 $u = g(x)$ 复合而成. $f[g(x)]$ 在变化过程 $x \to X$ 中的某个去心邻域内有定义, 如果 $\lim\limits_{x \to X} g(x) = A$($A$ 可以为无穷大) 且 $g(x) \neq A$, $\lim\limits_{u \to A} f(u) = B$, 则 $\lim\limits_{x \to X} f[g(x)] = B$.

【注意】　这里条件 $g(x) \neq A$ 不可少.

性质 2.3.4 的说明

在数列极限中我们学习了夹挤定理, 对于函数极限同样可以给出夹挤定理:

定理 2.3.1 (夹挤定理)　设 $f(x), g(x), h(x)$ 在变化过程 $x \to X$ 中的某一邻域内有定义, 且满足 $g(x) \leqslant f(x) \leqslant h(x)$, 若 $\lim\limits_{x \to X} g(x) = \lim\limits_{x \to X} h(x) = A$, 则 $\lim\limits_{x \to X} f(x) = A$.

2.3.2　函数极限的四则运算法则

若 $\lim\limits_{x \to X} f(x) = A$, $\lim\limits_{x \to X} g(x) = B$, 则

(1) $\lim\limits_{x \to X} Cf(x) = C \lim\limits_{x \to X} f(x) = CA$ (C 是常数);

(2) $\lim\limits_{x \to X} [f(x) \pm g(x)] = \lim\limits_{x \to X} f(x) \pm \lim\limits_{x \to X} g(x) = A \pm B$;

(3) $\lim\limits_{x \to X} f(x)g(x) = \lim\limits_{x \to X} f(x) \lim\limits_{x \to X} g(x) = AB$;

(4) $\lim\limits_{x \to X} \dfrac{f(x)}{g(x)} = \dfrac{\lim\limits_{x \to X} f(x)}{\lim\limits_{x \to X} g(x)} = \dfrac{A}{B}$ ($B \neq 0$).

【注意】　上述四则运算法则成立的前提是在同一变化过程下, 且两个函数的极限都存在.

例 2.3.1　求下列极限:

(1) $\lim\limits_{x \to 1} (3x - 2x^2)$;　　　　　　　(2) $\lim\limits_{x \to 0} \dfrac{2x^2 - 3x + 4}{x^2 - 2}$.

解　(1) 根据四则运算法则有

$$\lim\limits_{x \to 1} (3x - 2x^2) = \lim\limits_{x \to 1} 3x - \lim\limits_{x \to 1} 2x^2 = 3 \lim\limits_{x \to 1} x - 2 \lim\limits_{x \to 1} x^2 = 3 \times 1 - 2 \times 1 = 1.$$

也可以将 $3x - 2x^2$ 看成初等函数, 1 在其定义区间内, 故

$$\lim_{x \to 1} (3x - 2x^2) = 3 \times 1 - 2 \times 1^2 = 1.$$

(2) 根据四则运算法则

$$\lim_{x \to 0} \frac{2x^2 - 3x + 4}{x^2 - 2} = \frac{\lim\limits_{x \to 0} (2x^2 - 3x + 4)}{\lim\limits_{x \to 0} (x^2 - 2)}$$

$$= \frac{2\lim\limits_{x \to 0} x^2 - 3\lim\limits_{x \to 0} x + \lim\limits_{x \to 0} 4}{\lim\limits_{x \to 0} x^2 - \lim\limits_{x \to 0} 2}$$

$$= \frac{0 - 0 + 4}{0 - 2} = -2.$$

同理本题也可直接将 $\dfrac{2x^2 - 3x + 4}{x^2 - 2}$ 看成初等函数, 用初等函数的性质求极限.

2.3.3　两类常见极限问题

第一类　形如 $\lim\limits_{x \to \infty} \dfrac{f(x)}{g(x)} = \lim\limits_{x \to \infty} \dfrac{a_n x^n + a_{n-1} x^{n-1} + \cdots + a_1 x + a_0}{b_m x^m + b_{m-1} x^{m-1} + \cdots + b_1 x + b_0}$ **的极限问题**

例 2.3.2　求 $\lim\limits_{x \to \infty} \dfrac{2x^2 - 3x + 4}{x^3 - x + 2}$.

【分析】　本题分子、分母在 $x \to \infty$ 的过程下极限都不存在, 不能直接运用四则运算法则, 必须先变形使分子、分母有极限后再运用四则运算法则.

解　分子、分母同除以**分母中 x 的最高次幂**.

$$\lim_{x \to \infty} \frac{2x^2 - 3x + 4}{x^3 - x + 2} = \lim_{x \to \infty} \frac{\dfrac{2}{x} - \dfrac{3}{x^2} + \dfrac{4}{x^3}}{1 - \dfrac{1}{x^2} + \dfrac{2}{x^3}} = \frac{\lim\limits_{x \to \infty} \left(\dfrac{2}{x} - \dfrac{3}{x^2} + \dfrac{4}{x^3} \right)}{\lim\limits_{x \to \infty} \left(1 - \dfrac{1}{x^2} + \dfrac{2}{x^3} \right)} = \frac{0}{1} = 0.$$

本题分子中 x 的最高次幂低于分母中 x 的最高次幂, 极限为零. 若分子中 x 的最高次幂等于或者高于分母中 x 的最高次幂, 结果会如何呢?

例如将本题改为 $\lim\limits_{x \to \infty} \dfrac{2x^2 - 3x + 4}{x^2 - x + 2}$, 分子、分母同除以分母中 x 的最高次幂, 得

$$\lim_{x \to \infty} \frac{2x^2 - 3x + 4}{x^2 - x + 2} = \lim_{x \to \infty} \frac{2 - \dfrac{3}{x} + \dfrac{4}{x^2}}{1 - \dfrac{1}{x} + \dfrac{2}{x^2}} = \frac{\lim\limits_{x \to \infty} \left(2 - \dfrac{3}{x} + \dfrac{4}{x^2} \right)}{\lim\limits_{x \to \infty} \left(1 - \dfrac{1}{x} + \dfrac{2}{x^2} \right)} = \frac{2}{1} = 2.$$

若改为 $\lim\limits_{x \to \infty} \dfrac{2x^3 - 3x + 4}{x^2 - x + 2}$, 采取同样的方法有

$$\lim_{x \to \infty} \frac{2x^3 - 3x + 4}{x^2 - x + 2} = \lim_{x \to \infty} \frac{2x - \dfrac{3}{x} + \dfrac{4}{x^2}}{1 - \dfrac{1}{x} + \dfrac{2}{x^2}} = \infty.$$

上面的几种情形总结如下:

$$\lim_{x\to\infty}\frac{f(x)}{g(x)}=\lim_{x\to\infty}\frac{a_nx^n+a_{n-1}x^{n-1}+\cdots+a_1x+a_0}{b_mx^m+b_{m-1}x^{m-1}+\cdots+b_1x+b_0}=\begin{cases}0, n<m,\\\dfrac{a_n}{b_m}, n=m,\quad(a_n\neq0,b_m\neq\\\infty, n>m\end{cases}$$

$0, m, n$ 为非负整数).

请读者将上面的结论与数列极限 $\lim\limits_{n\to\infty}\dfrac{f(n)}{g(n)}$ 的结论对比, 会有什么结论?

例 2.3.3   求 $\lim\limits_{x\to+\infty}(\sqrt{x^2+2x}-\sqrt{x^2+4})$.

【分析】   本题虽形式上不同于例 2.3.2, 但可以用相似的方法求解. 当 $x\to+\infty$ 时, $\sqrt{x^2+2x}\to+\infty, \sqrt{x^2+4}\to+\infty$, 这是 "$\infty-\infty$" 类型的极限问题. 这样的极限问题被称为未定式, 不能确定极限, 也不能直接运用四则运算法则, 需要先将分子有理化, 转化为第一类极限问题 $\lim\limits_{x\to\infty}\dfrac{f(x)}{g(x)}$.

解 $\lim\limits_{x\to+\infty}(\sqrt{x^2+2x}-\sqrt{x^2+4})=\lim\limits_{x\to+\infty}\dfrac{2x-4}{\sqrt{x^2+2x}+\sqrt{x^2+4}}$ (分子分母同除以x)

$$=\lim_{x\to+\infty}\frac{2-\dfrac{4}{x}}{\sqrt{1+\dfrac{2}{x}}+\sqrt{1+\dfrac{4}{x^2}}}=\frac{2}{2}=1.$$

第二类   形如 $\lim\limits_{x\to x_0}\dfrac{f(x)}{g(x)}=\lim\limits_{x\to x_0}\dfrac{a_nx^n+a_{n-1}x^{n-1}+\cdots+a_1x+a_0}{b_mx^m+b_{m-1}x^{m-1}+\cdots+b_1x+b_0}$ 的极限问题

例 2.3.4   求下列极限:

(1) $\lim\limits_{x\to1}\dfrac{x^3-2}{x+1}$;   (2) $\lim\limits_{x\to1}\dfrac{x^3+1}{x-1}$;   (3) $\lim\limits_{x\to1}\dfrac{x^3-1}{x-1}$.

解   (1) 显然分子、分母在 $x\to1$ 时极限都存在, 且分母极限不为零, 故直接运用四则运算法则 (或者初等函数性质) 有

$$\lim_{x\to1}\frac{x^3-2}{x+1}=\frac{\lim\limits_{x\to1}(x^3-2)}{\lim\limits_{x\to1}(x+1)}=-\frac{1}{2}.$$

(2) 观察发现当 $x\to1$ 时, 分子趋于 2, 分母趋于 0, 故该极限不存在, 即

$$\lim_{x\to1}\frac{x^3+1}{x-1}=\infty.$$

(3) 分子、分母当 $x\to1$ 时都趋于零, 且含有相同的零因子, 故先约去零因子.

$$\lim_{x\to1}\frac{x^3-1}{x-1}=\lim_{x\to1}\frac{(x-1)(x^2+x+1)}{x-1}=\lim_{x\to1}(x^2+x+1)=3.$$

总结: $\lim\limits_{x\to x_0}\dfrac{f(x)}{g(x)}=\begin{cases}\dfrac{f(x_0)}{g(x_0)}, & g(x_0)\neq 0,\\[2mm]\lim\limits_{x\to x_0}\dfrac{h(x)}{m(x)}, & f(x_0)=g(x_0)=0,\\[2mm]\infty, & f(x_0)\neq 0, g(x_0)=0,\end{cases}$

其中 $\dfrac{h(x)}{m(x)}$ 为 $\dfrac{f(x)}{g(x)}$ 约去零因子后的表达式.

以上面两类问题为基础, 进一步可以求更多极限问题.

例 2.3.5 求极限 $\lim\limits_{x\to+\infty}xe^{-x}(\sqrt{x^2+1}-\sqrt{x^2-1})$.

解 本题不能直接用四则运算法则, 需先将分子有理化转化为第一类极限问题后再运用四则运算法则.

$$\lim_{x\to+\infty}xe^{-x}(\sqrt{x^2+1}-\sqrt{x^2-1})=\lim_{x\to+\infty}e^{-x}\frac{2x}{\sqrt{x^2+1}+\sqrt{x^2-1}}$$
$$=\lim_{x\to+\infty}e^{-x}\lim_{x\to+\infty}\frac{2}{\sqrt{1+\dfrac{1}{x^2}}+\sqrt{1-\dfrac{1}{x^2}}}=0\times 1=0.$$

例 2.3.6 计算极限 $\lim\limits_{x\to-1}\left(\dfrac{2}{x+1}-\dfrac{6}{x^3+1}\right)$.

解 当 $x\to-1$ 时, $\dfrac{2}{x+1}\to\infty$, $\dfrac{6}{x^3+1}\to\infty$, 这也是 "$\infty-\infty$" 型未定式, 需要通分后转化为第二类极限问题.

$$\lim_{x\to-1}\left(\frac{2}{x+1}-\frac{6}{x^3+1}\right)=2\lim_{x\to-1}\frac{(x^2-x+1)-3}{x^3+1}$$
$$=2\lim_{x\to-1}\frac{x^2-x-2}{x^3+1}$$
$$=2\lim_{x\to-1}\frac{(x-2)(x+1)}{(x+1)(x^2-x+1)}=2\lim_{x\to-1}\frac{x-2}{x^2-x+1}=-2.$$

最后一步中 $\dfrac{x-2}{x^2-x+1}$ 是初等函数, 且 -1 在其定义区间内, 故极限值等于函数值.

【注意】 在求极限时, "$\infty-\infty$" 型未定式不一定是无穷大, 有可能是有限数, 如例 2.3.3、例 2.3.6. 但是 "$(+\infty)+(+\infty)$" 型极限的结果一定是 $+\infty$, "$(-\infty)+(-\infty)$" 型极限结果一定是 $-\infty$.

【思考】 $\lim\limits_{x\to+\infty}(\sqrt{x^2+2x}+\sqrt{x^2+4})$ 是多少?

2.3.4 两个重要极限

重要极限一 $\lim\limits_{x\to 0}\dfrac{\sin x}{x}=1$

证明　(1) 先证明 $\lim\limits_{x\to 0^+}\dfrac{\sin x}{x}=1$.

设 $0<x<\dfrac{\pi}{2}$, 作单位圆, 如图 2.3.2, 显然有

$$S_{\triangle POQ}<S_{扇形POR}<S_{\triangle SOR}.$$

从而　　　　　　　　$\dfrac{1}{2}\cos x\sin x<\dfrac{1}{2}\cdot 1^2\cdot x<\dfrac{1}{2}\cdot 1\cdot\tan x,$

同除以 $\sin x$, 乘 2 得　　　　$\cos x<\dfrac{x}{\sin x}<\dfrac{1}{\cos x},$

对上述不等式取倒数　　　　　$\cos x<\dfrac{\sin x}{x}<\dfrac{1}{\cos x},$

当 $x\to 0^+$ 时, 有 $\lim\limits_{x\to 0^+}\cos x=\lim\limits_{x\to 0^+}\dfrac{1}{\cos x}=1$, 由夹挤定理有 $\lim\limits_{x\to 0^+}\dfrac{\sin x}{x}=1$.

(2) 再证 $\lim\limits_{x\to 0^-}\dfrac{\sin x}{x}=1$.

令 $t=-x$, 当 $x\to 0^-$ 时, $t\to 0^+$, 代入有

$$\lim_{x\to 0^-}\frac{\sin x}{x}=\lim_{t\to 0^+}\frac{\sin(-t)}{-t}=\lim_{t\to 0^+}\frac{\sin t}{t}=1.$$

综合 (1)、(2) 有 $\lim\limits_{x\to 0}\dfrac{\sin x}{x}=1$.

函数 $y=\dfrac{\sin x}{x}$ 的定义域为 $\{x|\ x\in\mathbf{R}, x\neq 0\}$, 图像如图 2.3.3 所示.

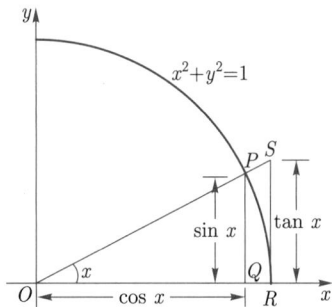

图 2.3.2

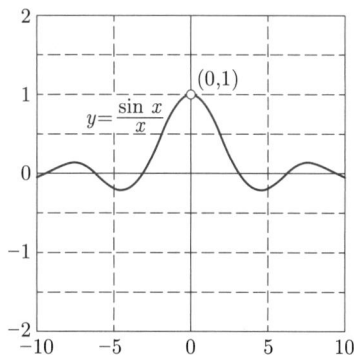

图 2.3.3

$\lim\limits_{x\to 0}\dfrac{\sin x}{x}=1$ 中 x 可以换成某个关于 x 的函数 $u(x)$. 只要当 $x\to 0$ 时 $u(x)\to 0$, 就有 $\lim\limits_{x\to 0}\dfrac{\sin u(x)}{u(x)}=1$. 以 $\lim\limits_{x\to 0}\dfrac{\sin x}{x}=1$ 为基础可以解决与之相似的极限问题.

例 2.3.7　利用重要极限 $\lim\limits_{x\to 0}\dfrac{\sin x}{x}=1$ 求下列极限:

(1) $\lim\limits_{x\to 0}\dfrac{\tan x}{x}$;　　　(2) $\lim\limits_{x\to 0}\dfrac{\sin 2x}{x}$;　　　(3) $\lim\limits_{x\to 0}\dfrac{1-\cos x}{x^2}$;　　　(4) $\lim\limits_{x\to 0}\dfrac{\arcsin x}{x}$.

解 (1) $\lim\limits_{x\to 0}\dfrac{\tan x}{x}=\lim\limits_{x\to 0}\dfrac{\sin x}{x}\dfrac{1}{\cos x}=\lim\limits_{x\to 0}\dfrac{\sin x}{x}\lim\limits_{x\to 0}\dfrac{1}{\cos x}=1\times 1=1.$

(2) $\lim\limits_{x\to 0}\dfrac{\sin 2x}{x}=2\lim\limits_{x\to 0}\dfrac{\sin 2x}{2x}=2\lim\limits_{u\to 0}\dfrac{\sin u}{u}=2$ (令 $u=2x$).

(3) 注意到

$$\frac{1-\cos x}{x^2}=\frac{1-\cos^2 x}{x^2}\frac{1}{1+\cos x}=\frac{\sin^2 x}{x^2}\frac{1}{1+\cos x},$$

所以

$$\lim\limits_{x\to 0}\frac{1-\cos x}{x^2}=\lim\limits_{x\to 0}\frac{\sin^2 x}{x^2}\frac{1}{1+\cos x}=\lim\limits_{x\to 0}\left(\frac{\sin x}{x}\right)^2\lim\limits_{x\to 0}\frac{1}{1+\cos x}=\frac{1}{2}.$$

(4) 令 $\arcsin x=t$, 则 $x=\sin t$, 当 $x\to 0$ 时, $t\to 0$, 故

$$\lim\limits_{x\to 0}\frac{\arcsin x}{x}=\lim\limits_{t\to 0}\frac{t}{\sin t}=\lim\limits_{t\to 0}\frac{1}{\dfrac{\sin t}{t}}=1.$$

请读者仿照计算 $\lim\limits_{x\to 0}\dfrac{\arctan x}{x}$.

重要极限二 $\lim\limits_{x\to\infty}\left(1+\dfrac{1}{x}\right)^x=\mathrm{e}$

证明 借助数列极限 $\lim\limits_{n\to\infty}\left(1+\dfrac{1}{n}\right)^n=\mathrm{e}$ 证明.

(1) 当 $x\to+\infty(x\geqslant 1)$ 时, 有 $[x]\leqslant x\leqslant[x]+1$ (其中 $[x]$ 表示不超过 x 的最大整数), 所以

$$\frac{1}{[x]+1}\leqslant\frac{1}{x}\leqslant\frac{1}{[x]},$$

进一步有

$$1+\frac{1}{[x]+1}\leqslant 1+\frac{1}{x}\leqslant 1+\frac{1}{[x]},$$

所以

$$\left(1+\frac{1}{[x]+1}\right)^{[x]}\leqslant\left(1+\frac{1}{x}\right)^x\leqslant\left(1+\frac{1}{[x]}\right)^{[x]+1}.$$

因为

$$\lim\limits_{x\to+\infty}\left(1+\frac{1}{[x]+1}\right)^{[x]}=\lim\limits_{x\to+\infty}\frac{\left(1+\dfrac{1}{[x]+1}\right)^{[x]+1}}{1+\dfrac{1}{[x]+1}}=\frac{\lim\limits_{x\to+\infty}\left(1+\dfrac{1}{[x]+1}\right)^{[x]+1}}{\lim\limits_{x\to+\infty}\left(1+\dfrac{1}{[x]+1}\right)}=\frac{\mathrm{e}}{1}=\mathrm{e};$$

$$\lim\limits_{x\to+\infty}\left(1+\frac{1}{[x]}\right)^{[x]+1}=\lim\limits_{x\to+\infty}\left(1+\frac{1}{[x]}\right)^{[x]}\left(1+\frac{1}{[x]}\right)$$

$$= \lim_{x \to +\infty} \left(1 + \frac{1}{[x]}\right)^{[x]} \lim_{x \to +\infty} \left(1 + \frac{1}{[x]}\right) = \mathrm{e} \cdot 1 = \mathrm{e},$$

所以由夹挤定理知
$$\lim_{x \to +\infty} \left(1 + \frac{1}{x}\right)^{x} = \mathrm{e}.$$

(2) 当 $x \to -\infty$ 时, 令 $t = -x$, 利用 (1) 可以求得极限:

$$\lim_{x \to -\infty} \left(1 + \frac{1}{x}\right)^{x} = \lim_{t \to +\infty} \left(1 - \frac{1}{t}\right)^{-t} = \lim_{t \to +\infty} \left(\frac{t-1}{t}\right)^{-t} = \lim_{t \to +\infty} \left(\frac{t}{t-1}\right)^{t}$$

$$= \lim_{t \to +\infty} \left(1 + \frac{1}{t-1}\right)^{t} = \lim_{t \to +\infty} \left(1 + \frac{1}{t-1}\right)^{t-1} \left(1 + \frac{1}{t-1}\right)$$

$$= \lim_{t \to +\infty} \left(1 + \frac{1}{t-1}\right)^{t-1} \lim_{t \to +\infty} \left(1 + \frac{1}{t-1}\right) = \mathrm{e} \cdot 1 = \mathrm{e}.$$

综上 (1) 和 (2) 得

$$\lim_{x \to \infty} \left(1 + \frac{1}{x}\right)^{x} = \mathrm{e}.$$

函数 $y = \left(1 + \dfrac{1}{x}\right)^{x}$ 的定义域为 $\{x \mid x \in \mathbf{R}, x \neq 0\}$, 如图 2.3.4 所示.

令 $t = \dfrac{1}{x}$, 当 $x \to \infty$ 时, $t \to 0$,

$\displaystyle\lim_{x \to \infty} \left(1 + \frac{1}{x}\right)^{x} = \lim_{t \to 0} (1 + t)^{\frac{1}{t}} = \mathrm{e}$, 故重要极限也可以写为

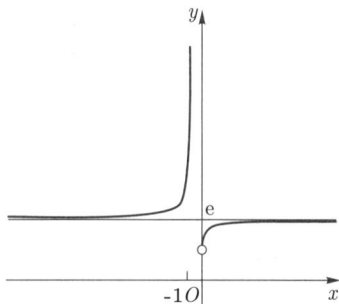
图 2.3.4

$$\lim_{x \to 0} (1 + x)^{\frac{1}{x}} = \mathrm{e}.$$

$\displaystyle\lim_{x \to \infty} \left(1 + \frac{1}{x}\right)^{x} = \mathrm{e}$ 中可以将 x 换成 $u(x)$, 即 $\displaystyle\lim_{x \to \infty} \left(1 + \frac{1}{u(x)}\right)^{u(x)}$. 事实上只要 $x \to \infty$ 时 $u(x)$ 趋于 ∞, 或者 $\dfrac{1}{u(x)}$ 趋于 0, 该极限结果就是 e, 即 $\displaystyle\lim_{x \to \infty} \left(1 + \frac{1}{u(x)}\right)^{u(x)} = \mathrm{e}$.

例 2.3.8　利用重要极限 $\displaystyle\lim_{x \to \infty} \left(1 + \frac{1}{x}\right)^{x} = \mathrm{e}$ 或 $\displaystyle\lim_{x \to 0} (1 + x)^{\frac{1}{x}} = \mathrm{e}$ 求下列极限:

(1) $\displaystyle\lim_{x \to \infty} \left(1 + \frac{3}{x}\right)^{x}$;　(2) $\displaystyle\lim_{x \to \infty} \left(\frac{x-3}{x+2}\right)^{x+2}$;　(3) $\displaystyle\lim_{x \to 0} (1 - 3x)^{\frac{1}{x}}$.

解　(1) $\displaystyle\lim_{x \to \infty} \left(1 + \frac{3}{x}\right)^{x} = \lim_{x \to \infty} \left[\left(1 + \frac{3}{x}\right)^{\frac{x}{3}}\right]^{3} = \mathrm{e}^{3}$.

(2) $\lim\limits_{x\to\infty}\left(\dfrac{x-3}{x+2}\right)^{x+2}=\lim\limits_{x\to\infty}\left(\dfrac{x+2-5}{x+2}\right)^{x+2}=\lim\limits_{x\to\infty}\left(1+\dfrac{-5}{x+2}\right)^{x+2}$

$$=\lim\limits_{x\to\infty}\left[\left(1+\dfrac{-5}{x+2}\right)^{\frac{x+2}{-5}}\right]^{-5}=\mathrm{e}^{-5}.$$

(3) $\lim\limits_{x\to0}(1-3x)^{\frac{1}{x}}=\lim\limits_{x\to0}[1+(-3x)]^{\frac{1}{x}}=\lim\limits_{x\to0}\left[(1+(-3x))^{\frac{1}{-3x}}\right]^{-3}=\mathrm{e}^{-3}.$

练习 2.3

1. 计算下列极限:

(1) $\lim\limits_{x\to\frac{\pi}{2}}(2\sin x-3\cos 2x)$;

(2) $\lim\limits_{x\to0}(2\mathrm{e}^{2x}-4^{3x})$;

(3) $\lim\limits_{x\to0}\dfrac{2x^3-3}{x^2+2}$;

(4) $\lim\limits_{x\to-2}\dfrac{x^3+8}{x+2}$;

(5) $\lim\limits_{x\to1}\left(\dfrac{x^2}{x-1}+\dfrac{2x-4}{x^2-1}\right)$;

(6) $\lim\limits_{x\to0}\dfrac{2x^3-3x}{x^2+2x+2}$;

(7) $\lim\limits_{x\to\infty}\dfrac{2x^3+3}{x^4+2x}$;

(8) $\lim\limits_{x\to-\infty}\dfrac{3x^2-3}{x^2+2}$;

(9) $\lim\limits_{x\to0}\dfrac{(2-x)^3-8}{x}$;

(10) $\lim\limits_{x\to0^+}\left(\dfrac{2\sqrt{x}-1}{x-\sqrt{x}}-\dfrac{1}{\sqrt{x}}\right)$;

(11) $\lim\limits_{x\to\infty}\dfrac{2x^3(1+x)^5}{x^8+2}$;

(12) $\lim\limits_{x\to1}\left(\dfrac{4}{x^4-1}-\dfrac{3}{x^3-1}\right)$.

2. 计算下列极限:

(1) $\lim\limits_{x\to0}\dfrac{\tan 2x}{x}$;

(2) $\lim\limits_{x\to0}\dfrac{\sin nx}{mx}(m,n\neq0)$;

(3) $\lim\limits_{x\to0}\dfrac{\sin x}{\tan 2x}$;

(4) $\lim\limits_{x\to0}\dfrac{\tan x-\sin x}{3x^3}$;

(5) $\lim\limits_{x\to0}\dfrac{2x}{\arcsin x}$;

(6) $\lim\limits_{x\to0}\dfrac{\arctan 2x}{3x}$.

3. 计算下列极限:

(1) $\lim\limits_{x\to\infty}\left(1+\dfrac{2}{x^2}\right)^{x^2}$;

(2) $\lim\limits_{x\to\infty}\left(1-\dfrac{2}{x^2}\right)^{x^2}$;

(3) $\lim\limits_{x\to\infty}\left(1-\dfrac{1}{x^2+1}\right)^{x^2}$;

(4) $\lim\limits_{x\to\infty}\left(1+\dfrac{1}{2x-2}\right)^{x}$;

(5) $\lim\limits_{x\to+\infty}x^2(\ln(1+x^2)-2\ln x)$;

(6) $\lim\limits_{x\to0^+}(1+\sqrt{x})^{\frac{2}{\sqrt{x}}}$;

(7) $\lim\limits_{x \to 0} (1 + 2\sin x)^{\csc x}$;

(8) $\lim\limits_{x \to 1} x^{\frac{1}{2x-2}}$.

§2.4   无穷小量与无穷大量

观察图 2.4.1 中函数 $f(x) = x$, $g(x) = x^2$ 和 $h(x) = x^3$, 显然三个函数在 $x \to 0$ 时都趋于零, 即

$$\lim_{x \to 0} x = 0, \quad \lim_{x \to 0} x^2 = 0, \quad \lim_{x \to 0} x^3 = 0.$$

但它们趋于零的速度不同, $h(x) = x^3$ 趋于零的速度最快, $f(x) = x$ 最慢.

若将变化过程改为 $x \to +\infty$, 那么 $f(x)$, $g(x)$, $h(x)$ 都趋于无穷大 (极限不存在), 即

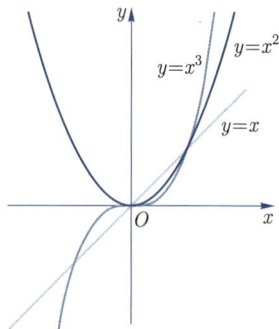

图 2.4.1

$$\lim_{x \to +\infty} x = +\infty, \quad \lim_{x \to +\infty} x^2 = +\infty, \quad \lim_{x \to +\infty} x^3 = +\infty.$$

但它们趋于无穷大的速度也不同, 仍然是 $h(x) = x^3$ 趋于无穷大的速度最快, $f(x) = x$ 最慢. 那么对于这些在某一变化过程下同趋于零或者同趋于无穷大的函数, 该如何比较它们的速度? 这种比较对于我们研究函数的极限有什么帮助呢? 本节将讨论无穷小量与无穷大量.

2.4.1   无穷小量

1. 无穷小量的定义

定义 2.4.1   若 $\lim\limits_{x \to X} f(x) = 0$, 则称函数 $f(x)$ 是当 $x \to X$ 时的**无穷小量**.

因为 $\lim\limits_{x \to 0} x^2 = 0$, 所以 x^2 是当 $x \to 0$ 时的无穷小量; 因为 $\lim\limits_{x \to -\infty} \mathrm{e}^x = 0$, 所以 e^x 是当 $x \to -\infty$ 时的无穷小量.

【注意】   (1) 无穷小量的概念不仅适用于 6 种变化过程下的函数极限, 也适用于数列极限.

例如 $\dfrac{1}{n}$, $\left(\dfrac{1}{2}\right)^n$ 都是当 $n \to \infty$ 时的无穷小量.

(2) 无穷小量是变量, 不能与很小的数混淆.

(3) 无穷小量是指函数值在自变量的变化过程中无限趋于零, 而不是函数值越来越小.

(4) 无穷小量与自变量的变化过程分不开, 不能脱离变化过程谈无穷小量.

例如 $\sin x$ 是当 $x \to 0$ 和 $x \to \pi$ 时的无穷小量, 但当 $x \to \dfrac{\pi}{2}$ 时, $\sin x$ 不是无穷小量, 因为 $\lim\limits_{x \to \frac{\pi}{2}} \sin x = 1$.

(5) 因为 $\lim\limits_{x \to X} 0 = 0$, 所以 0 是任何变化过程中的无穷小量, 但是无穷小量不一定是 0.

2. 无穷小量与极限的关系

定理 2.4.1 $\lim\limits_{x \to X} f(x) = A$ 的充分必要条件为 $f(x) - A$ 是当 $x \to X$ 时的无穷小量.

证明 首先证明必要性. 由 $\lim\limits_{x \to X} f(x) = A$, 根据极限的四则运算法则有

$$\lim\limits_{x \to X} [f(x) - A] = \lim\limits_{x \to X} f(x) - \lim\limits_{x \to X} A = A - A = 0,$$

根据无穷小量定义知 $f(x) - A$ 是当 $x \to X$ 时的无穷小量.

接下来证明充分性. 已知 $f(x) - A$ 是当 $x \to X$ 时的无穷小量, 所以 $\lim\limits_{x \to X} [f(x) - A] = 0$, 根据极限的四则运算法则知

$$\lim\limits_{x \to X} [f(x) - A] = \lim\limits_{x \to X} f(x) - \lim\limits_{x \to X} A = \lim\limits_{x \to X} f(x) - A = 0,$$

所以 $\lim\limits_{x \to X} f(x) = A$.

定理 2.4.1 告诉我们, 一个函数若在自变量的某个变化过程中有极限, 那么该函数与其极限的差是这个变化过程中的无穷小量, 或者说函数本身可以写成极限值加上一个无穷小量的形式. 我们经常将无穷小量记作 $\alpha(x)$, 那么定理 2.4.1 又可叙述为

$$\lim\limits_{x \to X} f(x) = A \Leftrightarrow f(x) = A + \alpha(x), \quad \text{其中 } \alpha(x) \text{是当 } x \to X \text{ 时的无穷小量.}$$

3. 无穷小量的性质

定理 2.4.2 若 $\alpha(x), \beta(x)$ 在同一变化过程 $x \to X$ 中是无穷小量, 即 $\lim\limits_{x \to X} \alpha(x) = 0$, $\lim\limits_{x \to X} \beta(x) = 0$, 则 $k\alpha(x) + l\beta(x)(k, l \in \mathbf{R})$, 以及 $\alpha(x)\beta(x)$ 都是当 $x \to X$ 时的无穷小量.

证明 因为 $\lim\limits_{x \to X} \alpha(x) = 0$, $\lim\limits_{x \to X} \beta(x) = 0$, 由极限的四则运算法则有

$$\lim\limits_{x \to X} [k\alpha(x) + l\beta(x)] = k \lim\limits_{x \to X} \alpha(x) + l \lim\limits_{x \to X} \beta(x) = 0,$$

$$\lim\limits_{x \to X} \alpha(x)\beta(x) = \lim\limits_{x \to X} \alpha(x) \lim\limits_{x \to X} \beta(x) = 0.$$

定理 2.4.2 说明同一变化过程中的两个无穷小量的线性组合以及乘积都是该变化过程中的无穷小量.

推论 2.4.1 同一变化过程中有限个无穷小量的代数和还是无穷小量.

【注意】 无穷多个无穷小量的和未必是无穷小量. 例如

$$\lim\limits_{n \to \infty} \underbrace{\left(\frac{1}{n} + \frac{1}{n} + \cdots + \frac{1}{n} \right)}_{n\text{个}} = \lim\limits_{n \to \infty} \frac{n}{n} = 1 \neq 0.$$

推论 2.4.2 同一变化过程中有限个无穷小量的积还是无穷小量.

读者可仿照定理 2.4.2 证明推论 2.4.1 和推论 2.4.2.

定理 2.4.3 $\lim\limits_{x \to X} \alpha(x) = 0$ 的充分必要条件是 $\lim\limits_{x \to X} |\alpha(x)| = 0$.

证明 充分性. 已知 $\lim\limits_{x \to X} |\alpha(x)| = 0$, 因为 $-|\alpha(x)| \leqslant \alpha(x) \leqslant |\alpha(x)|$, 由夹挤定理知 $\lim\limits_{x \to X} \alpha(x) = 0$.

必要性. 因为 $\lim\limits_{x \to X} \alpha(x) = 0$, 所以对任意 $\varepsilon > 0$, 存在 x 的某个邻域, 在该邻域中有 $|\alpha(x) - 0| < \varepsilon$. 因此

$$\big| |\alpha(x)| - 0 \big| = |\alpha(x)| = |\alpha(x) - 0| < \varepsilon.$$

由极限的数学定义知 $\lim\limits_{x \to X} |\alpha(x)| = 0$.

定理 2.4.3 说明**一个函数在自变量的某一变化过程中是无穷小量的充分必要条件是它的绝对值也是该变化过程中的无穷小量.**

定理 2.4.4 若 $\lim\limits_{x \to X} \alpha(x) = 0$, $\beta(x)$ 是当 $x \to X$ 时的有界量, 则 $\lim\limits_{x \to X} \alpha(x)\beta(x) = 0$.

证明 因 $\beta(x)$ 是当 $x \to X$ 时的有界量, 所以在变化过程中的某邻域内, 存在 $M > 0$, 使得 $|\beta(x)| \leqslant M$.

而

$$0 \leqslant |\alpha(x)\beta(x)| \leqslant M|\alpha(x)|,$$

且已知 $\lim\limits_{x \to X} \alpha(x) = 0$, 由定理 2.4.3 知 $\lim\limits_{x \to X} |\alpha(x)| = 0$, 从而 $\lim\limits_{x \to X} M|\alpha(x)| = 0$, 由夹挤定理知

$$\lim\limits_{x \to X} |\alpha(x)\beta(x)| = 0.$$

再由定理 2.4.3 得

$$\lim\limits_{x \to X} \alpha(x)\beta(x) = 0,$$

定理 2.4.4 说明**在同一变化过程中无穷小量与有界量的乘积仍然是无穷小量.**

显然常量与无穷小量的乘积是无穷小量.

【注意】 无穷小量与有界量的和未必是无穷小量. 如 $\lim\limits_{x \to 0} (x + \cos x) = 1 \neq 0$.

定理 2.4.4 在计算极限时常常用到.

例 2.4.1 求下列极限:

(1) $\lim\limits_{x \to \infty} \dfrac{\sin x}{x}$;   (2) $\lim\limits_{x \to 0} x\sin\dfrac{1}{x}$;   (3) $\lim\limits_{x \to 0} x^2 \arctan\dfrac{1}{x}$.

解 (1) $\lim\limits_{x \to \infty} \dfrac{\sin x}{x} = \lim\limits_{x \to \infty} \dfrac{1}{x}\sin x = 0$.

(2) $\lim\limits_{x \to 0} x\sin\dfrac{1}{x} = 0$.

(3) $\lim\limits_{x \to 0} x^2 \arctan\dfrac{1}{x} = 0$.

【说明】 例 2.4.1 都应用了定理 2.4.4.

(1) 在 $x \to \infty$ 时, 极限 $\lim\limits_{x \to \infty} \sin x$ 不存在, 但是 $\dfrac{1}{x}$ 当 $x \to \infty$ 时是无穷小量, $\sin x$ 当 $x \to \infty$ 时是有界量, 故二者乘积是当 $x \to \infty$ 时的无穷小量, 如图 2.4.2 所示.

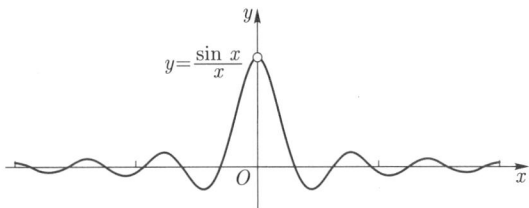

图 2.4.2

(2) 当 $x \to 0$ 时, x 是无穷小量, $\sin \dfrac{1}{x}$ 是有界量, 故乘积为无穷小量, 如图 2.4.3 所示.

(3) x^2 当 $x \to 0$ 时是无穷小量, $\arctan \dfrac{1}{x}$ 当 $x \to 0$ 时是有界量, 故乘积 $x^2 \arctan \dfrac{1}{x}$ 是当 $x \to 0$ 时的无穷小量, 如图 2.4.4 所示.

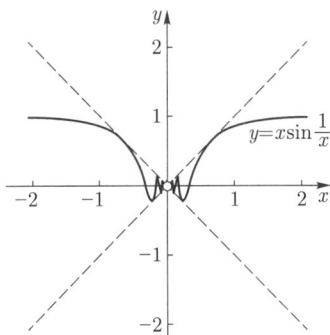

图 2.4.3

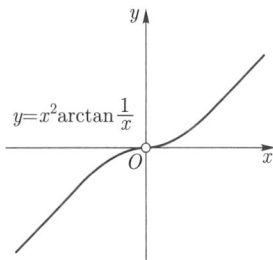

图 2.4.4

2.4.2 无穷大量

仿照无穷小量, 我们可以定义无穷大量.

定义 2.4.2 若 $\lim\limits_{x \to X} f(x) = \infty$, 则称 $f(x)$ 是当 $x \to X$ 时的无穷大量.

例 2.4.2 判断下列函数是不是相应变化过程中的无穷大量:

(1) $\lim\limits_{x \to \infty} x^3$;   (2) $\lim\limits_{x \to +\infty} \ln x$;   (3) $\lim\limits_{x \to \infty} \dfrac{1}{x^2}$.

解 (1) 因为 $\lim\limits_{x \to \infty} x^3 = \infty$, 所以 x^3 是当 $x \to \infty$ 时的无穷大量;

(2) 因为 $\lim\limits_{x \to +\infty} \ln x = \infty$, 所以 $\ln x$ 是当 $x \to +\infty$ 时的无穷大量;

(3) 因为 $\lim\limits_{x \to \infty} \dfrac{1}{x^2} = 0$, 所以当 $x \to \infty$ 时, $\dfrac{1}{x^2}$ 不是无穷大量.

例 2.4.3　判断函数 $\dfrac{2x+1}{x-1}$ 在变化过程 $x \to 1^+, x \to 1^-$ 以及 $x \to 1$ 中是不是无穷大量?

解　当 $x \to 1^+$ 时, $2x+1 \to 3, x-1 \to 0^+$, 所以

$$\lim_{x \to 1^+} \frac{2x+1}{x-1} = +\infty.$$

同理 $\lim\limits_{x \to 1^-} \dfrac{2x+1}{x-1} = -\infty$, 故 $\lim\limits_{x \to 1} \dfrac{2x+1}{x-1} = \infty$. 如图 2.4.5 所示.

因此函数 $\dfrac{2x+1}{x-1}$ 在 $x \to 1^+, x \to 1^-$ 和 $x \to 1$ 的过程中都是无穷大量.

例 2.4.4　判断函数 $2^{\frac{1}{x}}$ 在变化过程 $x \to 0^-, x \to 0^+$ 和 $x \to 0$ 中是不是无穷大量?

解　当 $x \to 0^-$ 时, $\dfrac{1}{x} \to -\infty$; 当 $x \to 0^+$ 时, $\dfrac{1}{x} \to +\infty$, 所以 $\lim\limits_{x \to 0^-} 2^{\frac{1}{x}} = 0$,

$\lim\limits_{x \to 0^+} 2^{\frac{1}{x}} = +\infty$, 如图 2.4.6 所示, 显然 $\lim\limits_{x \to 0} 2^{\frac{1}{x}}$ 不存在.

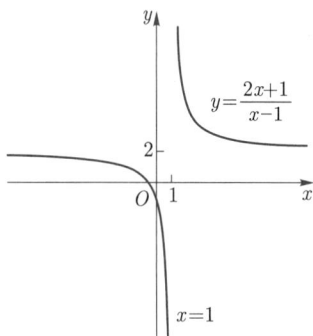

图 2.4.5

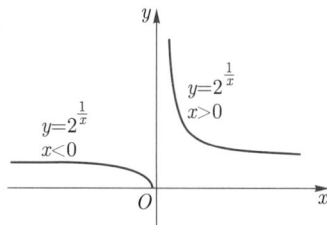

图 2.4.6

因此 $2^{\frac{1}{x}}$ 只是 $x \to 0^+$ 时的无穷大量, 在 $x \to 0^-$ 和 $x \to 0$ 时都不是无穷大量.

【注意】　(1) 无穷大量对于数列极限和六种变化过程中的函数极限都适用.

(2) 无穷大量也与自变量的变化过程分不开, 不能脱离变化过程谈无穷大量.

(3) 无穷大量是变量, 不能与很大的数混淆, 趋于 $-\infty$ 的量也是无穷大量.

(4) 这里 $\lim\limits_{x \to X} f(x) = \infty$ 只是一个记号, 其含义是 $\lim\limits_{x \to X} f(x)$ 不存在, 并发散到 ∞.

(5) 同一变化过程中, 无穷大量的倒数是无穷小量; 非零无穷小量的倒数是无穷大量, 即

若 $\lim\limits_{x \to X} f(x) = \infty$, 则 $\lim\limits_{x \to X} \dfrac{1}{f(x)} = 0$;

若 $\lim\limits_{x \to X} f(x) = 0 \ (f(x) \neq 0)$, 则 $\lim\limits_{x \to X} \dfrac{1}{f(x)} = \infty$.

这样无穷大量的讨论就可以归结为无穷小量的讨论.

定理 2.4.5　若函数 $f(x)$ 在 $x \to X$ 过程中是无穷大量, 即 $\lim\limits_{x \to X} f(x) = \infty$, 则 $f(x)$ 在该过程中的某个邻域内是无界函数.

证明　以过程 $x \to x_0$ 为例. 若 $\lim\limits_{x \to x_0} f(x) = \infty$, 则对任意的 $M > 0$, 存在 $\delta > 0$, 使得当 $0 < |x - x_0| < \delta$ 时有

$$|f(x)| > M,$$

由无界函数的定义知函数 $f(x)$ 在 x_0 的去心邻域内无界.

【思考】　在某个变化过程中无界的函数是否一定是无穷大量?

2.4.3　无穷小量阶的比较

我们知道 x, x^2, x^3 在 $x \to 0$ 时都是无穷小量, 但是它们趋于零的速度不同. 在 $x \to 0$ 时, x^3 比 x 趋于零的速度更快些, 为了更好地比较它们趋于零的速度, 接下来定义无穷小量的阶.

定义 2.4.3　已知 $\lim\limits_{x \to X} f(x) = 0$, $\lim\limits_{x \to X} g(x) = 0$.

若 $\lim\limits_{x \to X} \dfrac{f(x)}{g(x)} = 0$, 则称 $f(x)$ 是比 $g(x)$ **高阶的无穷小量**, 简记为 $f(x) = o[g(x)](x \to X)$;

若 $\lim\limits_{x \to X} \dfrac{f(x)}{g(x)} = A$($A$ 为有限数且 $A \neq 0$), 则称 $f(x)$ 与 $g(x)$ 是**同阶无穷小量**, 特别地, 当 $A = 1$ 时, 称 $f(x)$ 与 $g(x)$ 是**等价无穷小量**, 记为 $f(x) \sim g(x)(x \to X)$;

若 $\lim\limits_{x \to X} \dfrac{f(x)}{g(x)} = \infty$, 则称 $f(x)$ 是比 $g(x)$ **低阶的无穷小量**.

读者可仿照定义 2.4.3 定义高阶无穷大量、同阶无穷大量以及低阶无穷大量.

可见, 无穷小量的商的不同情况反映了无穷小量趋于零的 "快慢" 程度.

例如 $\lim\limits_{x \to 0} \dfrac{3x^2}{2x} = 0$, 根据定义 2.4.3 知在 $x \to 0$ 时 $3x^2$ 是比 $2x$ 高阶的无穷小量, 即 $3x^2 = o(2x)(x \to 0)$. 说明在 $x \to 0$ 时, $3x^2$ 比 $2x$ 趋于零的速度更快.

$\lim\limits_{x \to 2} \dfrac{x^2 - 4}{x - 2} = 4$, 由定义知在 $x \to 0$ 时 $x^2 - 4$ 与 $x - 2$ 是同阶无穷小量. 说明在 $x \to 2$ 时, $x^2 - 4$ 与 $x - 2$ 趋于零的速度相当.

$\lim\limits_{x \to 0} \dfrac{\sin x}{x} = 1$, 由定义知在 $x \to 0$ 时 $\sin x$ 与 x 是等价无穷小量, 即 $\sin x \sim x$ $(x \to 0)$. 说明在 $x \to 0$ 时, $\sin x$ 与 x 趋于零的速度可以看成是一样的.

若 $f(x)$ 在 $x \to X$ 时是无穷小量, 即 $\lim\limits_{x \to X} f(x) = 0$, 则 $f(x) + o[f(x)]$ 也是该过程下的无穷小量, 其中 $o[f(x)]$ 是 $x \to X$ 时 $f(x)$ 的高阶无穷小量 (证明留给读者). 若令 $g(x) = f(x) + o[f(x)]$, 还可得到下面的定理.

定理 2.4.6　设 $f(x)$, $g(x)$ 都是 $x \to X$ 时的无穷小量, 则 $f(x) \sim g(x)$ 的充分必要条件是 $g(x) = f(x) + o[f(x)]$.

证明   必要性. 已知 $f(x)\sim g(x)(x\to X)$, 则

$$\lim_{x\to X}\frac{g(x)-f(x)}{f(x)}=\lim_{x\to X}\frac{g(x)}{f(x)}-1=1-1=0.$$

所以 $g(x)-f(x)=o[f(x)](x\to X)$,

即 $g(x)=f(x)+o[f(x)]$.

充分性. 已知 $g(x)=f(x)+o[f(x)]$, 所以

$$\lim_{x\to X}\frac{g(x)}{f(x)}=\lim_{x\to X}\frac{f(x)+o[f(x)]}{f(x)}=1+\lim_{x\to X}\frac{o[f(x)]}{f(x)}=1+0=1.$$

根据等价的定义知 $f(x)\sim g(x)(x\to X)$.

定理 2.4.6 中的 $f(x)$ 一般称作 $g(x)$ 在 $x\to X$ 时的**主部**.

定理 2.4.7 (等价无穷小量代换)   已知 $\lim\limits_{x\to X}f(x)=0,\ \lim\limits_{x\to X}g(x)=0,\ g(x)\neq 0,$ 且

$f(x)\sim g(x)(x\to X)$, 若 $\lim\limits_{x\to X}g(x)u(x)=A,\lim\limits_{x\to X}\dfrac{g(x)}{u(x)}=B,$ 则

$$\lim_{x\to X}f(x)u(x)=A,\quad \lim_{x\to X}\frac{f(x)}{u(x)}=B.$$

证明   因为 $f(x)\sim g(x)(x\to X)$, 所以 $\lim\limits_{x\to X}\dfrac{f(x)}{g(x)}=1$, 根据已知 $\lim\limits_{x\to X}g(x)u(x)=A,$

$\lim\limits_{x\to X}\dfrac{g(x)}{u(x)}=B,$ 以及 $g(x)\neq 0$ 有

$$\lim_{x\to X}f(x)u(x)=\lim_{x\to X}\frac{f(x)}{g(x)}g(x)u(x)=\lim_{x\to X}\frac{f(x)}{g(x)}\lim_{x\to X}g(x)u(x)=1\cdot A=A;$$

$$\lim_{x\to X}\frac{f(x)}{u(x)}=\lim_{x\to X}\frac{f(x)}{g(x)}\frac{g(x)}{u(x)}=\lim_{x\to X}\frac{f(x)}{g(x)}\lim_{x\to X}\frac{g(x)}{u(x)}=1\cdot B=B.$$

定理 2.4.7 说明**在极限的乘除运算中用等价无穷小量作代换不改变极限**, 这将大大简化许多极限问题. 那么, 有哪些常用的等价无穷小量呢?

例 **2.4.5**   证明下列等价关系成立:

(1) $\ln(1+x)\sim x\ (x\to 0)$;   (2) $\mathrm{e}^x-1\sim x\ (x\to 0)$;

(3) $\arctan x\sim x\ (x\to 0)$;   (4) $(1+x)^\alpha-1\sim \alpha x\ (x\to 0,\ \alpha\neq 0)$;

(5) $1-\cos x\sim \dfrac{1}{2}x^2\ (x\to 0)$.

证明   (1) 因为

$$\lim_{x\to 0}\frac{\ln(1+x)}{x}=\lim_{x\to 0}\ln(1+x)^{\frac{1}{x}}=\ln \mathrm{e}=1,$$

所以

$$\ln(1+x) \sim x \ (x \to 0).$$

(2) 令 $u = \mathrm{e}^x - 1$, 当 $x \to 0$ 时, $u \to 0$, 且 $x = \ln(u+1)$, 因为

$$\lim_{x \to 0} \frac{\mathrm{e}^x - 1}{x} = \lim_{u \to 0} \frac{u}{\ln(u+1)} = \lim_{u \to 0} \frac{1}{\dfrac{\ln(u+1)}{u}} = \frac{1}{\lim\limits_{u \to 0} \ln(1+u)^{\frac{1}{u}}} = \frac{1}{\ln \mathrm{e}} = 1,$$

所以

$$\mathrm{e}^x - 1 \sim x \ (x \to 0).$$

(3) 令 $t = \arctan x$, 则 $x = \tan t$, 当 $x \to 0$ 时, $t \to 0$, 因为 $\lim\limits_{x \to 0} \dfrac{\tan x}{x} = 1$(见例 2.3.7(1)), 所以有

$$\lim_{x \to 0} \frac{\arctan x}{x} = \lim_{t \to 0} \frac{t}{\tan t} = \lim_{t \to 0} \frac{1}{\dfrac{\tan t}{t}} = 1,$$

故

$$\arctan x \sim x \ (x \to 0).$$

(4) 因为当 $x \to 0$ 且满足 $1 + x > 0$ 时,

$$(1+x)^\alpha - 1 = \mathrm{e}^{\alpha \ln(1+x)} - 1,$$

而 $\mathrm{e}^x - 1 \sim x(x \to 0)$, $\ln(1+x) \sim x(x \to 0)$, 所以

$$(1+x)^\alpha - 1 = \mathrm{e}^{\alpha \ln(1+x)} - 1 \sim \alpha \ln(1+x) \sim \alpha x (x \to 0).$$

(5) 由例 2.3.7(3) 知

$$\lim_{x \to 0} \frac{1 - \cos x}{x^2} = \frac{1}{2},$$

所以

$$\lim_{x \to 0} \frac{1 - \cos x}{\dfrac{1}{2} x^2} = 1,$$

因此

$$1 - \cos x \sim \frac{1}{2} x^2 (x \to 0).$$

上面的 5 组等价无穷小量代换经常被应用于极限运算中, 除此之外常用的等价无穷小量还有

(6) $\sin x \sim x \ (x \to 0)$;   (7) $\arcsin x \sim x \ (x \to 0)$;

(8) $\tan x \sim x \ (x \to 0)$;   (9) $\ln x \sim x - 1 \ (x \to 1)$;

(10) $a^x - 1 = \mathrm{e}^{x \ln a} - 1 \sim x \ln a \ (a > 0 \ 且 \ a \neq 1, x \to 0)$.

另外, 上式中的 x 均可换成 $u(x)$. 例如根据 $\arcsin x \sim x \ (x \to 0)$, 可知 $\arcsin(3x^3) \sim 3x^3 \ (x \to 0)$.

有了上面这些等价无穷小量, 在计算极限问题时就可以运用等价无穷小量代换来简化求极限的过程.

例 2.4.6 求下列极限:

(1) $\lim\limits_{x \to 0} \dfrac{\ln(1+x)}{\sin x}$; (2) $\lim\limits_{x \to 0} \dfrac{\arctan x^2}{2x\tan x}$;

(3) $\lim\limits_{x \to 0} \dfrac{3 - 3\cos x}{x\sin 2x}$; (4) $\lim\limits_{x \to 0} \dfrac{\sqrt{1+x} - 1}{\mathrm{e}^{2x} - 1}$.

解 (1) 本题在 $x \to 0$ 时分子、分母都趋于零, 且 $\ln(1+x) \sim x, \sin x \sim x$, 因此

$$\lim_{x \to 0} \frac{\ln(1+x)}{\sin x} = \lim_{x \to 0} \frac{x}{x} = 1.$$

(2) 在 $x \to 0$ 时分子、分母都趋于零, 且 $\arctan x^2 \sim x^2, \tan x \sim x$, 因此

$$\lim_{x \to 0} \frac{\arctan x^2}{2x\tan x} = \lim_{x \to 0} \frac{x^2}{2x^2} = \frac{1}{2}.$$

(3) 在 $x \to 0$ 时, $\sin 2x \sim 2x, 3 - 3\cos x = 3(1 - \cos x) \sim \dfrac{3}{2}x^2$, 因此

$$\lim_{x \to 0} \frac{3 - 3\cos x}{x\sin 2x} = \lim_{x \to 0} \frac{3(1 - \cos x)}{x\sin 2x} = \lim_{x \to 0} \frac{\frac{3}{2}x^2}{2x^2} = \frac{3}{4}.$$

(4) 在 $x \to 0$ 时, $\sqrt{1+x} - 1 = (1+x)^{\frac{1}{2}} - 1 \sim \dfrac{1}{2}x, \mathrm{e}^{2x} - 1 \sim 2x$, 所以

$$\lim_{x \to 0} \frac{\sqrt{1+x} - 1}{\mathrm{e}^{2x} - 1} = \lim_{x \to 0} \frac{\frac{1}{2}x}{2x} = \frac{1}{4}.$$

【注意】 等价无穷小量代换只能用于**极限的乘除运算中**, 代数和中的等价无穷小量不能代换. 例如 $\lim\limits_{x \to 0} \dfrac{\tan x - \sin x}{x^2\sin 2x}$, 若在代数和中使用等价无穷小量代换会出现如下错误:

$$\lim_{x \to 0} \frac{\tan x - \sin x}{x^2\sin 2x} = \lim_{x \to 0} \frac{x - x}{x^2 \cdot 2x} = 0,$$

而正确做法是

$$\lim_{x \to 0} \frac{\tan x - \sin x}{x^2\sin 2x} = \lim_{x \to 0} \frac{\tan x(1 - \cos x)}{x^2\sin 2x} = \lim_{x \to 0} \frac{x\dfrac{x^2}{2}}{x^2 \cdot 2x} = \frac{1}{4}.$$

例 2.4.7 已知极限 $\lim\limits_{x \to 1} \dfrac{3x^2 + ax + b}{x^2 - 1} = 0$, 求常数 a, b 的值.

解 因为在 $x \to 1$ 时, $x^2 - 1 \to 0$, 而极限结果为 0, 说明在 $x \to 1$ 时, 分子是分母的高阶无穷小量, 从而 $3x^2 + ax + b$ 在 $x \to 1$ 时也趋于 0, 因此

$$\lim_{x \to 1} (3x^2 + ax + b) = 3 + a + b = 0,$$

解得

$$b = -3 - a.$$

将上式代入原极限中有

$$\lim_{x \to 1} \frac{3x^2 + ax + b}{x^2 - 1} = \lim_{x \to 1} \frac{3x^2 + ax - 3 - a}{x^2 - 1}$$

$$= \lim_{x \to 1} \frac{3(x^2 - 1) + a(x - 1)}{(x - 1)(x + 1)}$$

$$= \lim_{x \to 1} \frac{3(x + 1) + a}{x + 1} = \frac{6 + a}{2} = 0,$$

解得 $a = -6, b = 3$.

练习 2.4

1. 运用等价无穷小量代换, 求下列极限:

(1) $\displaystyle \lim_{x \to 0} \frac{\sin 5x}{\tan 3x}$;

(2) $\displaystyle \lim_{x \to 0} \frac{x \sin x}{1 - \cos x}$;

(3) $\displaystyle \lim_{x \to 0} \frac{x \arcsin 2x}{\ln(1 + x^2)}$;

(4) $\displaystyle \lim_{x \to 0} \frac{e^{2x} - 1}{\tan 2x}$;

(5) $\displaystyle \lim_{x \to 0} \frac{\sqrt{1 + 2x^2} - 1}{2x \arcsin x}$;

(6) $\displaystyle \lim_{x \to -\infty} \frac{\ln(1 + 2^x)}{\ln(1 + 3^x)}$;

(7) $\displaystyle \lim_{x \to 0} \frac{\tan x - \sin x}{3x^3}$;

(8) $\displaystyle \lim_{x \to 0} \frac{(\arcsin x)^2 \sin \dfrac{1}{x}}{\sin x}$;

(9) $\displaystyle \lim_{x \to 0} \frac{1 - \sqrt[3]{1 - x}}{x}$;

(10) $\displaystyle \lim_{x \to 1} \frac{2^{x-1} - 1}{x - 1}$.

2. 证明 $10^x - 1 \sim x \ln 10 (x \to 0)$.

3. 若 $\displaystyle \lim_{x \to X} f(x) = 0, \lim_{x \to X} g(x) = 0$, 且 $\displaystyle \lim_{x \to X} \frac{f(x)}{g(x)} = A (A \neq 0)$, 证明:

$$f(x) \sim Ag(x)(x \to X).$$

4. 已知 $\displaystyle \lim_{x \to \infty} \left(\frac{x^2 + x + 1}{x - 2} - ax - b \right) = 0$, 求常数 a, b 的值.

5. 若 $\displaystyle \lim_{x \to -1} \frac{2x^2 + ax + b}{x + 1} = 3$, 求常数 a, b 的值.

6. 已知 $x^x - 1 \sim a(x - 1)^2 + b(x - 1) (x \to 1)$, 求常数 a, b 的值.

§2.5 函数的连续性

自然界中很多现象都是在连续变化着的, 例如树木的生长、人的身高、面容的变化等, 这种现象反映到函数上就是函数的连续性. 那么函数的连续性如何用数学语言刻画?

2.5.1 函数的连续性

1. 函数在一点连续的定义

定义函数在一点的连续性时需要用到"改变量"的概念. 什么是改变量? 设变量 u 从初值 u_1 变到终值 u_2, 终值与初值的差 $u_2 - u_1$ 叫做变量 u 的**改变量** , 也叫**增量** , 记作 Δu, 即

$$\Delta u = u_2 - u_1.$$

Δu 可以是正的, 可以是负的, 也可以为零. 当 $\Delta u > 0$ 时, u 从 u_1 变到 $u_2 = u_1 + \Delta u$ 是增大的; 当 $\Delta u < 0$ 时, u 从 u_1 变到 $u_2 = u_1 + \Delta u$ 是减小的; 当 $\Delta u = 0$ 时, u 无变化.

设函数 $f(x)$ 在点 x_0 的某个邻域内有定义, 在邻域内, 在点 x_0 处给自变量一个改变量 Δx, 当 x 从 x_0 变到 $x_0 + \Delta x$ 时, 函数值相应地从 $f(x_0)$ 变到 $f(x_0 + \Delta x)$, 因变量的改变量 $\Delta y = f(x_0 + \Delta x) - f(x_0)$. 若保持 x_0 不动, 而让自变量的改变量 Δx 变动, 一般来说, 因变量的改变量 Δy 也会随之变动. 我们观察当 $\Delta x \to 0$ 时 Δy 的变化. 观察图 2.5.1 和图 2.5.2.

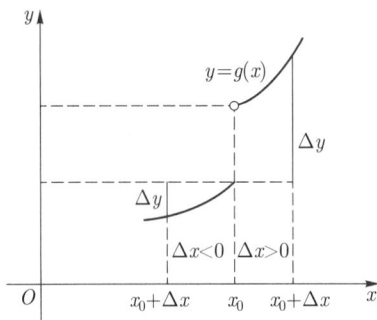

图 2.5.1

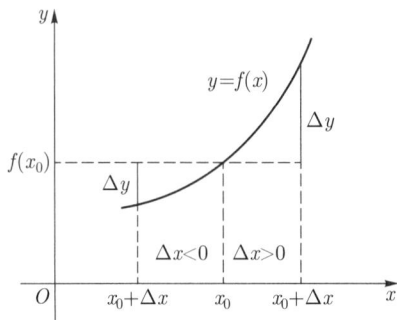

图 2.5.2

图 2.5.1 中函数 $y = g(x)$ 的曲线在点 x_0 处是断开的, 在点 x_0 处给自变量一个改变量 Δx, 相应地会产生因变量的改变量 Δy, $\Delta y = g(x_0 + \Delta x) - g(x_0)$. 发现当 $\Delta x \to 0^-$ 时, $\Delta y \to 0$, 但是当 $\Delta x \to 0^+$ 时, $\Delta y \not\to 0$, 因此 $\lim\limits_{\Delta x \to 0} \Delta y \neq 0$.

但图 2.5.2 中的函数 $y = f(x)$ 的曲线在点 x_0 处没有断开. 同样在点 x_0 处给自变量一个改变量 Δx, 相应地会产生因变量的改变量 Δy, $\Delta y = f(x_0 + \Delta x) - f(x_0)$, 显然 $\lim\limits_{\Delta x \to 0} \Delta y = 0$.

为此我们得到函数在一点连续的第一种定义方式.

定义 2.5.1 设函数 $f(x)$ 在点 x_0 的某个邻域 $U(x_0, \delta)$ 内有定义, 自变量 x 在 x_0 处有改变量 Δx, 且满足 $x_0 + \Delta x \in U(x_0, \delta)$, 相应地产生因变量的改变量 $\Delta y = f(x_0 + \Delta x) - f(x_0)$. 若 $\Delta x \to 0$ 时, $\Delta y \to 0$, 即 $\lim\limits_{\Delta x \to 0} \Delta y = 0$, 则称函数 $f(x)$ 在点 x_0 处**连续**, x_0 称为函数的**连续点**.

即在点 x_0 处, 若自变量的改变量趋于零 (自变量的改变量是无穷小量), 相应的因变量的改变量也趋于零 (因变量的改变量也是无穷小量), 则函数在点 x_0 处连续.

例 2.5.1 证明函数 $y = \sin x$ 在 $(-\infty, +\infty)$ 内连续.

证明 任取 $x_0 \in (-\infty, +\infty)$, 当 x 从 x_0 处取得改变量 Δx 时, 因变量取得改变量

$$\Delta y = \sin(x_0 + \Delta x) - \sin x_0 = 2 \sin \frac{\Delta x}{2} \cos \left(x_0 + \frac{\Delta x}{2} \right).$$

当 $\Delta x \to 0$ 时, $\sin \dfrac{\Delta x}{2}$ 是无穷小量, $\cos \left(x_0 + \dfrac{\Delta x}{2} \right)$ 是有界量, 所以

$$\lim_{\Delta x \to 0} \Delta y = \lim_{\Delta x \to 0} 2 \sin \frac{\Delta x}{2} \cos \left(x_0 + \frac{\Delta x}{2} \right) = 0.$$

因此 $y = \sin x$ 在点 x_0 处连续, 由 x_0 的任意性知 $y = \sin x$ 在 $(-\infty, +\infty)$ 内连续.

在定义 2.5.1 中

$$\lim_{\Delta x \to 0} \Delta y = 0 \Leftrightarrow \lim_{\Delta x \to 0} [f(x_0 + \Delta x) - f(x_0)] = 0 \, (f(x_0) \text{是常数})$$

$$\Leftrightarrow \lim_{\Delta x \to 0} f(x_0 + \Delta x) - f(x_0) = 0$$

$$\Leftrightarrow \lim_{\Delta x \to 0} f(x_0 + \Delta x) = f(x_0) (\text{令} x = x_0 + \Delta x, \text{则当} \Delta x \to 0 \text{时} x \to x_0)$$

$$\Leftrightarrow \lim_{x \to x_0} f(x) = f(x_0).$$

因此, 得到函数在一点处连续的第二种定义方式.

定义 2.5.2 设函数 $f(x)$ 在点 x_0 的某个邻域 $U(x_0, \delta)$ 内有定义, 若 $\lim\limits_{x \to x_0} f(x) = f(x_0)$, 则称函数 $f(x)$ 在点 x_0 处**连续**. x_0 称为函数 $f(x)$ 的**连续点**.

例如图 2.5.3 中 $f(x)$ 在点 x_0 处是连续的, $\lim\limits_{x \to x_0} f(x) = f(x_0)$, 即 $f(x)$ 在点 x_0 处的极限值等于函数值 $f(x_0)$; 图 2.5.4 中 $g(x)$ 在点 x_0 处是断开的, $g(x)$ 在点 x_0 处的左极限是 A, 右极限是 B, $A \neq B$, 所以 $\lim\limits_{x \to x_0} g(x)$ 不存在, 从而, $g(x)$ 在 $x = x_0$ 处不连续.

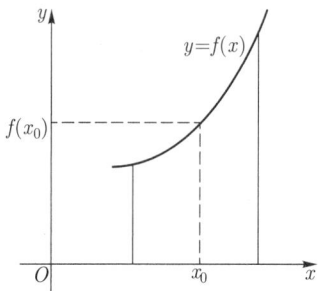

图 2.5.3

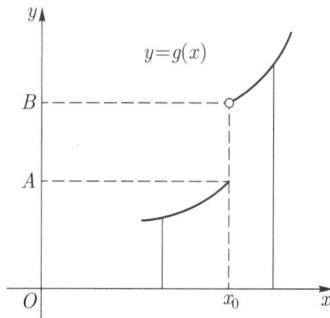

图 2.5.4

定义 2.5.1 与定义 2.5.2 是等价的. 函数在一点的连续性借助了极限定义, 而函数在一点处可以定义左极限和右极限, 与之相似, 函数在一点处也可以定义左连续和右连续, 左连续和右连续统称为单侧连续.

2. 单侧连续

定义 2.5.3 设函数 $f(x)$ 在 $(x_0 - \delta, x_0]$ 内有定义, 若 $\lim\limits_{x \to x_0^-} f(x) = f(x_0)$, 则称函数 $f(x)$ 在点 x_0 处**左连续**. 设函数 $f(x)$ 在 $[x_0, x_0 + \delta)$ 内有定义, 若 $\lim\limits_{x \to x_0^+} f(x) = f(x_0)$, 则称函数 $f(x)$ 在点 x_0 处**右连续**.

与极限类似, 根据函数在一点处连续以及左、右连续的定义可以得到下面的性质.

性质 2.5.1 函数 $f(x)$ 在点 x_0 处连续的充分必要条件是 $f(x)$ 在点 x_0 处既左连续又右连续. 即

$$\lim_{x \to x_0} f(x) = f(x_0) \Leftrightarrow \lim_{x \to x_0^-} f(x) = \lim_{x \to x_0^+} f(x) = f(x_0).$$

如果函数 $f(x)$ 在区间 (a,b) 内的每一点处都连续, 就称函数 $f(x)$ 在开区间 (a,b) 内连续, 或称 $f(x)$ 是开区间 (a,b) 内的连续函数, 记为 $f(x) \in C(a,b)$. 若函数 $f(x)$ 在开区间 (a,b) 内连续, 且在 $x = a$ 处右连续, 在 $x = b$ 处左连续, 则称函数 $f(x)$ 在闭区间 $[a,b]$ 上连续, 记 $f(x) \in C[a,b]$.

2.5.2   函数连续的运算法则

性质 2.5.2 若函数 $f(x), g(x)$ 都在点 x_0 处连续, 则 $kf(x)$(k 为常数), $f(x) \pm g(x)$, $f(x)g(x)$ 以及 $\dfrac{f(x)}{g(x)}$($g(x_0) \neq 0$) 都在点 x_0 处连续.

性质 2.5.3 若函数 $f(x), g(x)$ 都在区间 $[a,b]$ 上连续, 则 $kf(x)$(k 为常数),$f(x) \pm g(x)$, $f(x)g(x)$ 以及 $\dfrac{f(x)}{g(x)}$($g(x) \neq 0$) 都在区间 $[a,b]$ 上连续.

由 §2.2 知基本初等函数以及初等函数在其定义区间内每一点的极限都存在, 且极限值等于函数值, 根据连续的定义可得下面的性质:

性质 2.5.4 1. 基本初等函数在其定义域内每一点处都连续;

2. 初等函数在其定义区间内每一点处都连续.

【注意】 所谓的定义区间就是包含在定义域内的区间.

既然初等函数在其定义区间内都连续, 那么函数连续性的讨论重点就落在非初等函数中的分段函数上.

例 2.5.2 判断分段函数 $f(x) = \begin{cases} x^2, & x \leqslant 0, \\ x\sin\dfrac{1}{x}, & x > 0 \end{cases}$ 在分段点 $x = 0$ 处是否连续?

【分析】 判断分段函数在分段点处是否连续, 需要判断在分段点处是否同时左、右连续, 若既左连续又右连续, 则分段函数在分段点处连续.

解 函数 $f(x)$ 在点 $x = 0$ 处的函数值为 $f(0) = 0$. 因为

$$\lim_{x \to 0^-} f(x) = \lim_{x \to 0^-} x^2 = 0 = f(0),$$

故 $f(x)$ 在点 $x = 0$ 处左连续; 因为

$$\lim_{x \to 0^+} f(x) = \lim_{x \to 0^+} x \sin \frac{1}{x} = 0 = f(0),$$

故 $f(x)$ 在点 $x = 0$ 处右连续, 根据性质 2.5.1 知函数 $f(x)$ 在分段点 $x = 0$ 处连续 (如图 2.5.5).

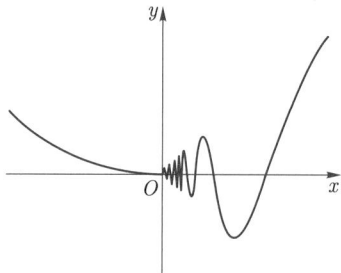

图 2.5.5

例 2.5.3 判断分段函数 $f(x) = \begin{cases} x + 4, & x < 0, \\ e^x + 3, & 0 \leqslant x < 2 \\ x^2 + 1, & x \geqslant 2 \end{cases}$, 在分段点 $x = 0$ 和 $x = 2$ 处是否连续.

解 函数 $f(x)$ 在点 $x = 0$ 处的函数值为 $f(0) = 4$. 因为

$$\lim_{x \to 0^-} f(x) = \lim_{x \to 0^-} (x + 4) = 4 = f(0),$$

故 $f(x)$ 在点 $x = 0$ 处左连续; 又因为

$$\lim_{x \to 0^+} f(x) = \lim_{x \to 0^+} (e^x + 3) = 4 = f(0),$$

故 $f(x)$ 在点 $x = 0$ 处右连续, 所以根据性质 2.5.1 知函数 $f(x)$ 在点 $x = 0$ 处连续.

函数 $f(x)$ 在点 $x = 2$ 处的函数值为 $f(2) = 5$. 因为

$$\lim_{x \to 2^+} f(x) = \lim_{x \to 2^+} (x^2 + 1) = 5 = f(2),$$

故 $f(x)$ 在点 $x = 2$ 处右连续; 又因为

$$\lim_{x\to 2^-} f(x) = \lim_{x\to 2^-} (\mathrm{e}^x + 3) = \mathrm{e}^2 + 3 \neq f(2),$$

所以 $f(x)$ 在 $x = 2$ 处不是左连续的, 根据性质 2.5.1 知函数 $f(x)$ 在 $x = 2$ 处不连续.

性质 2.5.5 (复合函数的连续性)　设函数 $f[g(x)]$ 由函数 $y = f(u)$ 和函数 $u = g(x)$ 复合而成. 若 $\lim\limits_{x\to X} g(x) = A, f(u)$ 在 $u = A$ 处连续, 则

$$\lim_{x\to X} f[g(x)] = \lim_{u\to A} f(u) = f(A). \tag{2.5.1}$$

特别地, 如果 $g(x)$ 在 x_0 处连续, $f(x)$ 在 $g(x_0)$ 处连续, 则 $f[g(x)]$ 在 x_0 处连续, 即

$$\lim_{x\to x_0} f[g(x)] = f[g(x_0)].$$

因为式 (2.5.1) 还可以写成 $\lim\limits_{x\to X} f[g(x)] = f\left[\lim\limits_{x\to X} g(x)\right] = f(A)$, 说明求复合函数 $f[g(x)]$ 的极限时, 只要外函数 $f(u)$ 是连续函数, 不需要内函数 $g(x)$ 一定是连续函数, 只要 $g(x)$ 在 $x \to X$ 时极限存在, 就可交换极限符号 $\lim$ 和函数符号 f 的顺序, 先求得 $g(x)$ 的极限 A, 然后算得 $f(A)$ 的值.

幂指函数的连续性　对于形如 $[f(x)]^{g(x)}(f(x) > 0,\ f(x) \neq 1)$ 的幂指函数, 若 $f(x)$, $g(x)$ 都连续, 则 $[f(x)]^{g(x)}$ 也连续.

这是因为幂指函数可以转化为复合函数: $[f(x)]^{g(x)} = \mathrm{e}^{g(x)\ln f(x)}$, 所以若 $\lim\limits_{x\to x_0} f(x) = f(x_0), \lim\limits_{x\to x_0} g(x) = g(x_0)$, 则由性质 2.5.5 知

$$\lim_{x\to x_0} [f(x)]^{g(x)} = \lim_{x\to x_0} \mathrm{e}^{g(x)\ln f(x)} = \mathrm{e}^{\lim\limits_{x\to x_0} g(x)\ln f(x)}$$

$$= \mathrm{e}^{g(x_0)\ln f(x_0)} = [f(x_0)]^{g(x_0)}. \tag{2.5.2}$$

【注意】　这里由于指数函数 $y = \mathrm{e}^x$ 是连续函数, 极限符号可以拿到 e 的指数上.

事实上, 这里不需要 $f(x)$ 与 $g(x)$ 一定连续, 只要 $\lim\limits_{x\to x_0} f(x)$ 和 $\lim\limits_{x\to x_0} g(x)$ 都存在, 式 (2.5.2) 也成立. 即若 $\lim\limits_{x\to x_0} f(x) = A, \lim\limits_{x\to x_0} g(x) = B$,

则
$$\lim_{x\to x_0} [f(x)]^{g(x)} = A^B. \tag{2.5.3}$$

例 2.5.4　求极限 $\lim\limits_{x\to 2} (x^2 - 2)^{2x}$.

解　由于 $x^2 - 2$ 与 $2x$ 均在 $x = 2$ 处连续, 故根据式 (2.5.2) 有

$$\lim_{x\to 2} (x^2 - 2)^{2x} = (2^2 - 2)^{2\times 2} = 2^4 = 16.$$

例 2.5.5　求极限 $\lim\limits_{x\to 0} \left(\dfrac{\sin x}{x}\right)^{2+x}$.

解　由于 $\lim\limits_{x\to 0} \dfrac{\sin x}{x} = 1, \lim\limits_{x\to 0} (2+x) = 2$, 故根据式 (2.5.3) 有

$$\lim_{x \to 0} \left(\frac{\sin x}{x} \right)^{2+x} = 1^2 = 1.$$

在后面的学习中还需要用到反函数的连续性, 故下面不加证明地给出反函数存在及连续性的定理.

性质 2.5.6 如果函数 $y = f(x)$ 在某区间 I 上单调且连续, 则其反函数存在, 且反函数在相应的区间上也单调 (与原函数有相同的单调性) 且连续.

例如函数 $y = \sin x$ 在区间 $\left[-\frac{\pi}{2}, \frac{\pi}{2} \right]$ 上单调递增且连续, 其反函数 $y = \arcsin x$ 在区间 $[-1, 1]$ 上也单调递增且连续. 函数 $y = \cos x$ 在区间 $[0, \pi]$ 上单调递减且连续, 其反函数 $y = \arccos x$ 在区间 $[-1, 1]$ 上也单调递减且连续.

2.5.3 间断点

通过前面的讨论我们知道函数 $f(x)$ 在点 x_0 处连续必须同时满足三个条件:

1. 函数 $f(x)$ 在点 x_0 处有定义;

2. 函数 $f(x)$ 在点 x_0 处有极限, 即 $\lim_{x \to x_0} f(x)$ 存在;

3. 函数 $f(x)$ 在点 x_0 处的极限值等于该点的函数值, 即 $\lim_{x \to x_0} f(x) = f(x_0)$.

上述三个条件中有一个不成立, 函数在点 x_0 处就是不连续的.

定义 2.5.4 设函数 $f(x)$ 在点 x_0 的某去心邻域内有定义, 若 $f(x)$ 在点 x_0 处不连续 (即上述三个条件中至少有一个不满足), 就称 x_0 为函数 $f(x)$ 的**不连续点**, 或者叫做**间断点**.

设 x_0 是函数 $f(x)$ 的间断点, 若 $f(x)$ 在点 x_0 处的左、右极限都存在, 则称 x_0 为**第一类间断点**. 若函数 $f(x)$ 在点 x_0 处的左、右极限中至少有一个不存在, 则称 x_0 为 $f(x)$ 的**第二类间断点**.

第一类间断点又分跳跃间断点和可去间断点.

若函数 $f(x)$ 在点 x_0 处的左极限 $f(x_0 - 0)$、右极限 $f(x_0 + 0)$ 都存在但是不相等, 即 $f(x_0 - 0) \neq f(x_0 + 0)$, 则称 x_0 为 $f(x)$ 的**跳跃间断点**. $|f(x_0 + 0) - f(x_0 - 0)|$ 称为**跳跃度**.

如果函数 $f(x)$ 在点 x_0 处的极限存在但是不等于该点的函数值, 即 $\lim_{x \to x_0} f(x) = A \neq f(x_0)$, 或者函数 $f(x)$ 在点 x_0 处极限存在但是在点 x_0 处没有定义, 则称 x_0 为 $f(x)$ 的**可去间断点**.

例 2.5.6 讨论函数 $f(x) = \begin{cases} x - 1, & x \leqslant 0, \\ x + 1, & x > 0 \end{cases}$ 的分段点 $x = 0$ 是否为间断点, 若是, 请判断间断点类型.

解 因为 $f(0 - 0) = \lim_{x \to 0^-} f(x) = \lim_{x \to 0^-} (x - 1) = -1$;

$$f(0+0) = \lim_{x \to 0^+} f(x) = \lim_{x \to 0^+} (x+1) = 1.$$

在点 $x = 0$ 处的左、右极限都存在, 但是不相等, 故 $x = 0$ 是间断点, 且是第一类间断点中的跳跃间断点, 跳跃度为 $|f(0+0) - f(0-0)| = |1 - (-1)| = 2$(如图 2.5.6).

例 2.5.7 讨论函数 $f(x) = \begin{cases} \sqrt{x+3}, & 0 \leqslant x < 1, \\ 1, & x = 1, \\ x+1, & x > 1 \end{cases}$ 的分段点 $x = 1$ 是否为间断点? 若是, 请判断间断点类型.

解 因为 $f(1) = 1$,

$$f(1-0) = \lim_{x \to 1^-} f(x) = \lim_{x \to 1^-} (\sqrt{x+3}) = 2;$$

$$f(1+0) = \lim_{x \to 1^+} f(x) = \lim_{x \to 1^+} (x+1) = 2.$$

故函数在点 $x = 1$ 处极限存在且为 2, 但是不等于点 $x = 1$ 处的函数值 $f(1) = 1$, 故 $x = 1$ 是间断点, 且是第一类间断点中的可去间断点 (如图 2.5.7).

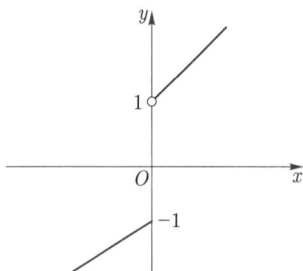

图 2.5.6

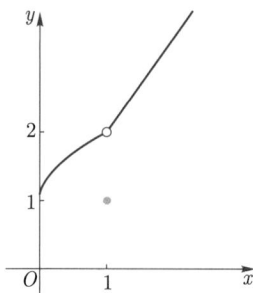

图 2.5.7

注意在例 2.5.7 中若重新定义 $f(1) = 2$, 即

$$f(x) = \begin{cases} \sqrt{x+3}, & 0 \leqslant x < 1, \\ 2, & x = 1, \\ x+1, & x > 1, \end{cases}$$

得到的新函数 $f(x)$ 在点 $x = 1$ 处是连续的. 因此可以通过适当改变可去间断点的函数值使可去间断点变为连续点.

例 2.5.8 讨论函数 $f(x) = \begin{cases} x+1, & x \leqslant 0, \\ \dfrac{1}{x}, & x > 0 \end{cases}$ 的分段点 $x = 0$ 是否为间断点, 若是, 请判断间断点类型.

解 因为

$$f(0-0) = \lim_{x \to 0^-} f(x) = \lim_{x \to 0^-} (x+1) = 1;$$

$$f(0+0) = \lim_{x \to 0^+} f(x) = \lim_{x \to 0^+} \frac{1}{x} = \infty,$$

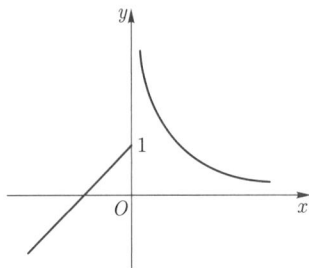

图 2.5.8

在点 $x = 0$ 处的右极限不存在, 故 $x = 0$ 是间断点, 且是第二类间断点 (如图 2.5.8).

练习 2.5

1. 设分段函数 $f(x) = \begin{cases} x^2 - 1, & x < 0, \\ 1, & x = 0, \\ \mathrm{e}^{2x} - 2, & x > 0, \end{cases}$ 判断函数 $f(x)$ 在点 $x = 0$ 处是否连续?

2. 设分段函数 $f(x) = \begin{cases} 2x + 3, & x \leqslant 0, \\ 2^x + 2, & 0 < x < 1, \\ \ln(3+x), & x \geqslant 1, \end{cases}$ 判断函数 $f(x)$ 在点 $x = 0$ 和 $x = 1$ 处是否连续?

3. 已知分段函数 $f(x) = \begin{cases} \sqrt{2x+2}, & x \leqslant 1, \\ \mathrm{e}^{x-1} - a, & x > 1 \end{cases}$ 在点 $x = 1$ 处连续, 求常数 a.

4. 已知分段函数 $f(x) = \begin{cases} \cos x + a, & x < 0, \\ 3, & x = 0, \\ \ln(1+x) + b(x+1) + 2, & x > 0 \end{cases}$ 在点 $x = 0$ 处连续, 求常数 a, b.

5. 求下列极限:

(1) $\lim\limits_{x \to 1} [(x^3 + 1)^{2x} - 4x]$;

(2) $\lim\limits_{x \to +\infty} \left(2 + \dfrac{1}{2x} + \dfrac{2}{x^2}\right)^{2 + \frac{1}{x}}$;

(3) $\lim\limits_{x \to +\infty} \left(\dfrac{2x+1}{4x-2}\right)^{\frac{1}{x}} + 2$;

(4) $\lim\limits_{x \to 0} (x + 2^x)^2 \mathrm{e}^{x+1}$.

6. 求函数 $f(x) = \begin{cases} \dfrac{\arcsin x}{x}, & x < 0, \\ 0, & x = 0, \\ \mathrm{e}^x, & x > 0 \end{cases}$ 的间断点, 并判断间断点的类型.

7. 求函数 $f(x) = \begin{cases} \cos\dfrac{1}{x+2}, & x < -2, \\ \dfrac{\tan x}{x}, & -2 \leqslant x < 0, \\ 0, & x = 0, \\ \dfrac{\sin x}{x}, & 0 < x < 2, \\ 1, & x \geqslant 2 \end{cases}$ 的间断点, 并判断间断点的类型.

8. 求函数 $f(x) = \arctan^2 \dfrac{1}{1-x}$ 的间断点, 并判断间断点的类型.

9. 求函数 $f(x) = \dfrac{\dfrac{2}{x} - \dfrac{2}{1+x}}{\dfrac{x-2}{x}}$ 的间断点, 并判断间断点的类型.

§2.6 闭区间上连续函数的性质

§2.5 详细讨论了函数在一点连续的定义和性质, 若函数在一个给定的闭区间上连续, 还会有什么特殊性质呢? 本节将介绍闭区间上连续函数的四个重要性质, 除介值定理给出证明外, 其余定理我们只是从几何直观上加以说明, 严格的证明从略.

首先给出最值定理. 在此之前, 先定义函数的最大值与最小值.

定义 2.6.1 对于区间 I 上有定义的函数 $f(x)$, 如果存在点 $x_0 \in I$, 使得对于任意 $x \in I$, 都满足 $f(x) \leqslant f(x_0)$(或 $f(x) \geqslant f(x_0)$), 则称 $f(x_0)$ 是函数 $f(x)$ 在区间 I 上的**最大值** (或**最小值**).

例如, 函数 $y = \sin x$ 在 $(-\infty, +\infty)$ 上有最大值 1 和最小值 -1. 函数 $y = x^2$ 在区间 $[-2, 2]$ 上有最大值 4 和最小值 0.

定理 2.6.1 (最值定理) 若函数 $f(x)$ 在闭区间 $[a, b]$ 上连续 (如图 2.6.1), 则 $f(x)$ 在 $[a, b]$ 上必有最大值 M 和最小值 m. 即存在 $x_1, x_2 \in [a, b]$, 使得 $f(x_1) = M$, $f(x_2) = m$, 且对任意 $x \in [a, b]$, 满足 $m \leqslant f(x) \leqslant M$.

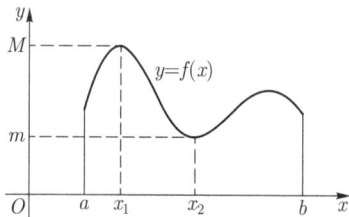

即**闭区间上的连续函数必有最大值和最小值**.

图 2.6.1

最值定理虽然比较直观, 但是证明并不容易, 需要用到实数理论, 所以这里略去严格证明.

特殊情形 若函数 $f(x)$ 在闭区间 $[a, b]$ 上是连续且单调的 (如图 2.6.2 和图 2.6.3), 则最大、最小值在区间端点处取得.

一般情形 若连续函数在闭区间上不具有整体单调性, 则最值可能在区间端点, 以及区间内部所有可能取到最值的点处取得. 如图 2.6.4, 函数 $f(x)$ 的最大值 $M = f(b)$, 最小

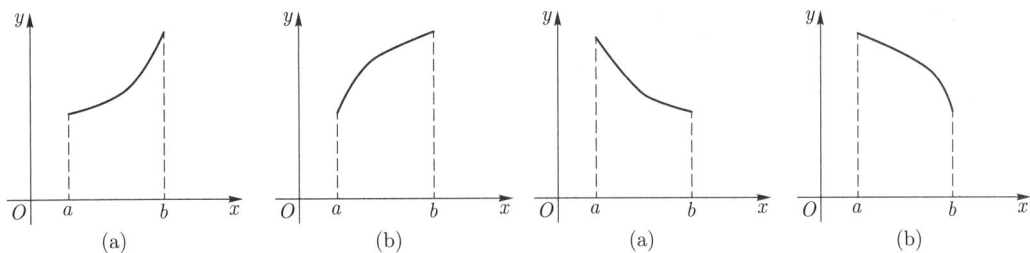

单调递增函数

最大值 $M = f(b)$

最小值 $m = f(a)$

图 2.6.2

单调递减函数

最大值 $M = f(a)$

最小值 $m = f(b)$

图 2.6.3

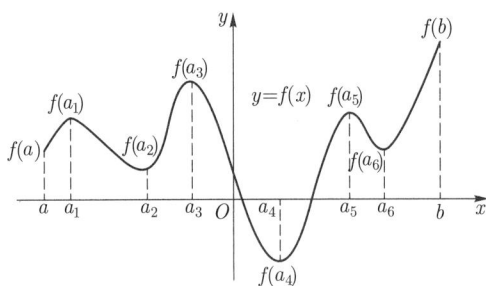

图 2.6.4

值 $m = f(a_4)$.

【注意】 1. 若区间是开区间, 定理 2.6.1 不一定成立, 如图 2.6.5 所示.

图 2.6.5 中 $f(x)$ 在区间 $(0,b)$ 内单调递增, 最大、最小值应该在区间端点处取得, 但是由于 $(0,b)$ 为开区间, $f(x)$ 在端点处没有定义, 故取不到最大、最小值.

2. 若函数在区间内不连续, 定理 2.6.1 不一定成立, 如图 2.6.6 所示.

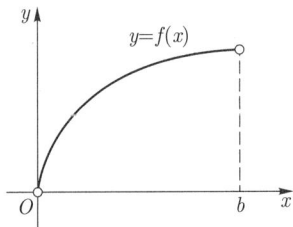

图 2.6.5

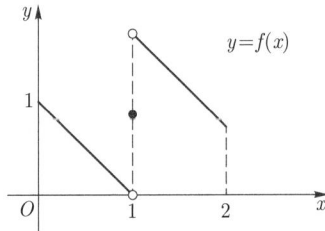

图 2.6.6

图 2.6.6 中 $f(x)$ 在 $x = 1$ 处间断, 由图像可以看出在区间 $[0,2]$ 上, 函数无法取到最大、最小值.

设闭区间上的连续函数 $f(x)$ 有最大值 M 和最小值 m, 即 $f(x)$ 在 $[a,b]$ 上的值域为 $[m,M]$, 这就意味着 $f(x)$ 在该闭区间上有界. 故有下面的定理:

定理 2.6.2 (有界性定理) 若函数 $f(x)$ 在闭区间 $[a,b]$ 上连续, 则 $f(x)$ 在 $[a,b]$ 上

有界. 即**闭区间上的连续函数必有界**.

给定有限闭区间 $[a,b]$ 上的连续函数 $f(x)$, 若 $f(x)$ 在区间端点处的函数值位于 x 轴两侧, 即 $f(a)f(b)<0$, $f(x)$ 会有什么样的性质?

由于函数 $f(x)$ 在闭区间 $[a,b]$ 上连续, 区间端点函数值异号意味着对应曲线至少穿过 x 轴一次, 即函数曲线必与 x 轴相交, 如图 2.6.7. 这说明在区间 $[a,b]$ 上至少存在一点 $x_0 \in (a,b)$, 使得 $f(x_0) = 0$, 这就是下面的零点存在性定理.

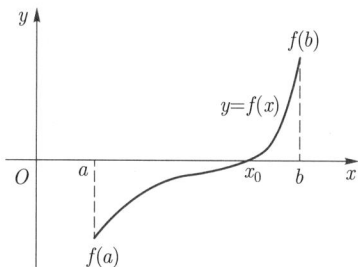

图 2.6.7

定理 2.6.3 (零点存在性定理) 若函数 $f(x)$ 在闭区间 $[a,b]$ 上连续, 且 $f(a)f(b)<0$, 则至少存在一点 $x_0 \in (a,b)$, 使得 $f(x_0) = 0$ (此时 x_0 称为函数 $f(x)$ 的零点).

因为 x_0 也可以看成方程 $f(x) = 0$ 的根, 故该定理又称为**根的存在性定理**.

【**注意**】 零点若存在, 一定在区间内部取得.

零点存在性定理的几何解释 闭区间上的连续曲线, 若曲线两端位于 x 轴两侧, 则曲线至少穿过 x 轴一次.

定理 2.6.4 (介值定理) 若函数 $f(x)$ 在闭区间 $[a,b]$ 上连续, 且最大值为 M, 最小值为 m, 则对于满足 $m \leqslant c \leqslant M$ 的任意 c, 一定存在 $x_0 \in [a,b]$, 使得 $f(x_0) = c$(如图 2.6.8).

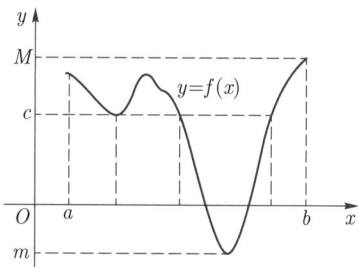

图 2.6.8

证明 (1) 若 $m = M$, 意味着 $f(x)$ 在区间 $[a,b]$ 上是常数, 则 $c = m = M$, 即区间内任何一点都符合要求.

(2) 若 $m \neq M$, 则 $m<M$, 必存在 $x_1, x_2 \in [a,b]$, 使得 $f(x_1) = M$, $f(x_2) = m$, 显然 $x_1 \neq x_2$, 不妨设 $x_1 < x_2$, 则 $[x_1,x_2] \subseteq [a,b]$. 因为 $f(x)$ 在 $[a,b]$ 上连续, 所以 $f(x)$ 在 $[x_1,x_2]$ 上连续.

(i) 若 $c = m$ 或者 $c = M$, 则 x_1 或者 x_2 即为所求.

(ii) 若 $m<c<M$(如图 2.6.8), 令 $F(x) = f(x) - c$, 则由 $f(x)$ 在 $[x_1,x_2]$ 上连续知 $F(x)$ 在 $[x_1,x_2]$ 上连续, 且 $F(x_1) = f(x_1) - c = M - c > 0, F(x_2) = f(x_2) - c = m - c < 0$, 所以 $F(x)$ 在 $[x_1,x_2]$ 上连续且端点处函数值异号, 故由零点存在性定理知存在 $x_0 \in (x_1,x_2) \subseteq [a,b]$, 使得 $F(x_0) = 0$, 即 $f(x_0) - c = 0$, 解得 $f(x_0) = c$, 这说明 x_0 即为所求.

综上所述, 对于任意介于最大、最小值之间的 $c(m \leqslant c \leqslant M)$, 一定存在 $x_0 \in [a,b]$, 使得 $f(x_0) = c$.

定理 2.6.1—定理 2.6.4 都非常重要, 它们是后面一些重要定理的理论依据. 我们常用零点存在性定理证明函数的零点或者方程根的存在性问题. 用介值定理来证明一些等式成立.

例 2.6.1 设函数 $f(x)$ 在闭区间 $[a,b]$ 上连续, 且对任意 $x \in [a,b]$ 有 $a<f(x)<b$, 证

明必存在 $x_0 \in (a,b)$, 使得 $f(x_0) = x_0$.

【分析】 要证明存在 $x_0 \in (a,b)$, 使得 $f(x_0) = x_0$, 即 $f(x_0) - x_0 = 0$, 只需说明 x_0 是方程 $f(x) - x = 0$ 的根, 故可用零点存在性定理证明.

证明 设函数 $F(x) = f(x) - x$, 因为 $f(x)$ 在闭区间 $[a,b]$ 上连续, 故 $F(x)$ 在闭区间 $[a,b]$ 上连续. 且

$$F(a) = f(a) - a, \quad F(b) = f(b) - b.$$

因为 $$a < f(x) < b, \quad 对任意的 \ x \in [a,b],$$

所以 $$F(a) = f(a) - a > 0, \quad F(b) = f(b) - b < 0.$$

因此, $F(x) = f(x) - x$ 在闭区间 $[a,b]$ 上连续, 且端点处函数值异号, 由零点存在性定理知存在 $x_0 \in (a,b)$, 使得 $F(x_0) = 0$, 即 $f(x_0) = x_0$.

例 2.6.2 证明方程 $x^3 - 5x^2 + 2x + 8 = 0$ 在区间 $(-2,0),(0,3),(3,5)$ 内各有且仅有一根.

证明 设 $f(x) = x^3 - 5x^2 + 2x + 8$, 显然 $f(x)$ 在 $\mathbf{R}$ 上连续, 故在区间 $[-2,0],[0,3],[3,5]$ 上都连续. 因为

$$f(-2) = -24 < 0, \quad f(0) = 8 > 0, \quad f(3) = -4 < 0, \quad f(5) = 18 > 0,$$

所以 $f(-2)f(0) < 0, f(0)f(3) < 0, f(3)f(5) < 0$, 这说明函数 $f(x)$ 在三个区间 $[-2,0],[0,3]$, $[3,5]$ 上都满足零点存在性定理, 故可知方程 $f(x) = 0$ 在三个区间 $(-2,0),(0,3),(3,5)$ 内各至少存在一根. 但是 $f(x) = 0$ 是三次方程, 最多有三个根, 因此, $f(x) = 0$ 在三个区间 $(-2,0),(0,3),(3,5)$ 内各有且仅有一根.

例 2.6.3 设函数 $f(x)$ 在闭区间 $[1,2]$ 上连续, $1 < x_1 < x_2 < \cdots < x_n < 2$. 证明至少存在一点 $x_0 \in [x_1, x_n]$, 使得 $f(x_0) = \dfrac{f(x_1) + f(x_2) + \cdots + f(x_n)}{n}$.

证明 因为 $f(x)$ 在闭区间 $[1,2]$ 上连续, 且 $[x_1, x_n] \subset [1,2]$, 所以 $f(x)$ 在闭区间 $[x_1, x_n]$ 上连续. 由最值定理知 $f(x)$ 在闭区间 $[x_1, x_n]$ 上必存在最大值 M 和最小值 m, 即

$$m \leqslant f(x) \leqslant M, \quad 任意 \ x \in [x_1, x_n].$$

因此 $$m \leqslant f(x_1) \leqslant M,$$
$$m \leqslant f(x_2) \leqslant M,$$
$$\cdots$$
$$m \leqslant f(x_n) \leqslant M,$$

上面 n 个式子相加得到

$$nm \leqslant f(x_1) + f(x_2) + \cdots + f(x_n) \leqslant nM,$$

上式各端同除以 n 得

$$m \leqslant \frac{f(x_1) + f(x_2) + \cdots + f(x_n)}{n} \leqslant M.$$

因此 $\dfrac{f(x_1) + f(x_2) + \cdots + f(x_n)}{n}$ 是介于最大值 M 和最小值 m 之间的一个数, 由介值

定理知必存在 $x_0 \in [x_1, x_n]$, 使得 $f(x_0) = \dfrac{f(x_1) + f(x_2) + \cdots + f(x_n)}{n}$.

练习 2.6

1. 证明函数 $f(x) = x^3 - 3x^2 - x + 3$ 在区间 $(-2, 0), (0, 2), (2, 4)$ 内各有且仅有一个零点.

2. 证明方程 $\ln x - 2x + 2\mathrm{e} = 0$ 在区间 $(1, \mathrm{e}^2)$ 内至少有一实根.

3. 设函数 $f(x)$ 在区间 $[a, a+1]$ 上连续, 且 $f(a) = f(a+1) \neq f\left(a + \dfrac{1}{2}\right)$, 证明必存在一点 $x_0 \in (a, a+1)$ 使得 $f\left(x_0 + \dfrac{1}{2}\right) = f(x_0)$.

4. 设函数 $f(x)$ 在闭区间 $[a, b]$ 上连续, 任取 $x_1, x_2 \in (a, b)$, 任意正数 p, q, 证明至少存在一点 $x_0 \in (a, b)$, 使得 $(p+q)f(x_0) = pf(x_1) + qf(x_2)$.

5. 设函数 $f(x)$ 在闭区间 $[1, 2]$ 上连续, $x_1, x_2, \cdots, x_n \in (1, 2)$, $a_1, a_2, \cdots, a_n$ 是任意 n 个正数, 证明至少存在一点 $x_0 \in (1, 2)$, 使得 $f(x_0) = \dfrac{a_1 f(x_1) + a_2 f(x_2) + \cdots + a_n f(x_n)}{a_1 + a_2 + \cdots + a_n}$.

*§2.7 现 值 问 题

习 题 2

一、单项选择题

1. 下列数列发散的是 (　　).

(A) $1, -1, 1, -1, \cdots, (-1)^{n+1}, \cdots$

(B) $1, 0, \dfrac{1}{4}, 0, \dfrac{1}{16}, 0, \cdots, \dfrac{1}{2^{n-1}}, 0, \cdots$

(C) $\dfrac{1}{2}, \dfrac{2}{3}, \dfrac{3}{4}, \cdots, \dfrac{n}{n+1}, \cdots$

(D) $1, \dfrac{1}{3}, \dfrac{1}{2}, \dfrac{1}{5}, \dfrac{1}{3}, \dfrac{1}{7}, \dfrac{1}{4}, \dfrac{1}{9}, \cdots$

2. 下列数列收敛的是 (　　).

(A) $a_n = \begin{cases} \dfrac{n-1}{n+1}, & n\text{为奇数}, \\[2mm] -\dfrac{n-1}{n+1}, & n\text{为偶数} \end{cases}$ 　　(B) $a_n = \begin{cases} \dfrac{1}{n}, & n\text{为奇数}, \\[2mm] \dfrac{-1}{2n+1}, & n\text{为偶数} \end{cases}$

(C) $a_n = \begin{cases} \dfrac{1}{2n}, & n\text{为奇数}, \\[2mm] 1, & n\text{为偶数} \end{cases}$ 　　(D) $a_n = \begin{cases} 2^{-n}, & n\text{为奇数}, \\[2mm] 1 + 2^{-n}, & n\text{为偶数} \end{cases}$

3. 关于数列极限, 下列说法正确的是 (　　).

(A) 若数列 $\{a_n\}$ 发散, 则 $\{a_n\}$ 的任意子列都发散

(B) 如果数列 $\{a_n\}$ 不收敛于指定的数 a, 那么数列 $\{a_n\}$ 的极限不存在

(C) 如果数列 $\{a_n\}$ 的奇数列和偶数列都收敛, 那么数列 $\{a_n\}$ 收敛

(D) 数列 $\{a_n\}$ 收敛与否与前有限项无关

4. 关于函数极限, 下列说法正确的是 (　　).

(A) 若 $\lim\limits_{x \to X} f(x) = A$, 则 $f(x)$ 在 $x \to X$ 过程中的某个邻域内必有界

(B) 若 $\lim\limits_{x \to X} f(x) = A, \lim\limits_{x \to X} g(x) = B$, 且 $A > B$, 则 $f(x) \geqslant g(x)$

(C) 若 $\lim\limits_{x \to X} f(x) = A, \lim\limits_{x \to X} g(x) = B$, 且在变化过程中 $f(x) > g(x)$, 则 $A > B$

(D) $\lim\limits_{x \to x_0} f(x)$ 存在的充分必要条件是 $f(x_0 - 0), f(x_0 + 0)$ 都存在

5. 已知当 $x \to 0$ 时, $(1 - ax^2)^{\frac{1}{4}} - 1$ 与 $\cos x - 1$ 是等价无穷小量, 则 $a = ($　　$)$.

(A) 1 　　　　　　　　　　　　　　　(B) -1

(C) $\dfrac{3}{2}$ (D) 2

6. 设 $f(x) = \begin{cases} x + \dfrac{\tan x}{\arcsin x}, & x < 0, \\ 0, & x = 0, \\ x^2 \cos \dfrac{1}{x}, & x > 0, \end{cases}$ $x = 0$ 是 $f(x)$ 的（　　）.

(A) 连续点 (B) 可去间断点

(C) 跳跃间断点 (D) 第二类间断点

7. 若极限 $\lim\limits_{x \to -1} \dfrac{x^3 - ax^2 + 5}{x+1} - 1 = b$, 则常数 a,b 的取值为（　　）.

(A) $a = 4, b = 10$ (B) $a = 4, b = -8$

(C) $a = -4, b = 6$ (D) $a = -4, b = 7$

8. 已知 $\lim\limits_{x \to \infty} \dfrac{2x^2 + ax}{x-1} + bx = 1$, 则常数 a,b 的取值为（　　）.

(A) $a = -1, b = 2$ (B) $a = -1, b = -2$

(C) $a = 2, b = -1$ (D) $a = -2, b = 1$

9. 若 $\lim\limits_{x \to 0} \dfrac{\arcsin x^2}{f(x)} = 1$, 则 $\lim\limits_{x \to 0} \dfrac{f(x)}{\ln \cos x} = $（　　）.

(A) 1 (B) -2

(C) -1 (D) $-\dfrac{1}{2}$

10. 设 $a > 0, b \in \mathbf{R}, f(x) = \begin{cases} \dfrac{\sin x}{a^2 x}, & x < 0, \\ 1, & x = 0, \\ (1 + b^2 x)^{\frac{1}{x}}, & x > 0 \end{cases}$ 在 $\mathbf{R}$ 上连续, 则常数 a, b

的值可能为（　　）.

(A) $a = 1, b = 0$ (B) $a = -2, b = 0$

(C) $a = 1, b = 1$ (D) $a = -1, b = 1$

二、多项选择题

1. 关于数列极限, 下列说法正确的是（　　）.

(A) 两个数列和或差的极限等于它们极限的和或差

(B) 若数列 $\{a_n\}$ 的任意子列都收敛, 则数列 $\{a_n\}$ 本身收敛

(C) 若数列 $\{a_n\}$ 有极限, 则 $\{a_n\}$ 一定有界

(D) 若数列 $\{a_n\}$ 有界, 则 $\{a_n\}$ 的极限一定存在

(E) 无界数列一定没有极限

2. 关于函数极限, 下列说法正确的是 (　　).

(A) $\lim\limits_{x \to X} f(x) = 0$ 的充分必要条件是 $\lim\limits_{x \to X} |f(x)| = 0$

(B) $\lim\limits_{x \to X} f(x) = A$ 的充分必要条件是 $f(x) = A + \alpha(x)$, 其中 $\alpha(x)$ 是 $x \to X$ 时的无穷小量

(C) 同一变化过程中, 有界量与无穷小量的乘积是无穷小量

(D) 同一变化过程中, 有界量与无穷大量的乘积是无穷大量

(E) 同一变化过程中, 任意多个无穷小量的代数和还是无穷小量

3. 关于函数在一点的连续性, 下列说法错误的是 (　　).

(A) 函数 $f(x)$ 在点 x_0 处连续的充分必要条件是 $f(x)$ 在点 x_0 处有定义

(B) 函数 $f(x)$ 在点 x_0 处连续的充分必要条件是 $f(x)$ 在点 x_0 处的左、右极限都存在

(C) 函数 $f(x)$ 在点 x_0 处连续的充分必要条件是 $f(x)$ 在点 x_0 处既左连续又右连续

(D) 函数 $f(x)$ 在点 x_0 处没有定义, 则 $f(x)$ 在点 x_0 处一定不连续

(E) 函数 $f(x)$ 在点 x_0 处不连续的充分必要条件是 $f(x)$ 在点 x_0 处没有定义

4. 关于闭区间上连续函数的性质, 下列说法错误的是 (　　).

(A) 闭区间上的连续函数必有界

(B) 闭区间上的连续函数必有最大、最小值

(C) 闭区间上没有最大、最小值的函数一定不连续

(D) 闭区间上连续且单调的函数至少有一个零点

(E) 闭区间上的有界函数一定连续

5. 关于等价无穷小量, 下列说法正确的是 (　　).

(A) $\sin x, \tan x, \mathrm{e}^x - 1$ 都是无穷小量

(B) $x \sim \sin x, 1 - \cos x \sim \dfrac{1}{2}x^2, a^x - 1 \sim x \ln a$

(C) 设 $\lim\limits_{x \to X} f(x) = 0$, 若 $g(x) = f(x) + o[f(x)](x \to X)$, 则 $f(x) \sim g(x)(x \to X)$

(D) 若 $\lim\limits_{x \to X} f(x) = \infty$, 则 $\lim\limits_{x \to X} \dfrac{1}{f(x)} = 0$

(E) 若 $\lim\limits_{x \to X} f(x) = 0$, 则 $\lim\limits_{x \to X} \dfrac{1}{f(x)} = \infty$

三、计算题

1. 求下列极限:

(1) $\lim\limits_{n\to\infty} \dfrac{n^{2\,025} - n^{2\,020} + 3}{3n^{2\,025} - n^{2\,024}}$;

(2) $\lim\limits_{n\to\infty} \dfrac{2^{2n+1} - 3^{2n-1}}{5^n - 9^{n+1}}$;

(3) $\lim\limits_{n\to\infty} \dfrac{(n-2)^2}{(n+1)^2}$;

(4) $\lim\limits_{n\to\infty} \left(1 + \dfrac{3}{2n}\right)^n$;

(5) $\lim\limits_{n\to\infty} \left(1 - \dfrac{3}{n+1}\right)^n$;

(6) $\lim\limits_{n\to\infty} \left(1 - \dfrac{1}{2n}\right)^{n+1}$;

(7) $\lim\limits_{n\to\infty} (\sqrt{n^4 + n^2} - \sqrt{n^4 + \cos n})$;

(8) $\lim\limits_{n\to\infty} n\left(\sqrt[3]{1 - \dfrac{1}{n}} - 1\right)$.

2. 用夹挤定理求下列极限:

(1) $\lim\limits_{n\to\infty} \dfrac{\sin\dfrac{n\pi}{6}}{2n}$;

(2) $\lim\limits_{n\to\infty} \left(\dfrac{1}{3n^2 + 1} + \dfrac{2}{3n^2 + 2} + \cdots + \dfrac{n}{3n^2 + n}\right)$;

(3) $\lim\limits_{n\to\infty} \left(\sqrt{\dfrac{n^2}{n^4 + 1}} + \sqrt{\dfrac{n^2 + 2}{n^4 + 2}} + \cdots + \sqrt{\dfrac{n^2 + 2n - 2}{n^4 + n}}\right)$.

3. 求下列极限:

(1) $\lim\limits_{x\to 1} (2x^2 - x + 9)$;

(2) $\lim\limits_{x\to\sqrt{2}} (x^4 - x^2 - 1)$;

(3) $\lim\limits_{x\to 2} \left(1 - \dfrac{2}{x-4}\right)$;

(4) $\lim\limits_{x\to 1} \dfrac{2x+3}{x^2 - 1}$;

(5) $\lim\limits_{x\to 1} \dfrac{x^4 - 1}{x - 1}$;

(6) $\lim\limits_{x\to\infty} \left(\dfrac{2x^2 - x}{4x^2 + 1} + 1\right)$;

(7) $\lim\limits_{x\to\frac{\pi}{6}} \dfrac{2\sin^2 x - \sin x}{\tan x + \cos x}$;

(8) $\lim\limits_{x\to 0} \dfrac{\sqrt[n]{1 + x} - 1}{nx}$;

(9) $\lim\limits_{x\to 0} \dfrac{\ln(1 + 2x)\sin x}{\tan x\,(e^{3x} - 1)}$;

(10) $\lim\limits_{x\to 1} \left(\dfrac{1}{x^2 - 1} - \dfrac{1}{x + 1}\right)$.

4. 已知 $\lim\limits_{x \to 2} \dfrac{2x^2 + 2x + a}{x - 2} = 10$, 求常数 a. 若改为 $\lim\limits_{x \to 2} \dfrac{2x^2 + 2x + a}{x - 2} = \infty$, 则 a 为何值?

5. 已知 $\lim\limits_{x \to 1} \dfrac{2x^2 + ax + b}{x - 1} = 0$, 求常数 a, b. 若 $\lim\limits_{x \to 1} \dfrac{2x^2 + ax + b}{x - 1} = 1$, 常数 a, b 为何值? 若 $\lim\limits_{x \to 1} \dfrac{2x^2 + ax + b}{x - 1} = \infty$, 常数 a, b 为何值?

6. 已知 $\lim\limits_{x \to -\infty} (x + \sqrt{ax^2 + bx - c}) = 1$, 求常数 a, b.

7. 判断函数 $f(x) = \begin{cases} 1 - \cos x, & x > 0, \\ 0, & x = 0, \\ 1 + \mathrm{e}^{-\frac{1}{x}}, & x < 0 \end{cases}$ 在点 $x = 0$ 处是否连续.

8. 判断函数 $f(x) = \begin{cases} \dfrac{\arcsin |x|}{x}, & x \neq 0, \\ 1, & x = 0 \end{cases}$ 在点 $x = 0$ 处是否连续.

9. 已知函数 $f(x) = \begin{cases} 2ax^2 - 3, & x < 2, \\ 5, & x = 2, \\ \dfrac{1}{2}x - 2b, & x > 2 \end{cases}$ 在 $(-\infty, +\infty)$ 上为连续函数, 求常数 a, b 的值.

10. 求函数 $f(x) = \begin{cases} \dfrac{\tan x}{x}, & x < 0, \\ 1, & x = 0, \\ \ln x, & 0 < x < 1, \\ x^2 + 1, & x \geqslant 1 \end{cases}$ 的间断点, 并判断其类型.

11. 求函数 $f(x) = \begin{cases} \cos \dfrac{1}{x}, & x \neq 0, \\ 0, & x = 0 \end{cases}$ 的间断点, 并判断其类型.

12. 求函数 $f(x) = \lim\limits_{t \to +\infty} \dfrac{x^2 + \mathrm{e}^{tx}}{\mathrm{e} + \mathrm{e}^{tx}}$ 的表达式, 并判断它在定义域内是否有间断点.

四、证明题

1. 设函数 $f(x), g(x)$ 均在闭区间 $[0,1]$ 上连续, 并且 $f(0) < g(0), f(1) > g(1)$, 证明至少存在一点 $\xi \in (0,1)$, 使得 $f(\xi) = g(\xi)$.

2. 证明方程 $x - 2\sin x = 3$ 在 $(0,5)$ 内至少有一实根.

3. 设函数 $f(x)$ 在闭区间 $[1,2]$ 上连续, $pf(1) + qf(2) = 1 (p, q > 0)$, 证明至少存在

一点 $\xi \in [1,2]$, 使得 $f(\xi) = \dfrac{1}{p+q}$.

4. 设函数 $f(x)$ 在闭区间 $[1,2]$ 上连续, $f(1)+f(2) = 2$, 证明至少存在一点 $\xi \in [1,2]$, 使得 $f(\xi) = 1$.

第 2 章考研真题解析及训练

第 3 章　一元函数的导数与微分

导数的本质是通过极限来反映函数因变量相对于自变量的变化率. 因此, 我们可以借助导数知识研究城市人口增长速度、国民经济发展速度、某种病毒感染人群的变化速度等.

本章中我们将系统学习一元函数的导数与微分的定义、性质及其几何意义, 掌握基本初等函数的求导 (微分) 公式, 了解各类函数的求导方法与微分方法, 并探讨导数在经济学中的简单应用.

第3章
重难点讲解

§3.1　导数的定义

3.1.1　导数定义的引入背景

1. 变速直线运动物体的瞬时速度问题

已知某物体做变速直线运动, 其路程函数为 $s = f(t)$, 当时间由 t_0 增加到 $t_0 + \Delta t$ 时, 物体所经过的路程 $\Delta s = f(t_0 + \Delta t) - f(t_0)$, 平均速度为

$$\bar{v} = \frac{\Delta s}{\Delta t} = \frac{f(t_0 + \Delta t) - f(t_0)}{\Delta t}.$$

当 Δt 非常小时, 平均速度 $\bar{v}$ 近似等于物体在 t_0 时刻的瞬时速度, Δt 越小, 近似程度越高. 因此, 当 $\Delta t \to 0$ 时, 如果极限 $\lim\limits_{\Delta t \to 0} \dfrac{\Delta s}{\Delta t} = \lim\limits_{\Delta t \to 0} \dfrac{f(t_0 + \Delta t) - f(t_0)}{\Delta t}$ 存在, 就可定义此极限为物体在 t_0 时刻的瞬时速度, 即

$$v(t_0) = \lim_{\Delta t \to 0} \frac{\Delta s}{\Delta t} = \lim_{\Delta t \to 0} \frac{f(t_0 + \Delta t) - f(t_0)}{\Delta t}.$$

2. 曲线的切线斜率问题

设曲线 $y = f(x)$ (如图 3.1.1), 点 $A(x_0, y_0)$ 为曲线上一定点, 其中 $y_0 = f(x_0)$. 在 x_0 处给一增量 $\Delta x (\Delta x \neq 0)$, 相应地产生因变量的改变量 Δy, $\Delta y = f(x_0 + \Delta x) - f(x_0)$, 在曲线上对应于另一点 $A'(x_0 + \Delta x, y_0 + \Delta y)$. 作曲线的割线 AA', 当 $\Delta x \to 0$ 时, 动点 A' 沿曲线趋于点 A, 此时割线

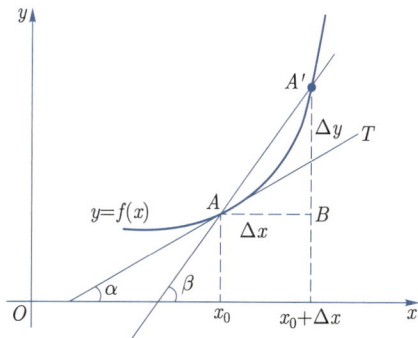

图 3.1.1

AA' 绕点 A 旋转并趋于极限位置 AT, 称直线 AT 为曲线在点 A 处的**切线**.

设切线 AT 的倾角 (切线与 x 轴正方向的夹角) 为 α, 割线 AA' 的倾角为 β, 由图 3.1.1 可算得割线的斜率为

$$\tan \beta = \frac{\Delta y}{\Delta x} = \frac{f(x_0 + \Delta x) - f(x_0)}{\Delta x}.$$

当 $\Delta x \to 0$ 时, 割线 AA' 趋于切线 AT, 而割线的倾角 β 也趋于切线的倾角 α, 若 $\lim\limits_{\Delta x \to 0} \dfrac{\Delta y}{\Delta x} = \lim\limits_{\Delta x \to 0} \dfrac{f(x_0 + \Delta x) - f(x_0)}{\Delta x}$ 存在, 则定义切线 AT 的斜率为

$$k = \tan \alpha = \lim_{\Delta x \to 0} \tan \beta$$

$$= \lim_{\Delta x \to 0} \frac{\Delta y}{\Delta x} = \lim_{\Delta x \to 0} \frac{f(x_0 + \Delta x) - f(x_0)}{\Delta x}.$$

上述两类问题都可归结为同一类型的极限, 即因变量的改变量 Δy 与自变量的改变量 Δx 的比值 $\dfrac{\Delta y}{\Delta x}$ 在自变量的改变量趋于零 $(\Delta x \to 0)$ 时的极限, 我们称其为函数的**导数**.

3.1.2 导数的定义及其几何意义

1. 导数的定义

定义 3.1.1　设函数 $y = f(x)$ 在点 x_0 的某邻域内有定义, 当自变量 x 在点 x_0 处取得改变量 $\Delta x (\Delta x \neq 0, x_0 + \Delta x$ 仍在该邻域内) 时, 相应地得到因变量的改变量 $\Delta y = f(x_0 + \Delta x) - f(x_0)$, 若

$$\lim_{\Delta x \to 0} \frac{\Delta y}{\Delta x} = \lim_{\Delta x \to 0} \frac{f(x_0 + \Delta x) - f(x_0)}{\Delta x}$$

存在, 则称 $y = f(x)$ 在点 x_0 处**可导**, 并称该极限值为函数 $f(x)$ 在点 x_0 处的**导数**, 记为

$$f'(x_0), \quad y'|_{x=x_0}, \quad \left.\frac{\mathrm{d}y}{\mathrm{d}x}\right|_{x=x_0} \quad \text{或} \quad \left.\frac{\mathrm{d}f(x)}{\mathrm{d}x}\right|_{x=x_0},$$

即

$$f'(x_0) = \lim_{\Delta x \to 0} \frac{f(x_0 + \Delta x) - f(x_0)}{\Delta x}.$$

否则, 若 $\lim\limits_{\Delta x \to 0} \dfrac{\Delta y}{\Delta x}$ 不存在, 则称函数 $y = f(x)$ 在点 x_0 处**不可导**, 或称函数 $y = f(x)$ 在点 x_0 处的导数**不存在**.

若函数 $y = f(x)$ 在开区间 (a, b) 内每一点处都可导, 则称 $f(x)$ 在区间 (a, b) 内**可导**.

【注意】　导数反映了函数的变化率, 即因变量随自变量变化而变化的快慢程度. 函数在一点的导数反映了函数在这一点的变化率, 而 $\dfrac{f(x_0 + \Delta x) - f(x_0)}{\Delta x}$ 描述的是自变量

x 从 x_0 改变到 $x_0 + \Delta x$ 时, 函数 $y = f(x)$ 的平均变化率.

若令 $x = x_0 + \Delta x$, 则 $\Delta x = x - x_0$. 当 $\Delta x \to 0$ 时, $x \to x_0$, 于是导数定义还可以写为

$$f'(x_0) = \lim_{x \to x_0} \frac{f(x) - f(x_0)}{x - x_0}.$$

同理, 函数 $y = f(x)$ 在点 x_0 处的导数还可以写成其他表述形式, 如

$$f'(x_0) = \lim_{t \to 0} \frac{f(x_0 + t) - f(x_0)}{t},$$

$$f'(x_0) = \lim_{\Delta x \to 0} \frac{f(x_0 + k\Delta x) - f(x_0)}{k\Delta x}.$$

定义 3.1.2 (导函数)　若函数 $y = f(x)$ 在开区间 I 内可导, 则对于任意 $x \in I$, 相应的导数 $f'(x)$ 也是 x 的函数, 称为 $f(x)$ 的**导函数** (简称为**导数**), 记作 $f', y', \dfrac{\mathrm{d}y}{\mathrm{d}x}$ 或 $\dfrac{\mathrm{d}f(x)}{\mathrm{d}x}$, 即

$$f'(x) = \lim_{\Delta x \to 0} \frac{f(x + \Delta x) - f(x)}{\Delta x}.$$

【注意】　上式中 x 可在区间 I 中任意取值, 但是在求极限时, x 要看作常量, Δx 才是变量.

显然, 若函数 $f(x)$ 可导, 则其在点 x_0 处的导数 $f'(x_0)$ 等于导函数 $f'(x)$ 在 x_0 处的函数值, 即

$$f'(x_0) = f'(x)\,|_{x=x_0}.$$

这样一来, 当导函数 $f'(x)$ 存在, 在求函数 $f(x)$ 在一点处的导数时, 既可以直接用导数的定义, 也可以先求导函数再代入点.

例 3.1.1　用导数的定义分别求出函数 $y = x$ 和 $y = \sqrt{x}$ 在点 $x = 2$ 处的导数.

解　对于函数 $y = x$, 因为当自变量 x 由 2 变到 $2 + \Delta x$ 时, 因变量的改变量为

$$\Delta y = (2 + \Delta x) - 2 = \Delta x,$$

所以

$$\frac{\mathrm{d}y}{\mathrm{d}x}\bigg|_{x=2} = \lim_{\Delta x \to 0} \frac{\Delta y}{\Delta x} = \lim_{\Delta x \to 0} \frac{\Delta x}{\Delta x} = 1.$$

同理, 对于函数 $y = \sqrt{x}$, 当自变量 x 由 2 变到 $2 + \Delta x$ 时, 因变量的改变量为

$$\Delta y = \sqrt{2 + \Delta x} - \sqrt{2},$$

故

$$\frac{\mathrm{d}y}{\mathrm{d}x}\bigg|_{x=2} = \lim_{\Delta x \to 0} \frac{\Delta y}{\Delta x} = \lim_{\Delta x \to 0} \frac{\sqrt{2 + \Delta x} - \sqrt{2}}{\Delta x} = \lim_{\Delta x \to 0} \frac{2 + \Delta x - 2}{\Delta x\left(\sqrt{2 + \Delta x} + \sqrt{2}\right)}$$

$$= \lim_{\Delta x \to 0} \frac{1}{\sqrt{2 + \Delta x} + \sqrt{2}} = \frac{1}{2\sqrt{2}}.$$

例 3.1.2   求一次函数 $y = ax + b(a \neq 0)$ 的导函数.

解   当自变量由 x 增加到 $x + \Delta x$ 时, 因变量的改变量为

$$\Delta y = a(x + \Delta x) + b - (ax + b) = a\Delta x,$$

所以 $$y' = \lim_{\Delta x \to 0} \frac{\Delta y}{\Delta x} = \lim_{\Delta x \to 0} \frac{a\Delta x}{\Delta x} = a.$$

即 $y = ax + b$ 的导函数为常数 a. 显然, 当 $a = 0$ 时, $y = b$ 的导函数为 0.

例 3.1.2 说明**一次函数的导数为常数**, 而**常数的导数为零**.

例 3.1.3   已知函数 $f(x) = x^3$, 求 $f'(x), f'(0), f'(-1)$.

解   因为当自变量由 x 增加到 $x + \Delta x$ 时, 因变量的改变量为

$$\Delta y = (x + \Delta x)^3 - x^3 = 3x^2\Delta x + 3x(\Delta x)^2 + (\Delta x)^3,$$

所以 $$f'(x) = \lim_{\Delta x \to 0} \frac{\Delta y}{\Delta x} = \lim_{\Delta x \to 0} \frac{3x^2\Delta x + 3x(\Delta x)^2 + (\Delta x)^3}{\Delta x} = 3x^2.$$
故

$$f'(0) = 3 \times 0^2 = 0, \quad f'(-1) = 3 \times (-1)^2 = 3.$$

即可以先求出导函数, 然后代入点求得给定点处的导数值.

例 3.1.4   讨论函数 $f(x) = \begin{cases} x^2\cos\dfrac{1}{x}, & x \neq 0, \\ 0, & x = 0 \end{cases}$ 在点 $x = 0$ 处的连续性和可导性.

解   因为

$$\lim_{x \to 0} f(x) = \lim_{x \to 0} x^2\cos\frac{1}{x} = 0 = f(0),$$

所以 $f(x)$ 在点 $x = 0$ 处连续.

又因为

$$f'(0) = \lim_{x \to 0} \frac{f(x) - f(0)}{x - 0} = \lim_{x \to 0} \frac{x^2\cos\dfrac{1}{x} - 0}{x} = \lim_{x \to 0} x\cos\frac{1}{x} = 0,$$

所以 $f(x)$ 在点 $x = 0$ 处可导, 且导数值为 0.

2. 导数的几何意义

由前面的讨论可知, 若函数 $y = f(x)$ 在点 x_0 处的导数存在, 则导数值 $f'(x_0)$ 就是曲线 $y = f(x)$ 在点 $A(x_0, y_0)$ 处的切线 AT 的斜率 (如图 3.1.2)

$$f'(x_0) = \lim_{\Delta x \to 0} \frac{\Delta y}{\Delta x} = \tan \alpha \left(\alpha \neq \frac{\pi}{2}\right).$$

当 $f'(x_0) = 0$ 时, 曲线 $y = f(x)$ 在点 A 处的切线平行于 x 轴, 切线方程为 $y = y_0$; 当 $y = f(x)$ 在点 x_0 处的导数不存在, 且极限 $\lim\limits_{\Delta x \to 0} \dfrac{\Delta y}{\Delta x}$ 发散到无穷大时, 曲线 $y = f(x)$ 在点 A 处的切线垂直于 x 轴, 切线为 $x = x_0$.

由导数的几何意义以及直线的点斜式方程的定义可知曲线 $y = f(x)$ 在切点 $A(x_0, y_0)$ 处的切线 AT 的方程为

$$y - y_0 = f'(x_0)(x - x_0).$$

在切点 $A(x_0, y_0)$ 处垂直于切线 AT 的法线方程为

$$y - y_0 = -\frac{1}{f'(x_0)}(x - x_0) \quad (f'(x_0) \neq 0).$$

图 3.1.2

例 3.1.5 求函数 $y = \dfrac{1}{2x}$ 在点 $\left(2, \dfrac{1}{4}\right)$ 处的切线方程和法线方程.

解 因为

$$f'(x) = \lim_{\Delta x \to 0} \frac{\Delta y}{\Delta x} = \lim_{\Delta x \to 0} \frac{\dfrac{1}{2(x + \Delta x)} - \dfrac{1}{2x}}{\Delta x} = \lim_{\Delta x \to 0} \frac{\dfrac{-\Delta x}{2x(x + \Delta x)}}{\Delta x}$$

$$= -\lim_{\Delta x \to 0} \frac{1}{2x(x + \Delta x)} = -\frac{1}{2x^2},$$

所以在 $\left(2, \dfrac{1}{4}\right)$ 处切线的斜率为 $f'(2) = -\dfrac{1}{2 \times 2^2} = -\dfrac{1}{8}$, 故在点 $\left(2, \dfrac{1}{4}\right)$ 处的切线方程为

$$y - \frac{1}{4} = -\frac{1}{8}(x - 2),$$

在点 $\left(2, \dfrac{1}{4}\right)$ 处的法线方程为

$$y - \frac{1}{4} = 8(x - 2).$$

例 3.1.6 求曲线 $y = \dfrac{1}{2x}$ 经过点 $\left(3, -\dfrac{1}{2}\right)$ 的切线方程.

解 显然, 点 $\left(3, -\dfrac{1}{2}\right)$ 不在曲线 $y = \dfrac{1}{2x}$ 上, 需要先求出经过点 $\left(3, -\dfrac{1}{2}\right)$ 的切线与曲线的切点.

设切点为 (x_0, y_0), 则切线的斜率为

$$f'(x_0) = -\frac{1}{2x_0^2}.$$

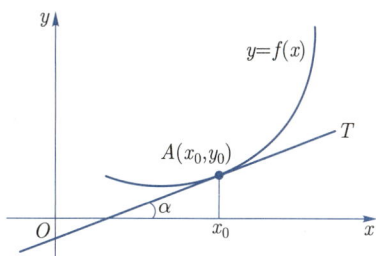

故切线方程为

$$y - y_0 = -\frac{1}{2x_0^2}(x - x_0).$$

因为切点 (x_0, y_0) 在曲线 $y = \dfrac{1}{2x}$ 上, 所以 $y_0 = \dfrac{1}{2x_0}$, 点 $\left(3, -\dfrac{1}{2}\right)$ 在切线上, 代入上式有

$$-\frac{1}{2} - \frac{1}{2x_0} = -\frac{1}{2x_0^2}(3 - x_0),$$

解得 $x_0 = 1$, 或 $x_0 = -3$, 对应地有 $y_0 = \dfrac{1}{2}$, 或 $y_0 = -\dfrac{1}{6}$, 所以切点为 $\left(1, \dfrac{1}{2}\right)$, $\left(-3, -\dfrac{1}{6}\right)$, 斜率分别为

$$f'(1) = -\frac{1}{2}, \quad f'(-3) = -\frac{1}{18}.$$

故曲线经过点 $\left(3, -\dfrac{1}{2}\right)$ 的切线有两条, 分别为

$$y - \frac{1}{2} = -\frac{1}{2}(x - 1) \quad \text{和} \quad y + \frac{1}{6} = -\frac{1}{18}(x + 3).$$

因为导数是借助极限来定义的, 而极限分为左极限和右极限, 所以导数也可以定义左导数和右导数, 左、右导数统称为单侧导数.

3. 单侧导数

定义 3.1.3　设函数 $y = f(x)$ 在点 x_0 的某邻域内有定义, 如果

$$\lim_{\Delta x \to 0^-} \frac{f(x_0 + \Delta x) - f(x_0)}{\Delta x} \left(\text{或} \lim_{x \to x_0^-} \frac{f(x) - f(x_0)}{x - x_0}\right)$$

存在, 那么称 $f(x)$ 在点 x_0 处左可导, 并称该极限为 $f(x)$ 在点 x_0 处的**左导数**, 记为 $f'_-(x_0)$; 如果

$$\lim_{\Delta x \to 0^+} \frac{f(x_0 + \Delta x) - f(x_0)}{\Delta x} \left(\text{或} \lim_{x \to x_0^+} \frac{f(x) - f(x_0)}{x - x_0}\right)$$

存在, 那么称 $f(x)$ 在点 x_0 处右可导, 并称该极限为 $f(x)$ 在点 x_0 处的**右导数**, 记为 $f'_+(x_0)$.

与函数在一点的极限以及连续性类似, 函数在一点可导与左、右导数之间有如下结论:

性质 3.1.1　函数 $f(x)$ 在点 x_0 处可导的充分必要条件是 $f(x)$ 在点 x_0 处的左、右导数都存在且相等.

若函数 $f(x)$ 在 (a, b) 内每一点处都可导, 且在区间左端点 a 处右导数 $f'_+(a)$ 存在, 在右端点 b 处左导数 $f'_-(b)$ 存在, 则称函数在闭区间 $[a, b]$ 上可导.

第 2 章我们已经知道极限与连续的关系: 函数在一点连续, 则函数在该点的极限一定存在 (且等于该点函数值). 反之, 函数在一点极限存在, 在该点不一定连续. 那么可导与连续之间有什么关系呢?

3.1.3 可导与连续的关系

定理 3.1.1 如果函数 $f(x)$ 在点 x_0 处可导, 那么 $f(x)$ 在点 x_0 处一定连续.

证明 因为函数 $f(x)$ 在点 x_0 处可导, 所以有

$$f'(x_0) = \lim_{\Delta x \to 0} \frac{\Delta y}{\Delta x},$$

故 $$\lim_{\Delta x \to 0} \Delta y = \lim_{\Delta x \to 0} \left(\frac{\Delta y}{\Delta x} \Delta x \right) = \lim_{\Delta x \to 0} \frac{\Delta y}{\Delta x} \lim_{\Delta x \to 0} \Delta x = f'(x_0) \cdot 0 = 0.$$

根据连续的定义知函数 $f(x)$ 在点 x_0 处连续.

因此, 若函数在一点可导, 则在该点处必连续, 自然在该点的极限必存在.

若函数 $f(x)$ 在点 x_0 处连续, 能否推出 $f(x)$ 在点 x_0 处可导? 我们看下面的例子.

例 3.1.7 判断函数 $f(x) = |x|$ 在点 $x = 0$ 处的连续性和可导性.

解 $f(x) = |x| = \begin{cases} -x, & x < 0, \\ x, & x \geqslant 0, \end{cases}$ 显然 $x = 0$ 是分段点, 因为 $f(0) = 0,$

$$\lim_{x \to 0^-} f(x) = \lim_{x \to 0^-} (-x) = 0,$$

$$\lim_{x \to 0^+} f(x) = \lim_{x \to 0^+} x = 0,$$

所以函数 $f(x) = |x|$ 在点 $x = 0$ 处连续.

因为

$$f'_-(x_0) = \lim_{\Delta x \to 0^-} \frac{\Delta y}{\Delta x} = \lim_{\Delta x \to 0^-} \frac{-\Delta x}{\Delta x} = -1,$$

$$f'_+(x_0) = \lim_{\Delta x \to 0^+} \frac{\Delta y}{\Delta x} = \lim_{\Delta x \to 0^+} \frac{\Delta x}{\Delta x} = 1,$$

$f'_-(x_0) \neq f'_+(x_0)$, 所以函数 $f(x) = |x|$ 在点 $x = 0$ 处不可导 (如图 3.1.3).

图 3.1.3 中函数 $f(x) = |x|$ 在点 $x = 0$ 处不可导, 从几何上看图形在点 $x = 0$ 处呈现 "尖刺" 状. 一般来讲, 若曲线上有 "尖刺" 的点, 这样的点都是不可导点, 如图 3.1.4.

图 3.1.4(a)、(b) 中曲线在点 $x = a$ 处都连续, 但是都不可导. 因此, 连续不一定可导. **这说明连续是可导的必要非充分条件**. 即可导一定连续, 但是连续不一定可导 (定理 3.1.1 的逆命题不成立), 反之, **不连续一定不可导**, 即如果某函数在某点处不连续, 则该函数在该点处一定不可导. (思考为什么?)

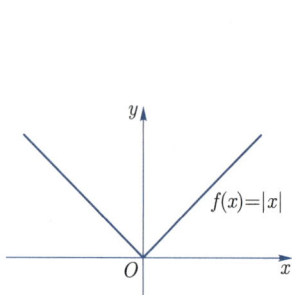

图 3.1.3

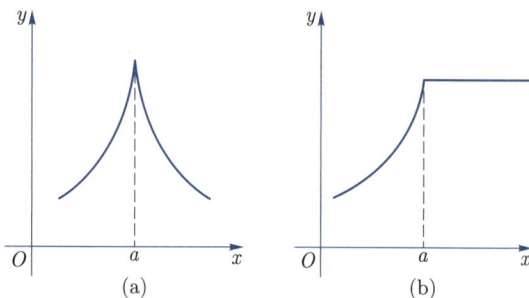

图 3.1.4

例 **3.1.8**   判断分段函数 $f(x) = \begin{cases} x+1, & x \leqslant 0, \\ 2x+3, & 0 < x \leqslant 1, \\ x^2+4, & 1 < x \leqslant 2, \\ -x+10, & x > 2 \end{cases}$ 在点 $x=0, x=1$ 和

$x=2$ 处的连续性和可导性.

解   在点 $x=0$ 处, $f(0) = 1$, 因为

$$\lim_{x \to 0^-} f(x) = \lim_{x \to 0^-} (x+1) = 1 = f(0),$$

$$\lim_{x \to 0^+} f(x) = \lim_{x \to 0^+} (2x+3) = 3 \neq f(0),$$

所以函数在点 $x=0$ 处不连续, 从而在点 $x=0$ 处也不可导.

在点 $x=1$ 处, $f(1) = 5$, 因为

$$\lim_{x \to 1^-} f(x) = \lim_{x \to 1^-} (2x+3) = 5 = f(1),$$

$$\lim_{x \to 1^+} f(x) = \lim_{x \to 1^+} (x^2+4) = 5 = f(1),$$

所以函数在点 $x=1$ 处连续. 下面看在点 $x=1$ 处的可导性. 因为

$$f'_-(1) = \lim_{x \to 1^-} \frac{f(x)-f(1)}{x-1} = \lim_{x \to 1^-} \frac{2x+3-5}{x-1} = 2,$$

$$f'_+(1) = \lim_{x \to 1^+} \frac{f(x)-f(1)}{x-1} = \lim_{x \to 1^+} \frac{x^2+4-5}{x-1} = \lim_{x \to 1^+} (x+1) = 2,$$

函数在点 $x=1$ 处左、右导数都存在且相等, 所以函数在点 $x=1$ 处可导.

在点 $x=2$ 处, $f(2) = 8$, 因为

$$\lim_{x \to 2^-} f(x) = \lim_{x \to 2^-} (x^2+4) = 8 = f(2),$$

$$\lim_{x \to 2^+} f(x) = \lim_{x \to 2^+} (-x+10) = 8 = f(2),$$

所以函数在点 $x = 2$ 处连续. 下面看在点 $x = 2$ 处的可导性. 因为

$$f'_-(2) = \lim_{x \to 2^-} \frac{f(x) - f(2)}{x - 2} = \lim_{x \to 2^-} \frac{x^2 + 4 - 8}{x - 2} = 4,$$

$$f'_+(2) = \lim_{x \to 2^+} \frac{f(x) - f(2)}{x - 2} = \lim_{x \to 2^+} \frac{-x + 10 - 8}{x - 2} = -1,$$

函数在点 $x = 2$ 处左、右导数都存在但是不相等, 所以函数在点 $x = 2$ 处不可导.

【注意】 当分段函数在分段点处的导数用定义来求时, 先计算左、右导数, 若左、右导数都存在且相等, 则函数在该点处可导; 若左、右导数中至少一个不存在, 或者都存在但是不相等, 则函数在该点处不可导.

练习 3.1

1. 用导数的定义求函数 $f(x) = ax^2 + b(a \neq 0)$ 在点 $x = 0, x = 1$ 和 $x = -\dfrac{b}{a}$ 处的导数.

2. 用导数的定义求下列函数的导函数:

(1) $f(x) = 2^x$; (2) $f(x) = x^{-2}$; (3) $f(x) = \sqrt[3]{x}$.

3. 某物体的运动方程为 $s(t) = t^4 + 100$, 求该物体在 $t = 2$ 时的瞬时速度.

4. 求抛物线 $f(x) = \dfrac{1}{2}x^2$ 上横坐标为 4 的点处的切线方程和法线方程.

5. 求曲线 $f(x) = x^{\frac{2}{3}}$ 在点 $(1, 1)$ 处的切线方程和法线方程.

6. 自变量 x 取何值时, $f(x) = x^3$ 与 $f(x) = x^2$ 的切线平行且斜率大于零.

7. 讨论函数 $f(x) = x|x|$ 在点 $x = 0$ 处的可导性.

8. 讨论函数 $f(x) = \begin{cases} 2x - 1, x \leqslant 0, \\ x^2 + 1, x > 0 \end{cases}$ 在点 $x = 0$ 处的连续性和可导性.

9. 讨论函数 $f(x) = \begin{cases} \ln(1 + x), & -1 < x \leqslant 0, \\ (x+1)^2 - 1, & 0 < x \leqslant 1, \\ 2x^2 + 1, & x > 1 \end{cases}$ 在点 $x = 0, x = 1$ 处的连续性和可导性.

10. 讨论函数 $f(x) = \begin{cases} e^x + 1, & -1 < x \leqslant 0, \\ x^2 + 2, & 0 < x \leqslant 1, \\ 2x + 1, & 1 < x \leqslant 2, \\ \dfrac{2}{x} + 3, & x > 2 \end{cases}$ 在点 $x = 0, x = 1$ 和 $x = 2$ 处的连续性和可导性.

§3.2 导数运算法则与导数公式

在本节中我们将介绍函数求导的四则运算法则, 反函数求导法则、复合函数求导法则以及取对数求导法等, 并对基本初等函数的导数进行推导, 将求导结果整理成公式表, 以便在导数计算中直接使用.

3.2.1 导数的四则运算法则

设函数 $u = u(x)$, $v = v(x)$, 则有如下运算法则:

1. 若 $u = u(x)$ 在点 x 处可导, 则 $ku(x)(k \in \mathbf{R})$ 也在点 x 处可导, 且 $[ku(x)]' = ku'(x)$.

证明 因为 $u(x)$ 在点 x 处可导, 所以

$$[ku(x)]' = \lim_{\Delta x \to 0} \frac{ku(x + \Delta x) - ku(x)}{\Delta x} = k \lim_{\Delta x \to 0} \frac{\Delta u}{\Delta x} = ku'(x),$$

即
$$[ku(x)]' = ku'(x), \, k \in \mathbf{R},$$

或简写为
$$(ku)' = ku', \, k \in \mathbf{R}.$$

2. 若 $u = u(x)$, $v = v(x)$ 都在点 x 处可导, 则 $u(x) \pm v(x)$ 也在点 x 处可导, 且

$$[u(x) \pm v(x)]' = u'(x) \pm v'(x).$$

证明 因为 $u(x)$, $v(x)$ 都在点 x 处可导, 所以

$$\begin{aligned}
[u(x) \pm v(x)]' &= \lim_{\Delta x \to 0} \frac{[u(x + \Delta x) \pm v(x + \Delta x)] - [u(x) \pm v(x)]}{\Delta x} \\
&= \lim_{\Delta x \to 0} \frac{[u(x + \Delta x) - u(x)] \pm [v(x + \Delta x) - v(x)]}{\Delta x} \\
&= \lim_{\Delta x \to 0} \frac{\Delta u \pm \Delta v}{\Delta x} \\
&= \lim_{\Delta x \to 0} \frac{\Delta u}{\Delta x} \pm \lim_{\Delta x \to 0} \frac{\Delta v}{\Delta x} \\
&= u'(x) \pm v'(x),
\end{aligned}$$

或简写为
$$(u \pm v)' = u' \pm v'.$$

运算法则 1 和 2 可以合并写成下面的线性性质: 如果 $u(x), v(x)$ 都在点 x 处可导, 那么 $ku(x) \pm lv(x)$ 也在点 x 处可导, 且

$$[ku(x) \pm lv(x)]' = ku'(x) \pm lv'(x), k, l \in \mathbf{R}.$$

3. 若 $u = u(x)$, $v = v(x)$ 都在点 x 处可导, 则 $u(x)v(x)$ 也在点 x 处可导,且

$$[u(x)v(x)]' = u'(x)v(x) + u(x)v'(x).$$

证明 因为 $v(x)$ 在点 x 处可导, 必在点 x 处连续, 所以 $\lim\limits_{\Delta x \to 0} v(x+\Delta x) = v(x)$, 因此

$$
\begin{aligned}
[u(x)v(x)]' &= \lim_{\Delta x \to 0} \frac{u(x+\Delta x)v(x+\Delta x) - u(x)v(x)}{\Delta x} \\
&= \lim_{\Delta x \to 0} \frac{u(x+\Delta x)v(x+\Delta x) - u(x)v(x+\Delta x) + u(x)v(x+\Delta x) - u(x)v(x)}{\Delta x} \\
&= \lim_{\Delta x \to 0} \frac{[u(x+\Delta x) - u(x)]v(x+\Delta x) + u(x)[v(x+\Delta x) - v(x)]}{\Delta x} \\
&= \lim_{\Delta x \to 0} \frac{u(x+\Delta x) - u(x)}{\Delta x} \lim_{\Delta x \to 0} v(x+\Delta x) + u(x) \lim_{\Delta x \to 0} \frac{v(x+\Delta x) - v(x)}{\Delta x} \\
&= u'(x)v(x) + u(x)v'(x),
\end{aligned}
$$

或简写为
$$(uv)' = u'v + uv'.$$

乘积求导法则可以推广到有限个可导函数的情形. 例如设 $u = u(x)$, $v = v(x)$, $w = w(x)$ 均在点 x 处可导, 则有

$$[u(x)v(x)w(x)]' = u'(x)v(x)w(x) + u(x)v'(x)w(x) + u(x)v(x)w'(x).$$

4. 若 $u = u(x)$, $v = v(x)(v(x) \neq 0)$ 都在点 x 处可导, 则 $\dfrac{u(x)}{v(x)}$ 也在点 x 处可导, 且

$$\left[\frac{u(x)}{v(x)}\right]' = \frac{u'(x)v(x) - u(x)v'(x)}{[v(x)]^2}.$$

证明
$$
\begin{aligned}
\left[\frac{u(x)}{v(x)}\right]' &= \lim_{\Delta x \to 0} \frac{\frac{u(x+\Delta x)}{v(x+\Delta x)} - \frac{u(x)}{v(x)}}{\Delta x} \\
&= \lim_{\Delta x \to 0} \left[\frac{u(x+\Delta x)v(x) - u(x)v(x+\Delta x)}{v(x+\Delta x)v(x)} \frac{1}{\Delta x}\right] \\
&= \lim_{\Delta x \to 0} \left[\frac{u(x+\Delta x)v(x) - u(x)v(x) + u(x)v(x) - u(x)v(x+\Delta x)}{v(x+\Delta x)v(x)} \frac{1}{\Delta x}\right] \\
&= \frac{\lim\limits_{\Delta x \to 0} \frac{[u(x+\Delta x) - u(x)]}{\Delta x} v(x) - u(x) \lim\limits_{\Delta x \to 0} \frac{[v(x+\Delta x) - v(x)]}{\Delta x}}{\lim\limits_{\Delta x \to 0} v(x+\Delta x)v(x)} \\
&= \frac{u'(x)v(x) - u(x)v'(x)}{[v(x)]^2},
\end{aligned}
$$

或简写为
$$\left(\frac{u}{v}\right)' = \frac{u'v - uv'}{v^2}.$$

特别地,

$$\left[\frac{1}{v(x)}\right]' = \frac{-v'(x)}{[v(x)]^2}.$$

【说明】 乘积和商的求导法则证明中都用到了加减同一项凑成导数定义表达式的方法.

有了导数的四则运算法则, 接下来可求基本初等函数的导数.

3.2.2 基本初等函数求导公式

1. 常数函数的导数

设 $y = C(C$ 为常数), 因为对于自变量的任何改变量 Δx, 因变量的改变量 $\Delta y = C - C = 0$, 所以

$$y' = \lim_{\Delta x \to 0} \frac{\Delta y}{\Delta x} = \lim_{\Delta x \to 0} \frac{0}{\Delta x} = 0,$$

即
$$C' = 0.$$

2. 幂函数的导数

设 $y = x^{\mu}(\mu \in \mathbf{R})$, 当自变量由 x 变到 $x + \Delta x$ 时, 因变量的改变量 $\Delta y = (x + \Delta x)^{\mu} - x^{\mu}$, 根据导数定义及等价无穷小量代换有

$$\begin{aligned}
y' &= \lim_{\Delta x \to 0} \frac{\Delta y}{\Delta x} \\
&= \lim_{\Delta x \to 0} \frac{(x + \Delta x)^{\mu} - x^{\mu}}{\Delta x} \\
&= x^{\mu} \lim_{\Delta x \to 0} \frac{\left(1 + \dfrac{\Delta x}{x}\right)^{\mu} - 1}{\Delta x} \\
&= x^{\mu} \lim_{\Delta x \to 0} \frac{\mu \dfrac{\Delta x}{x}}{\Delta x} \\
&= \mu x^{\mu - 1}.
\end{aligned}$$

即
$$(x^{\mu})' = \mu x^{\mu - 1}.$$

特别地, 对于幂函数 $y = x^n (n \in \mathbf{N}_+)$, 有 $(x^n)' = n x^{n-1}$.

3. 指数函数的导数

对于 $y = a^x (a > 0$ 且 $a \neq 1)$, 当自变量由 x 变到 $x + \Delta x$ 时, 因变量的改变量

$$\Delta y = a^{x + \Delta x} - a^x = a^x (a^{\Delta x} - 1).$$

而当 $\Delta x \to 0$ 时, $a^{\Delta x} - 1 \sim \Delta x \ln a$, 所以

$$y' = \lim_{\Delta x \to 0} \frac{\Delta y}{\Delta x} = \lim_{\Delta x \to 0} \frac{a^x \left(a^{\Delta x} - 1\right)}{\Delta x} = \lim_{\Delta x \to 0} \frac{a^x \Delta x \ln a}{\Delta x} = a^x \ln a.$$

即
$$(a^x)' = a^x \ln a.$$

特别地, 当 $a = \mathrm{e}$ 时,
$$(\mathrm{e}^x)' = \mathrm{e}^x.$$

4. 对数函数的导数

对于 $y = \log_a x (a > 0$ 且 $a \neq 1)$, 当自变量由 x 变到 $x + \Delta x$ 时, 因变量的改变量

$$\Delta y = \log_a(x + \Delta x) - \log_a x = \log_a \left(1 + \frac{\Delta x}{x}\right) = \frac{\ln \left(1 + \dfrac{\Delta x}{x}\right)}{\ln a}.$$

当 $\Delta x \to 0$ 时, $\ln \left(1 + \dfrac{\Delta x}{x}\right) \sim \dfrac{\Delta x}{x}$, 所以

$$y' = \lim_{\Delta x \to 0} \frac{\Delta y}{\Delta x} = \lim_{\Delta x \to 0} \frac{\ln \left(1 + \dfrac{\Delta x}{x}\right)}{\Delta x \ln a} = \lim_{\Delta x \to 0} \frac{\dfrac{\Delta x}{x}}{\Delta x \ln a} = \frac{1}{x \ln a}.$$

即
$$(\log_a x)' = \frac{1}{x \ln a}.$$

特别地, 当 $a = \mathrm{e}$ 时,
$$(\ln x)' = \frac{1}{x}.$$

5. 三角函数的导数

(1) 正 (余) 弦函数的导数

对于 $y = \sin x$, 当自变量由 x 变到 $x + \Delta x$ 时, 因变量的改变量

$$\Delta y = \sin(x + \Delta x) - \sin x = 2 \cos \frac{x + \Delta x + x}{2} \sin \left(\frac{x + \Delta x - x}{2}\right) = 2 \cos \left(x + \frac{\Delta x}{2}\right) \sin \frac{\Delta x}{2}.$$

当 $\Delta x \to 0$ 时, $\sin \dfrac{\Delta x}{2} \sim \dfrac{\Delta x}{2}, \cos \left(x + \dfrac{\Delta x}{2}\right) \to \cos x$, 所以

$$y' = \lim_{\Delta x \to 0} \frac{\Delta y}{\Delta x} = \lim_{\Delta x \to 0} \frac{2\cos \left(x + \dfrac{\Delta x}{2}\right) \sin \dfrac{\Delta x}{2}}{\Delta x} = \lim_{\Delta x \to 0} \frac{\cos \left(x + \dfrac{\Delta x}{2}\right) \dfrac{\Delta x}{2}}{\dfrac{\Delta x}{2}} = \cos x.$$

即
$$(\sin x)' = \cos x.$$

同理可求 $y = \cos x$ 的导数

$$(\cos x)' = -\sin x.$$

(2) 正 (余) 切函数的导数

对于 $y = \tan x$, 利用商的求导法则可得

$$(\tan x)' = \left(\frac{\sin x}{\cos x}\right)' = \frac{(\sin x)' \cos x - \sin x (\cos x)'}{\cos^2 x} = \frac{\cos^2 x + \sin^2 x}{\cos^2 x} = \frac{1}{\cos^2 x} = \sec^2 x.$$

即
$$(\tan x)' = \sec^2 x.$$

同理余切函数 $y = \cot x$ 的导数为

$$(\cot x)' = -\csc^2 x.$$

(3) 正 (余) 割函数的导数

正割函数 $y = \sec x$ 的导数为

$$(\sec x)' = \left(\frac{1}{\cos x}\right)' = \frac{-(\cos x)'}{\cos^2 x} = \frac{\sin x}{\cos^2 x} = \frac{1}{\cos x} \tan x = \sec x \tan x.$$

即
$$(\sec x)' = \sec x \tan x.$$

同理余割函数 $y = \csc x$ 的导数为

$$(\csc x)' = -\csc x \cot x.$$

三角函数的求导结果都已经给出, 如何求反三角函数的导数? 这需要借助反函数求导法则.

定理 3.2.1 设函数 $x = \varphi(y)$ 在某区间 I_y 内单调且可导, 满足 $\varphi'(y) \neq 0$, 那么它的反函数 $y = f(x)$ 在区间 $I_x = \{x \mid x = \varphi(y), y \in I_y\}$ 内也单调可导, 并且有

$$f'(x) = \frac{1}{\varphi'(y)}.$$

证明 由于函数 $x = \varphi(y)$ 在某区间 I_y 内单调且可导, 故必单调且连续, 从而其反函数 $y = f(x)$ 存在, 且在相应区间 I_x 内单调且连续. 若反函数 $y = f(x)$ 的自变量取得改变量 Δx 时, 相应的因变量取得改变量 Δy, 由单调性知当 $\Delta x \neq 0$ 时, $\Delta y \neq 0$, 又因为 $y = f(x)$ 连续, 故当 $\Delta x \to 0$ 时, $\Delta y \to 0$, 由已知 $\varphi'(y) \neq 0$, 有

$$f'(x) = \lim_{\Delta x \to 0} \frac{\Delta y}{\Delta x} = \lim_{\Delta y \to 0} \frac{1}{\dfrac{\Delta x}{\Delta y}} = \frac{1}{\lim\limits_{\Delta y \to 0} \dfrac{\Delta x}{\Delta y}} = \frac{1}{\varphi'(y)}.$$

根据反函数求导法则, 可推导出反三角函数的求导公式.

6. 反三角函数的导数

(1) 反正 (余) 弦函数的导数

因为反正弦函数 $y = \arcsin x (x \in (-1, 1))$ 的反函数 $x = \sin y$ 在区间 $\left(-\dfrac{\pi}{2}, \dfrac{\pi}{2}\right)$ 内单调且可导, 而且

$$(\sin y)' = \cos y > 0 \left(y \in \left(-\frac{\pi}{2}, \frac{\pi}{2}\right)\right),$$

所以由定理 3.2.1 知 $y = \arcsin x$ 在区间 $(-1, 1)$ 内单调且可导, 且

$$y' = (\arcsin x)' = \frac{1}{(\sin y)'} = \frac{1}{\cos y} = \frac{1}{\sqrt{1 - \sin^2 y}} = \frac{1}{\sqrt{1 - x^2}}.$$

即
$$(\arcsin x)' = \frac{1}{\sqrt{1 - x^2}}, \ x \in (-1, 1).$$

【注意】 这里 $\dfrac{1}{\cos y}$ 不是最终结果, 因为函数 $y = \arcsin x$ 的自变量为 x, 求导结果需写成关于 x 的表达式. 当 $y \in \left(-\dfrac{\pi}{2}, \dfrac{\pi}{2}\right)$ 时, $\cos y > 0$, 所以 $\cos y = \sqrt{1 - \sin^2 y} = \sqrt{1 - x^2}$.

同理可得
$$(\arccos x)' = -\frac{1}{\sqrt{1 - x^2}}, \quad x \in (-1, 1).$$

(2) 反正 (余) 切函数的导数

因为反正切函数 $y = \arctan x (x \in (-\infty, +\infty))$ 的反函数 $x = \tan y$ 在 $\left(-\dfrac{\pi}{2}, \dfrac{\pi}{2}\right)$ 内单调且可导, 则由定理 3.2.1 知 $y = \arctan x$ 在 $(-\infty, +\infty)$ 上单调且可导, 且导数为

$$y' = (\arctan x)' = \frac{1}{\tan' y} = \frac{1}{\sec^2 y},$$

而 $\tan y = x, \sec^2 y = 1 + \tan^2 y = 1 + x^2$, 所以

$$(\arctan x)' = \frac{1}{1 + x^2}, x \in (-\infty, +\infty).$$

同理可得
$$(\text{arccot } x)' = -\frac{1}{1 + x^2}, x \in (-\infty, +\infty).$$

这样, 我们便得到了所有基本初等函数的求导结果, 这些结果可在计算中当作公式直接使用. 为了便于记忆和查阅, 下面将基本初等函数的求导公式以及四则运算法则列出:

(1) $(C)' = 0, C$ 为常数.

(2) $(x^\mu)' = \mu x^{\mu-1} (\mu \in \mathbf{R})$.

(3) $(a^x)' = a^x \ln a (a > 0$ 且 $a \neq 1), \quad (\mathrm{e}^x)' = \mathrm{e}^x$.

(4) $(\log_a x)' = \dfrac{1}{x \ln a} (a > 0$ 且 $a \neq 1), \quad (\ln x)' = \dfrac{1}{x}$.

(5) $(\sin x)' = \cos x, \quad (\cos x)' = -\sin x,$

$\quad (\tan x)' = \sec^2 x, \quad (\cot x)' = -\csc^2 x,$

$\quad (\sec x)' = \sec x \tan x, \quad (\csc x)' = -\csc x \cot x.$

(6) $(\arcsin x)' = \dfrac{1}{\sqrt{1 - x^2}}, \quad (\arccos x)' = -\dfrac{1}{\sqrt{1 - x^2}},$

$$(\arctan x)' = \frac{1}{1+x^2}, \quad (\operatorname{arccot} x)' = -\frac{1}{1+x^2}.$$

(7) $[Cu(x)]' = Cu'(x)$, C 为常数,

$[u(x)\pm v(x)]' = u'(x)\pm v'(x)$,

$[u(x)v(x)]' = u'(x)v(x) + u(x)v'(x)$,

$$\left[\frac{u(x)}{v(x)}\right]' = \frac{u'(x)v(x) - u(x)v'(x)}{[v(x)]^2}(v(x) \neq 0).$$

基本初等函数的求导公式结合导数四则运算法则可求一些简单的初等函数的导数.

例 3.2.1 求函数 $f(x) = 3x^3 - 2x^2 + 7x - 10$ 的导数.

解 根据导数四则运算法则以及幂函数的求导公式有

$$f'(x) = (3x^3 - 2x^2 + 7x - 10)'$$

$$= (3x^3)' - (2x^2)' + (7x)' - (10)'$$

$$= 3(x^3)' - 2(x^2)' + 7(x)' - (10)'$$

$$= 9x^2 - 4x + 7.$$

例 3.2.2 求函数 $f(x) = 2\sqrt[3]{x^2} + \sin x \cos x$ 的导数.

解 根据导数四则运算法则有

$$f'(x) = (2\sqrt[3]{x^2} + \sin x \cos x)'$$

$$= (2x^{\frac{2}{3}} + \sin x \cos x)'$$

$$= 2(x^{\frac{2}{3}})' + (\sin x \cos x)'$$

$$= \frac{4}{3}x^{-\frac{1}{3}} + \cos^2 x - \sin^2 x.$$

例 3.2.3 求函数 $f(x) = e^x - x\ln x + 4\dfrac{\cos x}{x^2}$ 的导数.

解 根据导数四则运算法则有 $f'(x) = \left(e^x - x\ln x + 4\dfrac{\cos x}{x^2}\right)'$

$$= (e^x)' - (x\ln x)' + 4\left(\frac{\cos x}{x^2}\right)'$$

$$= e^x - \left(\ln x + x\frac{1}{x}\right) + 4\frac{(\cos x)'x^2 - \cos x \cdot (x^2)'}{x^4}$$

$$= e^x - \ln x - 1 - 4\frac{x^2\sin x + 2x\cos x}{x^4}.$$

例 3.2.4 求函数 $f(x) = \arcsin x + \arccos x, x \in (-1, 1)$ 的导数.

解
$$f'(x) = (\arcsin x + \arccos x)'$$
$$= (\arcsin x)' + (\arccos x)'$$
$$= \frac{1}{\sqrt{1-x^2}} + \left(-\frac{1}{\sqrt{1-x^2}}\right) = 0.$$

例 3.2.5 求函数 $f(x) = \log_2 \sqrt{x^3} + \sqrt{\sqrt{x^3}}$ 的导数.

解 先对函数进行化简后再应用四则运算法则求导

$$f'(x) = \left(\log_2 \sqrt{x^3} + \sqrt{\sqrt{x^3}}\right)'$$
$$= \left(\frac{3}{2}\log_2 x + x^{\frac{3}{4}}\right)'$$
$$= \left(\frac{3}{2\ln 2}\ln x + x^{\frac{3}{4}}\right)'$$
$$= \frac{3}{2\ln 2}\frac{1}{x} + \frac{3}{4}x^{-\frac{1}{4}}.$$

3.2.3 复合函数的求导法则

1. 复合函数求导的链式法则

设函数 $y = f[g(x)]$ 由函数 $y = f(u)$ 和 $u = g(x)$ 复合而成. 若 $u = g(x)$ 在点 x 处可导, 而 $y = f(u)$ 在对应点 $u = g(x)$ 处可导, 则复合函数 $y = f[g(x)]$ 在点 x 处可导, 且其导数为

$$\frac{\mathrm{d}y}{\mathrm{d}x} = f'[g(x)]g'(x),$$

或
$$\frac{\mathrm{d}y}{\mathrm{d}x} = \frac{\mathrm{d}y}{\mathrm{d}u}\frac{\mathrm{d}u}{\mathrm{d}x}.$$

证明 当自变量由 x 变到 $x + \Delta x(\Delta x \neq 0)$ 时, $u = g(x)$ 的改变量为 $\Delta u = g(x + \Delta x) - g(x)$, 相应地函数 $y = f(u)$ 的改变量 $\Delta y = f(u + \Delta u) - f(u)$.

当 $\Delta u \neq 0$ 时,
$$\frac{\Delta y}{\Delta x} = \frac{\Delta y}{\Delta u}\frac{\Delta u}{\Delta x}.$$

因为 $u = g(x)$ 在点 x 处可导, 则 $u = g(x)$ 在点 x 处连续, 故当 $\Delta x \to 0$ 时, $\Delta u \to 0$, 所以

$$\lim_{\Delta x \to 0} \frac{\Delta y}{\Delta x} = \lim_{\Delta x \to 0}\left(\frac{\Delta y}{\Delta u}\frac{\Delta u}{\Delta x}\right)$$
$$= \lim_{\Delta u \to 0}\frac{\Delta y}{\Delta u}\lim_{\Delta x \to 0}\frac{\Delta u}{\Delta x}$$

$$= f'(u)g'(x) = f'[g(x)]g'(x), \tag{3.2.1}$$

或

$$\frac{\mathrm{d}y}{\mathrm{d}x} = \frac{\mathrm{d}y}{\mathrm{d}u}\frac{\mathrm{d}u}{\mathrm{d}x}.$$

当 $\Delta u = 0$ 时, 显然 $\Delta y = f(u+\Delta u) - f(u) = 0, g'(x) = \lim\limits_{\Delta x \to 0}\dfrac{\Delta u}{\Delta x} = 0$. 此时 $\lim\limits_{\Delta x \to 0}\dfrac{\Delta y}{\Delta x} = 0, f'[g(x)]g'(x) = 0$, 式 (3.2.1) 仍成立. 因此复合函数求导的链式法则成立.

由链式法则知复合函数求导是**由外向内逐层求导**, 即复合函数的导数等于外层函数对中间变量的导数乘中间变量对内层变量的导数, 可简单说成**外导乘内导**.

此链式法则可以推广到多层函数复合的情形. 例如, 由 $y = f(u)$, $u = g(v)$, $v = \varphi(x)$ 构成的复合函数 $y = f\{g[\varphi(x)]\}$, 当 $\dfrac{\mathrm{d}y}{\mathrm{d}u}, \dfrac{\mathrm{d}u}{\mathrm{d}v}, \dfrac{\mathrm{d}v}{\mathrm{d}x}$ 都存在时, 有

$$\frac{\mathrm{d}y}{\mathrm{d}x} = f'\{g[\varphi(x)]\}g'[\varphi(x)]\varphi'(x),$$

或

$$\frac{\mathrm{d}y}{\mathrm{d}x} = \frac{\mathrm{d}y}{\mathrm{d}u}\frac{\mathrm{d}u}{\mathrm{d}v}\frac{\mathrm{d}v}{\mathrm{d}x}.$$

复合函数求导要先分清函数由几层函数复合而成, 然后由外向内逐层求导, 为避免错误, 最好分多步进行, 每一步只求一层导数, 以免丢项. 对外层函数求导时把中间变量看成一个整体, 不改变中间变量表达式.

例 3.2.6 求函数 $y = (2\sin x)^3$ 的导数.

解 该函数由 $y = u^3, u = 2\sin x$ 复合而成, 根据复合函数求导法则有

$$y' = [(2\sin x)^3]' = 3(2\sin x)^2(2\sin x)' = 3(2\sin x)^2 2\cos x = 24\sin^2 x\cos x.$$

【注意】 外层函数是幂函数, 对外层函数求导时其中间变量 $2\sin x$ 不改变.

例 3.2.7 求函数 $y = \ln(2\cos x)$ 的导数.

解 根据复合函数求导法则有

$$y' = [\ln(2\cos x)]' = \frac{1}{2\cos x}(2\cos x)' = \frac{-\sin x}{\cos x} = -\tan x.$$

【注意】 对数函数为外层函数的复合函数 $y = \ln u(x), y' = \dfrac{u'(x)}{u(x)}$.

例 3.2.8 求函数 $y = (x^2 + 1)^{\sin x}$ 的导数.

解 这是对幂指函数求导, 需要先转化为以 e 为底的复合函数后再求导:

$$y' = [(x^2+1)^{\sin x}]' = [\mathrm{e}^{\sin x\ln(x^2+1)}]' = \mathrm{e}^{\sin x\ln(x^2+1)}[\sin x\ln(x^2+1)]'$$

$$= \mathrm{e}^{\sin x\ln(x^2+1)}\left[\cos x\ln(x^2+1) + \sin x\frac{(x^2+1)'}{x^2+1}\right]$$

$$= \left(x^2 + 1\right)^{\sin x} \left[\cos x \ln\left(x^2 + 1\right) + \sin x \frac{2x}{x^2 + 1}\right].$$

例 3.2.9 求函数 $y = \ln|x|$ 以及 $y = \ln|f(x)|$ 的导数, 其中 $f(x)$ 是可导函数.

解 $y = \ln|x| = \begin{cases} \ln x, & x > 0, \\ \ln(-x), & x < 0. \end{cases}$

当 $x > 0$ 时, $(\ln|x|)' = (\ln x)' = \dfrac{1}{x}$;

当 $x < 0$ 时, $(\ln|x|)' = [\ln(-x)]' = \dfrac{-1}{-x} = \dfrac{1}{x}$,

所以对任意 $x \neq 0, (\ln|x|)' = \dfrac{1}{x}$.

同理, 根据复合函数求导法则有 $[\ln|f(x)|]' = \dfrac{f'(x)}{f(x)}$.

例 3.2.10 一个圆柱体水箱内储有 600 L 水, 在底部阀门打开后需要 1 h 才能排空. 已知 t min 后水箱中剩余的水的体积 $V(t) = \dfrac{1}{6}(60 - t)^2$, 计算在 $t = 15$ min 和 $t = 45$ min 时水的瞬时流量 (单位: L/min).

【分析】 显然, 计算某个时刻的水的瞬时流量就是计算排出的水的体积的变化率. 由于排出的水的体积为 $f(t) = 600 - V(t) = 600 - \dfrac{1}{6}(60 - t)^2$, 所以只需求函数 $f(t)$ 在 $t = 15$ min 和 $t = 45$ min 时的导数即可.

解 先求排出的水的体积函数 $f(t)$ 的导数

$$f'(t) = \left[600 - \frac{1}{6}(60 - t)^2\right]' = \left(20t - \frac{t^2}{6}\right)' = 20 - \frac{t}{3}.$$

分别代入 $t = 15$ min 和 $t = 45$ min, 得

$$f'(15) = 20 - \frac{15}{3} = 15\,(\text{L/min}),$$

$$f'(45) = 20 - \frac{45}{3} = 5\,(\text{L/min}).$$

因此, 在 $t = 15$ min 和 $t = 45$ min 时水的瞬时流量分别为 15 L/min 和 5 L/min.

2. 取对数求导法则

(1) 多个因式连乘除的函数的导数

对于多个因式连乘除的函数, 若直接应用四则运算法则求导, 计算过程非常烦琐, 因此我们一般采取两边取对数的方法.

例 3.2.11 求函数 $y = (x - 1)(x - 2)\cdots(x - 10)$ 的导数.

解 两边取对数, 将连乘变为连加的形式:

$$\ln|y| = \ln|x - 1| + \ln|x - 2| + \cdots + \ln|x - 10|,$$

两边关于 x 求导, 此时将 y 看成 x 的函数, 故 $\ln y$ 为 x 的复合函数, 由于 $(\ln|x|)' = \dfrac{1}{x}$, 所以

$$\frac{y'}{y} = \frac{1}{x-1} + \frac{1}{x-2} + \frac{1}{x-3} + \cdots + \frac{1}{x-10},$$

故 $\qquad y' = y\left(\dfrac{1}{x-1} + \dfrac{1}{x-2} + \dfrac{1}{x-3} + \cdots + \dfrac{1}{x-10}\right)$

$$= (x-1)(x-2)\cdots(x-10)\left(\frac{1}{x-1} + \frac{1}{x-2} + \frac{1}{x-3} + \cdots + \frac{1}{x-10}\right).$$

例 **3.2.12** 求 $y = \sqrt{\dfrac{(x-1)(x-2)}{(x-3)(x-4)}}$ 的导数.

解 两边取对数,

$$\ln|y| = \frac{1}{2}(\ln|x-1| + \ln|x-2| - \ln|x-3| - \ln|x-4|),$$

两边关于 x 求导, 有

$$\frac{y'}{y} = \frac{1}{2}\left(\frac{1}{x-1} + \frac{1}{x-2} - \frac{1}{x-3} - \frac{1}{x-4}\right),$$

从而

$$y' = \frac{1}{2}y\left(\frac{1}{x-1} + \frac{1}{x-2} - \frac{1}{x-3} - \frac{1}{x-4}\right)$$

$$= \frac{1}{2}\sqrt{\frac{(x-1)(x-2)}{(x-3)(x-4)}}\left(\frac{1}{x-1} + \frac{1}{x-2} - \frac{1}{x-3} - \frac{1}{x-4}\right).$$

取对数方法也可以用于计算幂指函数的导数.

(2) 幂指函数 $[f(x)]^{g(x)}$ 的导数

例 **3.2.13** 求 $y = x^{2x}$ ($x>0$ 且 $x \neq 1$) 的导数.

解 两边取对数, 将幂指函数转化为一般初等函数,

$$\ln|y| = 2x\ln x,$$

两边关于 x 求导, 将 $\ln|y|$ 看成 x 的复合函数

$$\frac{y'}{y} = 2\ln x + \frac{2x}{x} = 2\ln x + 2,$$

解得 $\qquad\qquad\qquad\qquad y' = y(2\ln x + 2),$

即 $\qquad\qquad\qquad\qquad y' = x^{2x}(2\ln x + 2).$

可见, 对于连乘除的函数和幂指函数, 采取等式两边取对数的方法可简化求导过程.

练习 3.2

1. 求下列函数的导数:

(1) $y = 2x^3 + 3x + 7$;

(2) $y = \sqrt{x^3} + \sqrt[3]{x^2}$;

(3) $y = \sqrt[5]{32x^3}$;

(4) $y = \dfrac{1}{x} + x$;

(5) $y = 2x^2(1 + \sqrt{x})$;

(6) $y = \sin x - \cos x$;

(7) $y = \arcsin x - \arccos x$;

(8) $y = \arctan x + \operatorname{arccot} x$;

(9) $y = \ln\sqrt{2x^5}$;

(10) $y = \log_2 x + 2^x$.

2. 求下列函数的导数:

(1) $y = x^2 \ln x$;

(2) $y = x^n \mathrm{e}^x \ln x$;

(3) $y = \tan x \csc x$;

(4) $y = \dfrac{x}{1 - \cos x}$;

(5) $y = \dfrac{\sin x}{1 - \sin x}$;

(6) $y = \dfrac{x^3}{\sqrt{1 - x^2}}$;

(7) $y = \dfrac{1}{\sin x \cos x}$;

(8) $y = \dfrac{1 + x^2}{\arctan x}$.

3. 求下列函数的导数:

(1) $y = 2x^3 \sin 2x$;

(2) $y = \cos x^3 + (2x)^3$;

(3) $y = 2^{x^3} + (x^3)^2$;

(4) $y = \tan 2x - \cot 2x$;

(5) $y = \arcsin(\cos x)$;

(6) $y = \log_a(2x^2)\,(a > 0, a \neq 1)$;

(7) $y = \dfrac{1 - \ln 2x}{1 + \ln 2x}$;

(8) $y = \tan x \sin x^3$;

(9) $y = \dfrac{\cos 3x}{1 - \sin 3x}$;

(10) $y = \dfrac{\mathrm{e}^{x^2}}{\mathrm{e}^{x^2} - 1}$.

4. 求下列函数的导数:

(1) $y = \sec x^3$;

(2) $y = \arcsin\dfrac{1}{x}$;

(3) $y = \csc^2\left(\dfrac{x^3}{2}\right)$;

(4) $y = \ln(\ln x^3)$;

(5) $y = \lg(x + \sqrt{x^2 + a^2})$;

(6) $y = \dfrac{2x^3}{\cos^3 x}$;

(7) $y = \ln\tan x^2$;

(8) $y = \dfrac{\sin^n x}{\cos^n x}$;

(9) $y = \ln\sqrt{2x} + \ln\sqrt[3]{3x}$;

(10) $y = \arctan 2x^2$.

5. 已知函数 $f(x)$ 可导, 求下列函数的导数:

(1) $y = f(\mathrm{e}^x) + \mathrm{e}^{f(x)}$;

(2) $y = \ln f(x) + f(\ln x)$;

(3) $y = f(\arcsin 2x)$;

(4) $y = f(\mathrm{e}^x + x^n)$.

6. 用取对数求导法求下列函数的导数:

(1) $y = x^{3\sin x}$;

(2) $y = (\sin x)^{\cos x}$;

(3) $y = (\ln x)^{x^2}$;

(4) $y = x^{2^x}$;

(5) $y = x^3 \sqrt{\dfrac{1+x}{1-x}}$;

(6) $y = \dfrac{2x^3}{1+x} \sqrt[3]{\dfrac{3+x}{3-x}}$;

(7) $y = (x-1)^3 (x-2)^3 \cdots (x-n)^3$;

(8) $y = \dfrac{(x-1)^5 (x-3)^8}{(x+1)^5 (x+3)^8}$.

7. 证明:(1) 可导的偶函数的导数是奇函数;

(2) 可导的奇函数的导数是偶函数;

(3) 可导的周期函数的导数是具有相同周期的周期函数.

8. 求函数 $y = \cos 2x$ 在点 $x = \dfrac{\pi}{6}$ 处的切线方程和法线方程.

9. 求 $a(a \neq 0)$ 为何值时, 曲线 $y = a(x+1)^2$ 与 $y = \ln(x+1)^2$ 相切并求切线方程.

10. 求曲线 $y = \dfrac{x}{1+x^2}$ 上的点, 使该点的切线平行于 x 轴, 并求切线方程.

§3.3   隐函数以及由参数方程确定的函数的求导法则

3.3.1   隐函数求导法则

1. 隐函数的定义

一般地, 由自变量 x 的一个具体表达式确定的函数称为**显函数**. 如 $y = \sin x, y = 2^x + x^2$ 等都是显函数.

隐函数是相对于显函数而言的, 一般写不出具体表达式, 而是由隐式方程所定义的函数.

设变量 x, y 满足方程 $F(x, y) = 0$, 若存在集合 D, 使得对每个 $x \in D$, 相应地总有满足方程 $F(x, y) = 0$ 的唯一的 y 值存在, 则称方程 $F(x, y) = 0$ 确定了 D 上的一个**隐函数**. 记为 $y = y(x)$.

例如由方程 $x^2 + \sqrt{y} - \mathrm{e}^y = 0$ 确定了 y 是 x 的隐函数 $y = y(x)$. 这里无法给出 $y(x)$ 的具体表达式.

有些隐函数可以化为显函数, 例如由方程 $x + y^5 - 1 = 0$ 确定了 y 是 x 的函数 $y = \sqrt[5]{1-x}$. 这样的函数可按照显函数求导法则求导. 但是有些隐函数无法化为显函数, 那么这样的函数该如何求导呢?

2. 隐函数的求导法则

隐函数求导法   若方程 $F(x, y) = 0$ 确定了 y 为 x 的函数, 运用复合函数的求导法则, 对方程 $F(x, y) = 0$ 两边关于变量 x 求导, 解方程, 即得 y'.

例 3.3.1   方程 $y^2 = 2px$ 确定了 y 是 x 的函数, 求 y 的导数.

解   方程两边关于自变量 x 求导, 等式左侧的 y^2 要看成 x 的复合函数:

$$2yy' = (2px)' = 2p,$$

所以
$$y' = \frac{p}{y}.$$

例 3.3.2　设 $y = y(x)$ 是由方程 $1 - \sin(x + y) = \mathrm{e}^{-xy}$ 确定的隐函数, 求 y'.

解　方程两边关于自变量 x 求导, 得

$$-\cos(x + y)(1 + y') = \mathrm{e}^{-xy}(-y - xy'),$$

所以
$$y' = \frac{\cos(x + y) - y\mathrm{e}^{-xy}}{x\mathrm{e}^{-xy} - \cos(x + y)}.$$

例 3.3.3　由方程 $xy^2 + \arctan y - \dfrac{\pi}{4} = 0$ 确定了函数 $y = y(x)$, 求 $\left.\dfrac{\mathrm{d}y}{\mathrm{d}x}\right|_{x=0}$ 以及在点 $(0, y(0))$ 处的切线方程.

解　方程两边关于 x 求导

$$y^2 + 2xyy' + \frac{1}{1 + y^2}y' = 0,$$

解得
$$\frac{\mathrm{d}y}{\mathrm{d}x} = y' = -\frac{y^2 + y^4}{1 + 2xy + 2xy^3}.$$

将 $x = 0$ 代入原方程解得 $y(0) = 1$, 所以

$$\left.\frac{\mathrm{d}y}{\mathrm{d}x}\right|_{x=0} = -\left.\frac{y^2 + y^4}{1 + 2xy + 2xy^3}\right|_{(0,1)} = -2.$$

所以在点 $(0, y(0))$, 即 $(0, 1)$ 处的切线方程为

$$y - 1 = -2(x - 0),$$

即
$$y = -2x + 1.$$

例 3.3.4 (笛卡儿叶形线的切线)　17 世纪上半叶, 以费马为首的一批数学家热衷于研究曲线的切线问题. 有一次笛卡儿写信问费马如何求方程 $x^3 + y^3 = 3xy$ 所确定曲线 $y = y(x)$ 上任意一点处的切线方程. 这在当时来说是很难的, 因为这个函数是隐函数形式, 不好画图, 也不容易求得在任意点处的切线方程.

费马等人对这个问题进行了深入研究, 发现从方程 $x^3 + y^3 = 3xy$ 解出的 y 有三个不同的表达式, 这意味着该隐函数对应的几何图形应该有三个分支, 分别位于第一、二、四象限. 除此之外, 费马还发现这个隐函数的图形关于 $y = x$ 对称, 且第二、四象限中函数的图形无限接近直线 $x + y = -1$, 在第一象限中函数图像形如树叶, 为此费马将其命名为笛卡儿叶形线, 并给出了函数的大致图像 (如图 3.3.1).

即使得到函数的大致图像, 在当时求任意一点处的切线方程仍然十分困难. 如今我们学习了隐函数求导法, 可以轻松解决该问题. 事实上, 我们知道求曲线上某一点处的切线方程, 只需求对应函数在该点处的导数值, 该值即为切线的斜率, 再根据点斜式方程即可得切线方程.

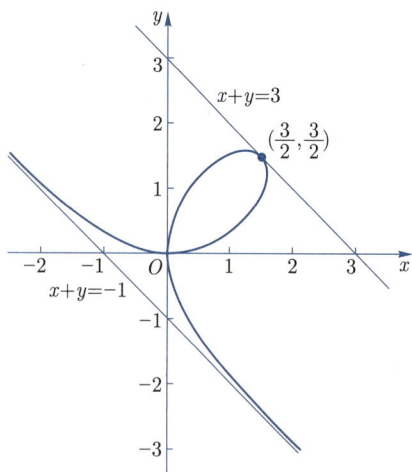

对 $x^3 + y^3 = 3xy$ 两边关于自变量 x 求导, 得

$$3x^2 + 3y^2 y' = 3y + 3xy',$$

解得

$$y' = \frac{3y - 3x^2}{3y^2 - 3x} = \frac{y - x^2}{y^2 - x}.$$

那么不论函数本身表达式如何, 都可求得其在任意点处的导数, 从而得到该点处的切线斜率以及切线方程.

例如, 求该曲线在点 $\left(\frac{3}{2}, \frac{3}{2}\right)$ 处的切线方程, 因为

图 3.3.1

$$y'\Big|_{\left(\frac{3}{2}, \frac{3}{2}\right)} = \frac{\frac{3}{2} - \left(\frac{3}{2}\right)^2}{\left(\frac{3}{2}\right)^2 - \frac{3}{2}} = -1,$$

所以切线方程为

$$y - \frac{3}{2} = -\left(x - \frac{3}{2}\right),$$

即

$$x + y = 3.$$

3.3.2 由参数方程确定的函数求导

在一些问题中, 因变量 y 与自变量 x 的函数关系是用参数方程来表示的. 例如
$$\begin{cases} x = \varphi(t), \\ y = \psi(t), \end{cases} t \in [\alpha, \beta]$$ 确定了函数关系 $y = y(x)$, 称此函数为由上述**参数方程所确定的函数**. 若函数 $x = \varphi(t)$ 与 $y = \psi(t)$ 均可导, 且 $\varphi'(t) \neq 0$, 则参数方程确定的函数 $y = y(x)$ 也可导, 且有

$$\frac{\mathrm{d}y}{\mathrm{d}x} = \frac{\mathrm{d}y/\mathrm{d}t}{\mathrm{d}x/\mathrm{d}t} = \frac{\psi'(t)}{\varphi'(t)}.$$

【注】 上面的公式推导详见 §3.4.

例 3.3.5 已知 $\begin{cases} x = a\sin t, \\ y = a\cos t \end{cases}$ $(a \neq 0)$ 确定了函数关系 $y = y(x)$, 求 $\frac{\mathrm{d}y}{\mathrm{d}x}$.

解

$$\frac{\mathrm{d}y}{\mathrm{d}x} = \frac{y'(t)}{x'(t)} = \frac{(a\cos t)'}{(a\sin t)'} = \frac{-a\sin t}{a\cos t} = -\tan t.$$

例 **3.3.6** 已知 $\begin{cases} x = \arctan 2t, \\ y = \ln\left(1 + 4t^2\right) \end{cases}$ 确定了函数关系 $y = y(x)$, 求 $y'(0)$.

解

$$\frac{\mathrm{d}y}{\mathrm{d}x} = \frac{y'(t)}{x'(t)} = \frac{\left[\ln\left(1 + 4t^2\right)\right]'}{\left[\arctan 2t\right]'} = \frac{\dfrac{8t}{1 + 4t^2}}{\dfrac{2}{1 + 4t^2}} = 4t.$$

当 $x = 0$ 时, 由 $x = \arctan 2t$ 解得 $t = 0$, 所以

$$y'(0) = 0.$$

例 **3.3.7** 求参数方程 $\begin{cases} x = a\cos t, \\ y = b\sin t \end{cases}$ 所确定的函数曲线在 $t = \dfrac{\pi}{4}$ 对应点处的切线方程.

解 在 $t = \dfrac{\pi}{4}$ 时,

$$x = a\cos\frac{\pi}{4} = \frac{\sqrt{2}}{2}a, \quad y = b\sin\frac{\pi}{4} = \frac{\sqrt{2}}{2}b,$$

故切点坐标为 $\left(\dfrac{\sqrt{2}}{2}a, \dfrac{\sqrt{2}}{2}b\right)$. 在切点处的导数

$$\left.\frac{\mathrm{d}y}{\mathrm{d}x}\right|_{t=\frac{\pi}{4}} = \left.\frac{y'(t)}{x'(t)}\right|_{t=\frac{\pi}{4}} = \left.\frac{b\cos t}{-a\sin t}\right|_{t=\frac{\pi}{4}} = -\frac{b}{a},$$

故所求切线方程为

$$y - \frac{\sqrt{2}}{2}b = -\frac{b}{a}\left(x - \frac{\sqrt{2}}{2}a\right).$$

练习 3.3

1. 已知下列各方程中 y 是 x 的函数, 求 y':

(1) $y^3 + x^3 + 2xy = 1$; (2) $y = 2 - xe^y$;

(3) $\ln y + x + xy = 2$; (4) $\arctan y = 2e^{x+y}$.

2. 已知方程 $e^y + xy = e$ 确定了 y 是 x 的函数 $y(x)$, 求 $\left.\dfrac{\mathrm{d}y}{\mathrm{d}x}\right|_{x=0}$.

3. 求由方程 $3x^7 + x - 2y - y^5 = 0$ 所确定的隐函数在点 $x = 0$ 处的导数 $\left.\dfrac{\mathrm{d}y}{\mathrm{d}x}\right|_{x=0}$.

4. 求曲线 $x^2 + y^2 - 2x = 0$ 在点 $\left(\dfrac{1}{2}, \dfrac{\sqrt{3}}{2}\right)$ 处的切线方程和法线方程.

5. 求下列参数方程所确定函数的导数:

(1) $\begin{cases} x = t^3 - 2t^2 + 2, \\ y = -2t^3 + 3, \end{cases}$ 求 $\dfrac{\mathrm{d}y}{\mathrm{d}x}$; (2) $\begin{cases} x = a\,(t - \sin t)\,, \\ y = a\,(1 - \cos t)\,, \end{cases}$ 求 $\dfrac{\mathrm{d}y}{\mathrm{d}x}$;

(3) $\begin{cases} x = a\sin\theta\cos 3\theta, \\ y = a\sin 3\theta\cos\theta, \end{cases}$ 求 $\dfrac{\mathrm{d}y}{\mathrm{d}x}\Big|_{\theta=\frac{\pi}{3}}$.

§3.4 微分的定义与运算法则

在实际的生产生活中, 经常遇到不需要做精确计算, 只需粗略地估算一些改变量的情形. 例如当商品价格做微小上调, 需求量改变了多少? 温度增加或减少一点, 压强变化了多少? 因一个变量发生微小改变, 使得另一个变量发生相应改变, 在不要求精确计算的前提下估算另一个变量的改变量, 就要用到微分思想.

3.4.1 微分的定义

定义 3.4.1 设函数 $y = f(x)$ 在点 x_0 的某邻域内有定义, 若当自变量在 x_0 处的改变量为 $\Delta x(x_0 + \Delta x$ 还在该邻域内) 时, 相应的因变量的改变量 $\Delta y = f(x_0 + \Delta x) - f(x_0)$ 可表示为

$$\Delta y = A\Delta x + o(\Delta x), \tag{3.4.1}$$

其中 $o(\Delta x)$ 是当 $\Delta x \to 0$ 时 Δx 的高阶无穷小量, A 是与 Δx 无关的常数, 则称函数 $y = f(x)$ 在点 x_0 处**可微**, 称 $A\Delta x$ 为函数 $f(x)$ 在点 x_0 处的**微分**, 记作

$$\mathrm{d}y\,\big|_{x=x_0} = \mathrm{d}f(x)\,\big|_{x=x_0} = A\Delta x.$$

由微分的定义可知, 函数 $y = f(x)$ 在点 x_0 处的微分是 Δx 的线性函数, 而此时因变量的改变量与微分的关系是

$$\Delta y = f(x_0 + \Delta x) - f(x_0) = A\Delta x + o(\Delta x) = \mathrm{d}y + o(\Delta x),$$

当 $\Delta x \to 0$ 时, $\Delta y \approx \mathrm{d}y$. 所以, 函数 $y = f(x)$ 在点 x_0 处的微分 $\mathrm{d}y$ 是因变量改变量 Δy 的一个估算, $o(\Delta x)$ 是误差. 那么, $\mathrm{d}y\,\big|_{x=x_0} = A\Delta x$ 中的常数 A 该如何求呢?

由式 (3.4.1) 知

$$\Delta y = f(x_0 + \Delta x) - f(x_0) = A\Delta x + o(\Delta x),$$

两边同除以 Δx, 有

$$\frac{\Delta y}{\Delta x} = \frac{f(x_0 + \Delta x) - f(x_0)}{\Delta x} = A + \frac{o(\Delta x)}{\Delta x},$$

令 $\Delta x \to 0$, 得

$$\lim_{\Delta x \to 0} \frac{\Delta y}{\Delta x} = \lim_{\Delta x \to 0} \frac{f(x_0 + \Delta x) - f(x_0)}{\Delta x} = \lim_{\Delta x \to 0} \left(A + \frac{o(\Delta x)}{\Delta x} \right) = A.$$

说明函数 $f(x)$ 在点 x_0 处可导, 且 $f'(x_0) = \lim\limits_{\Delta x \to 0} \dfrac{\Delta y}{\Delta x} = A$. 因此, 若函数在点 x_0 处可微, 则函数在点 x_0 处一定可导, 且 $f'(x_0) = A$. 此时函数在点 x_0 处的微分可写为

$$\mathrm{d}y \mid_{x=x_0} = f'(x_0)\Delta x.$$

上面的推导说明函数在一点处可微, 则函数在该点处一定可导, 那么函数在一点处可导能推出函数在该点处一定可微吗?

性质 3.4.1　函数 $y = f(x)$ 在点 x_0 处可微的充分必要条件是 $y = f(x)$ 在点 x_0 处可导, 并且 $A = f'(x_0)$.

证明　必要性. 由前面的推导知若函数 $f(x)$ 在点 x_0 处可微, 则 $f(x)$ 在点 x_0 处导数存在, 且 $A = f'(x_0)$.

充分性. 若函数 $y = f(x)$ 在点 x_0 处可导, 则

$$f'(x_0) = \lim_{\Delta x \to 0} \frac{\Delta y}{\Delta x}.$$

根据极限性质知 $\dfrac{\Delta y}{\Delta x}$ 可以写成极限值 $f'(x_0)$ 加上无穷小量 $\alpha(x)$ 的形式

$$\frac{\Delta y}{\Delta x} = f'(x_0) + \alpha(x), \alpha(x) \to 0(\Delta x \to 0),$$

所以 $\qquad\qquad \Delta y = f'(x_0)\Delta x + \alpha(x)\Delta x = f'(x_0)\Delta x + o(\Delta x),$

其中 $\alpha(x)\Delta x = o(\Delta x)$ 是当 $\Delta x \to 0$ 时 Δx 的高阶无穷小量. 这说明 Δy 可以表示成 Δx 的线性函数 $f'(x_0)\Delta x$ 加上 Δx 的高阶无穷小量 $o(\Delta x)$ 的形式, 因此函数 $y = f(x)$ 在点 x_0 处可微.

性质 3.4.1 说明一元函数可微与可导是等价的, 我们将求导数与微分的方法统称为**微分法**.

若设函数为 $y = f(x) = x$, 则 $\mathrm{d}y = \mathrm{d}x = (x)'\Delta x = \Delta x$, 所以 $\Delta x = \mathrm{d}x$, 为此常把 Δx 称为自变量 x 的微分. 于是, 在微分 $\mathrm{d}y \mid_{x=x_0} = f'(x_0)\Delta x$ 中可将 Δx 写成 $\mathrm{d}x$, 故函数 $y = f(x)$ 在点 x_0 处的微分可以写为

$$\mathrm{d}y|_{x=x_0} = f'(x_0)\mathrm{d}x.$$

函数在任意点处的微分写为

$$\mathrm{d}y = f'(x)\mathrm{d}x.$$

从上式可以看出求函数 $y = f(x)$ 的微分, 只需求函数的导数 $f'(x)$, 再乘自变量的微分 $\mathrm{d}x$ 即可.

由 $f'(x) = \dfrac{\mathrm{d}y}{\mathrm{d}x}$ 知导数是因变量的微分与自变量的微分之商, 故形如 $\dfrac{\mathrm{d}y}{\mathrm{d}x}$ 的导数又称为**微商**. 参数方程 $\begin{cases} x = \varphi(t), \\ y = \psi(t), \end{cases} t \in [\alpha, \beta]$ 的求导公式 $\dfrac{\mathrm{d}y}{\mathrm{d}x} = \dfrac{\psi'(t)}{\varphi'(t)}$ 便是依此推得. 将导数 $\dfrac{\mathrm{d}y}{\mathrm{d}x}$ 看成因变量的微分与自变量的微分的商, 这样分子分母可以同时除以 $\mathrm{d}t$, 得到因变量和自变量关于 t 的导数比 $\dfrac{\mathrm{d}y}{\mathrm{d}x} = \dfrac{\mathrm{d}y/\mathrm{d}t}{\mathrm{d}x/\mathrm{d}t}$, 进而得到参数方程求导公式 $\dfrac{\mathrm{d}y}{\mathrm{d}x} = \dfrac{\mathrm{d}y/\mathrm{d}t}{\mathrm{d}x/\mathrm{d}t} = \dfrac{\psi'(t)}{\varphi'(t)}$.

定义 3.4.2 若函数 $y = f(x)$ 在开区间 (a, b) 内每一点都可微, 则称函数 $f(x)$ 在 (a, b) 内可微, 且称 $f(x)$ 为 (a, b) 内的**可微函数**, 此时微分为

$$\mathrm{d}y = \mathrm{d}f(x) = f'(x)\mathrm{d}x, x \in (a, b).$$

例 3.4.1 求 $y = x^2$ 在点 $x = 50, \Delta x = 0.25$ 处的微分值.

解 根据微分定义有

$$\mathrm{d}y = y'\mathrm{d}x = (x^2)'\mathrm{d}x = 2x\mathrm{d}x,$$

代入 $x = 50, \Delta x = \mathrm{d}x = 0.25$, 得

$$\mathrm{d}y = 2 \times 50 \times 0.25 = 25.$$

例 3.4.2 求函数 $y = \mathrm{e}^{2x} + \ln x$ 的微分.

解 根据微分定义,

$$\mathrm{d}y = y'\mathrm{d}x = (\mathrm{e}^{2x} + \ln x)'\mathrm{d}x = \left(2\mathrm{e}^{2x} + \frac{1}{x}\right)\mathrm{d}x.$$

【注意】 计算函数 $y = f(x)$ 的微分时若没有给出 $\mathrm{d}x$ 的具体数值, 微分结果一定要以 $\mathrm{d}x$ 结尾.

3.4.2 微分的几何意义

如图 3.4.1, 曲线 $y = f(x)$ 上在点 $M(x_0, f(x_0))$ 处的切线为 MT, 它与 x 轴正方向夹角为 α, 故切线 MT 的斜率为 $f'(x_0) = \tan \alpha$. 当自变量在点 x_0 处产生改变量 Δx 时, 对应于曲线 $y = f(x)$ 上的点 $N(x_0 + \Delta x, f(x_0 + \Delta x))$, 显然

$$MQ = \Delta x, NQ = \Delta y = f(x_0 + \Delta x) - f(x_0),$$

$$PQ = \tan \alpha \cdot MQ = f'(x_0)\Delta x = \mathrm{d}y.$$

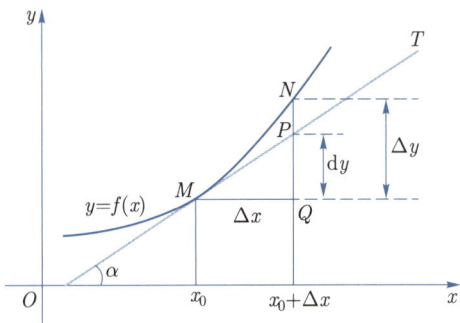

图 3.4.1

因此函数 $y = f(x)$ 在点 x_0 处的**微分 dy 是曲线在 $M(x_0, f(x_0))$ 处的切线上点的纵坐标改变量**. 微分 dy 是因变量改变量 Δy 的近似估计, 即 $\Delta y = NQ \approx PQ = dy$, NP 是误差, 它是 Δx 在 $\Delta x \to 0$ 时的高阶无穷小量. 当 $|\Delta x|$ 很小时, $|\Delta y - dy|$ 比 $|\Delta x|$ 小得多, 故在点 $M(x_0, f(x_0))$ 附近, 我们可以用切线段近似代替曲线段. 在局部范围内, 用线性函数近似代替非线性函数, 这在数学上被称为**非线性函数的局部线性化**, 这是微分学的基本思想方法之一.

既然一元函数可微与可导等价, 那么根据求导的四则运算法则和基本初等函数的求导公式可以得到微分的四则运算法则和基本初等函数的微分公式 (将求导结果乘 dx 便得到微分结果).

3.4.3 微分的运算法则与微分公式

设函数 $u(x)$, $v(x)$ 均可微, 则

(1) $d[ku(x)] = kdu(x)(k$ 为常数$)$;

(2) $d[u(x) \pm v(x)] = du(x) \pm dv(x)$;

(3) $d[u(x) \cdot v(x)] = v(x)du(x) + u(x)dv(x)$;

(4) $d\left[\dfrac{u(x)}{v(x)}\right] = \dfrac{v(x)\,du(x) - u(x)\,dv(x)}{v^2(x)}$ (其中 $v(x) \neq 0$).

基本初等函数的微分公式:

(1) $dC = 0(C$ 为常数$)$;

(2) $d(x^\mu) = \mu x^{\mu-1}dx(\mu \in \mathbf{R})$;

(3) $d(a^x) = a^x \ln a\,dx(a > 0$ 且 $a \neq 1)$, $\quad d(e^x) = e^x dx$;

(4) $d(\log_a x) = \dfrac{1}{x \ln a}dx(a > 0$ 且 $a \neq 1)$, $\quad d(\ln x) = \dfrac{1}{x}dx$;

(5) $d(\sin x) = \cos x\,dx$, $\quad d(\cos x) = -\sin x\,dx$,

$\quad d(\tan x) = \sec^2 x\,dx$, $\quad d(\cot x) = -\csc^2 x\,dx$,

$\quad d(\sec x) = \sec x \tan x\,dx$, $\quad d(\csc x) = -\csc x \cot x\,dx$;

(6) $\mathrm{d}(\arcsin x) = \dfrac{1}{\sqrt{1-x^2}}\mathrm{d}x, \quad \mathrm{d}(\arccos x) = -\dfrac{1}{\sqrt{1-x^2}}\mathrm{d}x,$

$\mathrm{d}(\arctan x) = \dfrac{1}{1+x^2}\mathrm{d}x, \ \mathrm{d}(\operatorname{arccot} x) = -\dfrac{1}{1+x^2}\mathrm{d}x.$

3.4.4　复合函数与隐函数的微分

性质 3.4.2（**复合函数的微分**）　设函数 $y = f[g(x)]$ 由可微函数 $y = f(u)$ 和 $u = g(x)$ 复合而成, 则 $y = f[g(x)]$ 关于 x 可微, 且

$$\mathrm{d}y = \mathrm{d}f[g(x)] = f'[g(x)]\,\mathrm{d}g(x) = f'[g(x)]\,g'(x)\mathrm{d}x.$$

我们知道, 当函数 $y = f(u)$ 可微时,

(1) 若 u 是自变量, 函数 $y = f(u)$ 的微分为 $\mathrm{d}y = f'(u)\mathrm{d}u$.

(2) 若 u 是中间变量, $u = \varphi(x)$, 则 $\dfrac{\mathrm{d}y}{\mathrm{d}x} = f'(u)\varphi'(x)$, 所以

$$\mathrm{d}y = f'(u)\varphi'(x)\mathrm{d}x.$$

而 $\varphi'(x)\mathrm{d}x = \mathrm{d}\varphi(x) = \mathrm{d}u$, 从而

$$\mathrm{d}y = f'(u)\varphi'(x)\mathrm{d}x = f'(u)\mathrm{d}u.$$

由此可见, 对于函数 $y = f(u)$, 不论 u 是自变量还是中间变量, 微分都可以写成 $\mathrm{d}y = f'(u)\mathrm{d}u$, 这一特性被称为**一阶微分形式不变性**.

对于一般的函数求微分, 我们既可以求得函数的导数再乘自变量的微分 $\mathrm{d}x$, 也可以运用微分的运算法则和微分公式.

例 3.4.3　求函数 $y = 2^x + \ln(3x-2)$ 的微分.

解法一

$$y' = [2^x + \ln(3x-2)]' = 2^x \ln 2 + \frac{3}{3x-2},$$

因此,

$$\mathrm{d}y = \left(2^x \ln 2 + \frac{3}{3x-2}\right)\mathrm{d}x.$$

解法二　按照微分的四则运算法则直接求微分:

$$\mathrm{d}y = \mathrm{d}[2^x + \ln(3x-2)] = \mathrm{d}(2^x) + \mathrm{d}[\ln(3x-2)]$$

$$= 2^x \ln 2\mathrm{d}x + \frac{3}{3x-2}\mathrm{d}x$$

$$= \left(2^x \ln 2 + \frac{3}{3x-2}\right)\mathrm{d}x.$$

例 **3.4.4** 求函数 $y = \cos(2x^2 - x) - \sin 2x$ 的微分.

解
$$dy = d[\cos(2x^2 - x) - \sin 2x]$$

$$= d\cos(2x^2 - x) - d\sin 2x$$

$$= [\cos(2x^2 - x)]'dx - (\sin 2x)'dx$$

$$= -(4x - 1)\sin(2x^2 - x)dx - 2\cos 2xdx$$

$$= [-(4x - 1)\sin(2x^2 - x) - 2\cos 2x]dx.$$

上一节我们学习了隐函数的求导方法, 那么隐函数该如何求微分呢?

例 **3.4.5** 求由方程 $x^2 + 2xy - 2y^2 = 1$ 所确定的隐函数 $y = f(x)$ 的微分 dy.

解法一 对方程 $x^2 + 2xy - 2y^2 = 1$ 两端关于自变量 x 求导, 有

$$2x + 2y + 2xy' - 4yy' = 0,$$

解得
$$y' = \frac{x + y}{2y - x},$$

所以隐函数 $y = f(x)$ 的微分为 $dy = \dfrac{x + y}{2y - x}dx$.

解法二 对方程 $x^2 + 2xy - 2y^2 = 1$ 两端直接求微分

$$dx^2 + d(2xy) - d(2y^2) = 0,$$

$$2xdx + 2ydx + 2xdy - 4ydy = 0,$$

解得
$$dy = \frac{x + y}{2y - x}dx.$$

3.4.5 微分在近似计算中的应用

若函数 $y = f(x)$ 在点 x_0 处可导, 且 $f'(x_0) \neq 0$, 当 $\Delta x \to 0$ 时,

$$\Delta y = f(x_0 + \Delta x) - f(x_0) \approx dy = f'(x_0)dx.$$

可将上式改写为

$$f(x_0 + \Delta x) \approx f(x_0) + f'(x_0)dx = f(x_0) + f'(x_0)\Delta x. \tag{3.4.2}$$

式 (3.4.2) 经常被用来求一些函数值的近似值.

例 **3.4.6** 求 $\sqrt{0.9}$, $\sqrt{1.03}$ 和 $\sqrt{4.15}$ 的近似值.

解 设函数 $f(x) = \sqrt{x}$, 则 $f'(x) = \dfrac{1}{2\sqrt{x}}$. 根据式 (3.4.2) 有

$$\sqrt{x_0 + \Delta x} \approx \sqrt{x_0} + \frac{1}{2\sqrt{x_0}}\Delta x.$$

对于 $\sqrt{0.9}$, $x_0 = 1, \Delta x = -0.1$, 所以

$$\sqrt{0.9} \approx \sqrt{1} + \frac{1}{2} \times (-0.1) = 0.95.$$

对于 $\sqrt{1.03}$, $x_0 = 1, \Delta x = 0.03$, 所以

$$\sqrt{1.03} \approx \sqrt{1} + \frac{1}{2} \times 0.03 = 1.015.$$

对于 $\sqrt{4.15}$, $x_0 = 4, \Delta x = 0.15$, 所以

$$\sqrt{4.15} \approx \sqrt{4} + \frac{1}{2} \times \frac{1}{\sqrt{4}} \times 0.15 = 2.037\,5.$$

事实上, $\sqrt{0.9} \approx 0.94868, \sqrt{1.03} \approx 1.01489, \sqrt{4.15} \approx 2.03715$, 可以看出利用微分计算的近似值都非常接近它们的真值.

例 3.4.7 求 $e^{0.01}$ 的近似值.

解 设函数 $f(x) = e^x$, 则 $f'(x) = e^x$, 令 $x_0 = 0, \Delta x = 0.01$, 根据式 (3.4.2) 知

$$e^{x_0 + \Delta x} \approx e^{x_0} + e^{x_0}\Delta x,$$

故 $\qquad e^{0.01} \approx e^0 + e^0 \cdot 0.01 = 1 + 0.01 = 1.01.$

例 3.4.8 求 $\ln 0.999$ 的近似值.

解 设函数 $f(x) = \ln x$, 则 $f'(x) = \dfrac{1}{x}$, 令 $x_0 = 1, \Delta x = -0.001$, 根据式 (3.4.2) 知

$$\ln(x_0 + \Delta x) \approx \ln x_0 + \frac{1}{x_0}\Delta x,$$

所以 $\qquad \ln 0.999 \approx \ln 1 + \dfrac{1}{1}(-0.001) = 0 - 0.001 = -0.001.$

例 3.4.9 求 $\sin 29°30'$ 的近似值.

解 设函数 $f(x) = \sin x$, 则 $f'(x) = \cos x$, 令 $x_0 = 30°, \Delta x = -30' = -\dfrac{1}{2} \cdot \dfrac{\pi}{180} = -\dfrac{\pi}{360}$, 根据式 (3.4.2) 有

$$\sin(x_0 + \Delta x) \approx \sin x_0 + \cos x_0 \Delta x,$$

所以 $\qquad \sin 29°30' \approx \sin 30° + \cos 30°\left(-\dfrac{\pi}{360}\right) = \dfrac{1}{2} - \dfrac{\sqrt{3}\pi}{720} \approx 0.492\,4.$

例 3.4.10 求外半径为 4 cm, 球壳厚度为 0.5 cm 的球壳体积的近似值.

解 设球的半径为 r, 则球的体积为 $V = \dfrac{4}{3}\pi r^3$, 所以

$$dV = d\left(\frac{4}{3}\pi r^3\right) = 4\pi r^2 dr.$$

故球壳体积近似值为

$$\Delta V = V(r_0 + \Delta r) - V(r_0) \approx dV = 4\pi r_0^2 \Delta r.$$

显然 $r_0 = 4$ cm, $\Delta r = -0.5$ cm, 所以球壳体积为

$$|\Delta V| \approx |4\pi \times 4^2 \times (-0.5)| = 32\pi (cm^3).$$

例 3.4.11 (估算容器中水的体积误差) 如图 3.4.2, 一个半球形容器的高为 10 cm, 容器中水的体积 (单位: cm^3) 由 $V = \frac{\pi}{3}(30x^2 - x^3)$ 确定, 其中 x 表示水的深度 (单位: cm). 现在向容器中倒入一定量的水, 经过测量发现容器中水的深度为 5 cm, 测量的最大误差为 $\frac{1}{16}$ cm, 请计算容器中水的体积, 并估算该体积的最大误差.

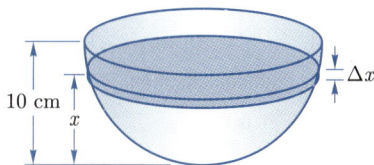

解 容器中水的体积 $V = \frac{\pi}{3}(30x^2 - x^3)$, 易算得 $x = 5$ cm 时, 水的体积为

图 3.4.2

$$V(5) = \frac{\pi}{3}(30 \times 5^2 - 5^3) = \frac{625}{3}\pi \approx 654.5(cm^3).$$

下面估算该体积在计算上的误差. 在水的深度为 x 时, 给自变量以改变量 Δx, 则体积产生的改变量为 $\Delta V = V(x + \Delta x) - V(x)$, 因为

$$\Delta V \approx dV = V'(x)dx = \frac{\pi}{3}(60x - 3x^2)dx = \pi(20x - x^2)dx,$$

所测量的体积在 $x = 5$ 时的最大误差为

$$\Delta V \approx dV = \pi(20 \times 5 - 5^2) \times \left(\pm\frac{1}{16}\right) = \pm\frac{75\pi}{16} \approx \pm 14.73(cm^3).$$

故此时水的体积约为 654.5 cm^3, 测量的体积最大误差约为 14.73 cm^3.

练习 3.4

1. 求下列函数的微分:

(1) $y = -2x^4 + 3x^2$;

(2) $y = \sqrt[3]{x^4} + 2\sqrt{x}$;

(3) $y = -2x^{\frac{4}{5}} + 3x^{\frac{5}{4}}$;

(4) $y = 2^x + x^2$;

(5) $y = 3\sin x + 2\arcsin x$;

(6) $y = \sin x \cos x$;

(7) $y = \sec x \tan x$;

(8) $y = \dfrac{2\sqrt{x}}{x^2 + 1}$;

(9) $y = \dfrac{1 - \mathrm{e}^x}{1 + \mathrm{e}^x}$;

(10) $y = \ln x + \log_2 x$;

(11) $y = 2\arccos x + \operatorname{arccot} x$;

(12) $y = \dfrac{\cos x + 2}{1 - \sin x}$.

2. 求下列函数的微分:

(1) $y = \sin x^4 - 2(\cos x)^2$;

(2) $y = 4\mathrm{e}^{4x} + 2^{2x}$;

(3) $y = \ln x^5 + 3\lg x^3$;

(4) $y = -2\sin(\cos 2x)$;

(5) $y = -2\tan x^4$;

(6) $y = \ln\left(\dfrac{1 + x}{1 - x}\right)$;

(7) $y = \sin x \cos 2x$;

(8) $y = \ln(\sin 2x)$;

(9) $y = x^{4\sin x} + (\sin x)^{2x}$;

(10) $y = (2x - 1)^{x^2}(2x + 1)(3x - 2)$.

3. 求隐函数 $xy + x^2 + y^2 = \mathrm{e}^{x+y}$ 所确定的函数 $y = y(x)$ 的微分.

4. 求隐函数 $\sin(xy) + 2xy^2 + 1 = \cos(x+y)$ 所确定的函数 $y = y(x)$ 的微分.

5. 求下列各式的近似值:

(1) $\mathrm{e}^{0.001}$;

(2) $3^{0.01}$;

(3) $\sqrt[3]{8.012}$;

(4) $\sqrt[5]{1.005}$;

(5) $\ln(1.002)$;

(6) $\ln 0.999$;

(7) $\cos 60°30'$;

(8) $\sin 30°20'$;

(9) $\arctan 1.01$;

(10) $\operatorname{arccot} 1.01$.

6. 证明当 $|x|$ 很小时, 下列近似公式成立:

(1) $\mathrm{e}^x \approx 1 + x$;

(2) $\ln(1 + x) \approx x$;

(3) $\sqrt[n]{1 + x} \approx 1 + \dfrac{1}{n}x$;

(4) $\sin x \approx x$.

§3.5　高阶导数与高阶微分

在许多问题中, 我们需要对函数进行多次求导 (或多次求微分), 即求函数的更高阶导数与微分. 一般地, 如果函数 $y = f(x)$ 在区间 (a, b) 内可导 (可微), 而其导函数 $f'(x)$ (或一阶微分函数 $f'(x)\mathrm{d}x$) 在区间 (a, b) 内仍然可导 (可微), 那么就可以按照一阶求导 (微分) 的方法继续求导 (微分).

3.5.1　高阶导数

1. 高阶导数的定义

定义 3.5.1　若函数 $y = f(x)$ 的导函数 $f'(x)$ 在点 x_0 处可导, 即

$$\lim_{\Delta x \to 0} \frac{f'(x_0 + \Delta x) - f'(x_0)}{\Delta x}$$

存在, 则称 $f'(x)$ 在点 x_0 处的导数为 $f(x)$ 在点 x_0 处的**二阶导数**, 记为 $f''(x_0), y''|_{x=x_0}$, $\dfrac{\mathrm{d}^2 y}{\mathrm{d} x^2}\Big|_{x=x_0}$ 或 $\dfrac{\mathrm{d}^2 f(x)}{\mathrm{d} x^2}\Big|_{x=x_0}$.

若 $f'(x)$ 在区间 (a, b) 内每一点都可导, 则函数 $f(x)$ 在区间 (a, b) 内二阶可导, 并把 $f'(x)$ 的导函数 $[f'(x)]'$ 称为 $f(x)$ 的**二阶导函数**, 记为 $f''(x), y'', \dfrac{\mathrm{d}^2 y}{\mathrm{d} x^2}, \dfrac{\mathrm{d}^2 f(x)}{\mathrm{d} x^2}$.

类似地, $f(x)$ 的二阶导数 $f''(x)$ 的导数称为 $f(x)$ 的三阶导数, 记为 $f'''(x), y''', \dfrac{\mathrm{d}^3 y}{\mathrm{d} x^3}$ 或 $\dfrac{\mathrm{d}^3 f(x)}{\mathrm{d} x^3}$.

更一般地, $f(x)$ 的 $n-1$ 阶导数的导数称为 $f(x)$ 的 n 阶导数 (若存在), 记为 $f^{(n)}(x), y^{(n)}$, $\dfrac{\mathrm{d}^n y}{\mathrm{d} x^n}$ 或 $\dfrac{\mathrm{d}^n f(x)}{\mathrm{d} x^n}$, 即

$$f^{(n)}(x) = [f^{(n-1)}(x)]' = \lim_{\Delta x \to 0} \frac{f^{(n-1)}(x + \Delta x) - f^{(n-1)}(x)}{\Delta x} \quad (n = 1, 2, \cdots),$$

为方便起见, 称 $f'(x)$ 为 $f(x)$ 的一阶导数, $f(x)$ 的二阶及二阶以上的导数统称为**高阶导数**, 并约定 $f(x)$ 为其自身的零阶导数, 即 $f^{(0)}(x) = f(x)$.

显然, 求函数的高阶导数只需对函数 $f(x)$ 多次求导即可.

例 **3.5.1**　求函数 $y = x^2 \sin x$ 的二阶导数和三阶导数.

解　函数的一阶导数

$$y' = 2x\sin x + x^2\cos x.$$

再对 y' 求导数即得二阶导数

$$\begin{aligned}
y'' &= (2x\sin x + x^2\cos x)' \\
&= 2\sin x + 2x\cos x + 2x\cos x - x^2\sin x \\
&= (2 - x^2)\sin x + 4x\cos x.
\end{aligned}$$

对 y'' 再求导数即得二阶导数

$$\begin{aligned}
y''' &= [(2 - x^2)\sin x + 4x\cos x]' \\
&= -2x\sin x + (2 - x^2)\cos x + 4\cos x - 4x\sin x \\
&= -6x\sin x + (6 - x^2)\cos x.
\end{aligned}$$

例 **3.5.2**　求函数 $y = \mathrm{e}^{2x} - \mathrm{e}^2 \ln x$ 的二阶导数 y'' 和三阶导数 y''', 并求 $y'''(1)$.

解　因为

$$y' = (\mathrm{e}^{2x} - \mathrm{e}^2 \ln x)' = 2\mathrm{e}^{2x} - \frac{\mathrm{e}^2}{x},$$

$$y'' = \left(2e^{2x} - \frac{e^2}{x}\right)' = 4e^{2x} + \frac{e^2}{x^2} = 4e^{2x} + e^2x^{-2},$$

$$y''' = (4e^{2x} + e^2x^{-2})' = 8e^{2x} - 2e^2x^{-3},$$

所以
$$y'''(1) = 8e^2 - 2e^2 = 6e^2.$$

例 3.5.3 求位移函数 $s(t) = v_0t - \frac{1}{2}gt^2$ 的一阶导数及二阶导数, 其中 v_0 是初始速度, g 是重力加速度.

解 位移函数 $s(t)$ 的一阶导数就是速度函数

$$v(t) = s'(t) = \left(v_0t - \frac{1}{2}gt^2\right)' = v_0 - gt,$$

位移函数 $s(t)$ 的二阶导数就是加速度函数

$$a(t) = s''(t) = \left(v_0t - \frac{1}{2}gt^2\right)'' = (v_0 - gt)' = -g.$$

对于一些简单的基本初等函数, 我们可以求出其高阶导数结果作为公式, 便于后面使用.

2. 基本初等函数的高阶导数公式

(1) 幂函数的高阶导数

设 $y = x^n(n \in \mathbf{N}_+)$, 因为

$$y' = nx^{n-1},$$

$$y'' = n(n-1)x^{n-2},$$

$$\cdots$$

$$y^{(k)} = n(n-1)\cdots(n-k+1)x^{n-k} \quad (k < n),$$

$$\cdots$$

$$y^{(n)} = n(n-1)\cdots 1 = n!,$$

$$y^{(n+1)} = y^{(n+2)} = \cdots = 0.$$

所以
$$y^{(k)} = \begin{cases} n(n-1)\cdots(n-k+1)x^{n-k}, & k < n, \\ n!, & k = n, \\ 0, & k > n. \end{cases}$$

(2) 指数函数的高阶导数

设 $y = e^x$, 因为

$$y' = \mathrm{e}^x, \quad y'' = \mathrm{e}^x, \quad y'' = \mathrm{e}^x, \cdots,$$

类似可得

$$y^{(n)} = (\mathrm{e}^x)^{(n)} = \mathrm{e}^x, \quad n = 1, 2, \cdots.$$

而对一般的指数函数 $y = a^x (a > 0, a \neq 1)$, 因为

$$y' = a^x \ln a, \ y'' = a^x (\ln a)^2, \ y''' = a^x (\ln a)^3, \cdots,$$

所以
$$y^{(n)} = (a^x)^{(n)} = a^x (\ln a)^n, n = 1, 2, \cdots.$$

(3) 对数函数的高阶导数

设 $y = \ln x (x>0)$, 因为

$$y' = (\ln x)' = \frac{1}{x} = x^{-1},$$

$$y'' = (x^{-1})' = -x^{-2},$$

$$y''' = (-x^{-2})' = 2x^{-3} = 2!x^{-3},$$

$$\cdots$$

$$y^{(k)} = (-1)^{k-1}(k-1)!x^{-k} \cdots.$$

总结规律可得
$$y^{(n)} = (-1)^{n-1}(n-1)!x^{-n}, n = 1, 2, \cdots.$$

同理, 对一般的对数函数 $y = \log_a x (a>0$ 且 $a \neq 1)$, 因为

$$y = \log_a x = \frac{1}{\ln a} \ln x,$$

所以 $y = \log_a x$ 的高阶导数为

$$y^{(n)} = \frac{1}{\ln a}(-1)^{n-1}(n-1)!x^{-n}, n = 1, 2, \cdots.$$

(4) 正 (余) 弦函数的高阶导数

设 $y = \sin x$, 因为

$$y' = (\sin x)' = \cos x = \sin\left(x + \frac{\pi}{2}\right),$$

$$y'' = (\cos x)' = -\sin x = \sin(x + \pi),$$

$$y''' = (-\sin x)' = -\cos x = \sin\left(x + \frac{3\pi}{2}\right),$$

$$\cdots$$

所以
$$(\sin x)^{(n)} = \sin\left(x + \frac{n\pi}{2}\right), n = 1, 2, \cdots.$$

同理可得
$$(\cos x)^{(n)} = \cos\left(x + \frac{n\pi}{2}\right), n = 1, 2, \cdots.$$

3. 复合函数的高阶导数

对复合函数求二阶以上导数时, 只需按照复合函数求导的链式法则先求一阶导数, 然后在此基础上再次求导即可.

例 **3.5.4** 求函数 $y = e^{\sin x}$ 的二阶导数.

解 按照复合函数求导方法先求一阶导数, 有
$$y' = (e^{\sin x})' = e^{\sin x}\cos x,$$

对 y' 再次求导
$$y'' = (e^{\sin x}\cos x)' = e^{\sin x}\cos^2 x - e^{\sin x}\sin x.$$

4. 隐函数的高阶导数

对隐函数求二阶以上导数时, 可先按照隐函数的求导法则求得一阶导数, 然后对一阶导数再次求导, 或者直接对隐函数方程求两次导数.

例 **3.5.5** 求由方程 $-2x + y^2 + xy = 0$ 确定的隐函数 $y = y(x)$ 的一阶导数和二阶导数.

解 方程两边关于自变量 x 求导得
$$-2 + 2yy' + y + xy' = 0, \tag{3.5.1}$$

解得
$$y' = \frac{2-y}{2y+x}.$$

求二阶导数有两种方法:

解法一 在式 (3.5.1) 两端关于自变量 x 继续求导得
$$2(y')^2 + 2yy'' + y' + y' + xy'' = 0,$$

解得
$$y'' = -\frac{2(y')^2 + 2y'}{2y+x},$$

代入 $y' = \dfrac{2-y}{2y+x}$ 得

$$y'' = -\frac{2(y')^2 + 2y'}{2y+x} = -\frac{2\left(\dfrac{2-y}{2y+x}\right)^2 + 2\dfrac{2-y}{2y+x}}{2y+x} = \frac{2y^2 + 2xy - 4x - 8}{(2y+x)^3}.$$

解法二 对一阶导数直接求导 (按照分式求导法则) 后再代入 $y' = \dfrac{2-y}{2y+x}$,

$$y'' = \left(\frac{2-y}{2y+x}\right)'$$

$$= \frac{(2-y)'(2y+x) - (2-y)(2y+x)'}{(2y+x)^2}$$

$$= \frac{(-x-4)y' - 2 + y}{(2y+x)^2} = \frac{(-x-4)\left(\dfrac{2-y}{2y+x}\right) - 2 + y}{(2y+x)^2}$$

$$= \frac{2y^2 + 2xy - 4x - 8}{(2y+x)^3}.$$

5. 由参数方程确定的函数的高阶导数

设参数方程为 $\begin{cases} x = \varphi(t), \\ y = \psi(t), \end{cases}$ 由前面的学习知

$$\frac{\mathrm{d}y}{\mathrm{d}x} = \frac{\mathrm{d}y/\mathrm{d}t}{\mathrm{d}x/\mathrm{d}t} = \frac{\psi'(t)}{\varphi'(t)},$$

记 $\dfrac{\psi'(t)}{\varphi'(t)} = \alpha(t)$, 则

$$\frac{\mathrm{d}^2 y}{\mathrm{d}x^2} = \frac{\mathrm{d}\left(\dfrac{\mathrm{d}y}{\mathrm{d}x}\right)}{\mathrm{d}x} = \frac{\mathrm{d}\left(\dfrac{\mathrm{d}y}{\mathrm{d}x}\right)\Big/\mathrm{d}t}{\mathrm{d}x/\mathrm{d}t} = \frac{\alpha'(t)}{\varphi'(t)}.$$

例 3.5.6   求由参数方程 $\begin{cases} x = r\sin t, \\ y = r\cos t \end{cases}$ 确定的函数 $y = y(x)$ 的二阶导数 $\dfrac{\mathrm{d}^2 y}{\mathrm{d}x^2}$.

解   根据参数方程确定的函数的求导法知

$$\frac{\mathrm{d}y}{\mathrm{d}x} = \frac{\mathrm{d}y/\mathrm{d}t}{\mathrm{d}x/\mathrm{d}t} = \frac{(r\cos t)'}{(r\sin t)'} = \frac{-r\sin t}{r\cos t} = -\tan t,$$

因此

$$\frac{\mathrm{d}^2 y}{\mathrm{d}x^2} = \frac{(-\tan t)'}{(r\sin t)'} = -\frac{\sec^2 t}{r\cos t} = -\frac{1}{r}\sec^3 t.$$

6. 高阶导数的运算法则

若 $u(x), v(x)$ 都在点 x 处具有 n 阶导数, 则

(1) $[ku(x)]^{(n)} = k[u(x)]^{(n)}(k$ 为常数$)$;

(2) $[u(x) \pm v(x)]^{(n)} = [u(x)]^{(n)} \pm [v(x)]^{(n)}$;

*(3) $[u(x)v(x)]^{(n)} = \displaystyle\sum_{k=0}^{n} \mathrm{C}_n^k u(x)^{(n-k)} v(x)^{(k)}$.

乘积 $u(x)v(x)$ 的高阶导数比较复杂, 可以通过求一阶、二阶导数等推导出来:

一阶导数: $[u(x)v(x)]' = u'(x)v(x)+u(x)v'(x)$,

二阶导数: $[u(x)v(x)]'' = u''(x)v(x)+2u'(x)v'(x)+u(x)v''(x)$,

三阶导数: $[u(x)v(x)]''' = u'''(x)v(x)+3u''(x)v'(x)+3u'(x)v''(x)+u(x)v'''(x)$,

$$\cdots$$

n 阶导数: $[u(x)v(x)]^{(n)} = u^{(n)}(x)v(x)+nu^{(n-1)}(x)v'(x)+\dfrac{n(n-1)}{2!}u^{(n-2)}(x)v''(x)+\cdots+$

$$u(x)v^{(n)}(x)$$

$$= \sum_{k=0}^{n} \mathrm{C}_n^k u(x)^{(n-k)} v(x)^{(k)}.$$

(3) 中公式被称为莱布尼茨公式.

3.5.2 高阶微分

定义 3.5.2 若函数 $y = f(x)$ 的微分 $\mathrm{d}y = f'(x)\mathrm{d}x$ 关于 x 仍然可微, 则称函数 $y = f(x)$ 关于 x 二阶可微, 用 $\mathrm{d}^2 y$(或 $\mathrm{d}^2 f(x)$) 表示 $y = f(x)$ 的二阶微分.

如何求 $\mathrm{d}^2 y$? 可将二阶微分 $\mathrm{d}^2 y$ 看成一阶微分的微分, 即

$$\mathrm{d}^2 y = \mathrm{d}(\mathrm{d}y) = \mathrm{d}[f'(x)\mathrm{d}x] = [f'(x)\mathrm{d}x]'\mathrm{d}x$$

$$= [f''(x)\mathrm{d}x + f'(x)(\mathrm{d}x)']\mathrm{d}x$$

$$= f''(x)(\mathrm{d}x)^2 = f''(x)\mathrm{d}x^2,$$

其中 $\mathrm{d}x = \Delta x$ 在求导数时是常量, 故 $(\mathrm{d}x)'=(\Delta x)'=0$; $(\mathrm{d}x)^2$ 记作 $\mathrm{d}x^2$.

类似地可以定义 n 阶微分 $\mathrm{d}^n y$(或 $\mathrm{d}^n f(x)$):

$$\mathrm{d}^n y = \mathrm{d}(\mathrm{d}^{n-1}y) = \mathrm{d}[f^{(n-1)}(x)\mathrm{d}x^{n-1}] = f^{(n)}(x)\mathrm{d}x^n,$$

其中 $\mathrm{d}x^n = (\mathrm{d}x)^n$. 二阶及二阶以上的微分统称为**高阶微分**.

二阶以上的微分不再具有微分形式不变性, 证明过程略.

对于求函数 $f(x)$ 的 n 阶微分 $\mathrm{d}^n y$, 可以直接求 n 阶导数 $f^{(n)}(x)$, 结尾带上 $\mathrm{d}x^n$ 即可.

例 3.5.7 求函数 $y = \mathrm{e}^{2x} - \ln x$ 的二阶微分.

解

因为

$$y' = (\mathrm{e}^{2x} - \ln x)' = 2\mathrm{e}^{2x} - \frac{1}{x},$$

$$y'' = \left(2\mathrm{e}^{2x} - \frac{1}{x}\right)' = 4\mathrm{e}^{2x} + \frac{1}{x^2},$$

所以

$$\mathrm{d}^2 y = y''\mathrm{d}x^2 = \left(4\mathrm{e}^{2x} + \frac{1}{x^2}\right)\mathrm{d}x^2.$$

练习 3.5

1. 求下列函数的二阶导数:

(1) $y = 5^x$;

(2) $y = (1 + nx)^n$;

(3) $y = \ln(1 + x^2)$;

(4) $y = x\ln x$;

(5) $y = (1 + x^2)\arctan x$;

(6) $y = x^2 e^{x^2}$.

2. 求下列函数的二阶微分:

(1) $y = \sin x^2$;

(2) $y = \arcsin 2x$;

(3) $y = x^4 \ln x$;

(4) $y = e^{\sin x}$;

(5) $y = \log_2(3x - 1)$;

(6) $y = \dfrac{x}{\cos x}$.

3. 求由方程 $x + y = e^{x-y}$ 确定的隐函数 $y = y(x)$ 的二阶导数和二阶微分.

4. 求由方程 $\sin x + y - 1 = \ln y$ 确定的隐函数 $y = y(x)$ 的一阶及二阶导数.

5. 设 $f(x) = xe^{2x}$, 求使得 $f''(x) = 0$ 的 x 的值.

6. 设 $f(x) = x^2 + \dfrac{1}{x}$, 求使得 $f''(x) < 0$ 的 x 的范围.

7. 已知参数方程 $\begin{cases} x = 2t - t^2, \\ y = 3t + 2t^2, \end{cases}$ 确定了 y 是关于 x 的函数, 求 $\dfrac{d^2 y}{dx^2}$.

8. 求下列函数的 n 阶导数:

(1) $y = x^{10}$;

(2) $y = 10^{kx}(k$ 为常数$)$;

(3) $y = \ln(2x + 1)$;

(4) $y = \sin 2x$;

(5) $y = (ax + b)^m$;

(6) $y = \cos(2x - 3)$.

9. 王先生有一笔资金希望投资到股市, 投资顾问向他推荐了一只两年前上市的股票, 并表示股票的价格与时间 t 的函数关系为 $p(t) = 17 + \sqrt{t}(t \geqslant 0)$, 其中时间 t 是股票上市的月数. 投资顾问声称这只股票的价格会一直上涨, 且价格的上涨速度会持续增加, 王先生的资金在几个月内就能收回, 且会赚取高额的收益. 那么王先生是否应该买入该股票?

§3.6 导数与微分的简单应用

3.6.1 导数在经济学中的应用

一、边际分析

对于经济学中常用的经济变量: 成本、收益和利润, 有时需要知道这些变量的变化率, 也就是边际成本、边际收益和边际利润, 介绍上述概念前我们先定义边际函数.

1. 边际函数

若函数 $y = f(x)$ 可导, 则其导函数 $f'(x)$ 就称为 $f(x)$ 的**边际函数**. $f'(x)$ 在点 x_0 处的值 $f'(x_0)$ 称为 $f(x)$ 在点 x_0 处的**边际值**.

显然, 边际函数就是函数的导函数. 同理, 在经济学中的成本函数、收益函数以及利润函数的导函数 (假设它们都可导) 分别称为边际成本、边际收益和边际利润.

2. 边际成本

总成本函数的变化率 (即总成本函数关于产量的导数) 称为**边际成本**.

设产量为 Q, 总成本函数记为 $C(Q)$, 则可得到以下函数:

总成本函数 $C(Q) = C_0$(固定成本)$+C_1(Q)$(可变成本).

平均成本函数 $\overline{C}(Q) = \dfrac{C(Q)}{Q} = \dfrac{C_0 + C_1(Q)}{Q}$.

边际成本函数 $C'(Q) = [C_0+C_1(Q)]' = C_1'(Q)$.

那么边际成本的含义是什么? 若生产 Q 单位的产品, 在此基础上增加产量 ΔQ, 则总成本的增加量

$$\Delta C = C(Q + \Delta Q) - C(Q).$$

根据微分的知识有 $\qquad \Delta C \approx \mathrm{d}C = C'(Q)\mathrm{d}Q = C'(Q)\Delta Q.$

若 $\Delta Q = 1$, 即多生产一个单位的产品, 则增加的总成本

$$\Delta C \approx \mathrm{d}C = C'(Q)\Delta Q = C'(Q).$$

边际成本的含义 在产量 Q 的基础上, 多生产一个单位的产品, 增加的成本近似等于 $C'(Q)$ 个单位, 如图 3.6.1.

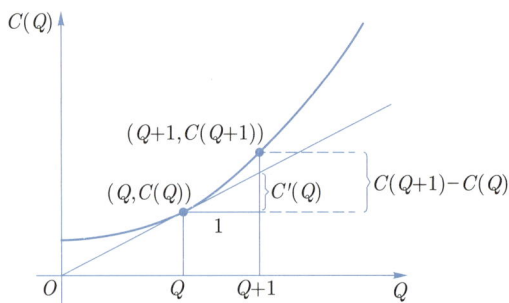

图 3.6.1

3. 边际收益

收益函数的变化率称为**边际收益**. 设产品的销量为 Q, 价格 P 是销量 Q 的函数 $P(Q)$, 总收益记为 $R(Q)$, 则可得到:

总收益 $R(Q) = P(Q)Q$.

平均收益 $\overline{R}(Q) = \dfrac{R(Q)}{Q} = P(Q)$.

边际收益　$R'(Q) = [R(Q)]' = (P(Q)Q)' = P'(Q)Q + P(Q)$.

同边际成本, 若销售 Q 单位的产品, 在此基础上增加销量 ΔQ, 则总收益的增加量为

$$\Delta R = R(Q + \Delta Q) - R(Q) \approx \mathrm{d}R = R'(Q)\mathrm{d}q = R'(Q)\Delta Q.$$

若 $\Delta Q = 1$, 即多销售一个单位的产品, 则总收益增加的数值近似为

$$\Delta R \approx R'(Q).$$

边际收益的含义　在销量 Q 的基础上, 再多销售一个单位的产品, 增加的收益近似等于 $R'(Q)$ 个单位. 若商品的平均售价 P 不变, $R'(Q) = (PQ)' = P$, 则边际收益为第 Q 个商品的售价 P.

4. 边际利润

利润函数　$L(Q) = R(Q) - C(Q)$.

边际利润　$L'(Q) = [R(Q) - C(Q)]' = R'(Q) - C'(Q)$.

边际利润的含义　在销量 Q 的基础上, 再多销售一个单位的产品, 增加的利润近似等于 $L'(Q)$ 个单位, 即第 Q 个商品的边际收益与边际成本的差.

【注意】　一般情况下默认生产的产品能全部卖出, 故产量、销量以及需求量经常用同一个 Q 来表示.

例 3.6.1　已知某款香水的价格 P(单位: 元) 是销量 Q 的函数: $P(Q) = 2Q^2 - 5Q + 6(Q > 0)$, 生产这款香水的总成本 (单位: 元) 为 $C(Q) = 50Q + 5Q^2 + 200$. 求这款香水的边际成本函数、边际收益函数、边际利润函数, 以及在 $Q = 10$ 时的边际成本、边际收益和边际利润.

解　总成本函数　$C(Q) = 50Q + 5Q^2 + 200$.

总收益函数　$R(Q) = P(Q)Q = 2Q^3 - 5Q^2 + 6Q$.

总利润函数　$L(Q) = R(Q) - C(Q) = 2Q^3 - 10Q^2 - 44Q - 200$.

故边际成本函数　$C'(Q) = 50 + 10Q$.

边际收益函数　$R'(Q) = 6Q^2 - 10Q + 6$.

边际利润函数　$L'(Q) = 6Q^2 - 20Q - 44$.

在 $Q = 10$ 时的边际成本、边际收益和边际利润分别为

$$C'(10) = 50 + 10 \times 10 = 150(元).$$

$$R'(10) = 6 \times 10^2 - 10 \times 10 + 6 = 506(元).$$

$$L'(10) = 6 \times 10^2 - 20 \times 10 - 44 = 356(元).$$

这说明在销量 $Q = 10$ 的基础上, 再多卖一个单位的产品, 增加的成本约为 150 元, 增加的收益约为 506 元, 增加的利润约为 356 元.

例 3.6.2　某品牌棒棒糖的总成本函数为 $C(Q) = 2100 + 0.25Q$(单位: 元, $0 \leqslant Q \leqslant 50\,000$), 其中 Q 是销量 (单位: 根), 需求函数为 $Q = 50000 - 25\,000P$, 其中 P 是价格

(单位: 元), 分别计算 $Q = 15000, 21\,875$ 以及 $25\,000$ 时的边际成本、边际收益和边际利润, 并解释其经济含义.

解 总成本函数 $C(Q) = 2100 + 0.25Q (0 \leqslant Q \leqslant 50\,000)$,

边际成本函数 $C'(Q) = 0.25$.

即不论 Q 为多少, 边际成本都是 0.25 元, 意味着每多生产一根棒棒糖, 增加的成本都是 0.25 元.

由需求函数 $Q = 50\,000 - 25\,000P$, 可得 $P = \dfrac{50\,000 - Q}{25\,000}$, 故总收益函数 (如图 3.6.2) 为

$$R(Q) = P(Q)Q = \frac{50\,000Q - Q^2}{25\,000} = 2Q - \frac{Q^2}{25\,000}.$$

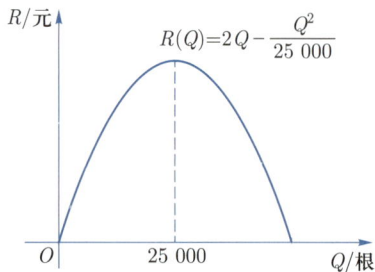

图 3.6.2

边际收益函数为

$$R'(Q) = \left(2Q - \frac{Q^2}{25\,000}\right)' = 2 - \frac{2Q}{25\,000} = \frac{50\,000 - 2Q}{25\,000}.$$

当 $Q = 15000$ 根, $21\,875$ 根和 $25\,000$ 根时,

$$R'(15\,000) = \frac{1}{25\,000}(50\,000 - 2 \times 15\,000) = 0.8,$$

$$R'(21\,875) = \frac{1}{25\,000}(50\,000 - 2 \times 21\,875) = 0.25,$$

$$R'(25\,000) = \frac{1}{25\,000}(50\,000 - 2 \times 25\,000) = 0.$$

上面的结果表明在 $Q = 15000$ 根的基础上, 再多卖一根棒棒糖增加的收益为 0.8 元; 在 $Q = 21875$ 根的基础上, 再多卖一根棒棒糖增加的收益为 0.25 元; 在 $Q = 25000$ 根的基础上, 再多卖一根棒棒糖增加的收益为 0 元. 显然销量越多, 收益的增加值越低.

利润函数 $\quad L(Q) = R(Q) - C(Q) = 1.75Q - \dfrac{Q^2}{25\,000} - 2\,100;$

边际利润函数 $\quad L'(Q) = R'(Q) - C'(Q) = 1.75 - \dfrac{2Q}{25\,000}.$

分别代入 $Q = 15000, 21\,875$ 以及 $25\,000$ 得

$$L'(15\,000) = 1.75 - \frac{2 \times 15\,000}{25\,000} = 0.55,$$

$$L'(21\,875) = 1.75 - \frac{2 \times 21\,875}{25\,000} = 0,$$

$$L'(25\,000) = 1.75 - \frac{2 \times 25\,000}{25\,000} = -0.25.$$

上面的结果说明在 $Q = 15\,000$ 根的基础上, 再多卖一根棒棒糖可获得净利润 0.55 元; 在 $Q = 21\,875$ 根的基础上, 再多卖一根棒棒糖可获得净利润 0 元; 在 $Q = 25\,000$ 根的基础上, 再多卖一根棒棒糖获得的净利润为 -0.25 元, 这意味着 $Q = 21\,875$ 根时利润最大, 不宜继续生产, 否则增加的利润值为负, 如图 3.6.3.

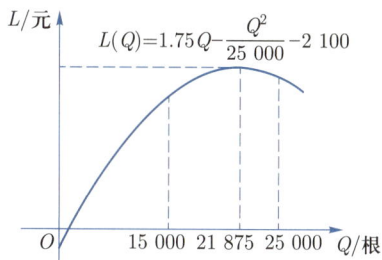

图 3.6.3

二、弹性分析

某超市有甲、乙两种商品, 夏季是其销售旺季. 进入夏季后, 超市对这两种商品进行调价, 甲商品是一款运动饮料, 原单价为 10 元, 涨价 1 元; 乙商品是一款游泳衣, 原单价为 100 元, 涨价 1 元. 两种商品虽都涨价 1 元, 但涨价的百分比却不相同, 甲涨了 10%, 乙却只涨了 1%, 那么甲、乙两种商品各自对应的需求量和总收益变化了多少?

这种描述一个经济变量对另一个经济变量变化的敏感程度的变量, 便是弹性.

1. 弹性定义

定义 3.6.1 设函数 $y = f(x)$ 在点 x_0 的某个邻域内可导, 称 $\Delta x = x - x_0$ 为自变量的绝对改变量, $\Delta y = f(x_0 + \Delta x) - f(x_0)$ 为因变量的绝对改变量. 称 $\dfrac{\Delta x}{x_0}$ 和 $\dfrac{\Delta y}{y_0}$ 分别为自变量和因变量的相对改变量, 称 $\dfrac{\Delta y}{y_0} \Big/ \dfrac{\Delta x}{x_0}$ 为函数从 x_0 到 $x_0 + \Delta x$ 两点间的弹性 (或两点间的相对变化率). 当 $\Delta x \to 0$ 时, 称

$$\lim_{\Delta x \to 0} \left(\frac{\Delta y}{y_0} \Big/ \frac{\Delta x}{x_0} \right) = \lim_{\Delta x \to 0} \frac{x_0}{y_0} \frac{\Delta y}{\Delta x} = \frac{x_0}{y_0} f'(x_0)$$

为函数 $y = f(x)$ 在点 $x = x_0$ 处的**弹性** (也称为相对导数或相对变化率). 记作 $E_f \big|_{x = x_0}$, $\dfrac{Ey}{Ex} \Big|_{x = x_0}$, 或 $\dfrac{Ef(x)}{Ex} \Big|_{x = x_0}$, 即

$$E_f |_{x = x_0} = \frac{x_0}{y_0} f'(x_0).$$

弹性描述了因变量对自变量变化的反应程度或者灵敏度, 即解释当自变量提高或者降低一个百分点时, 因变量变化多少个百分点.

例如 $y = x^2$, 当 x 由 10 变到 11 时, y 由 100 变到 121, 此时自变量 x 的绝对改变量 $\Delta x = 1$, 相对改变量 $\dfrac{\Delta x}{x_0} = 10\%$; 因变量 y 的绝对改变量 $\Delta y = 21$, 相对改变量 $\dfrac{\Delta y}{y_0} = 21\%$. 这表示当 x 由 10 变到 11 时, x 增加了 10%, y 增加了 21%. $y = x^2$ 从 10 到 11 的平均相对变化率为

$$\frac{\dfrac{\Delta y}{y_0}}{\dfrac{\Delta x}{x_0}} = \frac{21\%}{10\%} = 2.1.$$

对上式取极限

$$\lim_{\Delta x \to 0} \left(\frac{\Delta y}{y_0} \Big/ \frac{\Delta x}{x_0} \right) = \frac{x_0}{y_0} f'(x_0) = \frac{10}{100} \times 20 = 2,$$

这是函数 $y = x^2$ 在点 $x_0 = 10$ 处的弹性. 即在点 $x_0 = 10$ 处, x 每改变 1 个百分点, y 改变 2 个百分点.

由定义可知, 函数的弹性与量纲无关, 即与各个变量的单位无关. 这使得弹性在经济学中有着广泛应用, 因为不同产品的销量单位往往也不相同. 比较不同商品的弹性时, 可不受计量单位的限制.

定义 3.6.2   若函数 $y = f(x)$ 在区间 (a, b) 内可导, 则称

$$\frac{Ef(x)}{Ex} = \frac{x}{f(x)} f'(x)$$

为 $f(x)$ 的**弹性函数**.

例 3.6.3   求函数 $f(x) = 2x^3 - 3x + 2$ 在点 $x = 1$ 处的弹性.

解   因为 $f(1) = 1, f'(x) = 6x^2 - 3$, 根据弹性定义有

$$\frac{Ef(x)}{Ex} \Big|_{x=1} = \frac{1}{f(1)} f'(1) = \frac{1}{1} (6 \times 1^2 - 3) = 3.$$

2. 需求价格弹性

设商品价格为 P, 需求量为 Q, $Q_d = Q(P)$ 为需求函数. 下面定义需求价格弹性.

定义 3.6.3   若需求函数 $Q_d = Q(P)$ 可导, 则称 $\dfrac{\Delta Q}{Q_0} \Big/ \dfrac{\Delta P}{P_0} = \dfrac{P_0}{Q_0} \dfrac{\Delta Q}{\Delta P}$ 为商品在 P_0

到 $P_0 + \Delta P$ 两点间的需求价格弹性, 记作 $\overline{E}_d = \dfrac{P_0}{Q_0} \dfrac{\Delta Q}{\Delta P}$. 称

$$\lim_{\Delta P \to 0} \frac{\dfrac{\Delta Q}{Q_0}}{\dfrac{\Delta P}{P_0}} = \lim_{\Delta P \to 0} \frac{P_0}{Q_0} \frac{\Delta Q}{\Delta P} = \frac{P_0}{Q_0} Q'(P_0)$$

为商品在点 $P = P_0$ 处的**需求价格弹性**, 简称**需求弹性**, 记作 $E_d |_{P=P_0}$. 称

$$E_d = \frac{EQ}{EP} = \frac{P}{Q(P)} \frac{\mathrm{d}Q}{\mathrm{d}P} = \frac{P}{Q(P)} Q'(P)$$

为商品的**需求价格弹性函数**, 简称**需求弹性函数**.

一般情况下, 当商品的价格提高时, 需求量会降低; 当商品的价格降低时, 需求量会增加. 故需求函数 $Q_d = Q(P)$ 是价格 P 的单调递减函数, 故 $Q'(P)<0$(单调递减的可导函数的导数小于零, 单调递增的可导函数的导数大于零, 证明见第 4 章), 因此需求价格弹性 E_d 一般为负. 这表明当商品的价格上涨 (或下跌)1% 时, 其需求量将减少 (或增加) 约 $|E_d|\%$, 因此, 经济学中比较商品需求价格弹性大小时, 采用其绝对值 $|E_d|$, 当我们说商品的需求价格弹性大时是指其绝对值大.

当 $|E_d| = 1$(即 $E_d = -1$) 时, 称为**单位弹性**, 此时商品需求量变动的百分比与价格变动的百分比相同 (变动方向相反);

当 $|E_d|>1$(即 $E_d < -1$) 时, 称为**需求高弹性**, 此时商品需求量变动的百分比高于价格变动的百分比 (变动方向相反), 价格的变动对需求量的影响较大;

当 $|E_d|<1$(即 $-1 < E_d<0$) 时, 称为**需求低弹性**, 此时商品需求量变动的百分比低于价格变动的百分比 (变动方向相反), 价格的变动对需求量的影响较小.

例 3.6.4 已知某商品的需求函数为 $Q_d = Q(P) = 12 - \dfrac{P^2}{4}$, 求:

(1) 从 $P = 2$ 到 $P = 4, P = 6$ 的需求价格弹性;

(2) 在 $P = 2$ 以及 $P = 6$ 处的需求价格弹性, 并判断此时商品是需求高弹性还是需求低弹性;

(3) 价格为多少时, 商品由需求低弹性变为需求高弹性.

解 (1) 首先求从 $P = 2$ 到 $P = 4$ 的需求价格弹性, 因为 $Q(2) = 11$, $Q(4) = 8$, 根据定义有

$$\overline{E}_d = \frac{\Delta Q}{\Delta P} \frac{P_0}{Q_0} = \frac{8 - 11}{4 - 2} \frac{2}{11} = -\frac{3}{11} \approx -0.27.$$

再求从 $P = 2$ 到 $P = 6$ 的需求价格弹性, 因为 $Q(2) = 11$, $Q(6) = 3$, 所以

$$\overline{E}_d = \frac{\Delta Q}{\Delta P} \frac{P_0}{Q_0} = \frac{3 - 11}{6 - 2} \frac{2}{11} = -\frac{4}{11} \approx -0.36.$$

上面的计算结果表明价格从 $P = 2$ 提高到 $P = 4$ 的过程中, 价格每上涨 1%, 需求量平均下降约 0.27%; 价格从 $P = 2$ 提高到 $P = 6$ 的过程中, 价格每上涨 1%, 需求量平均下降约 0.36%.

(2) 在点 $P = 2$ 处的需求价格弹性, 因为 $Q'(P) = \left(12 - \dfrac{P^2}{4}\right)' = -\dfrac{P}{2}$, 所以

$$E_d|_{P_0=2} = \frac{P_0}{Q_0}Q'(P_0)\Big|_{P_0=2} = -\frac{P_0}{Q_0}\frac{P_0}{2}\Big|_{P_0=2} = -\frac{2}{11}\frac{2}{2} = -\frac{2}{11} \approx -0.18.$$

因为 $|E_d|_{P_0=2} = |-0.18| = 0.18<1$, 此时商品为需求低弹性.

故在价格 $P = 2$ 时, 需求价格弹性为 -0.18, 此时价格提高 (或降低)1%, 需求量降低 (或提高)0.18%; 价格变动对需求量影响不大.

在点 $P = 6$ 处的需求价格弹性, 因为 $Q(6) = 3$, 所以

$$E_d|_{P_0=6} = \frac{P_0}{Q_0}Q'(P_0)|_{P_0=6} = -\frac{P_0}{Q_0}\frac{P_0}{2}\Big|_{P_0=6} = -\frac{6}{3}\frac{6}{2} = -6.$$

因为 $|E_d|_{P_0=6} = |-6| = 6>1$, 所以此时商品为需求高弹性.

故在价格 $P = 6$ 时, 需求价格弹性为 -6, 此时价格提高 (或降低)1%, 需求量降低 (或提高)6%, 价格变动对需求量影响较大.

(3) 求商品由需求低弹性变为需求高弹性的价格, 即求 $|E_d| = 1$ 时的价格,

$$E_d = \frac{P}{Q(P)}Q'(P) = \frac{P}{12 - \frac{P^2}{4}}\left(-\frac{P}{2}\right) = -1.$$

解得 $P = 4$, 所以当 $P<4$ 时, 商品为需求低弹性; 当 $P>4$ 时, 商品为需求高弹性.

3. 用需求价格弹性分析总收益的变化

在商品经济中, 经营者关心的是提价 ($\Delta P>0$) 或降价 ($\Delta P<0$) 对总收益的影响. 设收益函数 $R = Q(P)P$ ($Q>0$ 为销量, 是价格 P 的函数), 当价格 P 有微小改变量 ΔP 时, 根据微分的定义知

$$\Delta R \approx \mathrm{d}R = \mathrm{d}(QP) = Q\mathrm{d}P + P\mathrm{d}Q = \left(1 + \frac{P\mathrm{d}Q}{Q\mathrm{d}P}\right)Q\mathrm{d}P,$$

即

$$\Delta R \approx (1 + E_d)Q\mathrm{d}P.$$

由 $E_d<0$ 知 $E_d = -|E_d|$, 于是有

$$\Delta R \approx (1 + E_d)Q\mathrm{d}P = (1 - |E_d|)Q\mathrm{d}P = (1 - |E_d|)Q\Delta P. \tag{3.6.1}$$

根据式 (3.6.1) 可知当 $|E_d|>1$(需求高弹性) 时, $1-|E_d|<0$, $Q>0$, 故
当 $\Delta P<0$ 时, $\Delta R = (1-|E_d|)Q\Delta P>0$; 当 $\Delta P>0$ 时, $\Delta R = (1-|E_d|)Q\Delta P<0$.

说明当商品为需求高弹性时, 降价 ($\Delta P<0$) 可使总收益增加 ($\Delta R>0$); 提价 ($\Delta P>0$) 将使总收益减少 ($\Delta R<0$).

当 $|E_d|<1$(需求低弹性) 时, $1-|E_d|>0$, 同理可得
当 $\Delta P<0$ 时, $\Delta R<0$; 当 $\Delta P>0$ 时, $\Delta R>0$.
因此, 当商品为需求低弹性时, 降价 ($\Delta P<0$) 会使总收益减少 ($\Delta R<0$); 提价 ($\Delta P>0$) 可使总收益增加 ($\Delta R>0$).

当 $|E_d| = 1$(单位弹性) 时, $1-|E_d| = 0$, $\Delta R \approx 0$, 不论提价还是降价, 总收益的变化近似为零, 即提价或降价对总收益没有明显的影响.

例 3.6.5 设某商品的需求函数为 $Q(P) = 2^{-P+1}$, 求:

(1) 需求价格弹性函数;

(2) 当 $P = 1$, $P = 2$ 时的需求价格弹性, 并判断若此时提价, 总收益增加还是减少.

解 (1) 因为需求函数为 $Q(P) = 2^{-P+1}$, 根据需求价格弹性函数定义知

$$E_d = \frac{P}{Q(P)}Q'(P) = -\frac{P}{2^{-P+1}}2^{-P+1}\ln 2 = -P\ln 2.$$

(2) 当 $P=1$ 时的需求价格弹性为

$$E_d|_{P=1} = -\ln 2.$$

因为 $|E_d|_{P=1}| = |-\ln 2| = \ln 2 < 1$, 故此时商品为需求低弹性, 提价可使总收益增加.
当 $P = 2$ 时的需求价格弹性为

$$E_d|_{P=2} = -2\ln 2.$$

因为 $|E_d|_{P=2}| = |-2\ln 2| = 2\ln 2 > 1$, 故此时商品为需求高弹性, 提价会使总收益降低.

事实上, 也可以直接分析需求价格弹性与收益的关系. 因为需求 $Q(P)$ 是价格的函数, 而收益函数 $R = PQ = PQ(P)$ 也是价格的函数, 故对收益函数关于价格求导

$$R'(P) = Q(P) + PQ'(P) = Q(P)\left(1 + \frac{PQ'(P)}{Q(P)}\right)$$

$$= Q(1 + E_d) = Q(1 - |E_d|). \tag{3.6.2}$$

式 (3.6.2) 表明当 $|E_d|<1$ 时, $R'(P)>0$, 即商品为需求低弹性时, 收益函数是价格的单调递增函数, 随着价格的提高, 总收益增加; 当 $|E_d|>1$ 时, $R'(P)<0$, 即商品为需求高弹性时, 收益函数是价格的单调递减函数, 随着价格的提高, 总收益减少; 当 $|E_d| = 1$ 时, $R'(P) = 0$, 此时收益达到最大, 如图 3.6.4.

式 (3.6.1) 和式 (3.6.2) 都说明商品若为需求高弹性, 则降价可以增加总收益; 商品若为需求低弹性, 则提价可以增加总收益. 那么如果希望进一步知道总收益变动的百分比, 即价格提高或降低 1%, 总收益变动的百分比该如何求呢?

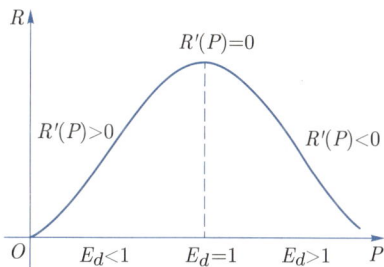

图 3.6.4

定义 3.6.4 (收益价格弹性) 设 P 表示商品价格, $R = R(P)$ 表示商品的收益函数, 若 $R = R(P)$ 可导, 则收益的价格弹性定义为 $E_R = \dfrac{P}{R(P)}R'(P)$. (若将收益写成销量 Q 的函数, 即 $R = R(Q)$, 还可以定义收益的销售弹性 $E_R = \dfrac{Q}{R(Q)}R'(Q)$).

例 3.6.6 设某商品的需求函数 $Q(P) = 36 - P^2$, 求:

(1) 需求价格弹性函数;

(2) 当 $P = 4$ 时的需求价格弹性;

(3) 当 $P = 4$ 时, 若价格提高 1%, 总收益增加还是减少? 总收益变化百分之几?

解 (1) 根据需求函数 $Q(P) = 36 - P^2$, 可得需求价格弹性函数

$$E_d = \frac{P}{Q(P)}Q'(P) = \frac{P}{36 - P^2}(-2P) = -\frac{2P^2}{36 - P^2}.$$

(2) 当 $P = 4$ 时的需求价格弹性为

$$E_d|_{P=4} = -\frac{2P^2}{36 - P^2}\Big|_{P=4} = -1.6.$$

(3) 因为 $|E_d|_{P=4}| = 1.6 > 1$, 此时商品为需求高弹性, 提高价格总收益将降低.

若要求总收益降低的百分比, 需要求收益的价格弹性函数.

收益函数 $R(P) = PQ(P) = P(36 - P^2) = 36P - P^3$, 根据弹性定义, 收益函数 $R(P)$ 的价格弹性函数为

$$E_R = \frac{P}{R(P)}R'(P) = \frac{P}{36P - P^3}(36 - 3P^2).$$

当 $P = 4$ 时的收益价格弹性为

$$E_R|_{P=4} = \frac{P}{36P - P^3}(36 - 3P^2)|_{P=4} = -0.6.$$

故当 $P = 4$ 时, 若价格提高 1%, 总收益将降低 0.6%.

[思考] 需求价格弹性函数 E_d 与收益价格弹性函数 E_R 之间有什么关系?

提示: $E_R = \frac{P}{R(P)}R'(P) = \frac{P}{R(P)}Q(P)(1 + E_d) = 1 + E_d.$

4. 供给价格弹性

供给, 是指在一定价格条件下, 生产者愿意出售并且可供出售的商品数量. 设商品价格为 P, 供给量为 Q, 则供给函数为 $Q_S = Q(P)$.

一般来说, 商品的价格越高, 生产者越愿意生产; 商品的价格越低, 生产者越不愿意生产, 所以供给函数是价格 P 的单调递增函数.

定义 3.6.5 (供给价格弹性) Q 表示某商品的供给量, P 表示某商品的价格, 若供给函数 $Q_S = Q(P)$ 可导, 则称 $E_S = \dfrac{EQ}{EP} = \dfrac{P}{Q(P)}Q'(P)$ 为商品的供给价格弹性函数.

因为供给函数是单调递增函数, $Q'(P) > 0$, 故供给价格弹性为正.

3.6.2   导数在生活中的应用

例 3.6.7   如图 3.6.5, 火箭垂直升空后, 其高度变化由距离发射地 8 km 的雷达站进行监测. 设雷达站与火箭连线的夹角为 θ, 当 $\theta = 60°$ 时, 发现观测角 θ 以每秒 3° 的速度在增大, 请计算火箭的上升速度 (单位: km/h).

解   设当观测角为 θ 时, 火箭与地面的垂直距离为 y, 则

$$y = 8\tan\theta.$$

因为观测角是时间 t 的函数 $\theta = \theta(t)$, 所以火箭与地面的垂直距离 $y = 8\tan\theta$ 是时间 t 的复合函数, 故火箭的上升速度为

$$\frac{\mathrm{d}y}{\mathrm{d}t} = \frac{\mathrm{d}y}{\mathrm{d}\theta}\frac{\mathrm{d}\theta}{\mathrm{d}t} = 8\sec^2\theta\frac{\mathrm{d}\theta}{\mathrm{d}t}.$$

由已知, 当 $\theta = 60° = \dfrac{\pi}{3}$ 时, 观测角以每秒 $3° = \dfrac{1}{60}\pi$ 的速度在增大, 说明 $\dfrac{\mathrm{d}\theta}{\mathrm{d}t} = \dfrac{1}{60}\pi$, 而 $\cos 60° = \dfrac{1}{2}$, $\sec 60° = 2$, 代入上式有

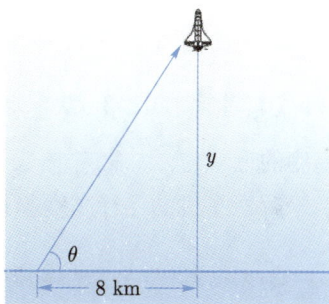

图 3.6.5

$$\frac{\mathrm{d}y}{\mathrm{d}t} = \frac{\mathrm{d}y}{\mathrm{d}\theta}\frac{\mathrm{d}\theta}{\mathrm{d}t} = 8\sec^2\theta\frac{\mathrm{d}\theta}{\mathrm{d}t} = 8 \times 2^2 \times \frac{\pi}{60} = \frac{8\pi}{15} \text{ km/s},$$

故火箭的上升速度为

$$\frac{8\pi}{15} \times 3\ 600 = 1\ 920\pi \approx 6\ 031.9 \text{ km/h}.$$

因此, 在观测角 $\theta = 60° = \dfrac{\pi}{3}$ 时, 火箭的上升速度为 6 031.9 km/h.

例 3.6.8 一架在 1 600 m 低空水平飞行的飞机的速度指示器突然发生故障, 为了确定此时飞机的速度, 飞行员瞄准地面上的固定点. 当视线的俯角 θ 达到 30° 时, 飞行员注意到俯角 θ 以每秒 1.5° 的速度在增大 (如图 3.6.6), 请计算俯角为 30° 时飞机的速度 (单位: km/h).

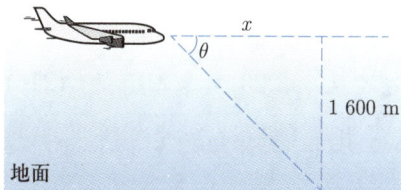

图 3.6.6

解 根据题意, 飞机的飞行位移 $x(t)$ 是时间 t 的函数, 且根据图 3.6.6 知

$$x(t) = 1\ 600\cot\theta(t),$$

所以

$$\frac{\mathrm{d}x(t)}{\mathrm{d}t} = 1\ 600(-\csc^2\theta)\frac{\mathrm{d}\theta}{\mathrm{d}t}.$$

若以飞机水平飞行方向为 x 轴正方向, 则俯角为 30° 时, $\theta = -30°$.

当 $\dfrac{\mathrm{d}\theta}{\mathrm{d}t} = -1.5° = -1.5 \times \dfrac{\pi}{180}$ 时, 飞机的速度为

$$\frac{\mathrm{d}x(t)}{\mathrm{d}t} = 1\ 600\left[-\csc^2(-30°)\right]\left(-1.5 \times \frac{\pi}{180}\right) = \frac{160\pi}{3} \approx 167.6 \text{ m/s}.$$

因此, 俯角为 30° 时飞机的速度为 167.6 m/s. 因为 1 小时等于 3 600 s, 所以换算为国际单位 km/h 有

$$\frac{\mathrm{d}x(t)}{\mathrm{d}t} = \frac{167.6 \times 3\ 600}{1\ 000} \approx 603 \text{ km/h}.$$

即此时飞机的飞行速度为 603 km/h.

例 3.6.9　一架飞机从地面起飞后, 其飞行的高度 s(单位: km) 是时间 t (单位: s) 的函数, 可用函数 $s(t) = \dfrac{1}{10}t^{\frac{2}{3}}$ $(t > 0)$ 刻画, 如图 3.6.7.求这架飞机起飞 120 s 和 220 s 时高度的近似值.

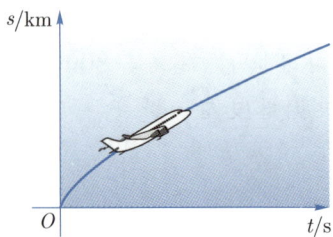

图 3.6.7

解　飞机的飞行高度 $s(t) = \dfrac{1}{10}t^{\frac{2}{3}}$, 那么

当 $t = 120$ s 时, $s(120) = \dfrac{1}{10}120^{\frac{2}{3}}$.

当 $t = 220$ s 时, $s(220) = \dfrac{1}{10}220^{\frac{2}{3}}$.

这里 $120^{\frac{2}{3}}$ 和 $220^{\frac{2}{3}}$ 的幂数都是 $\dfrac{2}{3}$, 不容易计算数值. 我们可以用微分近似公式, 由

$$f(x_0 + \Delta x) \approx f(x_0) + f'(x_0)\Delta x,$$

得到　　　　$s(t_0 + \Delta t) \approx s(t_0) + s'(t_0)\Delta t = \dfrac{1}{10}t_0^{\frac{2}{3}} + \dfrac{1}{15}t_0^{-\frac{1}{3}}\Delta t.$

(1) 当 $t = 120$ s 时, 可以看成 $t_0 = 125$ s, $\Delta t = -5$ s, 所以

$$s(120) \approx s(125) + s'(125)\times(-5) = \dfrac{1}{10}\times125^{\frac{2}{3}} + \dfrac{1}{15}\times125^{-\frac{1}{3}}\times(-5) \approx 2.433 \text{ km}.$$

(2) 当 $t = 220$ s 时, 可以看成 $t_0 = 216$ s, $\Delta t = 4$ s, 所以

$$s(220) \approx s(216) + s'(216)\times4 = \dfrac{1}{10}\times216^{\frac{2}{3}} + \dfrac{1}{15}\times216^{-\frac{1}{3}}\times4 \approx 3.644 \text{ km}.$$

因此, 当飞机起飞 120 s 时, 飞机的飞行高度近似为 2.433 km; 当飞机起飞 220 s 时, 飞机的飞行高度近似为 3.644 km.

读者不妨计算 $s(120) = \dfrac{1}{10}120^{\frac{2}{3}}$ 和 $s(220) = \dfrac{1}{10}220^{\frac{2}{3}}$ 的真值, 看看微分近似计算的误差有多大.

练习 3.6

1. 已知某款饮料的需求函数为 $Q = 5\,000 - 100P$, 总成本函数为 $C(Q) = 3\,000 + 20Q + 0.03Q^2$, 计算这款饮料在 $Q = 200, 500, 2\,500, 3\,000$ 时的边际成本、边际收益以及边际利润, 并求产量为多少时边际利润为零 (作适当的经济解释).

2. 已知某品牌立体声音箱的价格 P 是销量 Q 的函数: $P(Q) = \dfrac{1\,000}{Q^2} + 80$. 生产这款音箱的固定成本为 50 万元, 可变成本为 $(0.2Q^2 + 6Q)$ 万元. 求产量为 $Q = 10$ 时的边际成本、边际收益以及边际利润, 并作经济解释.

3. 求函数 $f(x) = 3x^2 + 4x + 3$ 的弹性函数, 并求在点 $x = 1$ 处的弹性.

4. 求函数 $f(x) = \mathrm{e}^{-2x}$ 的弹性函数, 并求在点 $x = \dfrac{1}{2}$ 处的弹性.

5. 已知某商品的需求函数为 $Q = 24 - \dfrac{P}{2}$, 求: (1) 需求价格弹性函数; (2) 当 $P = 6$ 时的需求价格弹性, 并判断此时若想增加总收益, 应该提价还是降价?

6. 已知某商品的需求函数为 $Q = 320\left(\dfrac{1}{2}\right)^P$, 求: (1) 需求价格弹性函数; (2) 当 $P = 1, 3$ 时的需求价格弹性; (3) 在 $P = 1, 3$ 时, 若价格提高 1%, 总收益增加还是减少? 总收益变化百分之几?

7. 已知某商品的需求函数为 $Q = 25 - P^2$, 求: (1) 需求价格弹性函数; (2) 当 $P = 3$ 时的需求价格弹性; (3) 在 $P = 3$ 时, 若价格提高 1%, 总收益增加还是减少? 总收益变化百分之几?

8. 已知某商品的供给函数为 $Q = 200 + 40P$, 求: (1) 供给价格弹性函数; (2) 当 $P = 5, 10$ 时的供给价格弹性, 并作经济解释.

9. 一个热气球从地面升空, 观察者站在距离升空地点 300 m 的地面, 当观察者与气球的连线与地面夹角为 45° 时, 夹角以每秒 1° 的速度增加, 求夹角为 45° 时热气球的上升速度.

10. 火箭垂直升空, 距离发射站 3 km 的雷达站可进行观测. 当雷达站与火箭的距离为 5 km 时, 这个距离以 5 000 km/h 的速度在增加, 求此时火箭的垂直升空速度.

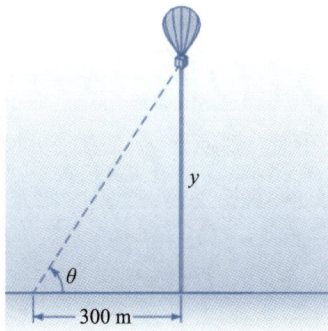

第 9 题图

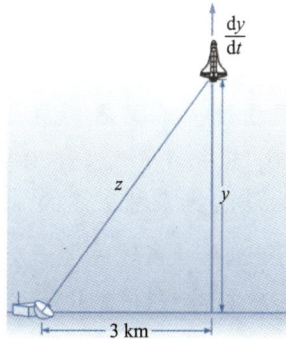

第 10 题图

习　题　3

一、单项选择题

1. 已知函数 $f(x) = \begin{cases} x\tan x\sin\dfrac{1}{x}, & x \neq 0, \\ 0, & x = 0, \end{cases}$ 则 $f'(0) = ($　　$)$.

(A) $-\dfrac{1}{2}$ (B) 0

(C) $\dfrac{e}{2}$ (D) $-\dfrac{e}{2}$

2. 下列各点中, 不在曲线 $y = x^3 + 2x + 3$ 的斜率为 5 的切线上的点是 (   ).

(A) $(1, 6)$ (B) $(2, 15)$

(C) $(-1, 0)$ (D) $(2, 13)$

3. 已知函数 $f(x)$ 二阶可导, 令 $y = f(\ln 2x)$, 则下列结论正确的是 (   ).

(A) $y' = \dfrac{1}{2x} f'(\ln 2x)$ (B) $\mathrm{d}y|_{x=1} = f'(\ln 2)$

(C) $y'' = -\dfrac{1}{x^2} f'(\ln 2x) - \dfrac{1}{x^2} f''(\ln 2x)$ (D) $y''(1) = f''(\ln 2) - f'(\ln 2)$

4. 已知函数 $f(x) = x^{20}$, 则下列计算结果正确的是 (   ).

(A) $f^{(10)}(x) = 20 \times 19 \times \cdots \times 10 x^{10}$ (B) $f^{(18)}(x) = 20! \, x$

(C) $f^{(30)}(-3x) = 0$ (D) $\mathrm{d}^{20} f(x) = 20!$

5. 已知函数 $f(x)$ 有任意阶导数, 且 $f'(x) = [f(x)]^2$, 则下列结论正确的是 (   ).

(A) $f''(x) = [f(x)]^3$ (B) $f^{(10)}(x) = 10! [f(x)]^9$

(C) $\mathrm{d}f'(x) = [f(x)]^3 \mathrm{d}x$ (D) $\mathrm{d}^2 f(x) = 2[f(x)]^3 \mathrm{d}x^2$

6. 函数 $f(x) = \begin{cases} \mathrm{e}^{-\frac{1}{x-1}}, & x \neq 1, \\ 0, & x = 1 \end{cases}$ 在点 $x = 1$ 处 (   ).

(A) 连续可导 (B) 连续但不可导

(C) 右连续 (D) 左、右都不连续

7. 设函数 $f(x)$ 可导, 且在 $x = 0$ 的某个邻域内有 $f(1 + \sin x) - f(1 - 3\sin x) = 4x + o(x)$, 其中 $o(x)$ 在 $x \to 0$ 时是 x 的高阶无穷小量, 则曲线 $y = f(x)$ 在点 $(1, f(1))$ 处的切线方程为 (   ).

(A) $y + x + 1 - f(1) = 0$ (B) $y - x + 1 - f(1) = 0$

(C) $y + x - 2 - f(1) = 0$ (D) $y + 4x - 2 - f(1) = 0$

8. 设函数 $f(x) = \begin{cases} mx + k, & x \leqslant 0, \\ \sqrt[3]{8 - x} - 2, & x > 0 \end{cases}$ 在点 $x = 0$ 处可微, 则常数 m, k 应满足 (   ).

(A) $m = -\dfrac{1}{12}, \ k = 0$ (B) $m = \dfrac{1}{12}, \ k = 0$

(C) $m = -\dfrac{1}{24}, \ k = 0$ (D) $m = -\dfrac{1}{8}, \ k = 0$

9. 由参数方程 $\begin{cases} x = -\cos t, \\ y = \sin t \end{cases}$ 确定了函数 $y(x)$, 则 $x'(t) \dfrac{\mathrm{d}^2 y}{\mathrm{d}x^2} + 1 = ($ $)$.

(A) $-\cot t$ (B) $-\csc t$

(C) $-\cot^2 t$ (D) $-\csc^3 t$

10. 下列微分近似计算结果错误的是 (   ).

(A) $\sqrt[5]{0.9} \approx 0.98$ (B) $e^{0.199} \approx 1.199$

(C) $\ln 1.05 \approx 0.105$ (D) $\arctan 1.15 \approx \dfrac{\pi}{4} + 0.075$

二、多项选择题

1. 一元函数 $f(x)$ 在区间 (a, b) 内有定义, 则下列说法正确的是 (   ).

(A) 若 $f(x)$ 在区间 (a, b) 内可导, 则 $f(x)$ 在区间 (a, b) 内必连续

(B) 若 $f(x)$ 在区间 (a, b) 内可导, 则 $f(x)$ 在区间 (a, b) 内必可微

(C) 若 $f(x)$ 在区间 (a, b) 内连续, 则 $f(x)$ 在区间 (a, b) 内必可导

(D) 若 $f(x)$ 在区间 (a, b) 内连续, 则 $f(x)$ 在区间 (a, b) 内必可微

(E) 若 $f(x)$ 在区间 (a, b) 内可微, 则 $f(x)$ 在区间 (a, b) 内必连续

(F) 若 $f(x)$ 在区间 (a, b) 内可微, 则 $f(x)$ 在区间 (a, b) 内必可导

2. 当 $\Delta x \to 0$ 时, 下列条件中能说明函数 $y = f(x)$ 在点 $x = x_0$ 处可导的是 (   ).

(A) Δy 与 Δx 是等价无穷小量   (B) Δy 与 Δx 是同阶无穷小量

(C) Δy 是 Δx 的高阶无穷小量   (D) Δy 是 Δx 的低阶无穷小量

(E) 不论 Δx 如何变化, 都有 $\Delta y = 0$

3. 若下列极限都存在, 极限结果等于 $f'(x_0)$ 的是 (   ).

(A) $\lim\limits_{\Delta x \to 0} \dfrac{f(x_0 - \Delta x) - f(x_0)}{-\Delta x}$ (B) $\lim\limits_{\Delta x \to 0} \dfrac{f(x_0 + \Delta x) - f(x_0 - \Delta x)}{2\Delta x}$

(C) $\lim\limits_{\Delta x \to 0} \dfrac{f(x_0 + 2\Delta x) - f(x_0 + \Delta x)}{\Delta x}$ (D) $\lim\limits_{\Delta x \to 0} \dfrac{f(x_0) - f(x_0 + \Delta x)}{-\Delta x}$

(E) $\dfrac{1}{k} \lim\limits_{\Delta x \to 0} \dfrac{f(x_0 + k\Delta x) - f(x_0)}{\Delta x} (k \neq 0)$

4. 若曲线 $y = x^2 + ax + b$ 和 $y = x^3 + cx$ 在点 $(1, 2)$ 处相切, 则下列说法正确的是 (   ).

(A) $a = 2, b = -1, c = 1$

(B) 过切点 $(1, 2)$ 的切线的斜率为 -4

(C) 过切点 $(1, 2)$ 的切线方程为 $y = 4x - 2$

(D) 过切点 $(1, 2)$ 的切线与坐标轴形成的三角形的面积为 $\dfrac{1}{2}$

(E) 过点 $(1, 2)$ 的法线方程为 $4y + x - 9 = 0$

5. 设函数 $f(x) = \begin{cases} \tan x + 1, & x < 0, \\ k^2, & x = 0, \\ k\mathrm{e}^x \arctan x + 1, & x > 0, \end{cases}$ 则下列结论正确的是 (　　).

(A) 当 $k = 1$ 时, $f(x)$ 在点 $x = 0$ 处连续且可导

(B) 当 $k = 2$ 时, $f(x)$ 在点 $x = 0$ 处连续且可导

(C) 当 $k = -1$ 时, $f(x)$ 在点 $x = 0$ 处连续且不可导

(D) 当 $k = -2$ 时, $f(x)$ 在点 $x = 0$ 处连续且不可导

(E) 当 $k = 2$ 时, $f(x)$ 在点 $x = 0$ 处不连续也不可导

6. 已知某商品的需求函数为 $Q = 2\mathrm{e}^{-\frac{P}{5}}$, 下列说法正确的是 (　　).

(A) 当价格 $P = 2$ 时, 商品为需求低弹性, 需要提价才能增加收益

(B) 当价格 $P = 3$ 时, 商品为需求低弹性, 需要降价才能增加收益

(C) 当价格 $P = 6$ 时, 商品为需求高弹性, 需要降价才能增加收益

(D) 当价格 $P = 2$ 时, 商品价格每提高 1%, 需求量降低约 0.4%

(E) 当价格 $P = 5$ 时, 商品价格每提高 1%, 总收益降低约 0.67%

三、计算题

1. 计算下列函数的导数:

(1) $y = \sqrt[3]{2x^2}$;

(2) $y = (2x)^n$;

(3) $y = \ln(\sin 2x)$;

(4) $y = \ln(\tan 3x)$;

(5) $y = \sec x^3$;

(6) $y = \dfrac{1 + \mathrm{e}^x}{1 - \mathrm{e}^x}$;

(7) $y = \dfrac{2x + x^2 - 1}{\sqrt{x}}$;

(8) $y = \sin(\cos 2x)$;

(9) $y = \dfrac{\cos 2x}{\sin x + \cos x}$;

(10) $y = \prod\limits_{n=0}^{m}(x - n)$;

(11) $y = \arctan x - \mathrm{arccot}\, x$;

(12) $y = \tan\left(x - \dfrac{\pi}{3}\right)^2$;

(13) $y = 3^x \arcsin 3^x$;

(14) $y = 2^x(\sin 2x - 2\cos x)$.

2. 判断下列分段函数在分段点处是否连续? 是否可导?

(1) $y = x|x|$, $x = 0$;

(2) $f(x) = \begin{cases} x\sin\dfrac{1}{x}, & x \neq 0, \\ 0, & x = 0, \end{cases}$ $x = 0$;

(3) $f(x) = \begin{cases} x^k\sin\dfrac{1}{x}, & x \neq 0, \\ 0, & x = 0 \end{cases}$ $(k \geqslant 2)$, $x = 0$;

(4) $f(x) = \begin{cases} x^2 + 2, & 0 \leqslant x < 1, \\ 2x + 1, & x \geqslant 1, \end{cases}$ $x = 1$;

(5) $f(x) = \begin{cases} \ln(2 + 2x), & -1 < x < 0, \\ \sqrt{2x} + \ln 2, & x \geqslant 0, \end{cases}$ $x = 0$;

(6) $f(x) = \begin{cases} 1, & x \leqslant 0, \\ 3x - 2, & 0 < x \leqslant 1, \\ x^2, & 1 < x \leqslant 2, \\ 4x - 4, & x > 2, \end{cases}$ $x = 0, x = 1$ 以及 $x = 2$.

3. 若函数 $f(x) = \begin{cases} \mathrm{e}^{2x} - 1, & x < 0, \\ 2x + a, & 0 \leqslant x < 1, \\ bx + c, & x \geqslant 1 \end{cases}$ 在点 $x = 0$ 和 $x = 1$ 处都可导, 求常数 a, b, c.

4. 设函数 $f(x) = \begin{cases} ax + b, & x \geqslant 0, \\ \mathrm{e}^x - 1, & x < 0 \end{cases}$ 在点 $x = 0$ 处可导, 求常数 a, b.

5. 计算由方程 $y^2 + 4xy + 2x^2 - 1 = 0$ 确定的隐函数 $y = y(x)$ 的一阶导数和二阶导数, 并求 $y'|_{x=0}$.

6. 求由摆线方程 $\begin{cases} x = a(t - \sin t), \\ y = a(t - \cos t) \end{cases}$ 确定的函数 $y = y(x)$ 的一阶导数和二阶导数, 并求在 $t = \dfrac{\pi}{2}$ 处的切线方程.

7. 求由参数方程 $\begin{cases} x = a\cos^3 t, \\ y = a\sin^3 t \end{cases}$ 确定的函数 $y = y(x)$ 的一阶导数和二阶导数.

8. 设 $f(x)$ 可导, 求下列函数的导数:

(1) $y = xf^2(x^2)$;　　　　　　　　(2) $y = f(\mathrm{e}^{-2x})\sin^2 x$;

(3) $y = (a + x^2)f^2(\operatorname{arccot} x)$;　　(4) $y = f(1 + \ln x^2)$.

9. 用取对数求导法计算下列函数的导数:

(1) $y = \prod\limits_{n=1}^{m}(kx^2 - n)$;　　　　(2) $y = \dfrac{2x^2(3-x)(3x-2)}{(4x-1)(2x+1)}$;

(3) $y = (2\sin x)^{\tan x^2}$;　　　　　(4) $y = (\sec x)^{(2x)^3}$;

(5) $y = x^5\sin^2 x\tan 2x(1+2x)^2$;　(6) $y = (\sin x\cos x)^{2\tan x}$.

10. 求下列函数的二阶导数与二阶微分:

(1) $y = \sin^2 2x$;

(2) $y = x\ln 2x$;

(3) $y = \sec x\tan x$;

(4) $y = a^{2\sin x}(a > 0, a \neq 1)$.

11. 计算下列函数的 n 阶导数:

(1) $y = \sin(ax)$;

(2) $y = (ax + b)^m$;

(3) $y = e^{ax+b}$;

(4) $y = \ln(ax + b)$.

12. 用微分近似公式求下列函数值的近似值:

(1) $\tan 134°$;

(2) $\sqrt[4]{15.95}$;

(3) $\cos 29°$;

(4) $\ln(1.055)$.

四、证明与应用

1. 设 $F(x) = f(-x)$, 且 $f(x)$ 有 n 阶导数, 证明: 当 n 是偶数时, $F^n(0) = f^{(n)}(0)$.

2. 设 $f(x)$ 在 **R** 上连续可导, 且 $F(x) = f(1 - x^2) + f(x^2 - 1)$, 证明: $F'(1) + F'(-1) = 0$.

3. 某农场种植的有机稻谷每麻袋质量为 150 kg, 该稻谷在市场上销量良好, 且其价格 P(元 / 麻袋) 与销量 Q 的关系为 $Q = 400 - \dfrac{1}{4}P$, 已知该稻谷的成本函数 $C(Q) = 1\,000 + 40Q$, 求: (1) 有机稻谷的边际成本、边际收益和边际利润; (2) 边际利润为零时的销量, 并作经济解释.

4. 为了提高人咳嗽时通过气管的气流速度, 身体会收缩气管, 从而更有效地咳嗽. 图申斯基建立了一个数学模型, 即在咳嗽期间通过气管的气流速度是 $V = C(R_0 - R)R^2$, 其中 $C > 0, R_0 > 0, C$ 是依赖于个体的常数, R_0 是咳嗽前人的气管半径, R 是咳嗽过程中的气管半径. 现在已经证明当 $\dfrac{\mathrm{d}V}{\mathrm{d}R} = 0$ 时, 咳嗽产生的气流速度最大, 求咳嗽气流速度最大时的气管半径 R^*, 并求 $\dfrac{\mathrm{d}^2 V}{\mathrm{d}R^2}\Big|_{R=R^*}$, 你能得出什么结论?

5. 求函数 $f(x) = 2\ln 3x$ 的弹性函数, 并求在点 $x = \dfrac{e}{3}$ 处的弹性.

6. 求函数 $f(x) = 4\sin x + 2\cos x$ 的弹性函数, 并求在点 $x = \dfrac{\pi}{2}$ 处的弹性.

7. 已知某商品的需求函数为 $Q = 216 - 2P^2$, P 为商品价格 (单位: 元), 求价格在什么范围内总收益是单调递增的? 什么范围内总收益是单调递减的?

8. 已知某商品的需求函数为 $Q = e^{-\frac{P}{3}}$, P 为商品价格, 求: (1) 需求价格弹性函数; (2) 当 $P = 2$ 时的需求价格弹性, 并判断此时若想增加总收益, 应该提价还是降价?

9. 已知某商品的需求函数为 $Q = \dfrac{200}{P + 1}$, P 为商品价格, 求: (1) 需求价格弹性函数; (2) 当 $P = 10, 20$ 时的需求价格弹性; (3) 当 $P = 10$ 时, 若价格提高 1%, 总收益增加还是减少? 总收益变化百分之几?

10. 如图, 海边的两个雷达站分别位于岸上 A, B 两地, 且雷达站 B 位于雷达站 A 东侧 6 km 的位置. 现在要追踪一艘已经驶出的船, 在某一个观测时间发现, 船距离雷达站 A 5 km, 且这个距离在以 28 km/h 的速度增加, 在相同的观测时间发现, 这艘船距离雷达站 B 也是 5 km, 但是这个距离在以 4 km/h 的速度增加, 请确定船的位置, 并计算船的行驶速度以及船的行驶方向.

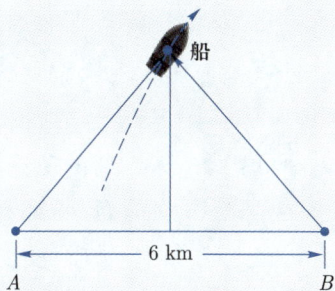

第 10 题图

第 3 章考研真题解析及训练

第 4 章　微分中值定理以及导数的应用

第4章
重难点讲解

微积分理论从最初产生到后期逐渐完善的过程中, 不断涌现出新的理论和方法, 极大丰富了微积分的内容, 使其越来越 "光彩夺目". 微积分像一座桥梁, 引领人们从初等数学迈向富于挑战的高等数学, 实现了从有限量到无限量、从离散性到连续性、从直观表象到深刻本质的跨越.

本章我们将学习微分理论的应用, 三大微分中值定理揭示了有限闭区间上光滑曲线所具有的特性; 洛必达法则为第 2 章不易求的极限问题提供了有效的方法; 泰勒公式表明用函数在某一点的各阶导数值可构建一个多项式来近似表示这个函数; 最后, 我们运用导数知识研究了函数的单调性、极值、最值以及曲线的凸性、渐近线, 并根据这些几何特性描绘一些简单的初等函数图形.

§4.1　微分中值定理

首先介绍罗尔定理, 然后由它推导出拉格朗日中值定理和柯西中值定理.

4.1.1　罗尔定理

定理 4.1.1　若函数 $f(x)$ 满足:

(1) 在闭区间 $[a,b]$ 上连续;

(2) 在开区间 (a,b) 内可导;

(3) 在区间端点处函数值相等, 即 $f(a) = f(b)$,

则至少存在一点 $\xi \in (a,b)$, 使得 $f'(\xi) = 0$.

证明　函数 $f(x)$ 在闭区间 $[a,b]$ 上连续, 由闭区间上连续函数的性质知 $f(x)$ 在 $[a,b]$ 上必有最大值 M 和最小值 m.

(1) 若 $M = m$, 则函数 $f(x)$ 在闭区间 $[a,b]$ 上为常数, 根据常数的导数为零可知在整个区间 (a,b) 内, 恒有 $f'(x) = 0$, 所以开区间 (a,b) 内每一点都可以作为 ξ, 定理成立.

(2) 若 $M \neq m$, 则必有 $M > m$. 因为 $f(a) = f(b)$, 故最大值 M 和最小值 m 中至少一个不在区间端点处取得. 不妨假设最大值 $M \neq f(a) = f(b)$ ($m \neq f(a) = f(b)$ 同理可证), 则最大值 M 在区间 (a,b) 内取得, 即存在 $\xi \in (a,b)$, 使得 $f(\xi) = M$. 下面证明 $f'(\xi) = 0$.

在 ξ 点给一增量 Δx $(\Delta x \neq 0)$, 满足 $\xi + \Delta x \in (a,b)$. 因为 $f(\xi) = M$ 为最大值, 对任意的 $x \in [a,b]$, 有 $f(x) \leqslant f(\xi) = M$, 故 $f(\xi + \Delta x) \leqslant f(\xi) = M$.

当 $\Delta x > 0$ 时, 有

$$\frac{f(\xi + \Delta x) - f(\xi)}{\Delta x} \leqslant 0,$$

根据极限的性质有

$$f'_+(\xi) = \lim_{\Delta x \to 0^+} \frac{f(\xi + \Delta x) - f(\xi)}{\Delta x} \leqslant 0.$$

当 $\Delta x < 0$ 时, 有

$$\frac{f(\xi + \Delta x) - f(\xi)}{\Delta x} \geqslant 0,$$

根据极限的性质有

$$f'_-(\xi) = \lim_{\Delta x \to 0^-} \frac{f(\xi + \Delta x) - f(\xi)}{\Delta x} \geqslant 0.$$

又因函数 $f(x)$ 在 (a,b) 内可导, 所以 $f(x)$ 在点 ξ 处导数存在, 且 $f'(\xi) = f'_+(\xi) = f'_-(\xi)$, 故
$$f'(\xi) = 0.$$

罗尔定理的几何意义　闭区间 $[a,b]$ 上两端点等高的连续可导曲线 $y = f(x)$, 在开区间 (a,b) 内至少存在一点 $\xi \in (a,b)$, 使得函数 $f(x)$ 在点 $(\xi, f(\xi))$ 处的切线平行于 x 轴 (如图 4.1.1).

事实上, 由于函数 $f(x)$ 在端点处函数值相等, 故端点连线平行于 x 轴, 所以 $f(x)$ 在点 $(\xi, f(\xi))$ 处的切线也是平行于端点连线的.

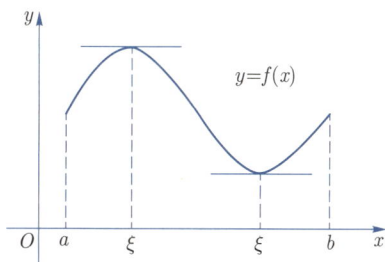

图 4.1.1

【注意】　1. 罗尔定理的结论仅说明函数在开区间 (a,b) 内至少有一个导数为零的点, 但是没有说明这个点在 (a,b) 内的具体位置.

2. 罗尔定理的三个条件是定理成立的充分条件, 缺一不可, 任何一个不满足, 结论都可能不成立. 如图 4.1.2—图 4.1.4.

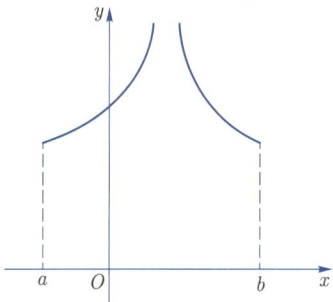

图 4.1.2

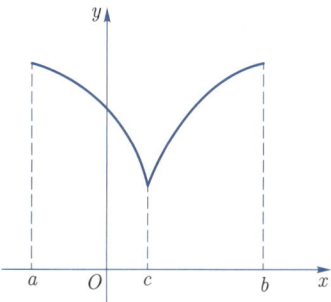

图 4.1.3

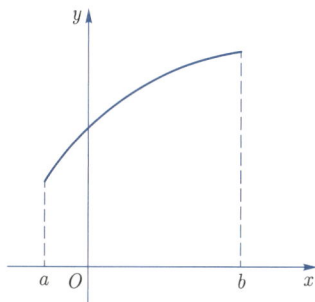

图 4.1.4

图 4.1.2 中函数在区间 $[a,b]$ 上不连续, 图 4.1.3 中函数在区间 (a,b) 内 $x=c$ 处不可导, 图 4.1.4 中函数在区间端点处的值不相等, 此时罗尔定理的结论都不成立.

3. 定理条件是充分而非必要的, 即当定理结论成立时, 三个条件不一定都成立. 事实上, 如图 4.1.5, 函数 $f(x)$ 在区间 $[a,b]$ 上存在导数为零的点 (即定理结论成立), 但是 $f(x)$ 在左端点 $x=a$ 处不连续, 在区间 (a,b) 内存在不可导点, 在区间端点的函数值也不相等, 即定理中的三个条件都不满足.

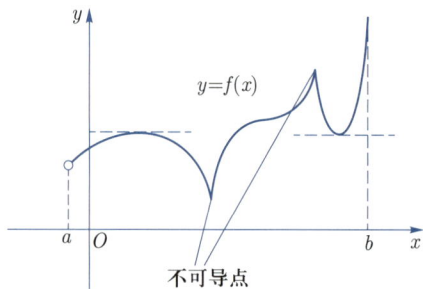

图 4.1.5

罗尔定理的应用　由于罗尔定理的结论是函数 $f(x)$ 在开区间 (a,b) 内至少存在一点 ξ, 使得 $f'(\xi)=0$, 故经常用来研究导函数方程根的问题, 或者导函数的零点存在性问题.

例 4.1.1　证明方程 $2x\cos x - x^2\sin x = 0$ 在区间 $\left(0,\dfrac{\pi}{2}\right)$ 内必有实根.

【分析】　因为 $2x\cos x - x^2\sin x$ 是 $x^2\cos x$ 的导函数, 故可设 $f(x)=x^2\cos x$, 接下来只需验证 $f(x)$ 在区间 $\left[0,\dfrac{\pi}{2}\right]$ 上满足罗尔定理的条件即可.

证明　设 $f(x)=x^2\cos x$. 由于 $f(x)$ 在 $\mathbf{R}$ 上连续可导, 故 $f(x)=x^2\cos x$ 在 $\left[0,\dfrac{\pi}{2}\right]$ 上连续, 在 $\left(0,\dfrac{\pi}{2}\right)$ 内可导, 且

$$f(0)=f\left(\dfrac{\pi}{2}\right)=0.$$

因此 $f(x)$ 在 $\left[0,\dfrac{\pi}{2}\right]$ 上满足罗尔定理的条件, 由罗尔定理知存在 $\xi\in\left(0,\dfrac{\pi}{2}\right)$, 使得

$$f'(\xi)=2\xi\cos\xi - \xi^2\sin\xi = 0,$$

即 ξ 是满足方程 $2x\cos x - x^2\sin x = 0$ 的根, 结论成立.

【思考】　本题是否可以用零点存在性定理证明, 即设 $f(x)=2x\cos x - x^2\sin x$, 然后证明函数 $f(x)$ 在 $\left[0,\dfrac{\pi}{2}\right]$ 上满足零点存在性定理的条件, 为什么?

例 4.1.2　证明函数 $f(x)=(x-2)(x-4)(x-6)(x-8)$ 的导函数必有零点, 并说明零点个数及其所在的区间.

证明　因为函数 $f(x)=(x-2)(x-4)(x-6)(x-8)$ 在 $\mathbf{R}$ 上连续可导, 故在闭区间 $[2,4]$, $[4,6]$, $[6,8]$ 上都连续, 在开区间 $(2,4)$, $(4,6)$, $(6,8)$ 内都可导. 又因为

$$f(2)=f(4)=f(6)=f(8)=0,$$

所以函数 $f(x)$ 在三个闭区间 $[2,4]$, $[4,6]$, $[6,8]$ 上都满足罗尔定理的条件, 故由罗尔定理知至少存在 $\xi_1\in(2,4), \xi_2\in(4,6), \xi_3\in(6,8)$, 使得

$$f'(\xi_1) = 0, \quad f'(\xi_2) = 0, \quad f'(\xi_3) = 0.$$

因此导函数至少有三个零点. 又因为 $f(x)$ 是四次函数, 故 $f'(x) = 0$ 是三次方程, 最多有三个实根, 因此 $f'(x)$ 有且仅有三个零点, 分别在区间 $(2, 4)$, $(4, 6)$ 和 $(6, 8)$ 内.

4.1.2 拉格朗日中值定理

定理 4.1.2 若函数 $f(x)$ 满足:

(1) 在闭区间 $[a, b]$ 上连续;

(2) 在开区间 (a, b) 内可导,

则至少存在一点 $\xi \in (a, b)$, 使得

$$f'(\xi) = \frac{f(b) - f(a)}{b - a},$$

或者

$$f(b) - f(a) = f'(\xi)(b - a). \tag{4.1.1}$$

【分析】 该定理的条件比罗尔定理少了第三个条件, 意味着可以构造一个函数让其满足罗尔定理的条件, 便可借助罗尔定理对拉格朗日中值定理进行证明.

要证明 $f'(\xi) = \dfrac{f(b) - f(a)}{b - a}$, 只需证明 $f'(\xi) - \dfrac{f(b) - f(a)}{b - a} = 0$, 等号左侧显然是函数 $f(x) - \dfrac{f(b) - f(a)}{b - a}x$ 在点 ξ 处的导数, 为此设 $F(x) = f(x) - \dfrac{f(b) - f(a)}{b - a}x$, 借助罗尔定理, 证明存在 $\xi \in (a, b)$, 使得 $F'(\xi) = 0$ 即可.

证明 设 $F(x) = f(x) - \dfrac{f(b) - f(a)}{b - a}x$, 因为 $f(x)$ 在闭区间 $[a, b]$ 上连续, 在开区间 (a, b) 内可导, 故函数 $F(x)$ 也在闭区间 $[a, b]$ 上连续, 在开区间 (a, b) 内可导, 且

$$F(a) = f(a) - \frac{f(b) - f(a)}{b - a}a = \frac{bf(a) - af(b)}{b - a},$$

$$F(b) = f(b) - \frac{f(b) - f(a)}{b - a}b = \frac{bf(a) - af(b)}{b - a},$$

所以 $F(a) = F(b)$. 由上面的讨论可知函数 $F(x) = f(x) - \dfrac{f(b) - f(a)}{b - a}x$ 在闭区间 $[a, b]$ 上满足罗尔定理的条件, 故至少存在一点 $\xi \in (a, b)$, 使得 $F'(\xi) = 0$, 即

$$F'(\xi) = f'(\xi) - \frac{f(b) - f(a)}{b - a} = 0,$$

亦即
$$f'(\xi) = \frac{f(b) - f(a)}{b - a} \text{ 或者 } f(b) - f(a) = f'(\xi)(b - a).$$

【注意】 1. 定理证明中所设的函数 $F(x)$ 被称为**辅助函数**. 拉格朗日中值定理的辅助函数设法不唯一, 例如还可以设 $F(x) = [f(b) - f(a)]x - f(x)(b - a)$, 或者 $F(x) = f(x) - f(a) - \dfrac{f(b) - f(a)}{b - a}(x - a)$.

2. 与罗尔定理相似, 拉格朗日中值定理的两个条件也是缺一不可的, 都是充分而非必要的条件.

3. 式 (4.1.1) 对于 $b < a$ 的情形也成立, 式 (4.1.1) 称为**拉格朗日中值公式**.

4. 设 x 为区间 $[a, b]$ 上任意一点, $x + \Delta x \in [a, b](\Delta x > 0 \text{ 或 } \Delta x < 0)$, 则在区间 $[x, x + \Delta x]$ 或者 $[x + \Delta x, x]$ 上, 拉格朗日中值公式写为

$$f(x + \Delta x) - f(x) = f'(x + \theta \Delta x)\Delta x \ (0 < \theta < 1),$$

其中当 $0 < \theta < 1$ 时, $x < x + \theta \Delta x < x + \Delta x$ 或者 $x + \Delta x < x + \theta \Delta x < x$.

若记 $y = f(x)$, 则上式变为

$$\Delta y = f(x + \Delta x) - f(x) = f'(x + \theta \Delta x)\Delta x \ (0 < \theta < 1). \tag{4.1.2}$$

我们知道函数的微分 $\mathrm{d}y = f'(x)\Delta x$ 是函数增量 Δy 的近似表达式, 即

$$\Delta y \approx \mathrm{d}y = f'(x)\Delta x.$$

而式 (4.1.2) 给出了函数增量的精确表达式, 称为**有限增量公式**.

如图 4.1.6, $\dfrac{f(b) - f(a)}{b - a}$ 显然是曲线 $y = f(x)$ 上端点 A, B 连线的斜率, 而 $f'(\xi)$ 是曲线上点 $(\xi, f(\xi))$ 处切线的斜率, 拉格朗日中值定理的结论表明区间 (a, b) 内至少有一点处的切线平行于端点连线.

拉格朗日中值定理的几何意义 闭区间 $[a, b]$ 上的连续可导曲线在 (a, b) 内部至少有一点 ξ 处的切线平行于区间端点的连线 (如图 4.1.6).

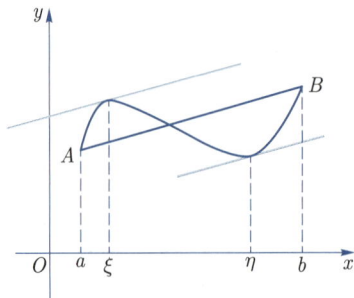

图 4.1.6

拉格朗日中值定理常用来证明一些等式.

例 4.1.3 设函数 $f(x)$ 在闭区间 $[0,1]$ 上连续, 在开区间 $(0,1)$ 内可导, 且 $f(1) = 1$, 证明存在 $\xi \in (0,1)$, 使得

$$2\xi f(\xi) + \xi^2 f'(\xi) = 1.$$

【分析】 显然, 等式左侧是函数 $x^2 f(x)$ 在点 ξ 处的导数, 如果令 $F(x) = x^2 f(x)$, 只需证明 $F(x)$ 在 $[0,1]$ 上满足拉格朗日中值定理条件即可.

证明 设 $F(x) = x^2 f(x)$, 由 $f(x)$ 在闭区间 $[0,1]$ 上连续, 在开区间 $(0,1)$ 内可导, 知 $F(x)$ 也在闭区间 $[0,1]$ 上连续, 在开区间 $(0,1)$ 内可导, 因此 $F(x)$ 在 $[0,1]$ 上满足拉格朗日中值定理的条件, 故存在 $\xi \in (0,1)$, 使得

$$F(1) - F(0) = F'(\xi)(1-0),$$

因为 $F(1) = f(1) = 1, \quad F(0) = 0, \quad F'(\xi) = 2\xi f(\xi) + \xi^2 f'(\xi)$, 所以

$$1 = 2\xi f(\xi) + \xi^2 f'(\xi).$$

根据拉格朗日中值定理, 我们可以得到以下推论:

推论 4.1.1 如果函数 $f(x)$ 在开区间 (a,b) 内可导, 且对任意的 $x \in (a,b)$, 有 $f'(x) = 0$, 则 $f(x) = C (C$ 为常数$)$.

证明 任取 $x_1, x_2 \in (a,b)$, 不妨设 $x_1 < x_2$, 因为函数 $f(x)$ 在开区间 (a,b) 内可导, 所以 $f(x)$ 在闭区间 $[x_1, x_2]$ 上连续, 在开区间 (x_1, x_2) 内可导, 满足拉格朗日中值定理的条件, 故至少存在一点 $\xi \in (x_1, x_2)$, 使得

$$f'(\xi) = \frac{f(x_2) - f(x_1)}{x_2 - x_1}.$$

因为对任意的 $x \in (a,b), f'(x) = 0$, 所以 $f'(\xi) = 0$, 从而 $f(x_2) = f(x_1)$, 由 x_1, x_2 的任意性知函数 $f(x)$ 在区间 (a,b) 内任意点的取值都相同, 因此函数 $f(x)$ 在区间 (a,b) 内是一个常数.

前面学过若函数 $f(x)$ 在开区间 (a,b) 内是常数 C, 则 $f'(x) = 0$. 现在由推论 4.1.1 知命题反过来也是正确的. 推论 4.1.1 经常用来证明一些恒等式.

例 4.1.4 证明 $\arcsin x + \arccos x = \dfrac{\pi}{2}, x \in [-1,1]$.

证明 因为对任意的 $x \in (-1,1)$, 恒有

$$(\arcsin x + \arccos x)' = \frac{1}{\sqrt{1-x^2}} + \left(-\frac{1}{\sqrt{1-x^2}}\right) = 0.$$

由推论 4.1.1 知 $\arcsin x + \arccos x$ 在区间 $(-1,1)$ 内恒为常数, 设为 C, 即

$$\arcsin x + \arccos x = C.$$

既然函数 $\arcsin x + \arccos x$ 在区间 $(-1,1)$ 内恒为常数, 那么在区间 $(-1,1)$ 内任何点的取值都相等. 令 $x = 0$, 则 $\arcsin 0 + \arccos 0 = \dfrac{\pi}{2}$,

因此　　　　　　　　　　$\arcsin x + \arccos x = \dfrac{\pi}{2}, \quad x \in (-1,1).$

当 $x = -1$ 时,　　　　　$\arcsin(-1) + \arccos(-1) = -\dfrac{\pi}{2} + \pi = \dfrac{\pi}{2},$

当 $x = 1$ 时,　　　　　　$\arcsin 1 + \arccos 1 = \dfrac{\pi}{2} + 0 = \dfrac{\pi}{2}.$

综上可知　　　　　　　$\arcsin x + \arccos x = \dfrac{\pi}{2}, \quad x \in [-1,1].$

推论 4.1.2　如果函数 $f(x), g(x)$ 在开区间 (a,b) 内都可导, 且对任意的 $x \in (a,b)$, 有 $f'(x) = g'(x)$, 则 $f(x) = g(x) + C, x \in (a,b)$ (C 为常数).

证明　令函数 $F(x) = f(x) - g(x)$, 由已知对任意的 $x \in (a,b)$, 有 $f'(x) = g'(x)$, 所以对任意的 $x \in (a,b)$, 有 $F'(x) = f'(x) - g'(x) = 0$, 由推论 4.1.1 知函数 $F(x)$ 在区间 (a,b) 内为常数, 设为 C, 即 $F(x) = f(x) - g(x) = C$, 所以 $f(x) = g(x) + C, x \in (a,b)$.

推论 4.1.2 说明导函数相同的两个函数之间至多相差一个常数.

推论 4.1.3　若 $f(x)$ 在闭区间 $[a,b]$ 上满足拉格朗日中值定理条件, 且存在 $M > 0$, 对任意的 $x \in (a,b)$, 有 $|f'(x)| \leqslant M$, 则 $|f(b) - f(a)| \leqslant M |b - a|, x \in (a,b)$.

证明　因为 $f(x)$ 在闭区间 $[a,b]$ 上满足拉格朗日中值定理条件, 所以至少存在一点 $\xi \in (a,b)$, 使得

$$f(b) - f(a) = f'(\xi)(b - a).$$

又因为对任意的 $x \in (a,b)$, 有 $|f'(x)| \leqslant M$, 故 $|f'(\xi)| \leqslant M$, 因此

$$|f(b) - f(a)| = |f'(\xi)(b - a)| = |f'(\xi)| \, |b - a| \leqslant M \, |b - a|.$$

推论 4.1.3 经常用来证明一些不等式.

例 4.1.5　证明对于任意的 $x > 0$, 有 $\dfrac{1}{2(x+1)} < \ln \sqrt{\dfrac{x+1}{x}} < \dfrac{1}{2x}$.

【分析】　本题要证明的不等式看起来比较复杂, 在证明之前可先对不等式进行变形, 因为

$$\ln \sqrt{\frac{x+1}{x}} = \frac{1}{2} \ln \left(\frac{x+1}{x} \right) = \frac{1}{2}[\ln(x+1) - \ln x],$$

所以不等式可改写为

$$\frac{1}{2(x+1)} < \frac{1}{2}[\ln(x+1) - \ln x] < \frac{1}{2x},$$

即只需证明

$$\frac{1}{x+1} < \ln(x+1) - \ln x < \frac{1}{x}.$$

故设函数 $f(x) = \ln x, x > 0$, 讨论区间 $[x, x+1]$, 接下来只需利用推论 4.1.3 即可得到所要证明的不等式.

证明 设函数 $f(x) = \ln x, x > 0$. 显然 $f(x)$ 在区间 $[x, x+1]$ 上满足拉格朗日中值定理的条件, 故存在 $\xi \in (x, x+1)$, 使得

$$f(x+1) - f(x) = f'(\xi)(x+1-x) = f'(\xi) = \frac{1}{\xi},$$

即

$$\ln(x+1) - \ln x = \frac{1}{\xi}.$$

因为 $0 < x < \xi < x+1$, 所以 $\frac{1}{x+1} < \frac{1}{\xi} < \frac{1}{x}$.

因此

$$\frac{1}{x+1} < \ln(x+1) - \ln x < \frac{1}{x},$$

在上式各部分乘 $\frac{1}{2}$ 有

$$\frac{1}{2(x+1)} < \frac{1}{2}[\ln(x+1) - \ln x] < \frac{1}{2x},$$

从而得到

$$\frac{1}{2(x+1)} < \ln\sqrt{\frac{x+1}{x}} < \frac{1}{2x}.$$

将拉格朗日中值定理由一个函数推广到两个函数的情形, 便得到下面的柯西中值定理.

4.1.3 柯西中值定理

定理 4.1.3 如果函数 $f(x), g(x)$ 满足:

(1) 在闭区间 $[a, b]$ 上连续;

(2) 在开区间 (a, b) 内可导, 且在 (a, b) 内任何一点处 $g'(x) \neq 0$,

那么至少存在一点 $\xi \in (a, b)$, 使得

$$\frac{f'(\xi)}{g'(\xi)} = \frac{f(b) - f(a)}{g(b) - g(a)}.$$

【分析】 显然 $g(b) \neq g(a)$, 否则对函数 $g(x)$ 在区间 $[a, b]$ 上应用罗尔定理, 必存在 $\xi \in (a, b)$ 使得 $g'(\xi) = 0$, 与已知矛盾.

将要证明的等式交叉相乘并移项, 可得

$$f'(\xi)[g(b) - g(a)] - g'(\xi)[f(b) - f(a)] = 0.$$

这就要证明函数 $f(x)[g(b) - g(a)] - g(x)[f(b) - f(a)]$ 在点 ξ 处的导数为零, 故设

$$F(x) = f(x)[g(b) - g(a)] - g(x)[f(b) - f(a)],$$

借助罗尔定理证明即可.

证明 设函数 $F(x) = f(x)[g(b) - g(a)] - g(x)[f(b) - f(a)]$, 由于 $f(x), g(x)$ 在闭区间 $[a,b]$ 上连续, 在开区间 (a,b) 内可导, 故函数 $F(x)$ 也在闭区间 $[a,b]$ 上连续, 在开区间 (a,b) 内可导. 又因为

$$F(a) = f(a)[g(b) - g(a)] - g(a)[f(b) - f(a)] = f(a)g(b) - g(a)f(b),$$

$$F(b) = f(b)[g(b) - g(a)] - g(b)[f(b) - f(a)] = f(a)g(b) - g(a)f(b),$$

所以 $F(a) = F(b)$. 故 $F(x)$ 在区间 $[a,b]$ 上满足罗尔定理的条件, 从而存在 $\xi \in (a,b)$, 使得 $F'(\xi) = 0$. 即

$$f'(\xi)[g(b) - g(a)] - g'(\xi)[f(b) - f(a)] = 0,$$

整理得

$$\frac{f'(\xi)}{g'(\xi)} = \frac{f(b) - f(a)}{g(b) - g(a)}, \quad \xi \in (a,b).$$

【思考】 定理 4.1.3 是否可以对函数 $f(x)$ 和 $g(x)$ 分别应用拉格朗日中值定理证明? 为什么?

例 4.1.6 设 $f(x)$ 在闭区间 $[a,b]$ 上连续, 在开区间 (a,b) 内可导, 且 $b > a > 0$, 证明必存在 $\xi \in (a,b)$, 使得 $f(b) - f(a) = \xi f'(\xi) \ln \dfrac{b}{a}$.

【分析】 先将等式变形.

由

$$f(b) - f(a) = \xi f'(\xi) \ln \frac{b}{a},$$

得到

$$f(b) - f(a) = \xi f'(\xi)(\ln b - \ln a),$$

变形得到

$$\frac{f(b) - f(a)}{\ln b - \ln a} = \xi f'(\xi),$$

继续变形为柯西中值定理结论的形式

$$\frac{f(b) - f(a)}{\ln b - \ln a} = \frac{f'(\xi)}{\frac{1}{\xi}}.$$

显然这是对函数 $f(x)$ 和 $\ln x$ 应用柯西中值定理的结果.

证明 设 $g(x) = \ln x, x \in (0, +\infty)$. 因为当 $b > a > 0$ 时 $f(x)$ 在闭区间 $[a, b]$ 上连续, 在开区间 (a, b) 内可导, 而函数 $g(x) = \ln x$ 在 $(0, +\infty)$ 上连续可导, 故在闭区间 $[a, b]$ 上连续, 在开区间 (a, b) 内可导, 且 $g'(x) = \dfrac{1}{x} \neq 0 \ (x > 0)$. 因此对 $f(x)$ 和 $g(x)$ 在区间 $[a, b]$ 上应用柯西中值定理, 必存在 $\xi \in (a, b)$, 使得

$$\frac{f(b) - f(a)}{g(b) - g(a)} = \frac{f'(\xi)}{g'(\xi)},$$

所以

$$\frac{f(b) - f(a)}{\ln b - \ln a} = \frac{f'(\xi)}{\dfrac{1}{\xi}},$$

整理得
$$f(b) - f(a) = \xi f'(\xi) \ln \frac{b}{a}.$$

三个微分中值定理的关系 显然, 拉格朗日中值定理是柯西中值定理中 $g(x) = x$ 的情形, 罗尔定理是拉格朗日中值定理中 $f(b) = f(a)$ 的情形. 由此可见, 拉格朗日中值定理是罗尔定理的推广, 柯西中值定理是拉格朗日中值定理的推广.

练习 4.1

1. 判断下列函数在给定区间上是否满足罗尔定理的条件. 若满足, 求满足条件的 ξ.

(1) $f(x) = x^2 - 3x + 2, x \in [1, 2]$;   (2) $f(x) = \sqrt{(x-1)(x-3)}, x \in [1, 3]$;

(3) $f(x) = \ln(1 + x^2), x \in [-1, 1]$;   (4) $f(x) = \sin 2x, x \in \left[0, \dfrac{\pi}{2}\right]$.

2. 证明方程 $\sin x + x \cos x = 0$ 在 $(0, \pi)$ 内必有实根.

3. 设函数 $f(x) = (x^2 - 3x + 2)(x^2 - 7x + 12)$, 证明: $f'(x) = 0$ 有且仅有三个实根, 并指出三个实根所在的范围.

4. 证明方程 $x^3 + x - 1 = 0$ 在开区间 $(0, 1)$ 内至多有一个实根.

5. 设 $f(x)$ 在 $[0, 1]$ 上连续, 在 $(0, 1)$ 内可导, 且 $f(0) = f(1) = 0, f\left(\dfrac{1}{2}\right) = 1$. 证明: 至少存在一点 $\xi \in (0, 1)$, 使得 $f'(\xi) = 1$.

6. 下列函数在给定区间上是否满足拉格朗日中值定理的条件? 若满足, 请求出满足条件的 ξ.

(1) $f(x) = x^2 - 3x + 2, x \in [0, 1]$;   (2) $f(x) = \mathrm{e}^x - 1, x \in [0, 1]$;

(3) $f(x) = \ln(1 + x), x \in [0, 1]$;   (4) $f(x) = \dfrac{1}{\sin 2x}, x \in \left(0, \dfrac{\pi}{4}\right)$.

7. 设函数 $f(x)$ 在闭区间 $[0, a]$ 上连续, 在开区间 $(0, a)$ 内可导, 且 $f(0) = 0, f(a) = 1$. 证明: 必存在 $0 < \xi < a$, 使得 $\mathrm{e}^a = a\mathrm{e}^\xi [f(\xi) + f'(\xi)]$.

8. 设函数 $f(x)$ 在 $[0, 1]$ 上连续, 在 $(0, 1)$ 内可导, 且 $f(1) = 1$. 证明: 存在 $\xi \in (0, 1)$, 使得

$$\pi(1 + \xi^2) = 4[(1 + \xi^2)f'(\xi) \arctan \xi + f(\xi)].$$

9. 设 $b > a > 0, n > 1$. 证明: $nba^{n-1} - na^n < b^n - a^n < nb^n - anb^{n-1}$.

10. 证明: 对于任意的 $x > 0$, 不等式 $\ln(1 + x) < x$ 成立.

11. 设函数 $f(x)$ 在闭区间 $[a, b]$ 上连续, 在开区间 (a, b) 内可导. 证明: 必存在 $\xi \in (a, b)$, 使得 $\dfrac{f(b) - f(a)}{\mathrm{e}^b - \mathrm{e}^a}\mathrm{e}^{2\xi} = \dfrac{1}{2}(\mathrm{e}^b + \mathrm{e}^a)f'(\xi)$.

12. 证明: 对于任意的 $b > a > 0$, 有 $\dfrac{b\mathrm{e}^a - a\mathrm{e}^b}{b - a} = (1 - \xi)\mathrm{e}^{\xi}, \xi \in (a, b)$ 成立.

§4.2　洛必达法则

在第 2 章我们学习了函数的极限理论, 并介绍了常见极限问题的求解方法. 但是对于一些特殊的极限问题还没有解决办法. 例如对于分子分母都趋于零, 但是不能约去零因子的分式极限问题 $\left(\text{如} \lim\limits_{x \to 0^-} \dfrac{\mathrm{e}^{\frac{1}{x}}}{x}, \lim\limits_{x \to +\infty} \dfrac{\arctan x - \dfrac{\pi}{2}}{\dfrac{1}{x}}\right)$, 以及分子分母都趋于无穷大的分式极限问题 $\left(\text{如} \lim\limits_{x \to +\infty} \dfrac{x}{\mathrm{e}^x}, \lim\limits_{x \to +\infty} \dfrac{x^n}{\ln x}\right)$, 这两种极限问题的极限结果可能存在, 也可能不存在, 被称为未定式问题.

如果当 $x \to x_0$ (或者 $x \to \infty$) 时, 两个函数 $f(x)$ 与 $g(x)$ 都趋于零或者都趋于无穷, 那么 $\lim\limits_{\substack{x \to x_0 \\ (x \to \infty)}} \dfrac{f(x)}{g(x)}$ 可能存在, 也可能不存在, 通常把这种极限问题称为**未定式**或**不定式**, 并将 $f(x)$ 与 $g(x)$ 都趋于零的极限问题称为 "$\dfrac{0}{0}$" 型未定式; $f(x)$ 与 $g(x)$ 都趋于无穷的极限问题称为 "$\dfrac{\infty}{\infty}$" 型未定式. 例如, 极限 $\lim\limits_{x \to 0} \dfrac{\sin 2x}{\sin 3x}$ 是 "$\dfrac{0}{0}$" 型未定式; 极限 $\lim\limits_{x \to +\infty} \dfrac{\mathrm{e}^x}{x}$ 是 "$\dfrac{\infty}{\infty}$" 型未定式.

对于 "$\dfrac{0}{0}$" 型未定式问题, 洛必达及其老师给出了求极限的方法. 后来欧拉等数学家又将其推广到 "$\dfrac{\infty}{\infty}$" 型以及 "$\infty - \infty$" 型未定式. 欧拉的研究引起了其他数学家的关注, 人们纷纷开始关注各种类型的未定式问题, 并给出了 "$0 \cdot \infty$" 型, "0^0" 型, "1^∞" 型和 "∞^0" 等类型的未定式求极限方法. 在本节中, 我们将这些未定式的求极限方法统称为**洛必达法则**.

4.2.1 "$\dfrac{0}{0}$" 型和 "$\dfrac{\infty}{\infty}$" 型未定式

1. "$\dfrac{0}{0}$" 型未定式的洛必达法则

(1) 当 $x \to x_0$ 时的 "$\dfrac{0}{0}$" 型未定式

定理 4.2.1 设函数 $f(x), g(x)$ 满足:

(i) $\lim\limits_{x \to x_0} f(x) = 0$, $\lim\limits_{x \to x_0} g(x) = 0$;

(ii) $f(x), g(x)$ 在 x_0 的某个去心邻域 $\mathring{U}(x_0, \delta)$ 内可导, 且 $g'(x) \neq 0$;

(iii) $\lim\limits_{x \to x_0} \dfrac{f'(x)}{g'(x)} = A$(或者 ∞),

则必有 $\lim\limits_{x \to x_0} \dfrac{f(x)}{g(x)} = \lim\limits_{x \to x_0} \dfrac{f'(x)}{g'(x)} = A$(或者 ∞).

证明 因为 $f(x), g(x)$ 在 x_0 的去心邻域 $\mathring{U}(x_0, \delta)$ 内可导, 则在该去心邻域内连续. 在点 $x = x_0$ 处, 若 $f(x), g(x)$ 连续, 根据连续的定义及 (i) 知

$$f(x_0) = \lim_{x \to x_0} f(x) = 0, \quad g(x_0) = \lim_{x \to x_0} g(x) = 0.$$

若 $f(x), g(x)$ 在点 x_0 处不连续, 由于 $f(x), g(x)$ 在点 x_0 处的极限都存在且为零, 所以 x_0 是可去间断点. 为此可以补充定义 $f(x_0) = g(x_0) = 0$, 使得 $f(x), g(x)$ 在点 x_0 连续, 从而在 x_0 的邻域 $U(x_0, \delta)$ 内连续.

任取 $x \in \mathring{U}(x_0, \delta)$, 则在区间 $[x_0, x]$ 或者 $[x, x_0]$ 上, $f(x), g(x)$ 满足柯西中值定理, 因此有

$$\frac{f(x)}{g(x)} = \frac{f(x) - f(x_0)}{g(x) - g(x_0)} = \frac{f'(\xi)}{g'(\xi)} \quad (\xi \in (x_0, x) \text{ 或 } \xi \in (x, x_0)).$$

显然当 $x \to x_0$ 时, $\xi \to x_0$, 于是上面两端取极限有

$$\lim_{x \to x_0} \frac{f(x)}{g(x)} = \lim_{\xi \to x_0} \frac{f'(\xi)}{g'(\xi)} = \lim_{x \to x_0} \frac{f'(x)}{g'(x)} = A \quad (\text{ 或者 } \infty).$$

洛必达法则说明, 当 $\lim\limits_{x \to x_0} \dfrac{f'(x)}{g'(x)}$ 存在时, $\lim\limits_{x \to x_0} \dfrac{f(x)}{g(x)}$ 也存在且等于 $\lim\limits_{x \to x_0} \dfrac{f'(x)}{g'(x)}$; 当 $\lim\limits_{x \to x_0} \dfrac{f'(x)}{g'(x)}$ 是无穷大时, $\lim\limits_{x \to x_0} \dfrac{f(x)}{g(x)}$ 也是无穷大. 因此, 洛必达法则可以将两函数之比的极限问题转化为两函数的导函数之比的极限问题.

推论 4.2.1 若函数 $f(x), g(x)$ 的导函数 $f'(x), g'(x)$ 仍满足定理 4.2.1 的条件, 则可以继续应用洛必达法则, 即

$$\lim_{x \to x_0} \frac{f(x)}{g(x)} = \lim_{x \to x_0} \frac{f'(x)}{g'(x)} = \lim_{x \to x_0} \frac{f''(x)}{g''(x)}.$$

例 4.2.1　求 $\lim\limits_{x \to 0} \dfrac{\sin 2x}{\sin 3x}$.

解　$\lim\limits_{x \to 0} \sin 2x = 0, \lim\limits_{x \to 0} \sin 3x = 0$, 且在点 $x = 0$ 的去心邻域内有 $(\sin 3x)' = 3\cos 3x \neq 0$, 因为

$$\lim_{x \to 0} \frac{(\sin 2x)'}{(\sin 3x)'} = \lim_{x \to 0} \frac{2\cos 2x}{3\cos 3x} = \frac{2}{3},$$

所以由洛必达法则知

$$\lim_{x \to 0} \frac{\sin 2x}{\sin 3x} = \lim_{x \to 0} \frac{(\sin 2x)'}{(\sin 3x)'} = \frac{2}{3}.$$

例 4.2.2　求 $\lim\limits_{x \to 0} \dfrac{x - \sin x}{x^3 + x}$.

解　由于 $\lim\limits_{x \to 0} (x - \sin x) = 0, \lim\limits_{x \to 0} (x^3 + x) = 0$, 且 $(x^3 + x)' = 3x^2 + 1 \neq 0$, 由洛必达法则有

$$\lim_{x \to 0} \frac{x - \sin x}{x^3 + x} = \lim_{x \to 0} \frac{1 - \cos x}{3x^2 + 1} = 0.$$

例 4.2.3　求 $\lim\limits_{x \to 2} \dfrac{x^3 - 12x + 16}{x^3 - 2x^2 - 4x + 8}$.

解　由于 $\lim\limits_{x \to 2} (x^3 - 12x + 16) = 0, \lim\limits_{x \to 2} (x^3 - 2x^2 - 4x + 8) = 0$, 且在 $x = 2$ 的去心邻域内 $(x^3 - 2x^2 - 4x + 8)' = 3x^2 - 4x - 4 \neq 0$, 由洛必达法则有

$$\lim_{x \to 2} \frac{x^3 - 12x + 16}{x^3 - 2x^2 - 4x + 8} = \lim_{x \to 2} \frac{3x^2 - 12}{3x^2 - 4x - 4} = \lim_{x \to 2} \frac{6x}{6x - 4} = \frac{3}{2}.$$

【注意】　例 4.2.3 两次应用洛必达法则, 应用到不再是未定式时便不能继续应用洛必达法则了.

(2) 当 $x \to \infty$ 时的 "$\dfrac{0}{0}$" 型未定式

定理 4.2.2　设函数 $f(x), g(x)$ 满足:

(i) $\lim\limits_{x \to \infty} f(x) = 0, \lim\limits_{x \to \infty} g(x) = 0$;

(ii) 存在 $M > 0, f(x), g(x)$ 在 $|x| > M$ 时都可导, 且 $g'(x) \neq 0$;

(iii) $\lim\limits_{x \to \infty} \dfrac{f'(x)}{g'(x)} = A$(或者 ∞),

则必有 $\lim\limits_{x \to \infty} \dfrac{f(x)}{g(x)} = \lim\limits_{x \to \infty} \dfrac{f'(x)}{g'(x)} = A$(或者 ∞).

例 4.2.4　求 $\lim\limits_{x \to +\infty} \dfrac{\arctan x - \dfrac{\pi}{2}}{\dfrac{1}{x}}$.

解 由于 $\lim\limits_{x\to+\infty}\left(\arctan x-\dfrac{\pi}{2}\right)=0$, $\lim\limits_{x\to+\infty}\dfrac{1}{x}=0$, 且当 $x\to+\infty$ 时, $\left(\dfrac{1}{x}\right)'=$ $-\dfrac{1}{x^2}\neq 0$, 由洛必达法则有

$$\lim_{x\to+\infty}\frac{\arctan x-\dfrac{\pi}{2}}{\dfrac{1}{x}}=\lim_{x\to+\infty}\frac{\left(\arctan x-\dfrac{\pi}{2}\right)'}{\left(\dfrac{1}{x}\right)'}=\lim_{x\to+\infty}\frac{\dfrac{1}{1+x^2}}{-\dfrac{1}{x^2}}$$

$$=-\lim_{x\to+\infty}\frac{x^2}{1+x^2}=-1.$$

例 4.2.5 求 $\lim\limits_{x\to+\infty}\dfrac{\ln\left(1+\dfrac{1}{x}\right)}{\operatorname{arccot} x}$.

解 由于 $\lim\limits_{x\to+\infty}\ln\left(1+\dfrac{1}{x}\right)=0$, $\lim\limits_{x\to+\infty}\operatorname{arccot} x=0$, 且当 $x\to+\infty$ 时, $(\operatorname{arccot} x)'=$ $-\dfrac{1}{1+x^2}\neq 0$, 由洛必达法则有

$$\lim_{x\to+\infty}\frac{\ln\left(1+\dfrac{1}{x}\right)}{\operatorname{arccot} x}=\lim_{x\to+\infty}\frac{\dfrac{1}{1+\dfrac{1}{x}}\left(-\dfrac{1}{x^2}\right)}{-\dfrac{1}{1+x^2}}=\lim_{x\to+\infty}\frac{1}{1+\dfrac{1}{x}}\frac{1+x^2}{x^2}=1.$$

2. "$\dfrac{\infty}{\infty}$" 型未定式的洛必达法则

定理 4.2.3 设函数 $f(x),g(x)$ 满足:

(1) $\lim\limits_{\substack{x\to x_0\\(x\to\infty)}}f(x)=\infty$, $\lim\limits_{\substack{x\to x_0\\(x\to\infty)}}g(x)=\infty$;

(2) $f(x),g(x)$ 在 x_0 的某个去心邻域内 (存在 $M>0$, 使得 $|x|>M$ 时) 可导, 且 $g'(x)\neq 0$;

(3) $\lim\limits_{\substack{x\to x_0\\(x\to\infty)}}\dfrac{f'(x)}{g'(x)}=A($或者 $\infty)$,

则必有 $\lim\limits_{\substack{x\to x_0\\(x\to\infty)}}\dfrac{f(x)}{g(x)}=\lim\limits_{\substack{x\to x_0\\(x\to\infty)}}\dfrac{f'(x)}{g'(x)}=A($或者 $\infty)$.

例 4.2.6 求 $\lim\limits_{x\to+\infty}\dfrac{\ln x}{x^n}(n>0)$.

解 由于 $\lim\limits_{x\to+\infty}\ln x=+\infty$, $\lim\limits_{x\to+\infty}x^n=+\infty$, 满足定理 4.2.3 的条件, 故由洛必达法则有

$$\lim_{x\to+\infty}\frac{\ln x}{x^n}=\lim_{x\to+\infty}\frac{\dfrac{1}{x}}{nx^{n-1}}=\lim_{x\to+\infty}\frac{1}{nx^n}=0.$$

这说明当 $x \to +\infty$ 时, 对数函数 $\ln x$ 和幂函数 x^n 都趋于无穷大, 但是对数函数 $\ln x$ 趋于无穷的速度要慢于幂函数 x^n. 例如当 $n = 2$ 时, $\lim\limits_{x \to +\infty} \dfrac{\ln x}{x^2} = 0$.

例 4.2.7 求 $\lim\limits_{x \to +\infty} \dfrac{x^n}{\mathrm{e}^x}$ (n 为正整数).

解 由于原式满足定理 4.2.3 的条件, 故由洛必达法则有

$$\lim_{x \to +\infty} \frac{x^n}{\mathrm{e}^x} = \lim_{x \to +\infty} \frac{nx^{n-1}}{\mathrm{e}^x} = \lim_{x \to +\infty} \frac{n(n-1)x^{n-2}}{\mathrm{e}^x} = \cdots$$
$$= \lim_{x \to +\infty} \frac{n!}{\mathrm{e}^x} = 0.$$

这说明当 $x \to +\infty$ 时, 幂函数 x^n 趋于无穷的速度要慢于指数函数 e^x.

因此, 对数函数 $\ln x$、幂函数 x^n 以及指数函数 e^x 三者当 $x \to +\infty$ 时都趋于无穷大, 但对数函数 $\ln x$ 趋于无穷大的速度最慢, 指数函数 e^x 最快, 幂函数 x^n 介于二者之间, 见图 4.2.1.

【思考】 若将幂函数 x^n 换成 $x^\alpha (\alpha \in \mathbf{R})$, 该如何求极限 $\lim\limits_{x \to +\infty} \dfrac{x^\alpha}{\mathrm{e}^x}$?

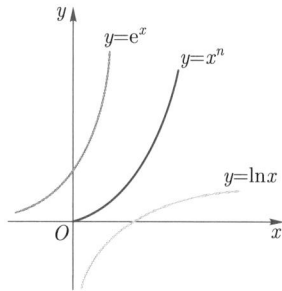

图 4.2.1

4.2.2 其他类型未定式

1. "$\infty - \infty$" 型未定式 $\left(\text{转化为 "} \dfrac{0}{0} \text{" 型}\right)$

"$\infty - \infty$" 型的极限问题也是未定式, 如 $\lim\limits_{x \to X} [f(x) - g(x)]$, 其中 $\lim\limits_{x \to X} f(x) = \infty$, $\lim\limits_{x \to X} g(x) = \infty$, 其极限结果可能存在, 也可能不存在. 此时一般采取通分的方式将其转化为 "$\dfrac{0}{0}$" 型未定式.

例 4.2.8 求 $\lim\limits_{x \to \frac{\pi}{2}} (\sec x - \tan x)$.

解 由 $\lim\limits_{x \to \frac{\pi}{2}} \sec x = \infty$, $\lim\limits_{x \to \frac{\pi}{2}} \tan x = \infty$, 故本题是 "$\infty - \infty$" 型未定式, 通分将其转化为 "$\dfrac{0}{0}$" 型:

$$\lim_{x \to \frac{\pi}{2}} (\sec x - \tan x) = \lim_{x \to \frac{\pi}{2}} \left(\frac{1}{\cos x} - \frac{\sin x}{\cos x} \right) = \lim_{x \to \frac{\pi}{2}} \frac{1 - \sin x}{\cos x} \left(\text{"} \frac{0}{0} \text{" 型} \right)$$
$$= \lim_{x \to \frac{\pi}{2}} \frac{(1 - \sin x)'}{(\cos x)'} = \lim_{x \to \frac{\pi}{2}} \frac{-\cos x}{-\sin x} = 0.$$

2. "$0 \cdot \infty$" 型未定式 (转化为 "$\dfrac{0}{0}$" 或 "$\dfrac{\infty}{\infty}$" 型)

若 $\lim\limits_{x \to X} f(x) = 0$, $\lim\limits_{x \to X} g(x) = \infty$, 则 $\lim\limits_{x \to X} f(x)g(x)$ 是 "$0 \cdot \infty$" 型的极限问题. 这也是未

定式, 处理办法是转化为 "$\dfrac{0}{0}$" 型未定式 $\left(\lim\limits_{x \to X} \dfrac{f(x)}{\dfrac{1}{g(x)}} \right)$ 或者 "$\dfrac{\infty}{\infty}$" 型未定式 $\left(\lim\limits_{x \to X} \dfrac{g(x)}{\dfrac{1}{f(x)}} \right)$.

例 4.2.9 求 $\lim\limits_{x \to 0^+} x \ln x$.

解 $\lim\limits_{x \to 0^+} x = 0$, $\lim\limits_{x \to 0^+} \ln x = -\infty$, 这是 "$0 \cdot \infty$" 型未定式, 可转化为 "$\dfrac{\infty}{\infty}$" 型未定式:

$$\lim_{x \to 0^+} x \ln x = \lim_{x \to 0^+} \frac{\ln x}{\dfrac{1}{x}} \left(\text{"} \frac{\infty}{\infty} \text{"型} \right) = \lim_{x \to 0^+} \frac{\dfrac{1}{x}}{-\dfrac{1}{x^2}} = -\lim_{x \to 0^+} x = 0.$$

【思考】 本题是否可以转化为 "$\dfrac{0}{0}$" 型未定式, 即 $\lim\limits_{x \to 0} \dfrac{x}{\dfrac{1}{\ln x}}$?

3. "0^0""1^∞""∞^0" 型未定式

这三种极限都是幂指函数求极限 $\lim\limits_{x \to X} [f(x)]^{g(x)}$ 的形式, 需要转化为以 e 为底的复合
函数后求极限, 即

$$\lim_{x \to X} [f(x)]^{g(x)} = \mathrm{e}^{\lim\limits_{x \to X} \ln[f(x)]^{g(x)}} = \mathrm{e}^{\lim\limits_{x \to X} g(x) \ln f(x)},$$

这时 $\lim\limits_{x \to X} g(x) \ln f(x)$ 一般是 "$0 \cdot \infty$" 型未定式, 可转化为 "$\dfrac{0}{0}$" 型或 "$\dfrac{\infty}{\infty}$" 型未定式.

例 4.2.10 求 $\lim\limits_{x \to 0^+} x^{\sin x}$.

解 这是 "0^0" 型未定式, 先转化为以 e 为底的复合函数

$$\lim_{x \to 0^+} x^{\sin x} = \mathrm{e}^{\lim\limits_{x \to 0^+} \sin x \ln x}.$$

再求指数的极限

$$\lim_{x \to 0^+} \sin x \ln x = \lim_{x \to 0^+} \frac{\ln x}{\dfrac{1}{\sin x}} = \lim_{x \to 0^+} \frac{\dfrac{1}{x}}{-\dfrac{1}{\sin^2 x} \cos x} = -\lim_{x \to 0^+} \frac{\sin^2 x}{x \cos x} = -\lim_{x \to 0^+} \frac{x}{\cos x} = 0.$$

这里应用了等价无穷小代换 $\sin^2 x \sim x^2 (x \to 0)$. 因此

$$\lim_{x \to 0^+} x^{\sin x} = \mathrm{e}^{\lim\limits_{x \to 0^+} \sin x \ln x} = \mathrm{e}^0 = 1.$$

例 4.2.11 求 $\lim\limits_{x \to +\infty} \left(\dfrac{2}{\pi} \arctan x \right)^x$.

解   这是 "1^∞" 型未定式, 与例 4.2.10 同理,

$$\lim_{x \to +\infty} \left(\frac{2}{\pi} \arctan x \right)^x = \mathrm{e}^{\lim\limits_{x \to +\infty} x \ln\left(\frac{2}{\pi} \arctan x \right)},$$

而

$$\lim_{x \to +\infty} x \ln \left(\frac{2}{\pi} \arctan x \right) = \lim_{x \to +\infty} \frac{\ln \left(\frac{2}{\pi} \arctan x \right)}{\frac{1}{x}} = \lim_{x \to +\infty} \frac{\ln \left(\frac{2}{\pi} \right) + \ln(\arctan x)}{\frac{1}{x}}$$

$$= \lim_{x \to +\infty} \frac{\frac{1}{\arctan x} \frac{1}{1 + x^2}}{-\frac{1}{x^2}} = -\lim_{x \to +\infty} \frac{x^2}{1 + x^2} \frac{1}{\arctan x} = -\frac{2}{\pi}.$$

因此

$$\lim_{x \to +\infty} \left(\frac{2}{\pi} \arctan x \right)^x = \mathrm{e}^{\lim\limits_{x \to +\infty} x \ln\left(\frac{2}{\pi} \arctan x \right)} = \mathrm{e}^{-\frac{2}{\pi}}.$$

例 4.2.12   求 $\lim\limits_{x \to 0^+} \left(1 + \frac{1}{x} \right)^x$.

解   这是 "∞^0" 型未定式, 转化为以 e 为底的复合函数后应用洛必达法则

$$\lim_{x \to 0^+} \left(1 + \frac{1}{x} \right)^x = \mathrm{e}^{\lim\limits_{x \to 0^+} x \ln\left(1 + \frac{1}{x}\right)} = \mathrm{e}^{\lim\limits_{x \to 0^+} \frac{\ln \left(1 + \frac{1}{x}\right)}{\frac{1}{x}}}$$

$$= \mathrm{e}^{\lim\limits_{x \to 0^+} \frac{\frac{1}{1 + \frac{1}{x}} \left(-\frac{1}{x^2}\right)}{-\frac{1}{x^2}}} = \mathrm{e}^{\lim\limits_{x \to 0^+} \frac{1}{1 + \frac{1}{x}}}$$

$$= \mathrm{e}^{\lim\limits_{x \to 0^+} \frac{x}{1 + x}} = \mathrm{e}^0 = 1.$$

在应用洛必达法则求极限时, 结合等价无穷小量代换, 求极限的过程将会变得更加简洁.

例 4.2.13   求 $\lim\limits_{x \to 0} (1 + \sin^2 x)^{\frac{1}{\cos x - 1}}$.

解   应用等价无穷小量代换: $\ln(1 + \sin^2 x) \sim \sin^2 x \ (x \to 0)$, 有

$$\lim_{x \to 0} (1 + \sin^2 x)^{\frac{1}{\cos x - 1}} = \mathrm{e}^{\lim\limits_{x \to 0} \frac{\ln(1 + \sin^2 x)}{\cos x - 1}} = \mathrm{e}^{\lim\limits_{x \to 0} \frac{\sin^2 x}{\cos x - 1}}$$

$$= \mathrm{e}^{\lim\limits_{x \to 0} \frac{2 \sin x \cos x}{- \sin x}} = \mathrm{e}^{-2}.$$

还可以对 $\sin^2 x$ 和 $\cos x - 1$ 也应用等价无穷小量代换

$$\lim_{x \to 0} (1 + \sin^2 x)^{\frac{1}{\cos x - 1}} = \mathrm{e}^{\lim\limits_{x \to 0} \frac{\ln(1 + \sin^2 x)}{\cos x - 1}} = \mathrm{e}^{\lim\limits_{x \to 0} \frac{\sin^2 x}{\cos x - 1}}$$

$$= \mathrm{e}^{\lim\limits_{x \to 0} \frac{x^2}{-\frac{1}{2} x^2}} = \mathrm{e}^{-2}.$$

例 4.2.14　求 $\lim\limits_{x \to 0} \dfrac{\mathrm{e}^{\tan x - x} - 1}{\arctan x^3}$.

解　先利用等价无穷小量代换

$$\mathrm{e}^{\tan x - x} - 1 \sim \tan x - x \; (x \to 0) \text{ 和 } \arctan x^3 \sim x^3 \; (x \to 0),$$

将分子、分母化简后再应用洛必达法则

$$\begin{aligned}
\lim_{x \to 0} \frac{\mathrm{e}^{\tan x - x} - 1}{\arctan x^3} &= \lim_{x \to 0} \frac{\tan x - x}{x^3} \\
&= \lim_{x \to 0} \frac{(\sec x)^2 - 1}{3x^2} \\
&= \lim_{x \to 0} \frac{2(\sec x)^2 \tan x}{6x} = \frac{1}{3}.
\end{aligned}$$

需要说明的是洛必达法则是求未定式的一种有效方法, 当定理条件满足时, 所求极限要么存在, 要么发散到 ∞, 但是当定理条件不满足时, 所求极限也可能存在.

4.2.3　洛必达法则失效的情形

例如 $\lim\limits_{x \to \infty} \dfrac{x + 3\sin x}{2x}$, 这显然是 "$\dfrac{\infty}{\infty}$" 型未定式, 但若直接应用洛必达法则, 会得到

$$\lim_{x \to \infty} \frac{x + 3\sin x}{2x} = \lim_{x \to \infty} \frac{1 + 3\cos x}{2}.$$

极限不存在, 那么这个极限真的不存在么? 事实上

$$\lim_{x \to \infty} \frac{x + 3\sin x}{2x} = \lim_{x \to \infty} \left(\frac{1}{2} + \frac{3\sin x}{2x} \right) = \frac{1}{2} + \frac{3}{2} \lim_{x \to \infty} \frac{\sin x}{x} = \frac{1}{2}.$$

这里 $\lim\limits_{x \to \infty} \dfrac{\sin x}{x} = \lim\limits_{x \to \infty} \dfrac{1}{x} \sin x = 0$ (无穷小量乘有界量).

可见, 当 $\lim\limits_{x \to X} \dfrac{f'(x)}{g'(x)}$ 不存在时 (发散到 ∞ 的情形除外), $\lim\limits_{x \to X} \dfrac{f(x)}{g(x)}$ 也可能存在. 因此在应用洛必达法则时要注意, 当洛必达法则失效时, 要寻求其他方法求解极限.

练习 4.2

1. 用洛必达法则求下列极限:

(1) $\lim\limits_{x \to 0} \dfrac{\tan 2x}{\tan 3x}$;

(2) $\lim\limits_{x \to 0} \dfrac{1 - \cos x}{x \sin x}$;

(3) $\lim\limits_{x \to 0} \dfrac{\mathrm{e}^x - \mathrm{e}^{-x}}{\tan x}$;

(4) $\lim\limits_{x \to 0} \dfrac{\ln(x^3 + 3x + 1)}{\arcsin 3x}$;

(5) $\lim\limits_{x\to 1}\dfrac{x^4-1}{(x-1)^2}$;

(6) $\lim\limits_{x\to 1}\dfrac{2x^3-3x^2+1}{x^3-x^2-x+1}$;

(7) $\lim\limits_{x\to 0}\dfrac{\mathrm{e}^{2x+x^2}-1}{\tan 2x}$;

(8) $\lim\limits_{x\to \frac{\pi}{2}}\dfrac{\cos x}{x-\dfrac{\pi}{2}}$;

(9) $\lim\limits_{x\to +\infty}\dfrac{\dfrac{\pi}{2}-\arctan x}{\operatorname{arccot} x}$;

(10) $\lim\limits_{x\to 0}\dfrac{\mathrm{e}^x-1}{x^2-x}$;

(11) $\lim\limits_{x\to \infty}\dfrac{\mathrm{e}^{\frac{1}{x}}-1}{\dfrac{1}{x}}$;

(12) $\lim\limits_{x\to 1}\dfrac{x^3-3x+2}{x^3-x^2-x+1}$.

2. 用洛必达法则求下列极限:

(1) $\lim\limits_{x\to +\infty}\dfrac{x^{2n}}{\mathrm{e}^x}$;

(2) $\lim\limits_{x\to +\infty}\dfrac{\ln(x^3+1)}{2^x+x}$;

(3) $\lim\limits_{x\to \frac{\pi}{2}^-}\dfrac{\tan x}{\tan 3x}$;

(4) $\lim\limits_{x\to 0^+}\dfrac{\ln\cot x}{\ln x}$;

(5) $\lim\limits_{x\to +\infty}\dfrac{\ln x}{\sqrt{x}}$;

(6) $\lim\limits_{x\to +\infty}\dfrac{x^n+n}{\ln x-n}$;

(7) $\lim\limits_{x\to 0}\dfrac{\mathrm{e}^{\frac{1}{x^2}}-1}{x^{-4}}$.

3. 用洛必达法则求下列极限:

(1) $\lim\limits_{x\to 0^+}x^4\ln x$;

(2) $\lim\limits_{x\to +\infty}x\ln\dfrac{x-1}{x+1}$;

(3) $\lim\limits_{x\to 0}\left(\dfrac{1}{x}-\dfrac{1}{\mathrm{e}^x-1}\right)$;

(4) $\lim\limits_{x\to 0}(1+\tan x)^{\frac{1}{\sin x}}$;

(5) $\lim\limits_{x\to 0^+}x^{\tan x}$;

(6) $\lim\limits_{x\to 0}(\cos x)^{\frac{1}{x^2}}$;

(7) $\lim\limits_{x\to 0^+}\left(\ln\dfrac{1}{x}\right)^x$;

(8) $\lim\limits_{x\to 0}\left(\dfrac{2^x+3^x}{2}\right)^{\frac{2}{x}}$.

§4.3 泰 勒 公 式

在微分的应用中我们知道若函数 $f(x)$ 在点 x_0 处可导, 则当 $|x-x_0|$ 很小时, 有如下近似公式

$$f(x)\approx f(x_0)+f'(x_0)(x-x_0). \tag{4.3.1}$$

式 (4.3.1) 说明一个比较复杂的函数在一点附近可以用一次多项式来近似表达, 从几何上看是在点 x_0 附近用切线的一小段来近似代替曲线弧. 但是这种近似表达的精确度不高,

它所产生的误差是因为略掉了关于 $(x-x_0)$ 的高阶无穷小:

$$f(x) = f(x_0) + f'(x_0)(x-x_0) + o(x-x_0).$$

当对精确度要求不高时可以用式 (4.3.1) 来近似, 但是若要提高精确度, 我们需要用更高次的多项式来逼近函数.

对于一个复杂的函数, 我们希望把它和一个性态比较简单的函数——多项式函数建立联系, 这样就可以在一个局部范围内借助多项式函数来研究复杂的函数.

设 $f(x)$ 在点 x_0 处具有 n 阶导数, 我们试图找出一个关于 $(x-x_0)$ 的 n 次多项式

$$P_n(x) = a_0 + a_1(x-x_0) + a_2(x-x_0)^2 + \cdots + a_n(x-x_0)^n, \tag{4.3.2}$$

使得 $f(x) \approx P_n(x)$, 且误差 (即 $f(x) - P_n(x)$) 是当 $x \to x_0$ 时比 $(x-x_0)^n$ 更高阶的无穷小量.

若要提高精度, 我们希望 $f(x)$ 和 $P_n(x)$ 满足

$$f(x_0) = P_n(x_0), f'(x_0) = P_n'(x_0), f''(x_0) = P_n''(x_0), \cdots, f^{(n)}(x_0) = P_n^{(n)}(x_0).$$

依据上面 n 个等式, 可以确定多项式的系数 $a_0, a_1, \cdots, a_n$.

对式 (4.3.2) 依次求各阶导数 (包括 0 阶导数), 并代入 $x = x_0$ 有

$$f(x_0) = P_n(x_0) = a_0,$$

$$f'(x_0) = P_n'(x_0) = a_1,$$

$$f''(x_0) = P_n''(x_0) = 2a_2 = 2!a_2,$$

$$f'''(x_0) = P_n'''(x_0) = 6a_3 = 3!a_3,$$

$$\cdots$$

$$f^{(n)}(x_0) = P_n^{(n)}(x_0) = n!a_n,$$

所以可得多项式 $P_n(x)$ 的各个系数分别为

$$a_0 = f(x_0), \quad a_1 = f'(x_0), \quad a_2 = \frac{f''(x_0)}{2!}, \quad a_3 = \frac{f'''(x_0)}{3!}, \cdots, a_n = \frac{f^{(n)}(x_0)}{n!},$$

因此

$$P_n(x) = a_0 + a_1(x-x_0) + a_2(x-x_0)^2 + \cdots + a_n(x-x_0)^n$$

$$= f(x_0) + f'(x_0)(x-x_0) + \frac{f''(x_0)}{2!}(x-x_0)^2 + \cdots + \frac{f^{(n)}(x_0)}{n!}(x-x_0)^n. \tag{4.3.3}$$

式 (4.3.3) 便是所寻找的能近似替代 $f(x)$ 的多项式, 这一结论可由下面的泰勒定理给出.

定理 4.3.1 如果 $f(x)$ 在点 x_0 处具有 n 阶导数, 那么存在点 x_0 的一个邻域, 对于该邻域中的任意 x, 有

$$f(x) = f(x_0) + f'(x_0)(x - x_0) + \frac{f''(x_0)}{2!}(x - x_0)^2 + \cdots + \frac{f^{(n)}(x_0)}{n!}(x - x_0)^n + R_n(x), \quad (4.3.4)$$

其中 $R_n(x) = o(x - x_0)^n$ 称为**佩亚诺余项**.

式 (4.3.4) 称为函数 $f(x)$ 在点 x_0 处按 $(x - x_0)$ 展开的**带有佩亚诺余项的 n 阶泰勒公式**. 余项 $R_n(x) = o(x - x_0)^n$ 是用多项式逼近函数的误差. 但是佩亚诺余项只能说明误差是当 $x \to x_0$ 时比 $(x - x_0)^n$ 高阶的无穷小量, 无法给出误差大小, 为此拉格朗日给出了另一种形式的泰勒公式.

定理 4.3.2 如果 $f(x)$ 在点 x_0 处具有 $n + 1$ 阶导数, 那么存在点 x_0 的一个邻域, 对于该邻域中的任意 x, 有

$$f(x) = f(x_0) + f'(x_0)(x - x_0) + \frac{f''(x_0)}{2!}(x - x_0)^2 + \cdots + \frac{f^{(n)}(x_0)}{n!}(x - x_0)^n + R_n(x), \quad (4.3.5)$$

其中 $R_n(x) = \frac{f^{(n+1)}(\xi)}{(n+1)!}(x - x_0)^{n+1}$ 称为**拉格朗日余项**, ξ 是介于 x 与 x_0 之间的某个值. 式 (4.3.5) 称为**带有拉格朗日余项的 n 阶泰勒公式**.

当 $n = 0$ 时, 泰勒公式变为拉格朗日中值公式

$$f(x) = f(x_0) + f'(\xi)(x - x_0) \quad (\xi 介于 x 与 x_0 之间).$$

因此, 式 (4.3.5) 是拉格朗日中值定理的推广.

如果对于某个固定的 n, 在 x_0 的某个邻域内, 有 $\left| f^{(n+1)}(x) \right| \leqslant M$, 则得到误差估计式

$$|R_n(x)| = \left| \frac{f^{(n+1)}(\xi)}{(n+1)!}(x - x_0)^{n+1} \right| \leqslant \frac{M}{(n+1)!} |x - x_0|^{n+1}. \quad (4.3.6)$$

式 (4.3.4) 和式 (4.3.5) 都是函数 $f(x)$ 在点 x_0 处的 n 阶泰勒展开式. 特别地, 当 $x_0 = 0$ 时, 式 (4.3.4) 和式 (4.3.5) 分别写为

$$f(x) = f(0) + f'(0)x + \frac{f''(0)}{2!}x^2 + \cdots + \frac{f^{(n)}(0)}{n!}x^n + o(x^n), \quad (4.3.7)$$

$$f(x) = f(0) + f'(0)x + \frac{f''(0)}{2!}x^2 + \cdots + \frac{f^{(n)}(0)}{n!}x^n + \frac{f^{(n+1)}(\theta x)}{(n+1)!}x^{n+1}, \quad (4.3.8)$$

其中 $0 < \theta < 1$. 式 (4.3.7) 称为**带有佩亚诺余项的 n 阶麦克劳林公式**; 式 (4.3.8) 称为**带有拉格朗日余项的 n 阶麦克劳林公式**. 相应地, 误差估计式 (4.3.6) 写为

$$|R_n(x)| \leqslant \frac{M}{(n+1)!} |x|^{n+1}.$$

例 4.3.1　写出函数 $f(x) = \mathrm{e}^x$ 的带有拉格朗日余项的 n 阶麦克劳林公式.

解　函数 $f(x)$ 带有拉格朗日余项的 n 阶麦克劳林公式为

$$f(x) = f(0) + f'(0)x + \frac{f''(0)}{2!}x^2 + \cdots + \frac{f^{(n)}(0)}{n!}x^n + \frac{f^{(n+1)}(\theta x)}{(n+1)!}x^{n+1}.$$

因为 $f(x) = \mathrm{e}^x$, 故

$$f(x) = f'(x) = f''(x) = \cdots = f^{(n)}(x) = f^{(n+1)}(x) = \mathrm{e}^x,$$

所以

$$f(0) = f'(0) = f''(0) = \cdots = f^{(n)}(0) = \mathrm{e}^0 = 1, f^{(n+1)}(\theta x) = \mathrm{e}^{\theta x},$$

代入公式有

$$\mathrm{e}^x = 1 + x + \frac{1}{2!}x^2 + \cdots + \frac{1}{n!}x^n + \frac{\mathrm{e}^{\theta x}}{(n+1)!}x^{n+1}, \quad 0 < \theta < 1.$$

去掉余项得近似公式

$$\mathrm{e}^x \approx 1 + x + \frac{1}{2!}x^2 + \cdots + \frac{1}{n!}x^n.$$

回想第 3 章的微分近似公式 $\mathrm{e}^x \approx 1 + x(x \to 0)$, 显然上式精确度更高一些.

如果令 $x = 1$, 可得无理数 e 的近似值

$$\mathrm{e} \approx 1 + 1 + \frac{1}{2!} + \cdots + \frac{1}{n!},$$

其误差为

$$|R_n| = \left| \frac{\mathrm{e}^\theta}{(n+1)!} \right| < \frac{\mathrm{e}}{(n+1)!} < \frac{3}{(n+1)!}.$$

当 $n = 10$ 时, 可算得 $\mathrm{e} \approx 2.718\,282$, 误差不超过 10^{-6}.

例 4.3.2　写出函数 $f(x) = \sin x$ 的带有佩亚诺余项的 n 阶麦克劳林公式.

解　函数 $f(x)$ 带有佩亚诺余项的麦克劳林公式为

$$f(x) = f(0) + f'(0)x + \frac{f''(0)}{2!}x^2 + \cdots + \frac{f^{(n)}(0)}{n!}x^n + o(x^n).$$

因为 $f(x) = \sin x$, 所以

$$f'(x) = \cos x, f''(x) = -\sin x, f'''(x) = -\cos x, f^{(4)}(x) = \sin x, \cdots.$$

因此 $f(0) = \sin 0 = 0, f'(0) = \cos 0 = 1, f''(0) = -\sin 0 = 0, f'''(0) = -\cos x = -1,$
$f^{(4)}(0) = \sin 0 = 0, \cdots$. 经计算发现各阶导数是 $1, 0, -1, 0$ 四个数的循环, 故按照公式有

$$\sin x = x - \frac{1}{3!}x^3 + \frac{1}{5!}x^5 - \cdots + (-1)^{n-1}\frac{1}{(2n-1)!}x^{2n-1} + o(x^{2n-1}).$$

同理可写出 $f(x) = \cos x$ 和 $f(x) = \ln(1+x)$ 的带有佩亚诺余项的麦克劳林公式

$$\cos x = 1 - \frac{1}{2!}x^2 + \frac{1}{4!}x^4 - \cdots + (-1)^n\frac{1}{(2n)!}x^{2n} + o(x^{2n}),$$

$$\ln(1+x) = x - \frac{1}{2}x^2 + \frac{1}{3}x^3 - \cdots + (-1)^{n-1}\frac{1}{n}x^n + o(x^n).$$

例 4.3.3 求函数 $f(x) = \ln x$ 在 $x = 1$ 处的 4 阶泰勒公式.

解 函数 $f(x)$ 在一点的 4 阶泰勒公式为

$$f(x) = f(x_0) + f'(x_0)(x-x_0) + \frac{f''(x_0)}{2!}(x-x_0)^2 + \cdots + \frac{f^{(4)}(x_0)}{4!}(x-x_0)^4 + R_n(x),$$

因为 $f(x) = \ln x$, 所以

$$f'(x) = \frac{1}{x}, f''(x) = -\frac{1}{x^2}, f'''(x) = 2x^{-3}, f^{(4)}(x) = -6x^{-4}.$$

代入 $x = 1$ 得

$$f(1) = \ln 1 = 0, f'(1) = 1, f''(1) = -1, f'''(1) = 2, f^{(4)}(1) = -6.$$

因此 $$\ln x = (x-1) - \frac{1}{2}(x-1)^2 + \frac{1}{3}(x-1)^3 - \frac{1}{4}(x-1)^4 + o((x-1)^4).$$

泰勒公式还可用于求极限.

例 4.3.4 求下列极限:

(1) $\displaystyle\lim_{x\to 0}\frac{\sin x - x}{x^2(e^x - 1)}$;
(2) $\displaystyle\lim_{x\to 0}\frac{\sin x - x\cos x}{x[\ln(1+x) - x]}$.

解 (1) 因为当 $x \to 0$ 时, 由麦克劳林公式知 $\sin x - x = -\dfrac{1}{3!}x^3 + o(x^3)$, $e^x - 1 = x + o(x)$, 所以

$$\lim_{x\to 0}\frac{\sin x - x}{x^2(e^x - 1)} = \lim_{x\to 0}\frac{-\dfrac{1}{3!}x^3 + o(x^3)}{x^2[x + o(x)]}$$

$$= \lim_{x\to 0}\frac{-\dfrac{1}{3!}x^3 + o(x^3)}{x^3 + o(x^3)}$$

$$= \lim_{x\to 0}\frac{-\dfrac{1}{3!} + \dfrac{o(x^3)}{x^3}}{1 + \dfrac{o(x^3)}{x^3}} = -\frac{1}{3!} = -\frac{1}{6}.$$

【思考】 本题若结合等价无穷小代换是否会更简单?

(2) 因为 $\sin x = x - \dfrac{1}{3!}x^3 + o(x^3), x\cos x = x - \dfrac{1}{2!}x^3 + o(x^3), \ln(1+x) - x = -\dfrac{1}{2}x^2 + o(x^2)$, 所以

$$\sin x - x\cos x = x - \frac{1}{3!}x^3 + o(x^3) - x + \frac{1}{2!}x^3 - o(x^3) = \frac{1}{3}x^3 + o(x^3),$$

$$x[\ln(1+x) - x] = -\frac{1}{2}x^3 + o(x^3),$$

因此 $$\lim_{x\to 0}\frac{\sin x - x\cos x}{x[\ln(1+x) - x]} = \lim_{x\to 0}\frac{\frac{1}{3}x^3 + o(x^3)}{-\frac{1}{2}x^3 + o(x^3)} = -\frac{2}{3}.$$

练习 4.3

1. 求函数 $f(x) = \ln(1+2x)$ 的 4 阶麦克劳林公式 (带佩亚诺余项).

2. 求函数 $f(x) = \ln(1+2x)$ 在 $x = 1$ 处的 4 阶泰勒公式 (带佩亚诺余项).

3. 用泰勒公式求下列极限:

(1) $\displaystyle\lim_{x\to 0}\frac{\sin x - x}{x(\mathrm{e}^{x^2} - 1)}$;

(2) $\displaystyle\lim_{x\to 0}\frac{\cos x - 1}{\ln(1+x) - x}$;

(3) $\displaystyle\lim_{x\to 0}\frac{\cos x - 1 + \dfrac{1}{2!}x^2}{\mathrm{e}^{x^2} - 1 - x^2}$;

(4) $\displaystyle\lim_{x\to 0}\frac{\mathrm{e}^x + \sin x - 1}{\ln(1+x)}$.

§4.4 函数的单调性与极值

第 1 章中我们介绍了函数的单调性. 那么单调性该如何判定呢? 本节将介绍如何用导数知识判断函数的单调性.

观察图 4.4.1 和图 4.4.2 发现, 对于区间 (a, b) 上的单调递增曲线, 任意点处的切线斜率都是大于零的, 即在该点的导数大于零; 而单调递减的曲线上任意点处的切线斜率都是小于零的, 即在该点的导数小于零. 因此我们可以借助导数符号来判断函数的单调性.

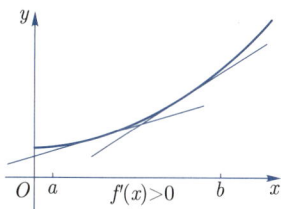

图 4.4.1

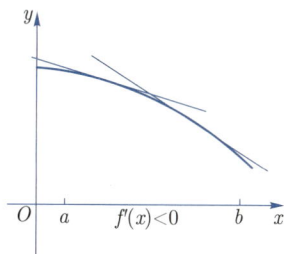

图 4.4.2

4.4.1 函数的单调性

1. 函数单调性的判定定理

定理 4.4.1 设函数 $f(x)$ 在闭区间 $[a,b]$ 上连续, 在开区间 (a,b) 内可导, 那么

(i) 若对任意的 $x \in (a,b)$, 恒有 $f'(x) > 0$, 则 $f(x)$ 在区间 $[a,b]$ 上单调递增;

(ii) 若对任意的 $x \in (a,b)$, 恒有 $f'(x) < 0$, 则 $f(x)$ 在区间 $[a,b]$ 上单调递减.

证明 任取 $x_1, x_2 \in [a,b]$, 不妨设 $x_1 < x_2$, 则 $[x_1, x_2] \subset [a,b]$. 因为 $f(x)$ 在 $[a,b]$ 上连续, 在 (a,b) 内可导, 所以 $f(x)$ 在 $[x_1, x_2]$ 上满足拉格朗日中值定理的条件, 故存在 $\xi \in (x_1, x_2)$, 使得

$$f(x_2) - f(x_1) = f'(\xi)(x_2 - x_1), \xi \in (x_1, x_2).$$

(i) 若对任意 $x \in (a,b)$, 有 $f'(x) > 0$, 则 $f'(\xi) > 0$, 而 $x_2 > x_1$, 故有

$$f(x_2) - f(x_1) = f'(\xi)(x_2 - x_1) > 0,$$

即
$$f(x_2) > f(x_1).$$

这样, 对任意 $x_1 < x_2$, 都有 $f(x_1) < f(x_2)$, 由 x_1, x_2 的任意性知, $f(x)$ 在 $[a,b]$ 上单调递增.

(ii) 同理, 若对任意 $x \in (a,b)$, 有 $f'(x) < 0$, 则 $f'(\xi) < 0$, 而 $x_2 > x_1$, 所以

$$f(x_2) - f(x_1) = f'(\xi)(x_2 - x_1) < 0,$$

即
$$f(x_2) < f(x_1).$$

因此, 对任意 $x_1 < x_2$, 都有 $f(x_1) > f(x_2)$, 由 x_1, x_2 的任意性知, $f(x)$ 在 $[a,b]$ 上单调递减.

定理 4.4.1 可用表 4.4.1 和图 4.4.3 概括:

表 4.4.1 $f'(x)$ 的值与 $f(x)$ 增减性的关系

$f'(x)$	$f(x)$
$f'(x) < 0$	单调递减
$f'(x) > 0$	单调递增

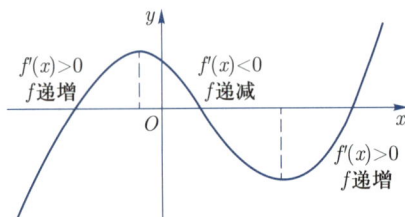

图 4.4.3

【说明】 (1) 若在 (a,b) 内 $f'(x) \geqslant 0$(或 $f'(x) \leqslant 0$), 但是等号只在个别点 (或有限点处) 处取得, 则 $f(x)$ 在 (a,b) 内仍然单调递增 (单调递减).

(2) 将定理 4.4.1 中的闭区间 $[a,b]$ 改为其他区间 (对于无穷区间, 要求在其任一有限子区间上满足定理条件), 定理结论仍然成立.

根据定理 4.4.1, 可以借助函数在某区间内的导数符号判断函数的单调性.

例 4.4.1 讨论函数 $y = \ln x$ 在区间 $(0, +\infty)$ 内的单调性.

解 $y = \ln x$ 在 $(0, +\infty)$ 内连续且可导, 对其求导有

$$y' = (\ln x)' = \frac{1}{x} > 0, x \in (0, +\infty),$$

根据定理 4.4.1 知 $y = \ln x$ 在区间 $(0, +\infty)$ 内单调递增 (如图 4.4.4).

例 4.4.2 讨论函数 $y = x^3$ 的单调性.

解 $y = x^3$ 在 $(-\infty, +\infty)$ 内连续且可导, 对其求导得

$$y' = (x^3)' = 3x^2.$$

显然,

当 $x > 0$ 时, $y' = 3x^2 > 0$, 该函数在 $(0, +\infty)$ 内单调递增;

当 $x < 0$ 时, $y' = 3x^2 > 0$, 该函数在 $(-\infty, 0)$ 内也单调递增.

当 $x = 0$ 时, $y = 0$. 当 $x > 0$ 时, $y = x^3 > 0$; 当 $x < 0$ 时, $y = x^3 < 0$, 所以 $y = x^3$ 在 **R** 上单调递增 (如图 4.4.5).

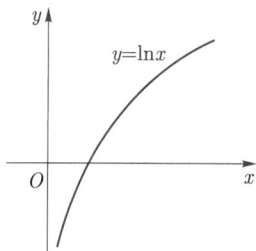

图 4.4.4

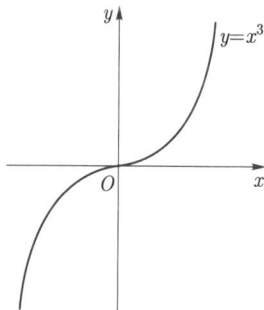

图 4.4.5

例 4.4.2 中令 $y' = 3x^2 = 0$, 解得 $x = 0$, 即在 $x = 0$ 处, 函数的导数为零.

一般地, 我们称使得函数导数为零的点为**驻点**. 显然, $x = 0$ 是幂函数 $y = x^3$ 的一个驻点.

例 4.4.1 和例 4.4.2 中的函数都是在整个定义域内单调, 如果函数在其定义域内单调性发生改变, 该如何判断其单调性?

例 4.4.3 讨论函数 $f(x) = x^3 - 6x^2 + 9x - 3$ 的单调性.

解 函数 $f(x)$ 在定义域 $(-\infty, +\infty)$ 内连续且可导, 对 $f(x)$ 求导得

$$f'(x) = 3x^2 - 12x + 9.$$

令 $f'(x) = 0$, 得

$$f'(x) = 3x^2 - 12x + 9 = 3(x-1)(x-3) = 0,$$

解得驻点 $x = 1$ 或 $x = 3$.

用 $x = 1, x = 3$ 将定义域划分为三个子区间 $(-\infty, 1), (1, 3), (3, +\infty)$.

下面讨论 $f'(x)$ 在三个区间内的符号:

当 $x \in (-\infty, 1)$ 时, $f'(x) > 0$, 所以 $f(x)$ 在 $(-\infty, 1)$ 内单调递增;

当 $x \in (1, 3)$ 时, $f'(x) < 0$, 所以 $f(x)$ 在 $(1, 3)$ 内单调递减;

当 $x \in (3, +\infty)$ 时, $f'(x) > 0$, 所以 $f(x)$ 在 $(3, +\infty)$ 内单调递增.

故 $f(x)$ 在 $(-\infty, 1)$ 和 $(3, +\infty)$ 内单调递增, 在 $[1, 3]$ 上单调递减 (如图 4.4.6).

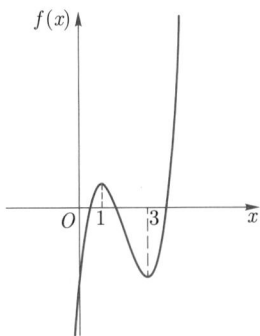

图 4.4.6

【注意】　单调性是区间性概念, 端点可以归入递增区间, 也可以归入递减区间. 例 4.4.3 中的区间端点 1 和 3 也可以归入递增区间, 即 $f(x)$ 在 $(-\infty, 1]$ 和 $[3, +\infty)$ 上单调递增, 在 $(1, 3)$ 内单调递减.

例 4.4.1—例 4.4.3 中函数都是在定义域内连续且可导的, 如果函数存在不可导点, 该如何处理呢?

例 4.4.4　讨论函数 $f(x) = 3\sqrt[3]{x} - x$ 的单调性.

解　函数 $f(x)$ 在定义域 $(-\infty, +\infty)$ 内连续, 除 $x = 0$ 外都可导, 求导得

$$f'(x) = (3\sqrt[3]{x} - x)' = x^{-\frac{2}{3}} - 1 = \frac{1 - \sqrt[3]{x^2}}{\sqrt[3]{x^2}},$$

令 $f'(x) = 0$, 得驻点 $x = 1, x = -1$. $x = 0$ 为不可导点. 这两个驻点与不可导点将整个定义域 **R** 划分为四部分: $(-\infty, -1), (-1, 0), (0, 1), (1, +\infty)$, 依次在各个区间内讨论一阶导数的符号.

当 $x \in (-\infty, -1)$ 时, $f'(x) < 0$, 所以 $f(x)$ 在 $(-\infty, -1)$ 内单调递减;

当 $x \in (-1, 0)$ 时, $f'(x) > 0$, 所以 $f(x)$ 在 $(-1, 0)$ 内单调递增;

当 $x \in (0, 1)$ 时, $f'(x) > 0$, 所以 $f(x)$ 在 $(0, 1)$ 内单调递增;

当 $x \in (1, +\infty)$ 时, $f'(x) < 0$, 所以 $f(x)$ 在 $(1, +\infty)$ 内单调递减.

故 $f(x)$ 在 $(-\infty, -1)$ 和 $(1, +\infty)$ 内单调递减; 在 $[-1, 1]$ 上单调递增 (如图 4.4.7).

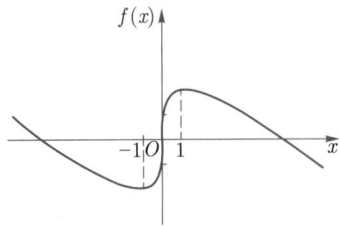

图 4.4.7

根据以上例题, 可总结出计算函数单调区间的一般步骤.

2. 求函数 $f(x)$ 在定义域内单调区间的一般步骤

第一步: 写出函数 $f(x)$ 的定义域;

第二步: 求出函数 $f(x)$ 在定义域内的所有导数为零的点 (驻点) 和导数不存在的点;

第三步: 用这些点连同间断点将定义域分成几个互不相交的子区间, 在每个子区间内判断导函数 $f'(x)$ 的符号, 若符号为正, 则该区间是单调递增区间; 若符号为负, 则该区间是单调递减区间.

单调性是函数的重要几何性质, 我们还可以借助单调性证明一些不等式.

例 4.4.5 证明: 对于任意的 $x > 0$, 有 $e^x - x > 1$.

证明 设 $f(x) = e^x - x$, 显然 $f(x)$ 在 **R** 上连续且可导. 对于任意的 $x > 0$, 因为

$$f'(x) = e^x - 1 > 0,$$

所以函数 $f(x)$ 在 $(0, +\infty)$ 上单调递增, 故对任意的 $x > 0$, 有 $f(x) > f(0)$, 即

$$f(x) = e^x - x > f(0) = e^0 - 0 = 1.$$

因此, 对于任意的 $x > 0$, 有 $e^x - x > 1$.

【思考】 对于任意的 $x < 0$, 能否推出 $e^x - x < 1$? 为什么? 尝试画一画 $f(x) = e^x - x$ 的图像, 看看你的结论是否正确.

4.4.2　函数的极值

在例 4.4.4 中, 函数在 $x = 1$ 处达到了局部最大 (即函数在点 $x = 1$ 的某个邻域内达到最大); 在点 $x = -1$ 处达到了局部最小, 这里的局部最大值 $f(1) = 2$ 和局部最小值 $f(-1) = -2$ 被称为函数的极值.

1. 函数极值的定义及必要条件

定义 4.4.1 设 $f(x)$ 在 x_0 的某一邻域 $U(x_0)$ 内有定义, 若对于任意 $x \in \mathring{U}(x_0)$, 都有 $f(x) < f(x_0)$(或 $f(x) > f(x_0)$), 则称 $f(x_0)$ 为 $f(x)$ 的一个**极大值** (或**极小值**),x_0 称为 $f(x)$ 的**极大值点** (或**极小值点**).

极大值、极小值统称为**极值**; 极大值点、极小值点统称为**极值点**.

显然极值是一个局部概念, 极大值、极小值就是局部的最大值、最小值. 那么在给定的范围内, 函数的极值是否唯一? 极值会在哪些点处取得?

观察图 4.4.8 可以发现:

(1) 函数 $f(x)$ 在点 x_1 和 x_4 的左邻域内都单调递增, 右邻域内都单调递减, 在点 x_1 和 x_4 处都取得极大值; 相似地,$f(x)$ 在点 x_2 和 x_5 的左邻域内都单调递减, 右邻域内都单调递增, 在点 x_2 和 x_5 处都取得极小值. 即 $f(x)$ 在点 x_1, x_2, x_4, x_5 的左、右两侧单调性都发生改变, 且在这四点处都取到极值. 而在点 x_3 的左、右两侧单调性未发生改变, 在

点 x_3 处也未取到极值. 这说明连续曲线单调性发生改变的点可能是极值点, 且极大 (小) 值点不唯一.

(2) 极小值 $f(x_5)$ 比极大值 $f(x_1)$ 还大, 说明区间 $[a, b]$ 上函数的极大值和极小值不一定是整个区间上的最大值和最小值.

(3) 极值点处的切线都是水平的, 即在极值点处的导数 (若存在) 都为零, 亦即可导的极值点都是驻点. 例如 x_1, x_2, x_4, x_5 都是极值点, 也都是驻点. 但是驻点并不一定是极值点, 例如 x_3 是驻点, 但不是极值点. 为此我们得到极值存在的必要条件, 也称费马定理.

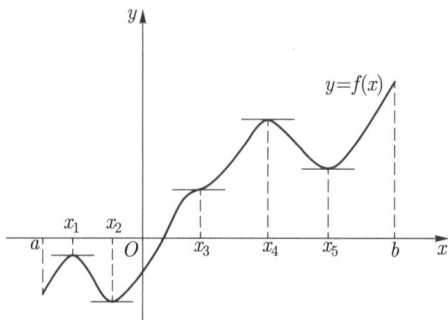

图 4.4.8

定理 4.4.2 (极值存在的必要条件)　若函数 $f(x)$ 在 x_0 处可导, 且取得极值, 则 $f'(x_0) = 0$.

证明　不妨设函数 $f(x)$ 在点 x_0 处取得极小值, 则在点 x_0 的邻域 $U(x_0)$ 内, 有

$$f(x) > f(x_0), 对任意的 x \in \mathring{U}(x_0).$$

故对任意的改变量 Δx, 当 $x_0 + \Delta x \in \mathring{U}(x_0)$ 时, 有 $f(x_0 + \Delta x) \geqslant f(x_0)$. 因为 $f'(x_0)$ 存在, 于是 $f'(x_0) = f'_+(x_0) = f'_-(x_0)$, 而

$$f'_+(x_0) = \lim_{\Delta x \to 0^+} \frac{f(x_0 + \Delta x) - f(x_0)}{\Delta x} \geqslant 0,$$

$$f'_-(x_0) = \lim_{\Delta x \to 0^-} \frac{f(x_0 + \Delta x) - f(x_0)}{\Delta x} \leqslant 0,$$

因此 $$f'(x_0) = f'_+(x_0) = f'_-(x_0) = 0.$$

同理, 若函数 $f(x)$ 在点 x_0 处可导且取得极大值, 也必有 $f'(x_0) = 0$.

由定理 4.4.2 知可导函数的极值点必是驻点. 如图 4.4.9 可知 $x = 0$ 是 $f(x) = x^2$ 的一个极小值点. 又因为 $f'(0) = 0$, 所以 $x = 0$ 也是 $f(x) = x^2$ 的一个驻点.

那么, 驻点是否一定是极值点? 如图 4.4.10, 对于函数 $f(x) = x^3$, $f'(0) = 0$, 所以 $x = 0$ 是 $f(x) = x^3$ 的一个驻点, 但由图像知 $x = 0$ 不是 $f(x) = x^3$ 的极值点.

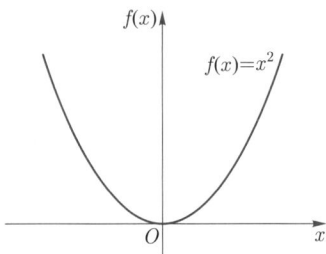

图 4.4.9

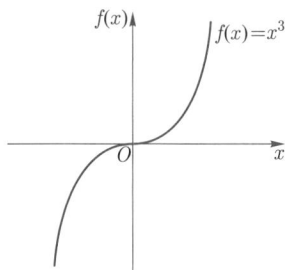

图 4.4.10

可见, 驻点可能是极值点, 也可能不是极值点. 那么不可导点是否会成为极值点呢? 观察图 4.4.11 和图 4.4.12 中的函数 $f(x) = |x|$ 和 $f(x) = \sqrt[3]{x^2} = x^{\frac{2}{3}}$.

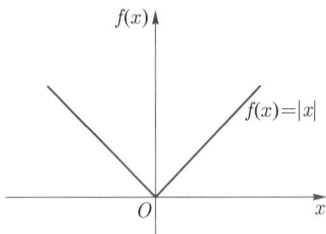

图 4.4.11

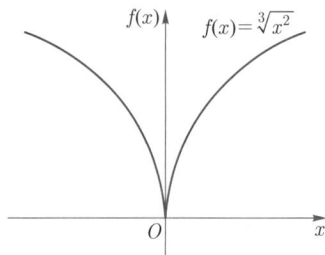

图 4.4.12

这两个函数在点 $x = 0$ 处都取得极小值, 但是它们在点 $x = 0$ 处都不可导. 说明不可导点也可能成为极值点.

因此, 函数的极值点应该在驻点和不可导点中寻找, 但是驻点和不可导点都可能是极值点, 也可能不是极值点, 那么该如何判定一个点到底是不是极值点呢? 接下来我们学习极值 (点) 的判定定理.

2. 函数极值的判定定理 (极值存在的充分条件)

定理 4.4.3 (极值存在的第一充分条件或一阶导数判定法) 设函数 $f(x)$ 在点 x_0 处连续, 在去心邻域 $\mathring{U}(x_0, \delta)$ 内可导 ($f'(x_0)$ 可以不存在). 则

(1) 当 $x \in (x_0 - \delta, x_0)$ 时, $f'(x) > 0$; 当 $x \in (x_0, x_0 + \delta)$ 时, $f'(x) < 0$, 则 $f(x)$ 在点 x_0 处取得极大值.

(2) 当 $x \in (x_0 - \delta, x_0)$ 时, $f'(x) < 0$; 当 $x \in (x_0, x_0 + \delta)$ 时, $f'(x) > 0$, 则 $f(x)$ 在点 x_0 处取得极小值.

(3) 当 $x \in \mathring{U}(x_0, \delta)$ 时, $f'(x)$ 不变号, 则 $x = x_0$ 不是 $f(x)$ 的极值点.

证明 (1) 当 $x \in (x_0 - \delta, x_0)$ 时, $f'(x) > 0$, 则 $f(x)$ 在 $(x_0 - \delta, x_0)$ 内单调递增; 当 $x \in (x_0, x_0 + \delta)$ 时, $f'(x) < 0$, 则 $f(x)$ 在 $(x_0, x_0 + \delta)$ 内单调递减. 又 $f(x)$ 在点 x_0 处连续, 所以对于任意 $x \in \mathring{U}(x_0, \delta)$, 都有 $f(x) < f(x_0)$, 由定义 4.4.1 知 $f(x)$ 在 x_0 处取得极大值 $f(x_0)$.

(2) 同理可证.

(3) 因为在 $(x_0 - \delta, x_0 + \delta)$ 内 $f'(x)$ 不变号, 故恒有 $f'(x) > 0$ 或 $f'(x) < 0$, 即 $f(x)$ 在 x_0 的左、右邻域内单调性相同, 故 $f(x)$ 在点 x_0 处不取得极值.

从定理 4.4.3 可以看出, 极值点是使得函数的单调性发生改变的点, 为此可以结合单调性来判断极值.

例 4.4.6 求函数 $f(x) = 2x^3 - 3x^2 - 72x + 15$ 的单调区间和极值.

解 函数 $f(x)$ 在定义域 $(-\infty, +\infty)$ 内连续且可导, 对其求导得

$$f'(x) = 6x^2 - 6x - 72 = 6(x+3)(x-4) = 0,$$

得驻点为 $x = -3, x = 4$. 这两个点将整个定义域 **R** 划分为三个子区间:$(-\infty, -3)$, $(-3, 4)$, $(4, +\infty)$, 依次在各个子区间内讨论函数的单调性与极值, 列于表 4.4.2.

表 4.4.2   例 4.4.6 函数的单调性与极值

x	$(-\infty, -3)$	-3	$(-3, 4)$	4	$(4, +\infty)$
$f'(x)$	$+$	0	$-$	0	$+$
$f(x)$	递增	150（极大值）	递减	-193(极小值)	递增

因此, $f(x)$ 在区间 $(-\infty, -3)$ 和 $(4, +\infty)$ 内单调递增, 在区间 $(-3, 4)$ 内单调递减, 在点 $x = -3$ 处取得极大值, 且极大值为 $f(-3) = 150$; 在点 $x = 4$ 处取得极小值, 且极小值为 $f(4) = -193$, 如图 4.4.13.

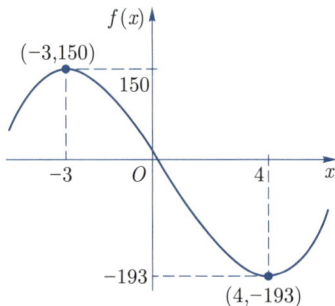

图 4.4.13

例 4.4.7 求函数 $f(x) = 1 - (x-2)^{\frac{2}{3}}$ 的单调区间和极值.

解 函数 $f(x)$ 在定义域 $(-\infty, +\infty)$ 内连续, 除 $x = 2$ 外均可导, 求导得

$$f'(x) = [1 - (x-2)^{\frac{2}{3}}]' = -\frac{2}{3}(x-2)^{\frac{-1}{3}} = -\frac{2}{3\sqrt[3]{x-2}},$$

可见 $f(x)$ 没有驻点, 只有一个不可导点 $x = 2$. 用 $x = 2$ 把定义域 **R** 划分为两个子区间: $(-\infty, 2)$, $(2, +\infty)$, 依次在两个区间内讨论 $f'(x)$ 的符号, 如表 4.4.3.

表 **4.4.3**　例 **4.4.7** 函数的单调性与极值

x	$(-\infty, 2)$	2	$(2, +\infty)$
$f'(x)$	+	不存在	−
$f(x)$	递增	1(极大值)	递减

因此, $f(x)$ 在 $(-\infty, 2)$ 内单调递增, 在 $[2, +\infty)$ 内单调递减, 在 $x = 2$ 处取得极大值, 且极大值为 $f(2) = 1$, 如图 4.4.14.

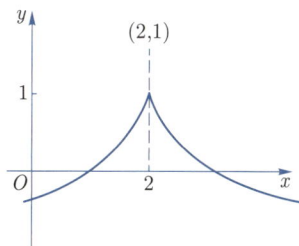

图 4.4.14

3. 用一阶导数判断极值的一般步骤

第一步: 给出函数定义域;

第二步: 求出定义域内所有驻点和导数不存在的点;

第三步: 判断这些点两侧 $f'(x)$ 的符号, 确定极值点;

第四步: 求出极值点对应的函数值, 即为极值.

上面讨论了如何用一阶导数判断极值. 事实上, 若函数二阶可导, 那么极值点只能在驻点中取得, 还可以用二阶导数来判定驻点是否为极值点.

定理 4.4.4 (极值存在的第二充分条件或二阶导数判定法) 设 $f(x)$ 在 x_0 的某一邻域 $U(x_0)$ 内二阶可导, 且 $f'(x_0) = 0$, $f''(x_0) \neq 0$, 则

(1) 如果 $f''(x_0) > 0$, 那么 $f(x_0)$ 为函数 $f(x)$ 的极小值;

(2) 如果 $f''(x_0) < 0$, 那么 $f(x_0)$ 为函数 $f(x)$ 的极大值.

证明　(1) 由导数定义, 以及 $f'(x_0) = 0$, $f''(x_0) > 0$ 知,

$$f''(x_0) = \lim_{x \to x_0} \frac{f'(x) - f'(x_0)}{x - x_0} = \lim_{x \to x_0} \frac{f'(x)}{x - x_0} > 0.$$

由极限的局部保号性知存在点 x_0 的某个邻域, 使得在该邻域中 $\dfrac{f'(x)}{x - x_0} > 0$. 则

当 $x < x_0$ 时, 有 $f'(x) < 0$, 说明 $f(x)$ 在 x_0 点的左侧单调递减;

当 $x > x_0$ 时, 有 $f'(x) > 0$, 说明 $f(x)$ 在 x_0 点的右侧单调递增,

由定理 4.4.3 知 $f(x)$ 在点 x_0 处取得极小值.

同理可证 (2).

例 4.4.8 求函数 $f(x) = x^3 - 3x^2 + 3$ 的极值.

解 $f(x)$ 在定义域 **R** 内连续且二阶可导,

$$f'(x) = 3x^2 - 6x = 3x(x-2), \quad f''(x) = 6x - 6.$$

令 $f'(x) = 0$, 得驻点 $x = 0, x = 2$, 显然

$$f''(0) = -6 < 0, \quad f''(2) = 6 > 0.$$

根据定理 4.4.4 知 $x = 0$ 是函数的极大值点, 且极大值 $f(0) = 3$; $x = 2$ 是函数的极小值点, 且极小值 $f(2) = -1$. 如图 4.4.15.

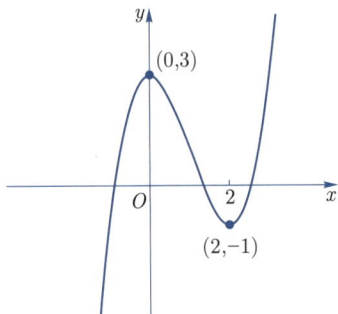

图 4.4.15

例 4.4.9 求函数 $f(x) = \sin x + \cos x$ 的极值.

解 函数 $f(x)$ 在定义域 **R** 内连续且二阶可导. 因为函数的周期为 2π, 故先在一个周期内讨论极值点. 由

$$f'(x) = (\sin x + \cos x)' = \cos x - \sin x = 0, \quad x \in [0, 2\pi],$$

解得驻点为 $x = \dfrac{\pi}{4}, x = \dfrac{5\pi}{4}$. 又因为 $f''(x) = -\sin x - \cos x$, 显然

$$f''\left(\frac{\pi}{4}\right) < 0, \quad f''\left(\frac{5\pi}{4}\right) > 0.$$

故函数 $f(x)$ 在 $x = \dfrac{\pi}{4}$ 处取得极大值, 且极大值为 $f\left(\dfrac{\pi}{4}\right) = \sqrt{2}$; 在 $x = \dfrac{5\pi}{4}$ 处取得极小值, 且极小值为 $f\left(\dfrac{5\pi}{4}\right) = -\sqrt{2}$. 因此在定义域 **R** 内, 由周期性知 $\dfrac{\pi}{4} + 2k\pi (k \in \mathbf{Z})$ 都是极大值点, 且极大值都是 $\sqrt{2}$; $\dfrac{5\pi}{4} + 2k\pi (k \in \mathbf{Z})$ 都是极小值点, 且极小值都是 $-\sqrt{2}$.

4. 用二阶导数判断极值的一般步骤

第一步: 给出函数定义域, 求出 $f'(x), f''(x)$;

第二步: 解 $f'(x) = 0$, 求出所有驻点;

第三步: 验证 $f''(x)$ 在这些驻点处的符号, 判断出极值点;

第四步: 求出极值点对应的函数值, 即为极值.

定理 4.4.4 是对驻点是否为极值点进行判定. 若函数在驻点处二阶导数不为零, 则在该驻点处一定取得极值. 当二阶导数大于零时, 该驻点是极小值点; 当二阶导数小于零时, 该驻点是极大值点. 那么当二阶导数为零时情况会如何呢?

【注意】 当 $f'(x_0) = 0, f''(x_0) = 0$ 时, $f(x_0)$ 可能是极值, 也可能不是极值. 例如 $f(x) = x^3$, 有 $f'(0) = 0, f''(0) = 0, x = 0$ 不是极值点; 而 $f(x) = x^4$, 有 $f'(0) = 0, f''(0) = 0$, 但是 $x = 0$ 是极小值点.

练习 4.4

1. 求下列函数的单调区间:

(1) $f(x) = x^3 - x$;

(2) $f(x) = x^4 - x^2 + 3$;

(3) $f(x) = \dfrac{2x}{1+x}$;

(4) $f(x) = (x-1)x^{\frac{2}{3}}$.

2. 讨论函数 $f(x) = \ln(1+x^2) - x$ 的单调性.

3. 讨论函数 $f(x) = 2x - \sin x$ 的单调性.

4. 讨论函数 $f(x) = (x-2)^{\frac{4}{5}}(1-x)^{\frac{1}{5}}$ 的单调区间.

5. 用一阶导数判定法判定下列函数是否有极值? 若有, 请求出极值.

(1) $f(x) = x^3 - 3x^2 + 3$;

(2) $f(x) = -x^4 + 2x^2 + 1$;

(3) $f(x) = \dfrac{2x}{1+x}$;

(4) $f(x) = 3(x-1)^{\frac{1}{3}} - x + 1$;

(5) $f(x) = \dfrac{(x-1)^2}{e^x}$;

(6) $f(x) = 3 - (x-3)^{\frac{2}{3}}$;

(7) $f(x) = \dfrac{x^3}{(x-2)^2}$;

(8) $f(x) = \sqrt{x^2 - 2x - 3}$.

6. 用二阶导数判定法求下列函数的极值:

(1) $f(x) = x^3 - 3x^2 - 9x + 9$;

(2) $f(x) = \sin x$;

(3) $f(x) = \ln 2x - 2x$;

(4) $f(x) = \dfrac{e^{2x} + 1}{e^x}$.

7. 对任意的 $x > 0$, 证明不等式 $e^{2x} - 2x > 1$.

8. 判断函数 $f(x) = \ln(1+x) + 2 - 2\sqrt{1+x}$ $(x > 0)$ 的单调性, 进而证明不等式:

$$\sqrt{1+x}\ln(1+x) < x, 对任意的 x > 0.$$

9. 已知函数 $f(x) = 2x^4 + ax^3 + bx$ 在点 $x = 1$ 处取得极值 8, 试确定常数 a, b 的值.

10. 已知对任意的 $x \in \mathbf{R}$, 函数 $f(x)$ 满足 $2xf''(x) + 5xf'(x) = 4 - 4e^{-x}$, 若存在 $a \neq 0$, 满足 $f'(a) = 0$, 判断 a 取何值时, $f(a)$ 是 $f(x)$ 的极值? 是极大值还是极小值?

11.   银行发现贷款装修房屋的数量与贷款利率有直接的关系, 可用函数 $H(r) = \dfrac{3\,000}{10 + 0.3r^2 - 0.06r}$ 模拟 (其中 $r > 0$ 是年贷款利率). 每年发放的装修贷款数量决定着银行的业务量, 银行希望知道未来几年里利率 r 在什么范围内变化时, 贷款数量是增加的? 如何设定利率才能使贷款数量达到极大值?

§4.5   函数的最值与应用

4.5.1   函数的最大值与最小值

由第 2 章知, 若函数 $f(x)$ 在闭区间 $[a, b]$ 上连续, 则 $f(x)$ 在 $[a, b]$ 上必存在最大值和最小值 (统称为最值). 这里的最值和上一节中的极值不同, 极值是局部概念, 只需在一个邻域中取得最值即可, 但是最值是全局概念, 它们是在给定的闭区间甚至是整个定义域中取到的.

1. 在有限闭区间上求函数的最值

假定函数 $f(x)$ 在闭区间 $[a, b]$ 上连续, 在开区间 (a, b) 内除有限个点外都可导, 且只存在有限个驻点 (即函数不是常数), 在上述条件下讨论 $f(x)$ 在闭区间 $[a, b]$ 上的最值问题. 如图 4.5.1, 求连续函数 $f(x)$ 在给定闭区间 $[a, b]$ 上的最值, 只需找出 $f(x)$ 在 $[a, b]$ 上的所有驻点、导数不存在的点以及区间端点, 计算它们的函数值并进行比较即可, 它们中的最大者为最大值, 最小者为最小值.

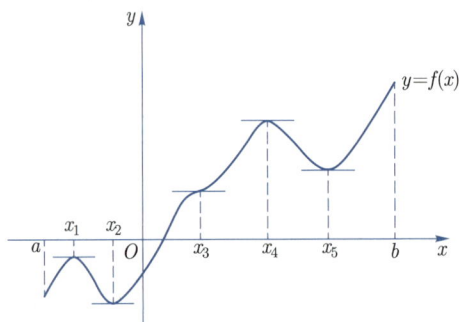

图 4.5.1

图 4.5.1 中函数的最值为

最大值 $\displaystyle\max_{x \in [a,b]} f(x) = \max\{f(a), f(b), f(x_1), f(x_2), \cdots, f(x_5)\} = f(b);$

最小值 $\displaystyle\min_{x \in [a,b]} f(x) = \min\{f(a), f(b), f(x_1), f(x_2), \cdots, f(x_5)\} = f(x_2).$

下面举例说明如何求函数在有限闭区间上的最值.

例 4.5.1 求函数 $f(x) = x^4 - 8x^2 + 6$ 在区间 $[-1,3]$ 上的最值.

解 函数 $f(x)$ 在区间 $[-1,3]$ 上连续且可导, 由

$$f'(x) = 4x^3 - 16x = 4x(x-2)(x+2) = 0,$$

解得驻点 $x = 0$, $x = 2$, $x = -2$ (因为 $x = -2$ 不在所要求的区间内, 故舍去). $f(x)$ 没有导数不存在的点, 故只需比较驻点 $x = 0$, $x = 2$ 和区间端点 $x = -1, x = 3$ 的函数值即可. 因为

$$f(0) = 6, \quad f(2) = -10, \quad f(-1) = -1, \quad f(3) = 15,$$

所以 $f(x)$ 在 $[-1,3]$ 上的最大值为 $f(3) = 15$, 最小值为 $f(2) = -10$ (如图 4.5.2).

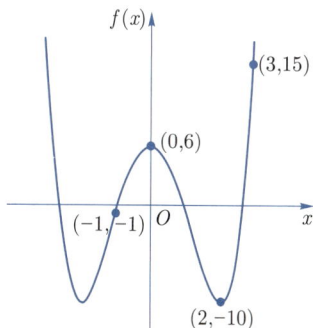

图 4.5.2

例 4.5.2 求函数 $f(x) = 2x - 3x^{\frac{2}{3}}$ 在区间 $\left[-1, \frac{27}{8}\right]$ 上的最值.

解 函数 $f(x)$ 在区间 $\left[-1, \frac{27}{8}\right]$ 上连续, 除 $x = 0$ 外均可导, 由

$$f'(x) = 2 - 2x^{-\frac{1}{3}} = 2\frac{\sqrt[3]{x} - 1}{\sqrt[3]{x}} = 0,$$

解得驻点 $x = 1$.

比较驻点 $x = 1$, 不可导点 $x = 0$, 以及区间端点 $x = -1$, $x = \frac{27}{8}$ 的函数值. 因为

$$f(1) = -1, \quad f(0) = 0, \quad f(-1) = -5, \quad f\left(\frac{27}{8}\right) = 0,$$

所以 $f(x)$ 在 $\left[-1, \frac{27}{8}\right]$ 上的最大值为 $f(0) = f\left(\frac{27}{8}\right) = 0$, 最小值为 $f(-1) = -5$ (如图 4.5.3).

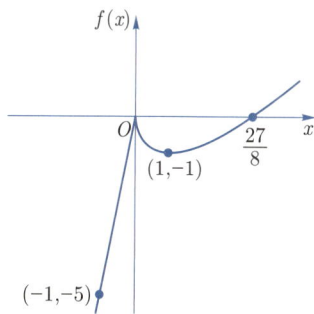

图 4.5.3

若在开区间 (包括无穷区间) 上求最大、最小值, 该如何求呢?

2. 在开区间内求函数的最值

例 4.5.3 求函数 $f(x) = x^4 \mathrm{e}^{-x}$ 的最值.

【分析】 本例没有限定在哪个区间上求函数的最值, 故要在整个定义域内求最值. 而函数 $f(x)$ 的定义域为 $(-\infty, +\infty)$, 故本题是求函数 $f(x)$ 在 $(-\infty, +\infty)$ 内的最值.

解 由 $f(x)$ 在 $(-\infty, +\infty)$ 内连续且可导, 令

$$f'(x) = 4x^3 \mathrm{e}^{-x} - x^4 \mathrm{e}^{-x} = x^3 \mathrm{e}^{-x}(4 - x) = 0,$$

得驻点 $x = 0, x = 4$. 易计算 $f(0) = 0, f(4) = 256\mathrm{e}^{-4}$.

对于区间端点, 算极限值

$$\lim_{x \to -\infty} f(x) = \lim_{x \to -\infty} x^4 \mathrm{e}^{-x} = +\infty,$$

$$\lim_{x \to +\infty} f(x) = \lim_{x \to +\infty} \frac{x^4}{\mathrm{e}^x} = 0,$$

说明函数在定义域内没有最大值, 但是有最小值 $f(0) = 0$ (见图 4.5.4).

进一步, 本题若求函数 $f(x) = x^4 \mathrm{e}^{-x}$ 在开区间 $(0,4)$ 内的最大值和最小值呢?

根据图 4.5.4, 显然 $f(x)$ 在开区间 $(0,4)$ 内单调递增, 对任意的 $x \in (0,4)$, 有

$$0 = f(0) < f(x) < f(4) = 256\mathrm{e}^{-4}.$$

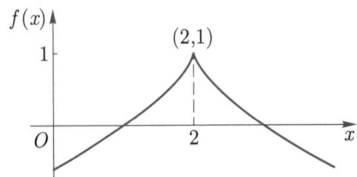

图 4.5.4

但是函数 $f(x)$ 在端点 $x = 0$ 处和 $x = 4$ 处都取不到函数值, 故 $f(x)$ 在区间 $(0,4)$ 内没有最大值和最小值.

例 4.5.4 求函数 $f(x) = 1 - (x - 2)^{\frac{2}{3}}$ 的最值.

解 函数 $f(x)$ 的定义域为 $(-\infty, +\infty)$, 在整个定义域中求函数的最值. 对 $f(x)$ 求导, 得

$$f'(x) = -\frac{2}{3}(x - 2)^{-\frac{1}{3}},$$

函数没有驻点, 只有导数不存在的点 $x = 2$. 计算函数值 $f(2) = 1$, 再计算极限值

$$\lim_{x \to -\infty} f(x) = \lim_{x \to -\infty} [1 - (x - 2)^{\frac{2}{3}}] = -\infty,$$

$$\lim_{x \to +\infty} f(x) = \lim_{x \to +\infty} [1 - (x - 2)^{\frac{2}{3}}] = -\infty,$$

所以函数在 $(-\infty, +\infty)$ 上没有最小值, 有最大值 $f(2) = 1$, 如图 4.5.5.

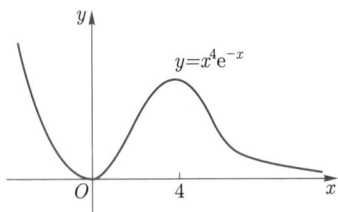

图 4.5.5

3. 最值的特殊情形

(1) 当函数 $f(x)$ 在闭区间 $[a, b]$ 上连续且单调时, 最值一定在端点处取得, 如图 4.5.6.

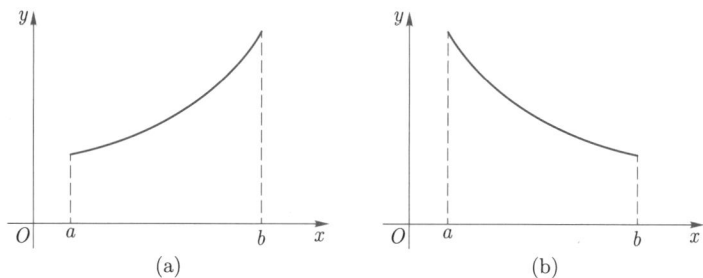

图 4.5.6

若 $f(x)$ 在闭区间 $[a, b]$ 上连续且单调递增, 则 $f(a)$ 为最小值, $f(b)$ 为最大值;

若 $f(x)$ 在闭区间 $[a, b]$ 上连续且单调递减, 则 $f(a)$ 为最大值, $f(b)$ 为最小值.

(2) 若 $f(x)$ 在闭区间 $[a, b]$ (或 $(a, b), (-\infty, +\infty)$ 等) 上连续且有唯一的极值点, 则该唯一极值点就是最值点. 如图 4.5.7.

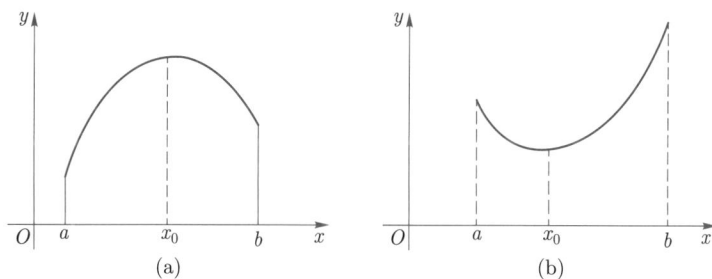

图 4.5.7

图 4.5.7(a) 中点 x_0 是函数唯一的极大值点, 也是最大值点; 图 4.5.7(b) 中点 x_0 是唯一的极小值点, 也是最小值点. 我们可应用这一理论解决一些实际问题.

4.5.2 最值应用举例

例 4.5.5 如图 4.5.8, 长度为 $12\,\mathrm{cm}$ 的正方形纸板, 在四个角各裁掉一个边长为 $x\,\mathrm{cm}$ 的小正方形, 然后将剩余的部分向上折起做成开口盒子, 该如何裁剪才能使所做的盒子的体积达到最大?

解 如图 4.5.9, 显然盒子的体积为

$$V(x) = x(12 - 2x)^2.$$

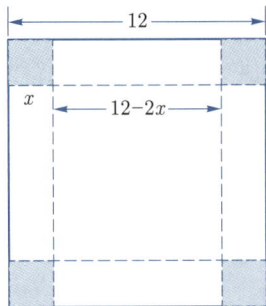

图 4.5.8

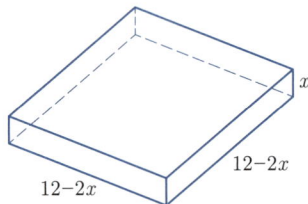

图 4.5.9

因为盒子的边长大于零, 故 $x > 0, 12 - 2x > 0$, 解得 $0 < x < 6$. 下面在区间 (0,6) 内求 $V(x)$ 的最大值. 由

$$V'(x) = (12 - 2x)^2 - 4x(12 - 2x) = 12(6 - x)(2 - x) = 0,$$

解得区间 (0, 6) 内唯一驻点 $x = 2$. 因为

$$V''(x) = 24x - 96, \quad V''(2) = -48 < 0,$$

故 $x = 2$ 是 $V(x)$ 在 (0,6) 内唯一的极大值点, 从而也是最大值点.

因此, 四个角各裁掉一个边长为 2 cm 的小正方形, 做成的盒子体积最大, 且最大体积为

$$V(2) = 2(12 - 2 \times 2)^2 = 128 \text{ cm}^3.$$

例 4.5.6 咖啡店希望定制一批铝合金圆柱体咖啡罐 (如图 4.5.10), 每个罐子的体积为 V, 如何设计才能使所用材料最省?

解 所用材料最省, 即每个罐子的表面积最小. 设底面半径为 $r(r > 0)$, 高为 $h(h > 0)$, 则一个罐子的表面积为

$$S(r, h) = 2\pi rh + 2\pi r^2.$$

因为罐子的体积为 $V = \pi r^2 h$, 所以 $h = \dfrac{V}{\pi r^2}$, 代入上式得

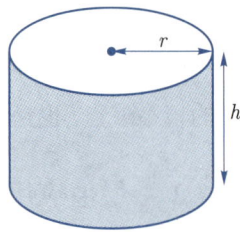

图 4.5.10

$$S(r) = 2\pi r \frac{V}{\pi r^2} + 2\pi r^2 = \frac{2V}{r} + 2\pi r^2, r \in (0, +\infty).$$

求导并令其为零,

$$S'(r) = -\frac{2V}{r^2} + 4\pi r = 0,$$

解得

$$r = \sqrt[3]{\frac{V}{2\pi}}.$$

又
$$S''(r) = \frac{4V}{r^3} + 4\pi,$$

知
$$S''\left(\sqrt[3]{\frac{V}{2\pi}}\right) > 0.$$

故 $r = \sqrt[3]{\frac{V}{2\pi}}$ 是 $S(r)$ 唯一的极小值点, 从而是最小值点, 此时

$$h = \frac{V}{\pi r^2} = \sqrt[3]{\frac{4V}{\pi}} = \sqrt[3]{\frac{8V}{2\pi}} = 2\sqrt[3]{\frac{V}{2\pi}} = 2r,$$

即当底面半径 $r = \sqrt[3]{\frac{V}{2\pi}}$, 高为底面半径的 2 倍时, 圆柱体咖啡罐的表面积最小.

例 4.5.7 已知某商品的成本函数为 $C(Q) = 100 + \frac{Q^3}{20}$ (万元), $Q > 0$ 为商品数量 (单位: 千件), 求 Q 为多少时, 平均成本最小? 并求平均成本最小时的总成本.

解 总成本函数为 $C(Q) = 100 + \frac{Q^3}{20}$, 平均成本函数为 $\overline{C}(Q) = \frac{100}{Q} + \frac{Q^2}{20}$ $(Q > 0)$. 下面求平均成本函数的驻点: 由

$$\overline{C}'(Q) = \left(\frac{100}{Q} + \frac{Q^2}{20}\right)' = -\frac{100}{Q^2} + \frac{Q}{10} = 0,$$

解得 $Q = 10$. 又因为

$$\overline{C}''(Q) = 200Q^{-3} + \frac{1}{10},$$

显然 $\overline{C}''(10) > 0$, 因此, $Q = 10$(千件) 是 $\overline{C}(Q)$ 唯一的极小值点, 从而也是最小值点, 此时的总成本为

$$C(10) = 100 + \frac{10^3}{20} = 150(万元).$$

例 4.5.8 某汽车轮胎厂商产品的利润函数为 $L(Q) = -Q^3 + 9Q^2 + 120Q - 400$(单位: 万元), 求利润最大时的销量 Q(单位: 千组), 并求最大利润.

解 由
$$L'(Q) = -3Q^2 + 18Q + 120 = -3(Q - 10)(Q + 4) = 0,$$

驻点为 $Q = 10, Q = -4$(舍去). 又因为

$$L''(Q) = -6Q + 18.$$

由 $L''(10) = -42 < 0$, 故 $Q = 10$ 是 $L(Q)$ 唯一的极大值点, 从而是最大值点, 所以最大利润为

$$L(10) = -10^3 + 9 \times 10^2 + 120 \times 10 - 400 = 700(万元).$$

最大利润原则   设 Q 表示生产销售的数量, $C(Q)$ 表示成本函数, $R(Q)$ 表示收益函数, 则利润函数为 $L(Q) = R(Q) - C(Q)$. 显然利润函数唯一的极大值点就是其利润最大的点. 故先解方程 $L'(Q) = 0$ 求利润函数的唯一驻点 Q_0, 再验证是否满足 $L''(Q_0) < 0$. 据此可得到最大利润原则.

原则 1   利润函数 $L(Q)$ 取得最大值的必要条件是 $L'(Q) = R'(Q) - C'(Q) = 0$, 即 $R'(Q) = C'(Q)$, 边际收益等于边际成本.

原则 2   利润函数 $L(Q)$ 取得最大值的充分条件是 $L''(Q) = R''(Q) - C''(Q) < 0$, 即 $R''(Q) < C''(Q)$, 边际收益的变化率小于边际成本的变化率.

例 4.5.9   某品牌手机在大学校园做促销, 学生可以组团购买. 购买数量在 10 部以下 (包括 10 部) 时, 每部手机的售价是 3 000 元, 在此基础上, 每多买一部价格可优惠 50 元, 售价最低可降到 2 000 元, 此时团购人数不再增多 (假设每人购买一部手机). 每部手机的成本为 1 000 元, 求每团多少人商家的利润能达到最大? 此时手机价格是多少? 是否符合最大利润原则?

解   首先需要写出价格函数, 设价格为 P, 销售数量为 Q, 当 $0 < Q \leqslant 10$ 时, $P = 3\,000$; 当 $Q > 10$ 时, 价格 $P = 3\,000 - 50(Q - 10)$. 但是因为价格降到 2 000 元时, 不能再降价了, 团购人数也不再增加, 故由此可求得每团最大人数. 即

$$3\,000 - 50(Q - 10) = 2\,000,$$

解得
$$Q = 30.$$

为此, 价格函数为

$$P(Q) = \begin{cases} 3\,000, & 0 < Q \leqslant 10, \\ 3\,000 - 50(Q - 10), & 10 < Q \leqslant 30. \end{cases}$$

收益函数为 $R(Q) = QP(Q) = \begin{cases} 3\,000Q, & 0 < Q \leqslant 10, \\ 3\,000Q - 50(Q - 10)Q, & 10 < Q \leqslant 30. \end{cases}$

由题知成本函数为 $C(Q) = 1\,000Q$, 故利润函数为

$$L(Q) = R(Q) - C(Q) = \begin{cases} 3\,000Q - 1\,000Q, & 0 < Q \leqslant 10, \\ 3\,000Q - 50(Q - 10)Q - 1\,000Q, & 10 < Q \leqslant 30 \end{cases}$$

$$= \begin{cases} 2\,000Q, & 0 < Q \leqslant 10, \\ -50Q^2 + 2\,500Q, & 10 < Q \leqslant 30. \end{cases}$$

对利润函数求导, 注意分段点处的导数要用定义求, 得

$$L'(Q) = \begin{cases} 2\ 000, & 0 < Q < 10, \\ -100Q + 2\ 500, & 10 < Q \leqslant 30. \end{cases}$$

在 $Q = 10$ 处导数不存在. 令 $L'(Q) = 0$, 得驻点 $Q = 25$.

下面计算不可导点 $Q = 10$, 驻点 $Q = 25$, 以及区间端点 $Q = 30$ 处的函数值并进行比较:

$$L(10) = 20\ 000, \quad L(25) = 31\ 250, \quad L(30) = 30\ 000.$$

显然在人数 $Q = 25$ 时, 商家的利润最大, 且最大利润为 31 250 元. 此时的手机价格为

$$P(25) = 3\ 000 - 50(25 - 10) = 2\ 250元.$$

故对于商家来说, 每个团人数为 25 人时商家的利润最大. 此时每部手机的价格为 2 250 元, 而商家从每个团中获得的利润是 31 250 元.

每团 25 人时利润最大, 那么此时符合最大利润原则吗?

由题知当 $Q > 10$ 时, 成本函数为 $C(Q) = 1\ 000Q$, 收益函数为 $R(Q) = QP(Q) = 3\ 500Q - 50Q^2$.

边际成本和边际收益分别为 $C'(Q) = 1\ 000, R'(Q) = 3\ 500 - 100Q$.

在最大利润点 $Q = 25$ 处,

$C'(25) = 1\ 000, R'(25) = 1\ 000$, 边际收益等于边际成本;

$C''(25) = 0, R''(25) = -100, R''(25) < C''(25)$, 边际收益变化率小于边际成本变化率, 故满足最大利润原则.

练习 4.5

1. 求下列函数在给定区间上的最大值和最小值:

(1) $y = x^4 - 8x^2 + 2, x \in [-1, 3]$;

(2) $y = \ln(1 + 2x), x \in [0, 2]$;

(3) $y = x\mathrm{e}^{-x}, x \in [0, 2]$;

(4) $y = \dfrac{x^2}{1 + x}, x \in [0, 2]$;

(5) $y = x^{\frac{1}{3}} + x, x \in [-1, 1]$;

(6) $y = \mathrm{e}^{|x|}, x \in [-2, 1]$.

2. 求下列函数的最大值和最小值:

(1) $y = x^2\mathrm{e}^{-x}$;

(2) $y = 3x^4 - 4x^3 - 12x^2 + 2$;

(3) $y = -\mathrm{e}^{|x|}$;

(4) $y = x^3 - 12x + 3$.

3. 求两个非负数 x, y, 满足 $2x + y = 30$, 且 xy^2 最大.

4. 某人参加一项定向运动, 必须尽可能快地到达树林中指定的树下 (如图). 他可以沿着小路向东跑 300 m, 然后向北穿过树林 900 m; 也可以选择从任意点直接穿过树林到达终点指定树. 他沿着小路每分钟可以跑 160 m, 但是穿过树林每分钟只能行进 80 m, 该如何决策才能在最短时间内到达指定树?

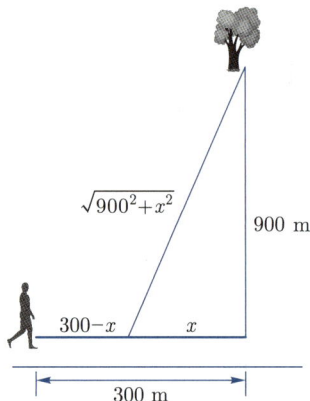

第 4 题图

5. 用铁板做一个底为正方形、容积为 1 000 cm^3 的方形带盖容器, 如何做所用材料最省?

6. 书店中某本书的售价 $P(x) = 18 - \dfrac{x}{5}$, 其中 x 是销量 (单位: 百本), 求这本书的收益函数, 并求销量 x 为多少时, 收益最大? 收益最大时的价格是多少?

7. 某手机专卖店平均每个月卖 60 部手机, 每部手机的平均利润为 500 元, 现在销售商经过前几个月的数据估计, 手机的价格每降价 50 元, 每个月可多卖 10 部手机. 请帮助销售商决策: 该如何制定优惠政策 (即降价多少), 才能使利润最大? 最大利润是多少?

8. 某工厂要生产一批上、下底为正方形的长方体铜盒, 体积为 16 000 cm^3. 这种铜盒上、下底要厚一些, 造价是 3元/cm^2, 四周略薄, 造价是 1.5元/cm^2, 如何设计才能使总成本最低? 最低成本是多少?

§4.6   曲线的凸性与拐点

在 §4.4 中, 我们用导数研究了曲线的单调性. 曲线的单调性在几何上呈现为曲线上升或下降. 而曲线在上升或下降过程中还存在弯曲方向的问题. 这一节我们便用导数来研究曲线的弯曲方向, 即曲线的凸性.

4.6.1   曲线的凸性

观察图 4.6.1 和图 4.6.2.

图 4.6.1 中, 在区间 $[a,b]$ 上的曲线弧 $y = f(x)$ 上任取两点 $A(x_1, f(x_1))$, $B(x_2, f(x_2))$, 联结 A, B 两点得到弦 AB, 显然弦 AB 位于曲线弧上方. 在区间 (x_1, x_2) 内任取点 $P, x_P = \lambda x_1 + (1 - \lambda)x_2$, 其中 $0 < \lambda < 1$, 对应的函数值为 $f[\lambda x_1 + (1 - \lambda)x_2]$, 即曲线上的点 D, 联结 PD 并延长交弦 AB 于 C, 则 C 点的纵坐标为 $\lambda f(x_1) + (1 - \lambda)f(x_2)$.

从图形上看 $PD < PC$, 即

$$f[\lambda x_1 + (1-\lambda)x_2] < \lambda f(x_1) + (1-\lambda)f(x_2).$$

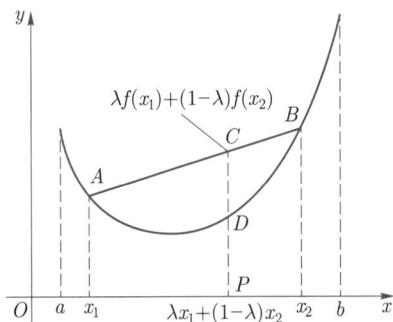

图 4.6.1

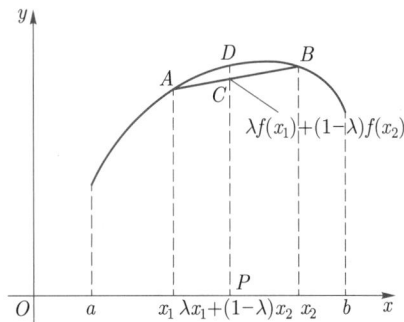

图 4.6.2

同理观察图 4.6.2 中的曲线 $y = f(x), x \in [a,b]$. 在曲线上任取两点 $A(x_1, f(x_1))$, $B(x_2, f(x_2))$, 弦 AB 位于曲线弧下方. 在区间 (x_1, x_2) 内任取点 $P, x_P = \lambda x_1 + (1-\lambda)x_2, 0 < \lambda < 1$. 对应的函数值 $f[\lambda x_1 + (1-\lambda)x_2]$, 即曲线上的点 D, 联结 PD 交弦 AB 于 C, 同理 C 点的纵坐标为 $\lambda f(x_1) + (1-\lambda)f(x_2)$. 从图形上看 $PD > PC$, 即

$$f[\lambda x_1 + (1-\lambda)x_2] > \lambda f(x_1) + (1-\lambda)f(x_2).$$

由此可见, 图 4.6.1 和图 4.6.2 中曲线的弯曲方向不同, 曲线上联结任意两点的弦与曲线弧的位置关系也不同, 从而对于区间 (x_1, x_2) 内的同一点 $x_P = \lambda x_1 + (1-\lambda)x_2$, 对应的函数值 $f(x_P)$ (即 PD 的长度) 和 PC 的长度大小关系就不同. 我们称图 4.6.1 中的曲线 ($PD < PC$) 为下凸曲线, 称图 4.6.2 中的曲线 ($PD > PC$) 为上凸曲线. 下面给出曲线下凸和上凸的定义.

定义 4.6.1 设函数 $f(x)$ 在区间 I 上连续, 若对于 I 上任意两点 x_1, x_2, 任意的 λ $(0 < \lambda < 1)$, 恒有

$$f[\lambda x_1 + (1-\lambda)x_2] < \lambda f(x_1) + (1-\lambda)f(x_2)$$

成立, 则称曲线 $y = f(x)$ 在区间 I 上是**下凸** (或**上凹**) 的; 反之若对于 I 上任意两点 x_1, x_2, 任意的 λ $(0 < \lambda < 1)$, 恒有

$$f[\lambda x_1 + (1-\lambda)x_2] > \lambda f(x_1) + (1-\lambda)f(x_2)$$

成立, 则称曲线 $y = f(x)$ 在区间 I 上是**上凸** (或**下凹**) 的.

为表述方便, 后面称曲线的凸性也是对应函数的凸性.

一般地, 如果在某区间内连续可导的曲线弧是下凸的, 任取一点作切线, 曲线弧都位于切线的上方 (如图 4.6.3); 反之, 上凸的曲线弧位于其上任意一点的切线的下方 (如

图 4.6.4), 那么, 这一特性可否用来帮助判断曲线的凸性呢? 观察图 4.6.5 中的下凸曲线 $y = f(x)$(其中 $f(x)$ 可导), 发现随着自变量增大, 其切线斜率也在增大, 意味着 $f'(x)$ 单调递增.

同理, 观察图 4.6.6 中的上凸曲线 $y = f(x)$(其中 $f(x)$ 可导), 发现随着自变量增大, 其切线斜率递减, 故 $f'(x)$ 单调递减.

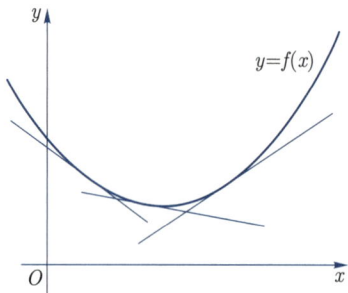

图 4.6.3

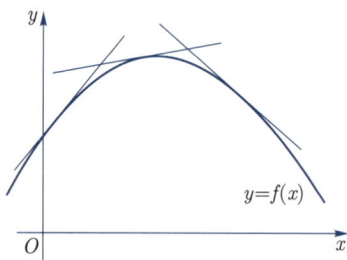

图 4.6.4

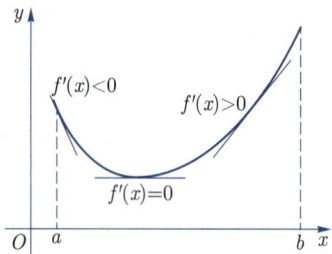

图 4.6.5

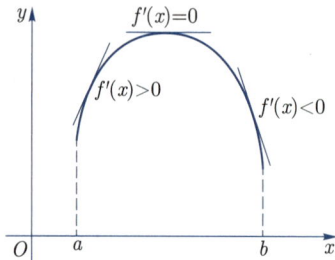

图 4.6.6

如果 $f(x)$ 本身二阶可导, 那么 $f'(x)$ 单调递增意味着 $f''(x) > 0$; $f'(x)$ 单调递减意味着 $f''(x) < 0$, 为此得到曲线凸性的判定定理.

定理 4.6.1 (曲线凸性的判定定理) 设函数 $f(x)$ 在闭区间 $[a,b]$ 上连续, 在开区间 (a,b) 内二阶可导.

(i) 若对任意 $x \in (a,b)$, 恒有 $f''(x) > 0$, 则曲线 $y = f(x)$ 在 $[a,b]$ 上是下凸的;

(ii) 若对任意 $x \in (a,b)$, 恒有 $f''(x) < 0$, 则曲线 $y = f(x)$ 在 $[a,b]$ 上是上凸的.

【说明】 定理 4.6.1 中的有限区间换成其他任意区间 (包括无穷区间), 结论仍成立.

可见, 凸性与单调性都是区间性概念. 若要知道曲线在给定区间内的凸性, 只需判断其对应函数的二阶导数在该区间内的符号即可.

例 **4.6.1** 判断曲线 $y = \ln x$ 的凸性.

解 显然 $y = \ln x$ 在定义域 $(0, +\infty)$ 内二阶可导, 且

$$y' = \frac{1}{x} > 0, \quad y'' = -\frac{1}{x^2} < 0 \ (x > 0).$$

故 $y = \ln x$ 在定义域 $(0, +\infty)$ 内单调递增且上凸 (如图 4.6.7).

例 4.6.2 判断曲线 $f(x) = x^3$ 的凸性.

解 显然 $f(x) = x^3$ 在定义域 $\mathbf{R}$ 内二阶可导, 且

$$f'(x) = 3x^2, \quad f''(x) = 6x.$$

令 $f''(x) = 0$, 解得 $x = 0$. 用 $x = 0$ 把定义域分为两个子区间: $(-\infty, 0)$ 和 $(0, +\infty)$, 在两个区间内依次讨论二阶导数的符号.

当 $x \in (-\infty, 0)$ 时, $f''(x) < 0$, 故曲线 $f(x) = x^3$ 在 $(-\infty, 0)$ 内上凸;

当 $x \in (0, +\infty)$ 时, $f''(x) > 0$, 故曲线 $f(x) = x^3$ 在 $(0, +\infty)$ 内下凸.

这里曲线 $f(x) = x^3$(如图 4.6.8) 在点 $(0,0)$ 左、右两侧凸性发生改变, 我们称点 $(0,0)$ 为拐点.

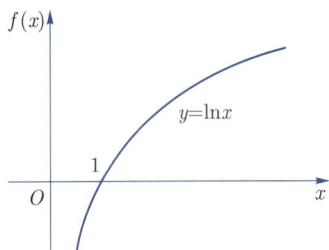

图 4.6.7

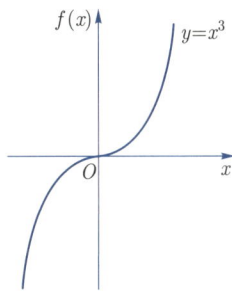

图 4.6.8

4.6.2 曲线的拐点

定义 4.6.2 曲线上凸与下凸的分界点称为曲线的**拐点**.

例 4.6.3 求曲线 $f(x) = x^4 - 8x^3 + 18x^2$ 的凸性与拐点.

解 $f(x)$ 在定义域 $\mathbf{R}$ 内连续且二阶可导, 且

$$f'(x) = 4x^3 - 24x^2 + 36x,$$

$$f''(x) = 12x^2 - 48x + 36$$

$$= 12(x-1)(x-3).$$

使得 $f''(x) = 0$ 的点 $x = 1, x = 3$ 把定义域分为三个子区间: $(-\infty, 1), (1, 3), (3, +\infty)$, 在三个区间内依次讨论二阶导数的符号.

当 $x \in (-\infty, 1)$ 时, $f''(x) > 0$, 曲线 $y = f(x)$ 在 $(-\infty, 1)$ 内下凸;

当 $x \in (1, 3)$ 时, $f''(x) < 0$, 曲线 $y = f(x)$ 在 $(1, 3)$ 内上凸;

当 $x \in (3, +\infty)$ 时, $f''(x) > 0$, 曲线 $y = f(x)$ 在 $(3, +\infty)$ 内下凸.

　　显然 $x=1$ 和 $x=3$ 两侧凸性都发生了改变, 所以点 $(1,11)$ 和 $(3,27)$ 都是拐点 (如图 4.6.9).

　　拐点是凸性发生改变的点, 在例 4.6.2 和例 4.6.3 中, 拐点处横坐标的二阶导数都为零. 如例 4.6.2 中 $f(x)=x^3$ 在拐点 $(0,0)$ 处有 $f''(0)=0$; 例 4.6.3 中在拐点 $(1,11)$ 和 $(3,27)$ 处也都有 $f''(1)=f''(3)=0$, 是否说明函数的二阶导数为零时对应的点 $(x,f(x))$ 都是拐点呢?

　　观察曲线 $f(x)=x^4$ (如图 4.6.10) 在点 $x=0$ 处的二阶导数为零, 但是在点 $(0,0)$ 两侧函数的凸性并未发生改变, 故点 $(0,0)$ 不是函数的拐点. 故函数二阶导数为零时对应的点 $(x,f(x))$ 未必都是拐点.

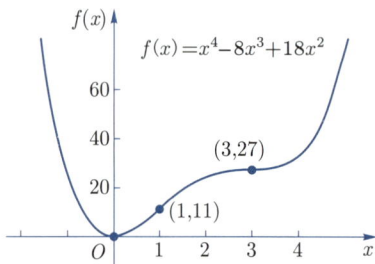

图 4.6.9

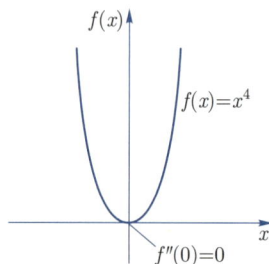

图 4.6.10

　　那么二阶导数不存在的点是否也能成为拐点?

　　观察曲线 $f(x)=x^{\frac{1}{3}}$ (如图 4.6.11), 显然

$$f'(x)=\frac{1}{3}x^{-\frac{2}{3}}, \quad f''(x)=-\frac{2}{9}x^{-\frac{5}{3}}.$$

在点 $x=0$ 处函数的二阶导数不存在, 但是

　　当 $x<0$ 时, $f''(x)>0$, 曲线下凸;

　　当 $x>0$ 时, $f''(x)<0$, 曲线上凸, 故点 $(0,0)$ 是拐点.

　　因此, 二阶不可导点也可能成为拐点. 那么二阶导数不存在的点是否都是拐点呢?

　　观察曲线 $f(x)=x^{\frac{2}{3}}$ (如图 4.6.12), 有

$$f'(x)=\frac{2}{3}x^{-\frac{1}{3}}, \quad f''(x)=-\frac{2}{9}x^{-\frac{4}{3}}.$$

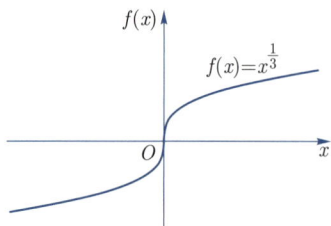

图 4.6.11

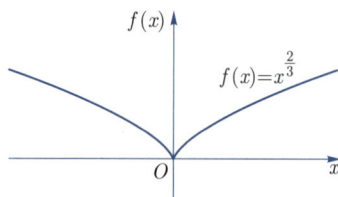

图 4.6.12

在点 $x = 0$ 处函数的二阶导数不存在, 但是当 $x < 0$ 时, $f''(x) < 0$, 曲线上凸; 当 $x > 0$ 时, $f''(x) < 0$, 曲线也上凸, 故点 $(0,0)$ 不是拐点.

这样一来, 函数的二阶导数为零以及二阶导数不存在时对应的点 $(x, f(x))$ 都可能是拐点, 但也可能都不是拐点, 该如何判定拐点呢?

定理 4.6.2 (拐点的判定性定理)　设 $f(x)$ 在点 x_0 的某个邻域 $U(x_0)$ 内连续, 在去心邻域 $\mathring{U}(x_0)$ 内二阶可导, 若二阶导数 $f''(x)$ 在点 x_0 两侧符号相反, 则 $(x_0, f(x_0))$ 是曲线 $y = f(x)$ 的拐点.

因此, 要寻找曲线的拐点, 只需找出使 $f''(x)$ 符号发生改变的分界点即可.

4.6.3　判断曲线凸性和拐点的一般步骤

第一步: 给出曲线 $f(x)$ 的定义域;

第二步: 求出 $f(x)$ 在定义域内二阶导数为零的点和二阶导数不存在的点;

第三步: 用这些点将定义域分成几个互不相交的小区间;

第四步: 在每个小区间内判断 $f''(x)$ 的符号, 确定 $f(x)$ 的凸性和拐点.

在求曲线的单调区间、凸性、极值点、拐点等几何性质时, 列表会使判断过程更加简洁清晰.

例 4.6.4　求函数 $f(x) = 1 - \dfrac{36x}{(x+2)^2}$ 的单调区间、极值、凸性以及拐点.

解　函数 $f(x)$ 在定义域 $(-\infty, -2) \cup (-2, +\infty)$ 内二阶可导.

$$f'(x) = \frac{36(x-2)}{(x+2)^3} = 0, \text{得驻点} x = 2;$$

$$f''(x) = \frac{-72(x-4)}{(x+2)^4} = 0, \text{得} x = 4.$$

用 $x = 2, x = 4$ 以及间断点 $x = -2$ 将定义域分为四个小区间:$(-\infty, -2), (-2, 2),$ $(2, 4), (4, +\infty)$, 依次在各个小区间内判定一阶导数和二阶导数的符号, 从而判断曲线的单调性和凸性. 见表 4.6.1.

表 4.6.1　函数的单调性、极值、凸性与拐点

x	$(-\infty, -2)$	-2	$(-2, 2)$	2	$(2, 4)$	4	$(4, +\infty)$
$f'(x)$	$+$		$-$	0	$+$		$+$
$f''(x)$	$+$		$+$		$+$	0	$-$
$f(x)$	函数递增, 曲线下凸	间断点	函数递减, 曲线下凸	极小值 $-\dfrac{7}{2}$	函数递增, 曲线下凸	拐点 $(4, -3)$	函数递增, 曲线上凸

显然, 函数在区间 $(-\infty, -2)$ 内单调递增, 曲线下凸, $x = -2$ 是间断点; 在区间 $(-2, 2)$ 内单调递减, 曲线下凸; 在区间 $(2, 4)$ 内单调递增, 曲线下凸, 在 $x = 2$ 处取得极小值, 且极小值为 $f(2) = -\dfrac{7}{2}$; 在区间 $(4, +\infty)$ 内单调递增, 曲线上凸, 点 $(4, -3)$ 是拐点 (如图 4.6.13).

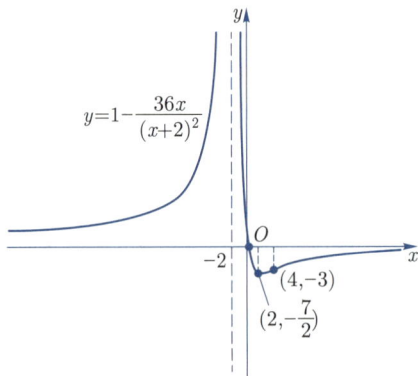

$$y = 1 - \frac{36x}{(x+2)^2}$$

图 4.6.13

例 4.6.5   商家通过宣传产品增加收益, 已知宣传费用 x (单位: 万元) 与收益 $R(x)$ 之间的关系为 $R(x) = \dfrac{1}{15\,000}(600x^2 - x^3), 0 \leqslant x \leqslant 600$. 求宣传费用 x 为多少时收益最大? 并判断是否存在一个点使得收益的增加值由递增变为递减?

【分析】   因为收益的增加值即收益函数的变化率, 其实就是收益函数的导数 $R'(x)$, 求收益函数的变化率由递增变为递减即求 $R'(x)$ 由递增变为递减的点, 即 $R(x)$ 的拐点.

解   显然函数

$$R(x) = \frac{1}{15\,000}(600x^2 - x^3) = \frac{1}{25}x^2 - \frac{1}{15\,000}x^3$$

在 $[0, 600]$ 上连续且二阶可导, 求一阶、二阶导数, 并令一阶导数为零, 有

$$R'(x) = \frac{2}{25}x - \frac{1}{5\,000}x^2 = 0, 解得 x = 400(万元);$$

$$R''(x) = \frac{2}{25} - \frac{1}{2\,500}x.$$

计算点 $x = 400$ 处的二阶导数

$$R''(400) = \frac{2}{25} - \frac{1}{2\,500} \times 400 = -\frac{2}{25} < 0,$$

所以 $x = 400$ 是收益函数在区间 $[0, 600]$ 内的唯一极大值点, 从而是最大值点. 故当宣传费用为 $x = 400$ 万元时, 总收益最大.

接下来求使得 $R'(x)$ 由递增变为递减的点.

令 $R''(x) = \dfrac{2}{25} - \dfrac{1}{2\,500}x = \dfrac{200-x}{2\,500} = 0$, 解得 $x = 200$.

当 $x < 200$ 时, $R''(x) > 0$, 收益变化率 $R'(x)$ 单调递增, 收益曲线 $R(x)$ 下凸;

当 $x > 200$ 时, $R''(x) < 0$, 收益变化率 $R'(x)$ 单调递减, 收益曲线 $R(x)$ 上凸,

所以 $x = 200$ 是收益变化率由递增变为递减的点, 此时 $(200, R(200)) = \left(200, \dfrac{3\,200}{3}\right)$ 是收益函数 $R(x)$ 的拐点 (如图 4.6.14).

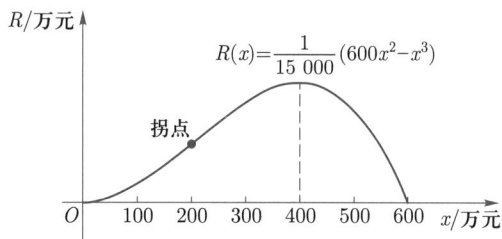

图 4.6.14

练习 4.6

1. 求下列曲线的凸性和拐点:

(1) $f(x) = 3x^2 + 6x - 3$;

(2) $f(x) = 8 - 6x - x^2$;

(3) $f(x) = -x^3 - 12x^2 - 45x + 2$;

(4) $f(x) = \dfrac{3}{x-5}$;

(5) $f(x) = 18x - 18\mathrm{e}^{-x}$;

(6) $f(x) = x^{\frac{8}{3}} - 4x^{\frac{5}{3}}$;

(7) $f(x) = \ln(x^2 + 1)$;

(8) $f(x) = x^2 \ln|x|$;

(9) $f(x) = |\ln x|$;

(10) $f(x) = \mathrm{e}^{|x|}$.

2. 根据下列导函数图像, 判断原函数曲线的凸性和拐点:

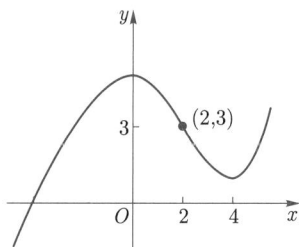

(1)

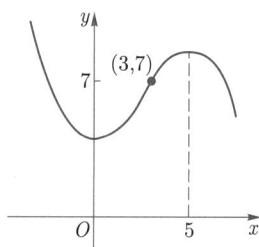

(2)

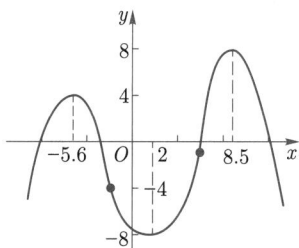

(3)

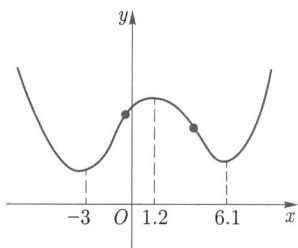

(4)

3. 求函数 $f(x) = 5 - e^{-x^2}$ 的单调性、凸性、极值与拐点.

4. 求函数 $f(x) = (x-1)^{\frac{5}{3}} + 2(x-1)^{\frac{2}{3}}$ 的单调性、凸性、极值与拐点.

5. 已知某商品的收益 R (单位: 万元) 与宣传费用 x (单位: 万元) 之间的关系为

$$R(x) = 5\,000 - 4x^3 + 72x^2 + 200x, \quad 0 \leqslant x \leqslant 10.$$

求收益函数 $R(x)$ 的拐点, 并说明此拐点有何经济含义.

6. 一块石头从一座山上滚下, 从起始点开始计时, 滚下的距离函数为 $s(t) = \dfrac{3}{2}t^2 + 4t$ $(t \geqslant 0)$, 回答以下问题:

(1) 在开始的 10 s 石头滚下了多远?

(2) 在第 5 s 和第 10 s 石头的速度分别是多少?

(3) 第 5 s 和第 10 s 石头的加速度分别是多少?

(4) 距离函数的曲线是下凸还是上凸? 这种凸性说明了什么?

§4.7　渐近线与函数作图

观察函数 $y = \dfrac{1}{x}$ 的图像 (如图 4.7.1), 当自变量 $x \to \infty$ 时, 因变量 $y \to 0$; 当 $x \to 0$ 时, 因变量 $y \to \infty$. 若在曲线上取一动点 P, 观察发现当动点 P 沿 x 轴方向趋于无穷远时, P 与 x 轴 (即直线 $y = 0$) 的距离越来越近; 当动点 P 沿 y 轴方向趋于无穷远时, P 与 y 轴 (即直线 $x = 0$) 的距离越来越近. 这种曲线无限接近的直线称为曲线的渐近线.

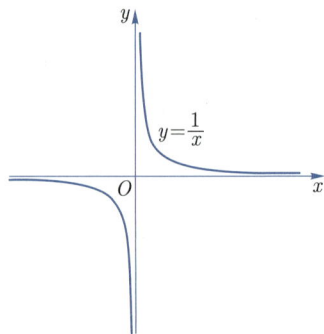

4.7.1　渐近线

图 4.7.1

定义 4.7.1　若曲线上一动点沿着曲线趋于无穷远处时, 该点与某直线的距离趋于零, 则称此直线为曲线的**渐近线**.

如图 4.7.2, $y = L$ 是曲线 $y = f(x)$ 在 $x \to +\infty$ 时的渐近线, 则有 $\lim\limits_{x \to +\infty} f(x) = L$, 即对于任意 $\varepsilon > 0$, 存在 $M > 0$, 当 $x > M$ 时, 曲线 $y = f(x)$ 落在区间 $(L - \varepsilon, L + \varepsilon)$ 内.

渐近线分类

图 4.7.2 中渐近线 $y = L$ 是水平的, 即平行于 x 轴的直线. 渐近线也可以是垂直的, 或者是斜的, 为此根据渐近线的倾斜情况划分为以下三类:

1. 水平渐近线

如果 $\lim\limits_{x \to +\infty} f(x) = b$, 或 $\lim\limits_{x \to -\infty} f(x) = b$, 则称 $y = b$ 为曲线 $y = f(x)$ 的一条水平渐近线.

如 $f(x) = \arctan x$ (见图 4.7.3),

$$\lim_{x \to +\infty} \arctan x = \frac{\pi}{2}, \quad \lim_{x \to -\infty} \arctan x = -\frac{\pi}{2},$$

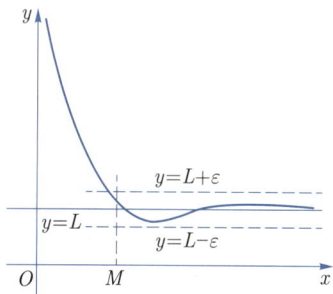

图 4.7.2

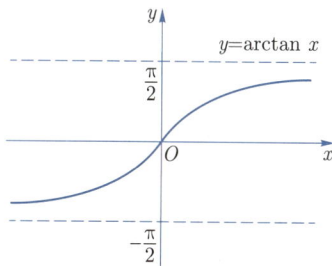

图 4.7.3

所以 $y = \dfrac{\pi}{2}$, $y = -\dfrac{\pi}{2}$ 都是曲线 $f(x) = \arctan x$ 的水平渐近线.

2. 垂直 (铅直) 渐近线

若 $\lim\limits_{x \to a^+} f(x) = \infty$, 或 $\lim\limits_{x \to a^-} f(x) = \infty$, 则称 $x = a$ 为曲线 $y = f(x)$ 的一条垂直 (铅直) 渐近线.

图 4.7.4 和图 4.7.5 都以 $x = 1$ 为渐近线, 其中图 4.7.4 中 $\lim\limits_{x \to 1^+} f(x) = +\infty$, 图 4.7.5 中 $\lim\limits_{x \to 1^-} f(x) = -\infty$.

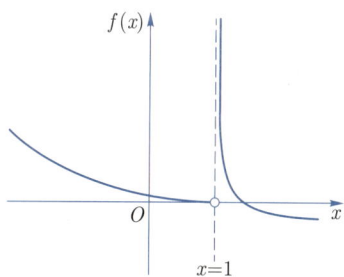

图 4.7.4

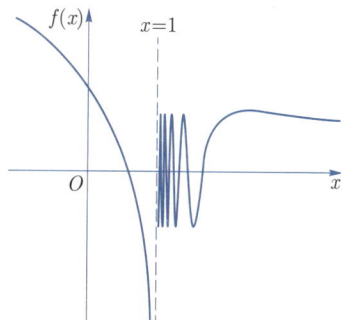

图 4.7.5

3. 斜渐近线

若 $\lim\limits_{x \to \pm\infty} [f(x) - (kx + b)] = 0$, 则称 $y = kx + b$ 为曲线 $y = f(x)$ 的一条斜渐近线.
求斜率 k 和截距 b 的方法, 以 $x \to +\infty$ 为例,

$$k = \lim_{x \to +\infty} \frac{f(x)}{x}, \quad b = \lim_{x \to +\infty} [f(x) - kx].$$

显然当 $k = 0$ 时, 所得渐近线为水平渐近线. 当 $x \to -\infty$ 以及 $x \to \infty$ 时可类似计算.

比如 $y = f(x) = x + \dfrac{1}{x}$, 因为

$$k = \lim_{x \to \infty} \frac{f(x)}{x} = \lim_{x \to \infty} \frac{x + \dfrac{1}{x}}{x} = 1,$$

$$b = \lim_{x \to \infty} [f(x) - kx] = \lim_{x \to \infty} \left(x + \frac{1}{x} - x \right) = 0,$$

所以曲线 $f(x) = x + \dfrac{1}{x}$ 有一条斜渐近线 $y = x$, 如图 4.7.6.

那么对于一般的函数曲线, 我们该如何求渐近线呢? 由于一条曲线可能有多条渐近线, 且不是所有渐近线都能从函数表达式中观察出来, 故对于一般的曲线, 需要根据三种渐近线的定义逐一验证是否存在.

例 4.7.1 求曲线 $y = f(x) = \dfrac{x}{x - 2}$ 的渐近线.

解 根据三类渐近线的定义, 依次验证:

因为 $\lim\limits_{x \to \infty} f(x) = \lim\limits_{x \to \infty} \dfrac{x}{x - 2} = 1$, 所以曲线有水平渐近线 $y = 1$;

因为 $\lim\limits_{x \to 2} \dfrac{x}{x - 2} = \infty$, 所以曲线有垂直渐近线 $x = 2$;

因为 $k = \lim\limits_{x \to \infty} \dfrac{f(x)}{x} = \lim\limits_{x \to \infty} \dfrac{x}{x^2 - 2x} = 0$,

所以没有斜渐近线, 如图 4.7.7.

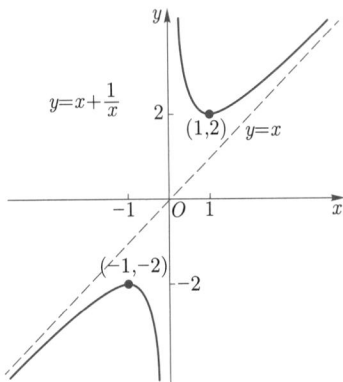

图 4.7.6

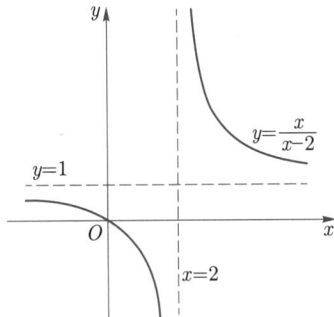

图 4.7.7

例 4.7.2 求曲线 $y = f(x) = \dfrac{\mathrm{e}^x}{x^2 + 2}$ 的渐近线.

解 因为

$$\lim_{x \to -\infty} \frac{\mathrm{e}^x}{x^2 + 2} = \lim_{x \to -\infty} \frac{1}{\mathrm{e}^{-x}(x^2 + 2)} = 0,$$

所以有水平渐近线 $y = 0$, 即曲线 $y = f(x)$ 在 $x \to -\infty$ 时无限接近 x 轴. 经检验, 没有垂直渐近线和斜渐近线. 如图 4.7.8.

例 4.7.3 求曲线 $y = f(x) = \dfrac{x^2 + x - 1}{x - 1}$ 的渐近线.

解 根据三类渐近线的定义, 依次验证:

因为 $\displaystyle\lim_{x \to \infty} f(x) = \lim_{x \to \infty} \dfrac{x^2 + x - 1}{x - 1} = \infty$, 所以没有水平渐近线;

因为 $\displaystyle\lim_{x \to 1} \dfrac{x^2 + x - 1}{x - 1} = \infty$, 所以有垂直渐近线 $x = 1$;

因为 $k = \displaystyle\lim_{x \to \infty} \dfrac{f(x)}{x} = \lim_{x \to \infty} \dfrac{\dfrac{x^2 + x - 1}{x - 1}}{x} = \lim_{x \to \infty} \dfrac{x^2 + x - 1}{x^2 - x} = 1$,

$$b = \lim_{x \to \infty} [f(x) - kx] = \lim_{x \to \infty} \left(\frac{x^2 + x - 1}{x - 1} - x \right) = \lim_{x \to \infty} \frac{2x - 1}{x - 1} = 2,$$

所以有斜渐近线 $y = x + 2$, 见图 4.7.9.

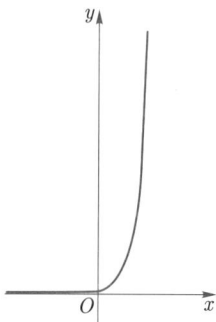

图 4.7.8

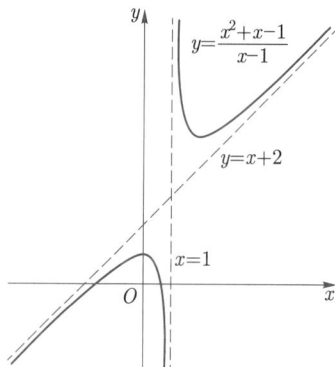

图 4.7.9

4.7.2 函数作图

现在我们已经学会用导数分析函数的单调性、极值、凸性、渐近线等, 可以据此粗略地描绘一些简单的初等函数图形了. 虽然随着现代技术的发展, 人们已经可以借助数学软件绘制各种函数图像, 但是如何识别机器作图中的误差呢? 如何掌握图形上的关键点, 从而进行校正? 这仍然需要我们具备运用微分学的方法描绘函数图形的能力. 下面先给出函数作图的一般步骤.

函数作图的一般步骤:

第一步: 确定函数 $y = f(x)$ 的定义域, 判断函数是否具有奇偶性、周期性及其他对称性, 并求函数曲线与坐标轴的交点;

第二步: 求出函数一阶、二阶导数为零的点, 以及一阶、二阶导数不存在的点. 用这些点连同间断点把整个定义域划分为几个互不相交的子区间;

第三步: 在每个子区间内讨论一阶导数 $f'(x)$ 和二阶导数 $f''(x)$ 的符号, 并由此确定函数在各个子区间内的单调性、极值、凸性和拐点 (可列表讨论);

第四步: 确定函数曲线的水平、垂直和斜渐近线;

第五步: 建立平面直角坐标系, 在坐标系中描绘出一阶、二阶导数为零的点的坐标, 一阶、二阶导数不存在的点的坐标, 间断点、以及曲线与坐标轴的交点坐标等, 必要时还需要补充一些点, 再综合前四步画出函数的图形.

例 4.7.4 作出函数 $y = f(x) = 2x^3 - 3x^2 - 12x + 1$ 的图形.

解 根据函数作图步骤:

第一步: 函数 $f(x)$ 的定义域为 $(-\infty, +\infty)$, 是非周期、非奇非偶函数. 函数与 y 轴的交点为 $(0,1)$, 与 x 轴的交点需要求解方程 $2x^3 - 3x^2 - 12x + 1 = 0$, 但是三次方程不好求解, 故我们暂时不求函数与 x 轴的交点.

第二步: 由于函数 $f(x)$ 在定义域 $(-\infty, +\infty)$ 内二阶可导, 故求一、二阶导数为零的点:

$$f'(x) = 6x^2 - 6x - 12 = 6(x-2)(x+1) = 0, 得驻点 x = 2, x = -1;$$
$$f''(x) = 12x - 6 = 6(2x - 1) = 0, 得 x = \frac{1}{2}.$$

函数在定义域内没有导数不存在的点和间断点, 故用一阶导数为零的点 $x = 2$, $x = -1$ 以及二阶导数为零的点 $x = \frac{1}{2}$ 将定义域 $(-\infty, +\infty)$ 分为四个子区间:

$$(-\infty, -1), \left(-1, \frac{1}{2}\right), \left(\frac{1}{2}, 2\right), (2, +\infty).$$

第三步: 列表讨论函数在各个子区间内的单调性、极值, 曲线的凸性、拐点 (见表 4.7.1).

第四步: 确定渐近线.

因为 $\lim\limits_{x \to \infty} f(x) = \lim\limits_{x \to \infty} (2x^3 - 3x^2 - 12x + 1) = \infty$, 所以没有水平渐近线.

同理可验证函数也没有垂直渐近线和斜渐近线.

第五步: 描出方程 $f'(x) = 0$ 和 $f''(x) = 0$ 的根对应在曲线上的点的坐标: $(-1, 8)$, $(2, -19)$, $\left(\frac{1}{2}, -\frac{11}{2}\right)$, 连同曲线在 y 轴上的交点 $(0,1)$, 补充点 $(-2, -3)$, $(4, 33)$, 根据表 4.7.1 可描绘出函数的图形 (如图 4.7.10):

表 4.7.1　例 4.7.4 函数的单调性、极值, 曲线的凸性、拐点

x	$(-\infty,-1)$	-1	$\left(-1,\dfrac{1}{2}\right)$	$\dfrac{1}{2}$	$\left(\dfrac{1}{2},2\right)$	2	$(2,+\infty)$
$f'(x)$	$+$	0	$-$		$-$	0	$+$
$f''(x)$	$-$		$-$	0	$+$		$+$
$f(x)$	函数递增, 曲线上凸	取得极大值 8	函数递减, 曲线上凸	$\left(\dfrac{1}{2},-\dfrac{11}{2}\right)$ 是拐点	函数递减, 曲线下凸	取得极小值 -19	函数递增, 曲线下凸

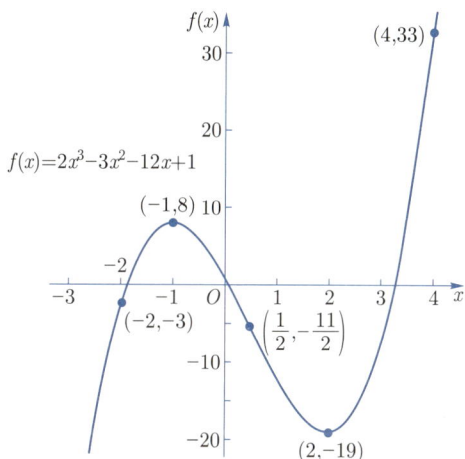

图 4.7.10

函数有极大值点 $x=-1$, 极大值 $f(-1)=8$; 有极小值点 $x=2$, 极小值 $f(2)=-19$; 曲线有拐点 $\left(\dfrac{1}{2},-\dfrac{11}{2}\right)$.

例 4.7.5　作出函数 $f(x)=\dfrac{3x^2}{x^2+5}$ 的图形.

解　**第一步:** 函数 $f(x)$ 的定义域为 $(-\infty,+\infty)$, 是非周期、偶函数. 函数与坐标轴的交点为 $(0,0)$.

第二步: 由于函数 $f(x)$ 在定义域 $(-\infty,+\infty)$ 内二阶可导, 故求一、二阶导数为零的点:

$$f'(x)=\left(\frac{3x^2}{x^2+5}\right)'=\frac{30x}{(x^2+5)^2}=0,\text{得驻点}\ x=0;$$

$$f''(x)=\left(\frac{30x}{(x^2+5)^2}\right)'=\frac{30(5-3x^2)}{(x^2+5)^3}=0,\text{得}\ x=\pm\sqrt{\frac{5}{3}}.$$

用 $x=0, x=-\sqrt{\dfrac{5}{3}}$ 以及 $x=\sqrt{\dfrac{5}{3}}$ 将定义域 $(-\infty,+\infty)$ 分为四个子区间:

$$\left(-\infty,-\sqrt{\frac{5}{3}}\right),\left(-\sqrt{\frac{5}{3}},0\right),\left(0,\sqrt{\frac{5}{3}}\right),\left(\sqrt{\frac{5}{3}},+\infty\right).$$

第三步: 列表 4.7.2 讨论函数在各个子区间内的单调性、极值, 曲线的凸性、拐点.

表 4.7.2 例 4.7.5 函数的单调性、极值, 曲线的凸性与拐点

x	$\left(-\infty,-\sqrt{\dfrac{5}{3}}\right)$	$-\sqrt{\dfrac{5}{3}}$	$\left(-\sqrt{\dfrac{5}{3}},0\right)$	0	$\left(0,\sqrt{\dfrac{5}{3}}\right)$	$\sqrt{\dfrac{5}{3}}$	$\left(\sqrt{\dfrac{5}{3}},+\infty\right)$
$f'(x)$	$-$		$-$	0	$+$		$+$
$f''(x)$	$-$	0	$+$		$+$	0	$-$
$f(x)$	函数递减, 曲线上凸	$\left(-\sqrt{\dfrac{5}{3}},\dfrac{3}{4}\right)$ 是拐点	函数递减, 曲线下凸	0(极小值)	函数递增, 曲线下凸	$\left(\sqrt{\dfrac{5}{3}},\dfrac{3}{4}\right)$ 是拐点	函数递增, 曲线上凸

第四步: 确定渐近线.

因为 $\lim\limits_{x\to\infty}f(x)=\lim\limits_{x\to\infty}\dfrac{3x^2}{x^2+5}=3$, 所以有水平渐近线 $y=3$.

经验证, 没有垂直渐近线和斜渐近线.

第五步: 建立直角坐标系. 描出方程 $f'(x)=0$ 和 $f''(x)=0$ 的根对应在曲线上的点的坐标: $(0,0)$, $\left(-\sqrt{\dfrac{5}{3}},\dfrac{3}{4}\right)$, $\left(\sqrt{\dfrac{5}{3}},\dfrac{3}{4}\right)$, 画出渐近线 $y=3$, 然后根据函数是偶函数, 先画出 y 轴右面的图形, 再对称画出左面的图形, 如图 4.7.11.

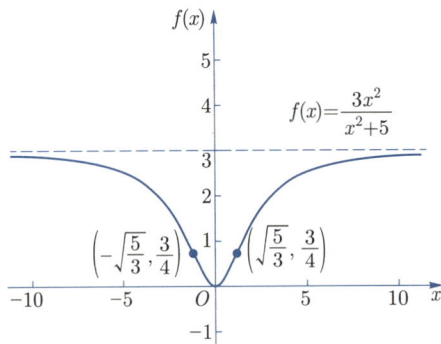

图 4.7.11

函数有极小值点 $x=0$, 极小值为 $f(0)=0$; 曲线有拐点 $\left(-\sqrt{\dfrac{5}{3}},\dfrac{3}{4}\right)$ 和 $\left(\sqrt{\dfrac{5}{3}},\dfrac{3}{4}\right)$.

例 4.7.6 作出函数 $y=f(x)=\dfrac{2+x-x^2}{(x-1)^2}$ 的图形.

解 第一步: 函数 $f(x)$ 的定义域为 $(-\infty,1)\cup(1,+\infty)$, 是非周期、非奇非偶函数. 函数曲线与 y 轴的交点为 $(0,2)$, 与 x 轴的交点为 $(2,0),(-1,0)$.

第二步: 由于函数 $f(x)$ 在定义域内除了点 $x = 1$ 外二阶可导, 故求一、二阶导数为零的点:

$$f'(x) = \left[\frac{2 + x - x^2}{(x-1)^2}\right]' = \frac{x-5}{(x-1)^3} = 0, \text{得} x = 5,$$

$$f''(x) = \left[\frac{x-5}{(x-1)^3}\right]' = \frac{2(7-x)}{(x-1)^4} = 0, \text{得} x = 7.$$

用 $x = 5$, $x = 7$ 以及间断点 $x = 1$ 将定义域分为四个子区间: $(-\infty, 1)$, $(1, 5)$, $(5, 7)$, $(7, +\infty)$.

第三步: 列表讨论函数在各个小区间内的单调性、极值, 曲线的凸性、拐点 (如表 4.7.3).

表 4.7.3　例 4.7.6 函数的单调性、极值, 曲线的凸性、拐点

x	$(-\infty,1)$	1	$(1,5)$	5	$(5,7)$	7	$(7,+\infty)$
$f'(x)$	+		−	0	+		+
$f''(x)$	+		+		+	0	−
$f(x)$	函数递增, 曲线下凸	间断点	函数递减, 曲线下凸	$-\dfrac{9}{8}$(极小值)	函数递增, 曲线下凸	$\left(7, -\dfrac{10}{9}\right)$ 是拐点	函数递增, 曲线上凸

第四步: 确定渐近线.

因为 $\lim\limits_{x \to \infty} f(x) = \lim\limits_{x \to \infty} \dfrac{2 + x - x^2}{(x-1)^2} = -1$, 所以有水平渐近线 $y = -1$;

$\lim\limits_{x \to 1} f(x) = \lim\limits_{x \to 1} \dfrac{2 + x - x^2}{(x-1)^2} = \infty$, 所以有垂直渐近线 $x = 1$;

因为 $\lim\limits_{x \to \infty} \dfrac{f(x)}{x} = 0$, 所以没有斜渐近线.

第五步: 建立直角坐标系. 描出方程 $f'(x) = 0$ 和 $f''(x) = 0$ 的根对应在曲线上的点的坐标: $\left(5, -\dfrac{9}{8}\right)$, $\left(7, -\dfrac{10}{9}\right)$, 连同坐标轴上的点 $(0,2),(2,0),(-1,0)$, 描出渐近线, 根据表 4.7.3 的讨论可描绘出函数的图形 (如图 4.7.12).

函数有极小值点 $x = 5$, 极小值 $f(5) = -\dfrac{9}{8}$; 曲线有拐点 $\left(7, -\dfrac{10}{9}\right)$.

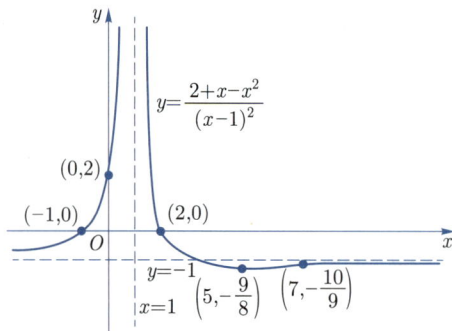

图 4.7.12

练习 4.7

1. 求下列函数的渐近线:

(1) $f(x) = \dfrac{2}{x}$;

(2) $f(x) = e^{-\frac{x}{5}}$;

(3) $f(x) = \dfrac{2x^2}{(x-1)(x-3)}$;

(4) $f(x) = \dfrac{2(x-2)(x+3)}{x-1}$;

(5) $f(x) = \dfrac{x^2}{x+1}$;

(6) $f(x) = \dfrac{4e^{2x}}{(1+e^x)^2}$.

2. 绘制下列函数的图形:

(1) $f(x) = \dfrac{4(x+1)}{x^2} - 2$;

(2) $f(x) = \dfrac{1}{\sqrt{2\pi}}e^{-\frac{x^2}{2}}$;

(3) $f(x) = x^3 - x^2 - x + 1$;

(4) $f(x) = \dfrac{1}{x} + x$;

(5) $f(x) = \dfrac{x^2}{1+x}$;

(6) $f(x) = 2 - 2e^{-x^2}$.

习 题 4

一、单项选择题

1. 已知函数 $f(x) = x^3 + ax^2 + bx$ 在点 $x = 1$ 处有极值 -12, 则下列结论不正确的是 (   ).

(A) $a = 10, b = 23$

(B) $f(1) = -12$

(C) $3 + 2a + b = 0$

(D) $x = 1$ 是极小值点

2. 设函数 $f(x) = 3x - \sin x, x \in [0, 2\pi]$, 则下列结论不正确的是 (   ).

(A) $f(x)$ 在 $[0, 2\pi]$ 内至少有两个实根

(B) $f(x)$ 在 $(0,\pi)$ 内下凸, 在 $(\pi,2\pi)$ 内上凸

(C) $f(x)$ 在 $[0,2\pi]$ 内有一个拐点

(D) $f(x)$ 在 $[0,2\pi]$ 上单调递增

3. 关于曲线 $f(x)=\dfrac{x^3}{3(1+x)^2}$ 的渐近线, 下列说法正确的是 (　　).

(A) $f(x)$ 只有一条渐近线 $x=-1$

(B) $f(x)$ 只有一条渐近线 $y=\dfrac{1}{3}x-\dfrac{2}{3}$

(C) $f(x)$ 有一条垂直渐近线 $x=-1$ 和一条斜渐近线 $y=\dfrac{1}{3}x-\dfrac{2}{3}$

(D) $f(x)$ 有一条垂直渐近线 $x=-1$, 一条水平渐近线 $y=0$ 和一条斜渐近线 $y=\dfrac{1}{3}x-\dfrac{2}{3}$

4. 已知 $f(x)$ 在 $[a,b]$ 上可导, 且方程 $f(x)=0$ 在 (a,b) 内有两个不同的根, 那么 $f(x)$ 的导函数在 (a,b) 内 (　　).

(A) 必有零点　　　　(B) 一定没有零点　　　(C) 是单调的　　　(D) 是下凸函数

5. 下面函数中点 $(0,0)$ 既是拐点, 又是极值点的函数有 (　　).

(A) $y=x^3$ 　　　　　　　　　　　　(B) $y=x^{\frac{2}{3}}$

(C) $y=|\ln(x+1)|$ 　　　　　　　　(D) $y=x^{\frac{4}{5}}$

6. 设函数 $f(x)=ax-b\ln x(a>0,b>0)$ 没有零点, 则 $\dfrac{b}{a}$ 的取值范围是 (　　).

(A) $(\mathrm{e},+\infty)$ 　　　　　　　　　　(B) $(0,\mathrm{e})$

(C) $\left(0,\dfrac{1}{\mathrm{e}}\right)$ 　　　　　　　　　　(D) $\left(\dfrac{1}{\mathrm{e}},+\infty\right)$

7. 极限 $\displaystyle\lim_{x\to 0}\dfrac{\mathrm{e}^{-\frac{1}{x^2}}}{x^{2n}}=$ (　　).

(A) ∞ 　　　　　(B) 不存在　　　　　(C) 0 　　　　　(D) 1

8. 设函数 $f(x)$ 二阶可导, 且二阶导数连续, 已知 $f'(0)=0$, $\displaystyle\lim_{x\to 0}\dfrac{f''(x)}{x}=1$, 则 (　　).

(A) $f(0)$ 是 $f(x)$ 的一个极大值

(B) $f(0)$ 是 $f(x)$ 的一个极小值

(C) $(0,f(0))$ 是曲线 $y=f(x)$ 的一个拐点

(D) $f(0)$ 是 $f(x)$ 的一个最大值

9. 设 $f'(x)$ 在 $[0,1]$ 上连续, 在 $(0,1)$ 内可导, 且 $f''(x) > 0$, 则有 (　　).

(A) $f'(0) < f'(1) < f(1) - f(0)$

(B) $f'(1) < f'(0) < f(1) - f(0)$

(C) $f'(0) < f(1) - f(0) < f'(1)$

(D) $f(1) - f(0) < f'(0) < f'(1)$

10. 在平面上通过点 $(4,9)$ 引一条直线, 要使该直线在两个坐标轴上的截距都为正, 且这两个截距和最小, 则该直线为 (　　).

(A) $y = -\dfrac{3}{2}x + 15$ 　　　　　　(B) $y = -\dfrac{3}{2}x - 15$

(C) $y = \dfrac{3}{2}x + 3$ 　　　　　　(D) $y = \dfrac{3}{2}x - 3$

二、多项选择题

1. 关于极值点, 下列说法正确的是 (　　).

(A) 若函数 $f(x)$ 在点 x_0 处可导, 且 $f'(x_0) = 0$, 则 x_0 是极值点

(B) 若 x_0 是函数 $f(x)$ 的极值点, 则经过点 $(x_0, f(x_0))$ 的切线平行于 x 轴

(C) 不可导点可能是极值点, 也可能是最值点

(D) 没有定义的点也可能是极值点

(E) 区间内部可导的极值点导数必为零

2. 下列函数在 $[1,e]$ 上满足拉格朗日中值定理条件的是 (　　).

(A) $\ln(\ln x^2)$ 　　　　　　(B) $2\ln x$

(C) $\dfrac{1}{\ln x}$ 　　　　　　(D) $\ln(3 - x)$

(E) $e^{2\ln x}$

3. 在以下各式中, 极限存在, 但不能用洛必达法则计算的是 (　　).

(A) $\lim\limits_{x \to 0} \dfrac{x^2}{\sin x}$ 　　　　　　(B) $\lim\limits_{x \to +\infty} \dfrac{\ln x}{x^2 + 2}$

(C) $\lim\limits_{x \to \infty} \dfrac{x + \sin x}{x}$ 　　　　　　(D) $\lim\limits_{x \to +\infty} \dfrac{x^n}{e^x}$

(E) $\lim\limits_{x \to +\infty} \dfrac{\ln\left(1 + \dfrac{1}{x}\right)}{\arctan x}$

4. 下列结论正确的是 (　　).

(A) $y = e^x$ 的曲线在 $(-\infty, +\infty)$ 上是下凸的

(B) $y = \mathrm{e}^{-x}$ 的曲线在 $(-\infty, +\infty)$ 上是上凸的

(C) $y = \mathrm{e}^{x}$ 在 $(-\infty, +\infty)$ 上是单调递增函数

(D) $y = \mathrm{e}^{-x}$ 在 $(-\infty, +\infty)$ 上是单调递减函数

(E) $y = \mathrm{e}^{x}$ 和 $y = \mathrm{e}^{-x}$ 都没有渐近线

5. 设函数 $f(x)$ 在闭区间 $[0, \pi]$ 上连续，在开区间 $(0, \pi)$ 内可导，且 $f(x) > 0$，$x \in [0, \pi]$，则下列结论正确的是 (   ).

(A) 存在 $\xi \in (0, \pi)$，使得 $f'(\xi) = -f(\xi) \cot \xi$

(B) 存在 $\xi \in (0, \pi)$，使得 $f'(\xi) = -f(\xi) \cos \xi$

(C) 存在 $\eta \in (0, \pi)$，使得 $\dfrac{\cos \eta \cdot f(\eta) - \sin \eta \cdot f'(\eta)}{[f(\eta)]^2} = 0$

(D) 存在 $\eta \in (0, \pi)$，使得 $f'(\eta) = f(\eta) \cot \eta$

(E) 存在 $\eta \in (0, \pi)$，使得 $f'(\eta) = f(\eta) \sin \eta$

三、证明题

1. 设函数 $f(x) = \mathrm{e}^{x^2 - 1} + x^2 - 2$，证明方程 $f(x) = 0$，以及 $f'(x) = 0$ 在区间 $[-1, 1]$ 上都必有实根.

2. 设函数 $f(x) = (x^2 - 4)(x^2 + 3x + 2)$，判断 $f'(x) = 0$ 至少有几个实根？各在什么范围？

3. 证明函数 $f(x) = x^2 - x - 3$ 在区间 $[-1, 1]$ 上满足拉格朗日中值定理，并求出满足定理的 ξ.

4. 设函数 $f(x)$ 在 $[0, 2]$ 上连续，在 $(0, 2)$ 内可导，证明：必存在 $\xi \in (0, 2)$，使得

$$f(2) = \frac{1}{4}[3\xi^2 f(\xi) + \xi^3 f'(\xi)].$$

5. 证明 $\arctan x + \operatorname{arccot} x = \dfrac{\pi}{2}$，$x \in [-1, 1]$.

6. 设 $f(x)$ 在闭区间 $[0, 2]$ 上连续，在 $(0, 2)$ 内可导，$f(0) = 0, f(2) = 1$. 证明：必存在 $\xi \in (0, 2)$，使得 $\dfrac{2}{\mathrm{e}^2 - 1} = (\mathrm{e}^2 + 1)f'(\xi)\mathrm{e}^{-2\xi}$.

7. 设 $p, q > 0$，证明：$\dfrac{\xi^2}{\mathrm{e}^{-q} - \mathrm{e}^{-p}} = \dfrac{pq\mathrm{e}^{\xi}}{p - q}$.

8. 对于任意的 $b > a > 1$，证明：$\ln b - \ln a < b - a$.

9. 对于任意的 $x \in [0, 1]$，证明：$x^{\frac{2}{3}} - \dfrac{2}{3}x \leqslant \dfrac{1}{3}$.

10. 对任意的 $x > 1$, 证明: $3x \ln x - \dfrac{3}{2}x^2 < -\dfrac{3}{2}$.

四、计算题

1. 求下列极限:

(1) $\lim\limits_{x \to 0} \dfrac{x - \sin x}{\mathrm{e}^{x^2} - 1}$;

(2) $\lim\limits_{x \to 0^+} x^{10} \log_2^x$;

(3) $\lim\limits_{x \to 0} \dfrac{x^2}{10^x + 10^{-x} - 2}$;

(4) $\lim\limits_{x \to \frac{\pi}{4}^-} (\tan 2x - \sec 2x)$;

(5) $\lim\limits_{x \to +\infty} (\sqrt{x^2 + x} - \sqrt{x^2 - 2x})$;

(6) $\lim\limits_{x \to +\infty} \dfrac{x^{2025} + x^{2024} + \cdots + x}{\mathrm{e}^x}$;

(7) $\lim\limits_{x \to 0} (\cos x + x \sin x)^{\frac{1}{x^2}}$;

(8) $\lim\limits_{x \to 0^+} (\arcsin x)^x$;

(9) $\lim\limits_{x \to +\infty} \left(\dfrac{1}{\sqrt{x^2 + 1} - x} \right)^{\frac{1}{x}}$;

(10) $\lim\limits_{x \to 0} (\sec x + x \mathrm{e}^x)^{\frac{1}{x}}$.

2. 设 $f(x) = x^2 - \mathrm{e}^x \lim\limits_{x \to 1} f(x)$, $f(x)$ 在点 $x = 1$ 处有极限, 求 (1) $\lim\limits_{x \to 1} f(x)$; (2) $f'(x)$;
(3) 曲线 $y = f(x)$ 在点 $x = 1$ 处的切线.

3. 试求函数 $y = x^3 - x^2 - x + 13$ 的单调区间、极值点, 曲线的凸性以及拐点.

4. 求函数 $f(x) = 2x^2 - \ln x$ 的单调区间、极值, 曲线的凸性以及拐点.

5. 已知函数 $f(x)$ 的导函数如图所示, 讨论函数的单调区间、极值, 曲线的凸性和拐点.

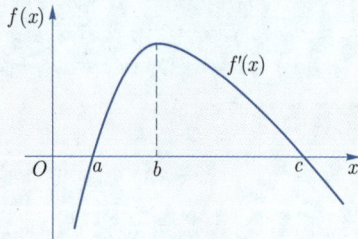

6. 在区间 $[-2, 2]$ 上求函数 $f(x) = 9\mathrm{e}^x + \mathrm{e}^{-x}$ 的最大值和最小值.

7. 已知函数 $f(x) = ax^3 - 6ax^2 + b(a > 0)$ 在区间 $[-1, 2]$ 上有最大值 3 和最小值 -29, 求 a, b 的值.

8. 求曲线 $f(x) = \dfrac{3x^3}{4(1 + x)^2}$ 的渐近线.

第 5 题图

9. 求曲线 $f(x) = \dfrac{x^3}{x^2 - 1}$ 的渐近线.

五、综合题

1. 制作一个体积为 $12\ \mathrm{m}^3$ 的带盖圆柱体容器, 已知其上、下底面积的材料价格为 $6\ \mathrm{元/m}^3$, 侧面积的价格为 $9\ \mathrm{元/m}^3$, 问底面半径为多少时造价最便宜?

2. 已知圆柱体的底面半径 R 以 $3\ \mathrm{cm/s}$ 的速度增加, 同时圆柱体的高 H 以 $2\ \mathrm{cm/s}$ 的速度减少. 求: 圆柱体在底面半径为 $5\ \mathrm{cm}$、高为 $10\ \mathrm{cm}$ 时, 体积 V 的变化速度, 并说明此时圆柱体的体积是增加还是减少.

3. 某家具厂生产学生用桌椅, 固定成本是 $20\,000$ 元, 每生产一套桌椅成本增加 100 元.

已知每套桌椅的价格 P 与销量 Q 之间的关系是 $P(Q) = \begin{cases} 500 - \dfrac{1}{2}Q, & 0 \leqslant Q \leqslant 500, \\ 250, & Q > 500, \end{cases}$

现因工时有限, 厂家每月最多生产 520 套桌椅, 求:(1) 每月销量是多少时厂家的利润最大? 最大利润是多少? (2) 在达到最大利润时的价格是多少, 需求价格弹性是多少? 此时厂家该如何决策才能继续增加收益?

4. 将正数 a 分成两个正数的和, 使得这两个正数的立方和最小, 求这两个正数以及最小的立方和 (要求用导数知识).

5. 作出函数 $y = \dfrac{3x}{(x-2)^2}$ 的图形.

第 4 章考研真题解析及训练

第 5 章 不 定 积 分

对于给定的可导函数 $F(x)$, 求其导数 $F'(x)$ 或者微分 $\mathrm{d}F(x)$ 是微分学的内容. 这一章我们要学习求导 (或求微分) 的逆运算——求不定积分. 在实际问题中, 很多时候需要寻找一个可导函数 $F(x)$, 使得它的导数等于某个已知函数 $f(x)$, 即 $F'(x) = f(x)$. 例如已知做直线运动的物体在任意时刻 t 的瞬时速度函数为 $v(t)$, 求它的路程函数 $s(t)$, 使得 $s'(t) = v(t)$.

第5章
重难点讲解

本章首先给出原函数的定义、原函数存在性定理, 然后在此基础上进一步学习不定积分的定义、性质、基本积分公式以及各类积分方法, 这些内容是第 6 章定积分以及第 10 章微分方程的基础.

§5.1 原函数与不定积分

5.1.1 原函数的定义以及存在性定理

定义 5.1.1 设 $f(x)$ 是定义在某区间 I 上的函数, 如果存在一个可导函数 $F(x)$, 对任意 $x \in I$, 都满足 $F'(x) = f(x)$, 或者 $\mathrm{d}F(x) = f(x)\mathrm{d}x$, 则称函数 $F(x)$ 是 $f(x)$ 在区间 I 上的一个**原函数**.

例如 $(x^3)' = 3x^2$, x^3 是 $3x^2$ 的一个原函数; $(\sin x)' = \cos x$, $\sin x$ 是 $\cos x$ 的一个原函数. 但是原函数不唯一. x^3 是 $3x^2$ 的一个原函数, $x^3 + 1$, $x^3 - 3$, $x^3 + C$ (C 为任意常数) 都是 $3x^2$ 的原函数; 同理 $\sin x$ 是 $\cos x$ 的一个原函数, $\sin x + \pi$, $\sin x - \sqrt{2}$, $\sin x + C$(C 为任意常数) 都是 $\cos x$ 的原函数. 所以我们得到: 一个函数若存在原函数, 则原函数有无穷多个.

由前面的学习知不是所有函数都可导, 那么所有函数都有原函数吗? 一个函数具备什么条件才能保证一定有原函数?

定理 5.1.1 (原函数存在性定理) 如果函数 $f(x)$ 在区间 I 上连续, 那么在区间 I 上一定存在一个可导函数 $F(x)$, 使得对任意 $x \in I$, 都有 $F'(x) = f(x)$.

定理 5.1.1 可简述为**连续函数一定有原函数**.

我们知道基本初等函数以及初等函数在其定义区间内都是连续的, 故可以得到如下结果.

推论 5.1.1 初等函数在其定义区间内都有原函数.

【注意】 虽然初等函数在其定义区间内都有原函数, 但不是所有初等函数的原函数都能写成初等函数的形式. 这与初等函数的导数一定是初等函数是有区别的.

那么原函数该如何表示呢?

定理 5.1.2 若函数 $F(x)$ 是 $f(x)$ 在区间 I 上的一个原函数, 则 $\{F(x) + C | C \in \mathbf{R}\}$ 是 $f(x)$ 的原函数的全体构成的集合, 其中 $F(x) + C(C \in \mathbf{R})$ 称为 $f(x)$ 的原函数的一般表达式.

【分析】 本定理需要证明以下两点:

(1) $F(x) + C(C \in \mathbf{R})$ 都是 $f(x)$ 的原函数;

(2) $f(x)$ 的任意原函数都可以写成 $F(x) + C$ 的形式.

证明 (1) 因为函数 $F(x)$ 是 $f(x)$ 在区间 I 上的一个原函数, 故 $F'(x) = f(x)$, 所以 $(F(x) + C)' = F'(x) + C' = f(x)$, 因此 $F(x) + C$ 都是 $f(x)$ 在 I 上的原函数.

(2) 设 $G(x)$ 是 $f(x)$ 在区间 I 上的任意原函数, 即 $G'(x) = f(x)$, 又因为 $F'(x) = f(x)$, 所以 $[G(x) - F(x)]' = G'(x) - F'(x) = f(x) - f(x) = 0$, 由拉格朗日中值定理的推论知 $G(x) - F(x) = C$, 故 $G(x) = F(x) + C$, 即 $f(x)$ 的任意原函数都可以写成 $F(x) + C$ 的形式. 定理得证.

定理 5.1.2 告诉我们, 若函数 $F(x)$ 是 $f(x)$ 的一个原函数, 则 $f(x)$ 的所有原函数可写成 $F(x) + C(C \in \mathbf{R})$ 的形式, 我们将 $f(x)$ 的全体原函数 $F(x) + C(C \in \mathbf{R})$ 称作 $f(x)$ 的不定积分.

5.1.2 不定积分的定义

定义 5.1.2 在区间 I 上, 如果函数 $F(x)$ 是 $f(x)$ 的一个原函数, 那么称 $f(x)$ 的全体原函数 $F(x) + C(C$ 为任意常数) 为 $f(x)$ 的不定积分, 记作 $\int f(x)\mathrm{d}x$. 即

$$\int f(x)\mathrm{d}x = F(x) + C,$$

其中 $\int$ 为积分号, $f(x)$ 称为被积函数, $f(x)\mathrm{d}x$ 称为被积表达式, 微分符号 d 后面的 x 称为积分变量.

【注释】 不定积分符号 "$\int$" 最早是由德国数学家莱布尼茨在 1657 年给出的. 1686 年, 莱布尼茨发表的关于积分学的论文中用 $\int f(x)$ 表示 $f(x)$ 的不定积分, 后人修改为 $\int f(x)\mathrm{d}x$. 这里 $\int f(x)\mathrm{d}x$ 是一个整体记号.

由不定积分的定义知, 若想求一个函数的不定积分, 只需找到它的一个原函数, 这个原函数加上任意常数 C 就是其不定积分.

例 5.1.1 求下列不定积分:

(1) $\int x^n \mathrm{d}x$;   (2) $\int \mathrm{e}^x \mathrm{d}x$;   (3) $\int \sec x \tan x \mathrm{d}x$.

解 (1) 因为 $\left(\dfrac{1}{n+1}x^{n+1}\right)' = x^n$, 所以 $\displaystyle\int x^n \mathrm{d}x = \dfrac{1}{n+1}x^{n+1} + C$.

(2) 因为 $(\mathrm{e}^x)' = \mathrm{e}^x$, 所以 $\displaystyle\int \mathrm{e}^x \mathrm{d}x = \mathrm{e}^x + C$.

(3) 由于 $(\sec x)' = \sec x\tan x$, 所以 $\displaystyle\int \sec x\tan x \mathrm{d}x = \sec x + C$.

【注意】 不定积分运算结果是否正确, 可以通过它的逆运算——求导运算加以验证.

例 5.1.2 求函数 $f(x) = \dfrac{1}{x}$ 的不定积分.

解 当 $x > 0$ 时, 因为 $(\ln x)' = \dfrac{1}{x}$, 所以 $\displaystyle\int \dfrac{1}{x}\mathrm{d}x = \ln x + C\,(x > 0)$;

当 $x < 0$ 时, 因为 $[\ln(-x)]' = \dfrac{-1}{-x} = \dfrac{1}{x}$, 所以 $\displaystyle\int \dfrac{1}{x}\mathrm{d}x = \ln(-x) + C\,(x < 0)$.

综合上面两式得到 $\displaystyle\int \dfrac{1}{x}\mathrm{d}x = \ln|x| + C$.

上面例题中的 C 都是任意常数, 后面不再一一标注.

5.1.3 不定积分的几何意义

在不定积分 $\displaystyle\int f(x)\mathrm{d}x = F(x) + C$ 中, $F(x)$ 是 $f(x)$ 的一个原函数, 在几何上 $y = F(x)$ 对应的曲线叫做 $f(x)$ 的**积分曲线**. 对应于每一个给定的 C, 都有一条积分曲线, 因此 $f(x)$ 的积分曲线有无穷多条, 且可以看成由一条积分曲线沿着 y 轴上下平移得到的, 我们称这无穷多条积分曲线为 $f(x)$ 的**积分曲线族**.

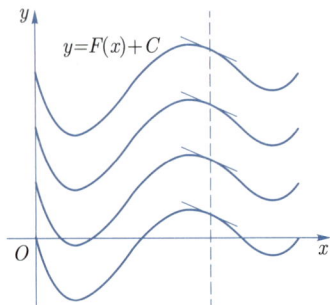

图 5.1.1

不论 C 取何值, 都有 $[F(x) + C]' = f(x)$, 说明在相同的横坐标处, 各积分曲线的切线斜率相等, 即切线相互平行, 如图 5.1.1. 故 $f(x)$ **的不定积分** $\displaystyle\int f(x)\mathrm{d}x = F(x) + C$ **在几何上对应着一个积分曲线族, 且该积分曲线族在相同的横坐标 x 处的切线互相平行.**

从几何意义可以看出, 只要给定一个初始条件, 例如当 $x = x_0$ 时, $y = y_0$, 就可以确定常数 C, 从而得到经过确定点 (x_0, y_0) 的积分曲线.

例 5.1.3 求经过点 $(1,2)$, 且在任意点处切线的斜率为 x^4 的曲线方程.

解 设曲线为 $y = f(x)$, 在任意点处切线的斜率为 x^4, 意味着 $f'(x) = x^4$. 因为 $\left(\dfrac{x^5}{5}\right)' = x^4$, 所以

$$f(x) = \int x^4 \mathrm{d}x = \frac{x^5}{5} + C.$$

而曲线经过点 $(1,2)$, 代入得 $2 = \dfrac{1}{5} + C$, 所以 $C = \dfrac{9}{5}$, 因此所求曲线为

$$f(x) = \frac{x^5}{5} + \frac{9}{5}.$$

5.1.4　不定积分的性质

由于 $\displaystyle\int f(x)\mathrm{d}x$ 表示的是 $f(x)$ 的全体原函数, 自然有

$$\left[\int f(x)\mathrm{d}x\right]' = f(x), \text{或者} \mathrm{d}\int f(x)\mathrm{d}x = f(x)\mathrm{d}x.$$

说明对函数 $f(x)$ 先求不定积分再求导 (或者微分), 结果仍为 $f(x)$. 这意味着求导 (微分) 与求不定积分是互逆的运算.

又由于 $F(x)$ 是 $F'(x)$ 的一个原函数, 所以由不定积分定义知

$$\int F'(x)\mathrm{d}x = F(x) + C, \text{或者} \int \mathrm{d}F(x) = F(x) + C.$$

显然对函数 $F(x)$ 先求导 (或先求微分) 后再求不定积分, 结果也回到 $F(x)$ 本身. 这也说明求导 (微分) 与求不定积分是互逆的运算.

将上面的结论总结为下述性质.

性质 5.1.1　在相差一个常数的情况下, 不定积分与求导 (微分) 互为逆运算

(1) $\left[\displaystyle\int f(x)\mathrm{d}x\right]' = f(x)$, 或者 $\mathrm{d}\displaystyle\int f(x)\mathrm{d}x = f(x)\mathrm{d}x$.

(2) $\displaystyle\int F'(x)\mathrm{d}x = F(x) + C$, 或者 $\displaystyle\int \mathrm{d}F(x) = F(x) + C$.

【注意】　性质 5.1.1 虽说明求不定积分和求导运算可以抵消, 但是要注意外层运算, 若外层运算是微分运算, 结果中要带 $\mathrm{d}x$; 若外层运算是求不定积分, 结果要 $+C$.

性质 5.1.2　运算法则

假设以下不定积分都存在, 则

(1) $\displaystyle\int kf(x)\mathrm{d}x = k\int f(x)\mathrm{d}x$ $(k \neq 0)$;

(2) $\displaystyle\int [f(x) \pm g(x)]\mathrm{d}x = \int f(x)\mathrm{d}x \pm \int g(x)\mathrm{d}x$.

(1) 和 (2) 合称为不定积分的线性运算性质, 可以合写为

$$\int [af(x) \pm bg(x)]\mathrm{d}x = a\int f(x)\mathrm{d}x \pm b\int g(x)\mathrm{d}x \ (a, b \text{为不全为零的常数}).$$

【思考】　1. 式 (1) 中为什么要求 $k \neq 0$? 如果 $k = 0$ 会如何?

2. 不定积分运算中没有乘积和商的运算法则. 那么遇到乘积或者商的不定积分时该如何积分呢?

5.1.5 不定积分公式

第 3 章中, 为了便于计算一般函数的导数, 我们给出了基本初等函数的求导公式. 而不定积分是求导的逆运算, 为此, 可以根据第 3 章的求导公式给出求不定积分的基本积分公式, 以及在不定积分求解中常作为公式使用的不定积分结果, 形成如下的积分公式表.

表 5.1.1 积分公式表

(1) $\int 0\mathrm{d}x = C$	(8) $\int \cos x\mathrm{d}x = \sin x + C$
(2) $\int k\mathrm{d}x = kx + C$	(9) $\int \sec x\tan x\mathrm{d}x = \sec x + C$
(3) $\int x^{\mu}\mathrm{d}x = \dfrac{x^{\mu+1}}{\mu+1} + C \ (\mu \neq -1)$	(10) $\int \csc x\cot x\mathrm{d}x = -\csc x + C$
(4) $\int \dfrac{1}{x}\mathrm{d}x = \ln|x| + C$	(11) $\int \sec^2 x\mathrm{d}x = \tan x + C$
(5) $\int a^x\mathrm{d}x = \dfrac{a^x}{\ln a} + C \ (a > 0, a \neq 1)$	(12) $\int \csc^2 x\mathrm{d}x = -\cot x + C$
(6) $\int \mathrm{e}^x\mathrm{d}x = \mathrm{e}^x + C$	(13) $\int \dfrac{1}{\sqrt{1-x^2}}\mathrm{d}x = \arcsin x + C = -\arccos x + C$
(7) $\int \sin x\mathrm{d}x = -\cos x + C$	(14) $\int \dfrac{1}{1+x^2}\mathrm{d}x = \arctan x + C = -\text{arccot } x + C$

依据表 5.1.1 以及不定积分的运算法则, 可进一步计算一些初等函数的不定积分问题.

例 5.1.4 求下列不定积分:

(1) $\int (3\mathrm{e}^x - 4\cos x + 1)\mathrm{d}x$;　　(2) $\int \left(\dfrac{2}{\sqrt{1-x^2}} - \dfrac{2}{1+x^2} \right)\mathrm{d}x$;

(3) $\int (2x-1)^2\mathrm{d}x$;　　(4) $\int \dfrac{x^3 + 2x^2 + 1}{x}\mathrm{d}x$.

解 (1) 由表 5.1.1 和积分运算法则有

$$\int (3\mathrm{e}^x - 4\cos x + 1)\mathrm{d}x = \int 3\mathrm{e}^x\mathrm{d}x - \int 4\cos x\mathrm{d}x + \int 1\mathrm{d}x$$

$$= 3\int \mathrm{e}^x\mathrm{d}x - 4\int \cos x\mathrm{d}x + \int 1\mathrm{d}x$$

$$= 3\mathrm{e}^x - 4\sin x + x + C.$$

【注意】 求多个不定积分的和或差时, 每一个不定积分号里都含着一个常数, 而任意常数的和还是常数, 故最终结果可不必都写出来, 只用一个常数 C 来代替即可.

(2) 直接应用积分运算法则

$$\int \left(\frac{2}{\sqrt{1-x^2}} - \frac{2}{1+x^2} \right) \mathrm{d}x = 2 \int \frac{1}{\sqrt{1-x^2}} \mathrm{d}x - 2 \int \frac{1}{1+x^2} \mathrm{d}x$$
$$= 2\arcsin x - 2\arctan x + C.$$

(3) 因为 $(2x-1)^2 = 4x^2 - 4x + 1$, 所以

$$\int (2x-1)^2 \mathrm{d}x = \int (4x^2 - 4x + 1) \mathrm{d}x$$
$$= 4 \int x^2 \mathrm{d}x - 4 \int x \mathrm{d}x + \int 1 \mathrm{d}x$$
$$= \frac{4}{3}x^3 - 2x^2 + x + C.$$

(4) 将商式化为和差形式. 由于 $\dfrac{x^3 + 2x^2 + 1}{x} = x^2 + 2x + \dfrac{1}{x}$, 所以

$$\int \frac{x^3 + 2x^2 + 1}{x} \mathrm{d}x = \int \left(x^2 + 2x + \frac{1}{x} \right) \mathrm{d}x$$
$$= \int x^2 \mathrm{d}x + \int 2x \mathrm{d}x + \int \frac{1}{x} \mathrm{d}x$$
$$= \frac{1}{3}x^3 + x^2 + \ln|x| + C.$$

【注意】　不定积分没有乘积和商的运算法则, 即 $\displaystyle\int f(x)g(x)\mathrm{d}x \neq \int f(x)\mathrm{d}x \cdot \int g(x)\mathrm{d}x$,
$\displaystyle\int \frac{f(x)}{g(x)} \mathrm{d}x \neq \frac{\displaystyle\int f(x)\mathrm{d}x}{\displaystyle\int g(x)\mathrm{d}x}$, 所以 (3) 和 (4) 需要将乘积和商的不定积分化为和、差形式的
不定积分.

例 **5.1.5**　求下列不定积分:

(1) $\displaystyle\int \cos^2 \frac{x}{2} \mathrm{d}x$;　　　　(2) $\displaystyle\int \frac{1}{\sin^2 x \cos^2 x} \mathrm{d}x$;　　　　(3) $\displaystyle\int \frac{2\sin x}{\cos^2 x} \mathrm{d}x$.

解　(1) 因为 $\cos^2 \dfrac{x}{2} = \dfrac{1+\cos x}{2}$, 所以

$$\int \cos^2 \frac{x}{2} \mathrm{d}x = \int \frac{1+\cos x}{2} \mathrm{d}x$$
$$= \int \frac{1}{2} \mathrm{d}x + \frac{1}{2} \int \cos x \mathrm{d}x$$
$$= \frac{1}{2}x + \frac{1}{2}\sin x + C.$$

(2) 因为 $\sin^2 x + \cos^2 x = 1$, 所以

$$
\begin{aligned}
\int \frac{1}{\sin^2 x \cos^2 x} \mathrm{d}x &= \int \frac{\sin^2 x + \cos^2 x}{\sin^2 x \cos^2 x} \mathrm{d}x \\
&= \int \frac{1}{\cos^2 x} \mathrm{d}x + \int \frac{1}{\sin^2 x} \mathrm{d}x \\
&= \int \sec^2 x \mathrm{d}x + \int \csc^2 x \mathrm{d}x \\
&= \tan x - \cot x + C.
\end{aligned}
$$

(3) $\displaystyle \int \frac{2\sin x}{\cos^2 x} \mathrm{d}x = 2 \int \sec x \tan x \mathrm{d}x = 2\sec x + C.$

例 5.1.6　求下列不定积分:

(1) $\displaystyle \int 2^x \mathrm{e}^x \mathrm{d}x;$ 　　　　　　　　(2) $\displaystyle \int (3^{2x} + 2^{3x}) \mathrm{d}x.$

解　(1) 因为 $2^x \mathrm{e}^x = (2\mathrm{e})^x$, 所以

$$
\int 2^x \mathrm{e}^x \mathrm{d}x = \int (2\mathrm{e})^x \mathrm{d}x = \frac{(2\mathrm{e})^x}{\ln(2\mathrm{e})} + C = \frac{(2\mathrm{e})^x}{1 + \ln 2} + C.
$$

(2) 因为 $3^{2x} = 9^x, 2^{3x} = 8^x$, 所以有

$$
\begin{aligned}
\int (3^{2x} + 2^{3x}) \mathrm{d}x &= \int (9^x + 8^x) \mathrm{d}x \\
&= \int 9^x \mathrm{d}x + \int 8^x \mathrm{d}x \\
&= \frac{9^x}{\ln 9} + \frac{8^x}{\ln 8} + C \\
&= \frac{9^x}{2\ln 3} + \frac{8^x}{3\ln 2} + C.
\end{aligned}
$$

例 5.1.7　已知 $\displaystyle \int f(x)\mathrm{d}x = 2x^3 + 4x^2$, 求不定积分 $\displaystyle \int \frac{3x+4}{f(x)} \mathrm{d}x.$

解　由 $\displaystyle \int f(x)\mathrm{d}x = 2x^3 + 4x^2$, 两边求导得

$$
f(x) = 6x^2 + 8x,
$$

所以

$$
\int \frac{3x+4}{f(x)} \mathrm{d}x = \int \frac{3x+4}{6x^2 + 8x} \mathrm{d}x = \int \frac{1}{2x} \mathrm{d}x = \frac{1}{2} \int \frac{1}{x} \mathrm{d}x = \frac{1}{2} \ln|x| + C.
$$

练习 5.1

1. 求下列不定积分:

(1) $\displaystyle\int (x+1)^2\mathrm{d}x$;

(2) $\displaystyle\int (\mathrm{e}^x + 2)\mathrm{d}x$;

(3) $\displaystyle\int \left(\frac{1}{x} + x\right)^2 \mathrm{d}x$;

(4) $\displaystyle\int 2\sin x\mathrm{d}x$;

(5) $\displaystyle\int 3\cos x\mathrm{d}x$;

(6) $\displaystyle\int \frac{(x+1)^3}{x}\mathrm{d}x$;

(7) $\displaystyle\int -\sec^2 x\mathrm{d}x$;

(8) $\displaystyle\int \csc x\cot x\mathrm{d}x$;

(9) $\displaystyle\int \csc^2 x\mathrm{d}x$;

(10) $\displaystyle\int \frac{6}{\sqrt{1-x^2}}\mathrm{d}x$;

(11) $\displaystyle\int \frac{3}{1+x^2}\mathrm{d}x$;

(12) $\displaystyle\int 10^x\mathrm{d}x$;

(13) $\displaystyle\int \left(2\sqrt{x} - \frac{1}{\sqrt{1-x^2}}\right)\mathrm{d}x$;

(14) $\displaystyle\int \frac{x^4}{1+x^2}\mathrm{d}x$;

(15) $\displaystyle\int \frac{(x-1)^3}{x^2}\mathrm{d}x$;

(16) $\displaystyle\int \left(2ax + \frac{b}{\sqrt{1-x^2}}\right)\mathrm{d}x$;

(17) $\displaystyle\int \frac{x^3+1}{1+x}\mathrm{d}x$;

(18) $\displaystyle\int \frac{x\sqrt{x} + 2x - \sqrt[3]{x}}{x}\mathrm{d}x$;

(19) $\displaystyle\int \sqrt{\sqrt{\sqrt{x}}}\,\mathrm{d}x$;

(20) $\displaystyle\int \frac{x^n + 2x^{n-1} - 1}{x}\mathrm{d}x \ (n > 2)$;

(21) $\displaystyle\int \frac{x^3+x^2-2}{x-1}\mathrm{d}x$.

2. 求下列不定积分:

(1) $\displaystyle\int \sin^2\frac{x}{2}\mathrm{d}x$;

(2) $\displaystyle\int \cos x \sec^2 x \tan x\mathrm{d}x$;

(3) $\displaystyle\int \frac{\cos x}{\sin^2 x}\mathrm{d}x$;

(4) $\displaystyle\int \left(\frac{1}{\sin^2 x} + \frac{1}{\cos^2 x}\right)\mathrm{d}x$.

3. 求下列不定积分:

(1) $\displaystyle\int 2^x\mathrm{e}^x 3^x\mathrm{d}x$;

(2) $\displaystyle\int (2^{2x} + x^{2^2})\mathrm{d}x$;

(3) $\displaystyle\int 2^x(2^x - 2^{-x})\mathrm{d}x$;

(4) $\displaystyle\int \mathrm{e}^x(2 + \mathrm{e}^{-x})\mathrm{d}x$.

4. 已知曲线经过点 $(0,1)$, 且在任意点处的切线斜率为 $2x+2$, 求该曲线.

5. 已知曲线经过点 $(0,2)$, 且在任意点处的切线斜率为 $\cos x + 2$, 求该曲线.

6. 已知做直线运动的物体在时刻 t 的速度为 $v(t) = 2t + 3$, 且当 $t = 0$ 时位移为 4, 求该物体的位移函数 $s(t)$.

7. 已知做直线运动的物体在时刻 t 的加速度为 $a(t) = 2t - 1$, 且当 $t = 0$ 时速度为 2, 位移为 4, 求该物体的速度函数 $v(t)$ 和位移函数 $s(t)$.

§5.2　换元积分法

在表 5.1.1 中, 我们根据导数公式表给出了幂函数 $x^\mu (\mu \in \mathbf{R})$, 指数函数 $a^x (a > 0, a \neq 1)$, 部分三角函数 $\sin x, \cos x, \sec x \tan x, \csc x \cot x, \sec^2 x, \csc^2 x$ 的不定积分公式, 但是没有给出三角函数 $\tan x, \cot x, \sec x, \csc x$, 对数函数 $\ln x, \log_a x (a > 0, a \neq 1)$ 以及反三角函数 $\arcsin x, \arccos x, \arctan x, \operatorname{arccot} x$ 等函数的积分公式, 为什么? 因为在第 3 章的学习中并没有研究哪些函数求导等于这些函数, 即没有对它们的原函数进行讨论. 但是这些函数都是基本初等函数, 它们都存在原函数, 那么它们的原函数是什么样的呢? 我们该如何求这些函数的原函数? 在接下来的 §5.2 和 §5.3 中将通过学习不定积分的积分方法来寻求这些函数的原函数.

首先来学习换元积分方法, 而换元积分法通常又分为两类: 第一类换元积分法和第二类换元积分法.

5.2.1　第一类换元积分法——凑微分法

根据前面的学习知道 $\displaystyle\int \cos x \mathrm{d}x = \sin x + C$, 但是 $\displaystyle\int \cos 2x \mathrm{d}x \neq \sin 2x + C$, 因为

$$(\sin 2x + C)' = 2\cos 2x \neq \cos 2x.$$

再比如 $\displaystyle\int \mathrm{e}^x \mathrm{d}x = \mathrm{e}^x + C$, 但是 $\displaystyle\int \mathrm{e}^{2x} \mathrm{d}x \neq \mathrm{e}^{2x} + C$, 因为

$$(\mathrm{e}^{2x} + C)' = 2\mathrm{e}^{2x} \neq \mathrm{e}^{2x}.$$

观察发现公式 $\displaystyle\int \cos x \mathrm{d}x = \sin x + C$ 中, 积分变量 x 与被积函数 $\cos x$ 的自变量一致, 可直接应用积分公式将 $\cos x$ 积分为 $\sin x + C$. 但是 $\displaystyle\int \cos 2x \mathrm{d}x$ 中被积函数 $\cos 2x$ 是复合函数, 积分变量 x 与被积函数 $\cos 2x$ 的中间变量 $2x$ (即外函数的自变量) 不一致, 无法直接应用积分公式. 因此, 我们设想, 若将积分变量 x 凑成与被积函数 $\cos 2x$ 的中间变量 $2x$ 一致, 是否可以应用积分公式了呢? 即

$$\int \cos 2x \mathrm{d}(2x) = \sin 2x + C \text{是否成立?}$$

因为 $\mathrm{d}(2x) = 2\mathrm{d}x$, 所以 $\displaystyle\int \cos 2x \mathrm{d}(2x) = \int 2\cos 2x \mathrm{d}x$, 而

$$(\sin 2x + C)' = 2\cos 2x,$$

所以 $\displaystyle\int \cos 2x \mathrm{d}(2x) = \sin 2x + C$ 成立.

说明当将积分变量 x 凑成 $2x$ 时, 此时积分变量与被积函数的中间变量一致, 可直接应用积分公式.

需要说明的是, 虽然 $\displaystyle\int f(x)\mathrm{d}x$ 是一个整体记号, 但是从形式上看, 被积表达式中的 $\mathrm{d}x$ 可以看作变量 x 的微分, 因此 $\mathrm{d}(2x) = 2\mathrm{d}x$. 更一般地, 如果 $\varphi(x)$ 可微, 则 $\mathrm{d}\varphi(x) = \varphi'(x)\mathrm{d}x$, 反之, 也可写为 $\varphi'(x)\mathrm{d}x = \mathrm{d}\varphi(x)$.

那么对于 $\displaystyle\int \mathrm{e}^{2x}\mathrm{d}x$ 是否也成立呢? 先将积分变量 x 凑成被积函数的中间变量 $2x$, 但需恒等变形, 所以前面乘 $\dfrac{1}{2}$, 然后利用指数函数的积分公式有

$$\int \mathrm{e}^{2x}\mathrm{d}x = \frac{1}{2}\int \mathrm{e}^{2x}\mathrm{d}(2x) = \frac{1}{2}\mathrm{e}^{2x} + C.$$

显然这是对的, 因为 $\left(\dfrac{1}{2}\mathrm{e}^{2x} + C\right)' = \mathrm{e}^{2x}$. 因此, 当被积函数是复合函数时, 需将积分变量 x 凑成与被积函数的中间变量一致, 方可应用积分公式计算积分.

更一般地, 如果被积函数是如下的复合函数形式:

$$\int f[\varphi(x)]\varphi'(x)\mathrm{d}x,$$

而 $f(u)$ 的一个原函数是 $F(u)$, 如果能将积分变量 x 凑成 $\varphi(x)$, 即凑成 $\displaystyle\int f[\varphi(x)]\mathrm{d}\varphi(x)$ 的形式, 就可以计算出积分结果

$$\int f[\varphi(x)]\varphi'(x)\mathrm{d}x = \int f[\varphi(x)]\mathrm{d}\varphi(x) = F[\varphi(x)] + C.$$

而这个过程本质上是一种换元过程. 令 $u = \varphi(x)$, 此时上面的式子为

$$\int f(u)\mathrm{d}u = F(u) + C.$$

因此, **对于被积函数是复合函数的不定积分, 如果能通过凑积分变量为被积函数的中间变量, 便可应用积分公式进行积分.** 这种方法称为**凑微分法** (凑微分方法本质上是换元法).

例 **5.2.1** 求下列不定积分:

(1) $\displaystyle\int \frac{1}{x+1}\mathrm{d}x$;

(2) $\displaystyle\int (2x+1)^5 \mathrm{d}x$;

(3) $\displaystyle\int \mathrm{e}^{kx}\mathrm{d}x(k \neq 0)$;

(4) $\displaystyle\int \frac{1}{x(\ln x)}\mathrm{d}x$.

解 (1) 首先用换元思想求解. 令 $u = x + 1$, 则 $\mathrm{d}u = \mathrm{d}(x+1) = \mathrm{d}x$, 所以

$$\int \frac{1}{x+1}\mathrm{d}x = \int \frac{1}{u}\mathrm{d}u = \ln|u| + C.$$

再将 $u = x + 1$ 代回上式, 有 $\displaystyle\int \frac{1}{x+1}\mathrm{d}x = \ln|u| + C = \ln|x+1| + C.$

本题也可以直接凑微分. 因为被积函数是复合函数, 外层函数是 $f(u) = \dfrac{1}{u}$, 中间变量 $u = x + 1$, 需将积分变量 x 凑成 $u = x + 1$ 后再积分:

$$\int \frac{1}{x+1}\mathrm{d}x = \int \frac{1}{x+1}\mathrm{d}(x+1) = \ln|x+1| + C.$$

【**注意**】   因为常数的微分为零, 故在 d 后可以加减任意常数而不影响原积分结果.

(2) 凑微分有

$$\begin{aligned}
\int (2x+1)^5\mathrm{d}x &= \frac{1}{2}\int (2x+1)^5\mathrm{d}(2x) \\
&= \frac{1}{2}\int (2x+1)^5\mathrm{d}(2x+1) \\
&\xlongequal{u=2x+1} \frac{1}{2}\int u^5\mathrm{d}u \\
&= \frac{1}{12}u^6 + C \\
&= \frac{1}{12}(2x+1)^6 + C.
\end{aligned}$$

熟悉后可省略换元过程, 即上式可写为

$$\int (2x+1)^5\mathrm{d}x = \frac{1}{2}\int (2x+1)^5\mathrm{d}(2x+1) = \frac{1}{12}(2x+1)^6 + C.$$

【**注意**】   在凑微分时要恒等变形. 因为 $\mathrm{d}(kx) = k\mathrm{d}x(k \neq 0)$, 所以当在 d 后面乘非零数 k 时, 前面要乘 $\dfrac{1}{k}$.

(3) 凑微分得

$$\int \mathrm{e}^{kx}\mathrm{d}x = \frac{1}{k}\int \mathrm{e}^{kx}\mathrm{d}(kx) = \frac{1}{k}\mathrm{e}^{kx} + C.$$

(4) 本题先将 $\dfrac{1}{x}\mathrm{d}x$ 凑成 $\mathrm{d}\ln x$, 再应用积分公式

$$\int \frac{1}{x(\ln x)}\mathrm{d}x = \int \frac{1}{\ln x}\mathrm{d}\ln x = \ln|\ln x| + C.$$

例 5.2.2 求下列不定积分:

(1) $\displaystyle\int x\cos(kx^2)\mathrm{d}x(k\neq 0);$ 　　　　　　(2) $\displaystyle\int \frac{\cos x}{\sin x+1}\mathrm{d}x;$

(3) $\displaystyle\int \tan x\mathrm{d}x;$ 　　　　　　(4) $\displaystyle\int \sec x\mathrm{d}x.$

解 (1) 被积函数中 $\cos(kx^2)$ 是复合函数, 另一个因子 x 可帮助凑成复合函数 $\cos(kx^2)$ 的中间变量 kx^2. 具体地, $x\mathrm{d}x=\mathrm{d}\dfrac{x^2}{2}=\dfrac{1}{2}\mathrm{d}x^2$, 然后在 d 后面乘 k, 因要恒等变形, 故前面 乘 $\dfrac{1}{k}$. 即 $x\mathrm{d}x=\dfrac{1}{2k}\mathrm{d}kx^2$, 完成凑微分过程. 因此

$$\int x\cos(kx^2)\mathrm{d}x=\frac{1}{2k}\int \cos(kx^2)\mathrm{d}(kx^2)=\frac{1}{2k}\sin(kx^2)+C.$$

(2)

$$\int \frac{\cos x}{\sin x+1}\mathrm{d}x=\int \frac{1}{\sin x+1}\mathrm{d}(\sin x)=\int \frac{1}{\sin x+1}\mathrm{d}(\sin x+1)=\ln|\sin x+1|+C.$$

(3) 因为 $\tan x=\dfrac{\sin x}{\cos x}$, 所以

$$\int \tan x\mathrm{d}x=\int \frac{\sin x}{\cos x}\mathrm{d}x=-\int \frac{1}{\cos x}\mathrm{d}(\cos x)=-\ln|\cos x|+C=\ln|\sec x|+C.$$

可同理求得

$$\int \cot x\mathrm{d}x=\int \frac{\cos x}{\sin x}\mathrm{d}x=\int \frac{1}{\sin x}\mathrm{d}(\sin x)=\ln|\sin x|+C=-\ln|\csc x|+C.$$

(4) **解法一**

$$\begin{aligned}
\int \sec x\mathrm{d}x&=\int \frac{1}{\cos x}\mathrm{d}x=\int \frac{\cos x}{\cos^2 x}\mathrm{d}x\\
&=\int \frac{1}{\cos^2 x}\mathrm{d}\sin x=\int \frac{1}{1-\sin^2 x}\mathrm{d}\sin x\\
&=\frac{1}{2}\int \left(\frac{1}{1-\sin x}+\frac{1}{1+\sin x}\right)\mathrm{d}\sin x\\
&=\frac{1}{2}\int \frac{1}{1-\sin x}\mathrm{d}\sin x+\frac{1}{2}\int \frac{1}{1+\sin x}\mathrm{d}\sin x\\
&=-\frac{1}{2}\int \frac{1}{1-\sin x}\mathrm{d}(1-\sin x)+\frac{1}{2}\int \frac{1}{1+\sin x}\mathrm{d}(1+\sin x)\\
&=-\frac{1}{2}\ln|1-\sin x|+\frac{1}{2}\ln|1+\sin x|+C\\
&=\frac{1}{2}\ln\left|\frac{1+\sin x}{1-\sin x}\right|+C
\end{aligned}$$

$$= \frac{1}{2}\ln\left|\frac{(1+\sin x)^2}{1-\sin^2 x}\right| + C$$

$$= \ln\left|\frac{1+\sin x}{\cos x}\right| + C$$

$$= \ln|\sec x + \tan x| + C.$$

解法二

$$\int \sec x \mathrm{d}x = \int \frac{\sec x(\sec x + \tan x)}{\sec x + \tan x}\mathrm{d}x$$

$$= \int \frac{\sec^2 x + \sec x\tan x}{\sec x + \tan x}\mathrm{d}x$$

$$= \int \frac{1}{\sec x + \tan x}\mathrm{d}(\sec x + \tan x)$$

$$= \ln|\sec x + \tan x| + C.$$

同理可求得

$$\int \csc x \mathrm{d}x = \ln|\csc x - \cot x| + C.$$

例 5.2.3   求下列不定积分:

(1) $\displaystyle\int \sin^2 x\mathrm{d}x$;   (2) $\displaystyle\int \cos^3 x\mathrm{d}x$;

(3) $\displaystyle\int \tan^3 x\sec^6 x\mathrm{d}x$;   (4) $\displaystyle\int \sin^{2n} x\cos^5 x\mathrm{d}x$.

解   (1) 因为 $\sin^2 x = \dfrac{1-\cos 2x}{2}$, 所以

$$\int \sin^2 x\mathrm{d}x = \int \frac{1-\cos 2x}{2}\mathrm{d}x$$

$$= \int \frac{1}{2}\mathrm{d}x - \frac{1}{2}\int \cos 2x\mathrm{d}x$$

$$= \int \frac{1}{2}\mathrm{d}x - \frac{1}{4}\int \cos 2x\mathrm{d}2x$$

$$= \frac{1}{2}x - \frac{1}{4}\sin 2x + C.$$

(2) $\displaystyle\int \cos^3 x\mathrm{d}x = \int \cos^2 x\cos x\mathrm{d}x$

$$= \int \cos^2 x\mathrm{d}\sin x$$

$$= \int (1 - \sin^2 x) \mathrm{d}\sin x$$

$$= \sin x - \frac{1}{3}\sin^3 x + C.$$

(3) $\displaystyle\int \tan^3 x \sec^6 x \mathrm{d}x = \int \tan^3 x \sec^4 x \mathrm{d}\tan x$

$$= \int \tan^3 x (1 + \tan^2 x)^2 \mathrm{d}\tan x$$

$$= \int \tan^3 x (1 + 2\tan^2 x + \tan^4 x) \mathrm{d}\tan x$$

$$= \int (\tan^7 x + 2\tan^5 x + \tan^3 x) \mathrm{d}\tan x$$

$$= \frac{1}{8}\tan^8 x + \frac{1}{3}\tan^6 x + \frac{1}{4}\tan^4 x + C.$$

(4) $\displaystyle\int \sin^{2n} x \cos^5 x \mathrm{d}x = \int \sin^{2n} x \cos^4 x \cos x \mathrm{d}x$

$$= \int \sin^{2n} x \cos^4 x \mathrm{d}\sin x$$

$$= \int \sin^{2n} x (1 - \sin^2 x)^2 \mathrm{d}\sin x$$

$$= \int (\sin^{2n} x - 2\sin^{2n+2} x + \sin^{2n+4} x) \mathrm{d}\sin x$$

$$= \frac{1}{2n+1}\sin^{2n+1} x - \frac{2}{2n+3}\sin^{2n+3} x + \frac{1}{2n+5}\sin^{2n+5} x + C.$$

【注意】 若被积函数是正、余弦函数的偶次方, 一般进行降幂; 若是正、余弦函数的奇次方, 则拆出一次方凑微分.

【思考】 如 何 求 $\displaystyle\int \cos^5 x \mathrm{d}x$, $\displaystyle\int \sin^4 x \mathrm{d}x$, $\displaystyle\int \sin^3 x \cos^{2n} x \mathrm{d}x$, $\displaystyle\int \tan^4 x \sec^6 x \mathrm{d}x$, $\displaystyle\int \tan^3 x \sec^5 x \mathrm{d}x$ 等不定积分?

5.2.2 第二类换元积分法

第一类换元积分法 (即凑微分法) 针对被积函数是复合函数, 且积分变量可以通过恒等变形凑成被积函数的中间变量形式的情况, 达到可应用积分公式的目的. 而第二类换元积分法则是针对被积函数中含有根式、指数函数、三角函数、对数函数等情形, 通过换元简化积分计算.

1. 根式代换

若被积函数含有根式 (一个或者多个), 积分难度加大, 此时我们一般采取换元方法, 去掉根号后再积分. 具体来说:

(1) 当被积函数中含有 $\sqrt[n]{ax+b}$ 时, 令 $\sqrt[n]{ax+b}=t$, 目标是去掉根号.

(2) 当被积函数中同时含有 $\sqrt[n]{ax+b}$ 和 $\sqrt[m]{ax+b}$ 时, 令 $ax+b=t^k$, 其中 k 是两个根指数 m, n 的最小公倍数, 目标也是去掉根号.

例 5.2.4　计算不定积分 $\displaystyle\int x\sqrt{x+1}\mathrm{d}x$.

解　令 $t=\sqrt{x+1}$, 则 $x=t^2-1, \mathrm{d}x=\mathrm{d}(t^2-1)=2t\mathrm{d}t$, 所以

$$\int x\sqrt{x+1}\mathrm{d}x = \int (t^2-1)t \cdot 2t\mathrm{d}t$$

$$= \int (2t^4-2t^2)\mathrm{d}t$$

$$= \frac{2}{5}t^5 - \frac{2}{3}t^3 + C.$$

再将 $t=\sqrt{x+1}$ 回代

$$\int x\sqrt{x+1}\mathrm{d}x = \frac{2}{5}t^5 - \frac{2}{3}t^3 + C$$

$$= \frac{2}{5}(\sqrt{x+1})^5 - \frac{2}{3}(\sqrt{x+1})^3 + C.$$

【思考】　本题是否有其他计算方法?

【注意】　第二类换元积分法不同于第一类换元积分法, 将积分变量由 x 换到 t 后, 需要将 $\mathrm{d}x$ 转化为 $\mathrm{d}t$ 的形式, 关于积分变量 x 的不定积分转化为关于变量 t 的积分, 不定积分的结果要再将 t 换回原始积分变量 x.

例 5.2.5　计算不定积分 $\displaystyle\int \frac{1}{\sqrt{x-1}+\sqrt[3]{x-1}}\mathrm{d}x$.

解　令 $x-1=t^6$, 则 $\mathrm{d}x=\mathrm{d}(t^6+1)=6t^5\mathrm{d}t$, 所以

$$\int \frac{1}{\sqrt{x-1}+\sqrt[3]{x-1}}\mathrm{d}x = \int \frac{1}{t^3+t^2}6t^5\mathrm{d}t$$

$$= 6\int \frac{t^3}{t+1}\mathrm{d}t$$

$$= 6\int \frac{t^3+1-1}{t+1}\mathrm{d}t$$

$$= 6\int \left(t^2-t+1-\frac{1}{t+1}\right)\mathrm{d}t$$

$$= 6\left(\frac{1}{3}t^3 - \frac{1}{2}t^2 + t - \ln|t+1|\right) + C$$

$$= 2t^3 - 3t^2 + 6t - 6\ln|t+1| + C.$$

再将 $t = \sqrt[6]{x-1}$ 换回:

$$\int \frac{1}{\sqrt{x-1} + \sqrt[3]{x-1}} \mathrm{d}x = 2\sqrt{x-1} - 3\sqrt[3]{x-1} + 6\sqrt[6]{x-1} - 6\ln|\sqrt[6]{x-1}+1| + C.$$

2. 三角代换

当被积函数中含有 $\sqrt{a^2 \pm x^2}$ 或 $\sqrt{x^2 - a^2}$ 时, 一般采取三角代换去掉根号, 具体来说:

(1) 当被积函数中含有 $\sqrt{a^2 - x^2}$ 时, 令 $x = a\sin t \left(|t| < \frac{\pi}{2}\right)$, 或 $x = a\cos t (0 < t < \pi)$;

(2) 当被积函数中含有 $\sqrt{a^2 + x^2}$ 时, 令 $x = a\tan t \left(|t| < \frac{\pi}{2}\right)$, 或 $x = a\cot t (0 < t < \pi)$;

(3) 当被积函数中含有 $\sqrt{x^2 - a^2}$ 时, 令 $x = a\sec t \left(t \in \left(0, \frac{\pi}{2}\right)\right)$ 或者 $x = a\csc t \left(t \in \left(0, \frac{\pi}{2}\right)\right)$.

例 5.2.6 计算不定积分 $\displaystyle\int \frac{5x}{\sqrt{1-x^2}} \mathrm{d}x$.

解 令 $x = \sin t, |t| < \frac{\pi}{2}, \mathrm{d}x = \cos t\,\mathrm{d}t$, 所以有

$$\begin{aligned}
\int \frac{5x}{\sqrt{1-x^2}} \mathrm{d}x &= \int \frac{5\sin t}{\sqrt{1-\sin^2 t}} \cos t\,\mathrm{d}t \\
&= \int \frac{5\sin t}{\cos t} \cos t\,\mathrm{d}t \\
&= \int 5\sin t\,\mathrm{d}t \\
&= -5\cos t + C \\
&= -5\sqrt{1-x^2} + C.
\end{aligned}$$

【注意】 上面的推导中因为 $|t| < \frac{\pi}{2}$, 即角度位于第一、四象限, 所以 $\sqrt{1-\sin^2 t} = \cos t$. 在结果换回原式积分变量 x 时, 需要借助三角函数公式 $\cos t = \sqrt{1-\sin^2 t} = \sqrt{1-x^2}(x = \sin t)$.

例 5.2.7 计算不定积分 $\displaystyle\int \frac{4x}{\sqrt{x^2-1}} \mathrm{d}x$.

解 令 $x = \sec t, 0 < t < \frac{\pi}{2}, \mathrm{d}x = \sec t \tan t\,\mathrm{d}t$, 所以有

$$\begin{aligned}
\int \frac{4x}{\sqrt{x^2-1}} \mathrm{d}x &= \int \frac{4\sec t}{\sqrt{\sec^2 t - 1}} \sec t \tan t\,\mathrm{d}t \\
&= \int \frac{4\sec t}{\tan t} \sec t \tan t\,\mathrm{d}t
\end{aligned}$$

$$= \int 4\sec^2 t \mathrm{d}t$$

$$= 4\tan t + C(因 x = \sec t, \tan t = \sqrt{\sec^2 t - 1})$$

$$= 4\sqrt{x^2 - 1} + C.$$

例 5.2.8 计算不定积分 $\displaystyle\int \frac{3x}{\sqrt{1+x^2}}\mathrm{d}x.$

解 令 $x = \tan t, |t| < \dfrac{\pi}{2}, \mathrm{d}x = \sec^2 t \mathrm{d}t$, 所以

$$\int \frac{3x}{\sqrt{1+x^2}}\mathrm{d}x = \int \frac{3\tan t}{\sec t}\sec^2 t \mathrm{d}t$$

$$= \int 3\tan t \sec t \mathrm{d}t$$

$$= 3\sec t + C(因 x = \tan t, \sec t = \sqrt{1 + \tan^2 t})$$

$$= 3\sqrt{1 + x^2} + C.$$

【注意】 例 5.2.6—例 5.2.8 运用三角代换求积分, 在积分结果换回原式积分变量时, 几乎都要借助三角函数公式.

3. 其他代换

(1) 倒数代换

例 5.2.9 计算不定积分 $\displaystyle\int \frac{1}{x(x^6 - 1)}\mathrm{d}x.$

【分析】 由于分母中 x 的次幂数远高于分子, 采用倒数代换.

解 令 $t = \dfrac{1}{x}$, 则 $x = \dfrac{1}{t}, \mathrm{d}x = -\dfrac{1}{t^2}\mathrm{d}t$, 故

$$\int \frac{1}{x(x^6 - 1)}\mathrm{d}x = \int \frac{t}{\left(\dfrac{1}{t}\right)^6 - 1}\left(-\frac{1}{t^2}\right)\mathrm{d}t$$

$$= -\int \frac{t^5}{1 - t^6}\mathrm{d}t$$

$$= \frac{1}{6}\int \frac{1}{1 - t^6}\mathrm{d}(1 - t^6)$$

$$= \frac{1}{6}\ln|1 - t^6| + C$$

$$= \frac{1}{6}\ln\left|1 - \frac{1}{x^6}\right| + C.$$

(2) 对数代换

例 5.2.10 计算不定积分 $\displaystyle\int \frac{x-1}{x^2-x\ln x}\mathrm{d}x$.

【分析】 由于被积函数不能直接积分, 也无法化为若干可积分的代数和, 所以解决思路是对 $\ln x$ 换元, 简化积分运算.

解 令 $t=\ln x$, 则 $x=\mathrm{e}^t, \mathrm{d}x=\mathrm{e}^t\mathrm{d}t$, 故

$$
\begin{aligned}
\int \frac{x-1}{x^2-x\ln x}\mathrm{d}x &= \int \frac{\mathrm{e}^t-1}{\mathrm{e}^{2t}-t\mathrm{e}^t}\mathrm{e}^t\mathrm{d}t \\
&= \int \frac{\mathrm{e}^t-1}{\mathrm{e}^t-t}\mathrm{d}t \\
&= \int \frac{1}{\mathrm{e}^t-t}\mathrm{d}(\mathrm{e}^t-t) \\
&= \ln|\mathrm{e}^t-t|+C \\
&= \ln|x-\ln x|+C.
\end{aligned}
$$

(3) 反三角函数代换

例 5.2.11 计算不定积分 $\displaystyle\int \frac{\arctan x}{x^2+1}\mathrm{d}x$.

【分析】 与例 5.2.10 相似, 被积函数中分子的反三角函数 $\arctan x$ 使得积分变得困难, 故采用换元法简化计算.

解 令 $\arctan x=t$, 则 $x=\tan t, \mathrm{d}x=\sec^2 t\mathrm{d}t$, 所以

$$
\begin{aligned}
\int \frac{\arctan x}{x^2+1}\mathrm{d}x &= \int \frac{t}{\tan^2 t+1}\sec^2 t\mathrm{d}t = \int \frac{t}{\sec^2 t}\sec^2 t\mathrm{d}t \\
&= \int t\mathrm{d}t \\
&= \frac{1}{2}t^2+C \\
&= \frac{1}{2}(\arctan x)^2+C.
\end{aligned}
$$

【思考】 本题是否有其他积分方法?

5.2.3 连续奇、偶函数及周期函数的积分特点

如果 $f(x)$ 是连续的奇函数、偶函数、周期函数, 那么它们的原函数有什么特点呢?

当 $f(x)$ 是连续奇函数时, 满足 $f(-x)=-f(x)$, 两边取不定积分

$$
\int f(-x)\mathrm{d}x = -\int f(x)\mathrm{d}x.
$$

设 $f(x)$ 的原函数为 $F(x)$, 等式左侧用凑微分法

左侧　$\displaystyle\int f(-x)\mathrm{d}x = -\int f(-x)\mathrm{d}(-x) = -F(-x),$

右侧　$\displaystyle -\int f(x)\mathrm{d}x = -F(x),$

因此
$$F(-x) = F(x).$$

故连续的奇函数的原函数是偶函数 (回顾可导的偶函数的导数是奇函数).

　　【思考】　能否根据可导的奇函数的导数是偶函数证明连续的偶函数的原函数是奇函数?

　　如果 $f(x)$ 是连续周期函数, 即满足 $f(x+T) = f(x)$, 两边取不定积分, 应用凑微分方法有

$$F(x+T) = \int f(x+T)\mathrm{d}(x+T) = \int f(x+T)\mathrm{d}x = \int f(x)\mathrm{d}x = F(x),$$

所以周期函数的原函数还是有相同周期的周期函数 (回顾可导的周期函数的导函数还是同周期的周期函数).

练习 5.2

　　1. 求下列不定积分:

(1) $\displaystyle\int \mathrm{e}^{2x}\mathrm{d}x;$

(2) $\displaystyle\int \sin(2x+3)\mathrm{d}x;$

(3) $\displaystyle\int (ax+b)^n\mathrm{d}x(a \neq 0);$

(4) $\displaystyle\int \frac{1}{ax+b}\mathrm{d}x(a \neq 0);$

(5) $\displaystyle\int x\mathrm{e}^{2x^2+3}\mathrm{d}x;$

(6) $\displaystyle\int \frac{1}{\mathrm{e}^x - 1}\mathrm{d}x;$

(7) $\displaystyle\int \cos^2 x\mathrm{d}x;$

(8) $\displaystyle\int \cot^3 x\mathrm{d}x;$

(9) $\displaystyle\int \frac{1}{x(a\ln x + b)}\mathrm{d}x;$

(10) $\displaystyle\int \frac{\ln^5 x}{x}\mathrm{d}x.$

　　2. 求下列不定积分:

(1) $\displaystyle\int (x-1)\sqrt{x+1}\mathrm{d}x;$

(2) $\displaystyle\int \left[(x+1) + \frac{x}{1+\sqrt{x+1}}\right]\mathrm{d}x;$

(3) $\displaystyle\int \frac{x+1}{\sqrt{x-2}}\mathrm{d}x;$

(4) $\displaystyle\int \frac{1}{\sqrt{x+1} - \sqrt[3]{x+1}}\mathrm{d}x;$

(5) $\displaystyle\int \frac{\sqrt{x}-1}{\sqrt[4]{x}+1}\mathrm{d}x;$

(6) $\displaystyle\int \frac{1}{\sqrt[3]{x}+1}\mathrm{d}x;$

(7) $\displaystyle\int \frac{1}{x-2}\sqrt{\frac{x+1}{x-2}}\mathrm{d}x(x>2);$　　　　(8) $\displaystyle\int \frac{1}{x^2}\sqrt{x(x-2)}\mathrm{d}x(x>2).$

3. 求下列不定积分:

(1) $\displaystyle\int \frac{2}{\sqrt{x^2+1}}\mathrm{d}x;$　　　　　　　　(2) $\displaystyle\int \frac{x}{\sqrt{x^2-1}}\mathrm{d}x;$

(3) $\displaystyle\int \sqrt{1-x^2}\mathrm{d}x;$　　　　　　　　(4) $\displaystyle\int \frac{x}{\sqrt{x^2+4}}\mathrm{d}x;$

(5) $\displaystyle\int \frac{2x}{\sqrt{9x^2-2}}\mathrm{d}x;$　　　　　　　(6) $\displaystyle\int \frac{x^2}{\sqrt{9-x^2}}\mathrm{d}x;$

(7) $\displaystyle\int \frac{1}{\sqrt{5-2x-x^2}}\mathrm{d}x;$　　　　　(8) $\displaystyle\int \frac{x}{\sqrt{x^2+4x+8}}\mathrm{d}x.$

4. 求下列不定积分:

(1) $\displaystyle\int \frac{1}{x(x^5-1)}\mathrm{d}x;$　　　　　　　(2) $\displaystyle\int \frac{1}{x(x^4+1)}\mathrm{d}x;$

(3) $\displaystyle\int \frac{\mathrm{e}^x\sin \mathrm{e}^x}{\cos \mathrm{e}^x}\mathrm{d}x;$　　　　　　　(4) $\displaystyle\int \frac{\ln(1+\mathrm{e}^x)}{\mathrm{e}^{-x}(1+\mathrm{e}^x)}\mathrm{d}x;$

(5) $\displaystyle\int \frac{\mathrm{e}^x\tan \mathrm{e}^x}{\cos \mathrm{e}^x}\mathrm{d}x;$　　　　　　　(6) $\displaystyle\int \frac{\sin(\ln x)}{x}\mathrm{d}x;$

(7) $\displaystyle\int \frac{\mathrm{e}^x}{\sqrt{1-\mathrm{e}^{2x}}\arcsin \mathrm{e}^x}\mathrm{d}x.$

§5.3　分部积分法

由 §5.1 知不定积分没有乘除运算性质, 遇到被积函数是乘除运算时, 要么凑微分, 要么将其转化为加减运算后再求积分. 但是当被积函数是两类函数相乘时, 很难通过上述方法进行积分, 例如 $\displaystyle\int x\sin x\mathrm{d}x, \int x\mathrm{e}^x\mathrm{d}x, \int \mathrm{e}^x\sin x\mathrm{d}x$ 等. 那么该如何计算这类积分问题呢? 本节介绍的分部积分法便是针对这类问题给出的积分方法.

5.3.1　分部积分法公式

在第 3 章我们学过乘积函数的微分法则:

设 $u=u(x), v=v(x)$ 有连续的导数, 则有乘积的微分公式 $\mathrm{d}(uv)=u\mathrm{d}v+v\mathrm{d}u,$

移项得
$$u\mathrm{d}v=\mathrm{d}(uv)-v\mathrm{d}u,$$

两边积分得
$$\int u\mathrm{d}v=\int \mathrm{d}(uv)-\int v\mathrm{d}u=uv-\int v\mathrm{d}u,$$

或者
$$\int uv'\mathrm{d}x=uv-\int vu'\mathrm{d}x. \tag{5.3.1}$$

这就是**分部积分公式**, 公式 (5.3.1) 一般应用于两 (类) 函数乘积求不定积分的情形, 如幂函数乘指数函数、幂函数乘三角函数、三角函数乘指数函数等. 在应用分部积分公式时实质是将所求积分 $\displaystyle\int u\mathrm{d}v$ 转化为求积分 $\displaystyle\int v\mathrm{d}u$, 这就要求要适当地选取 u,v, 使得 $\displaystyle\int v\mathrm{d}u$ 比 $\displaystyle\int u\mathrm{d}v$ 更好积分, 否则若 u 和 v 选取不当, 可能会使得积分更加困难. 那么该如何选取 u,v 呢?

5.3.2   分部积分法中选择 u,v 的原则

例 5.3.1   计算不定积分 $\displaystyle\int x\mathrm{e}^x\mathrm{d}x$.

【分析】   若选取 $u=\mathrm{e}^x, v'=x$, 即指数函数为 u, 幂函数为 v', 则由分部积分公式有

$$\int x\mathrm{e}^x\mathrm{d}x=\int \mathrm{e}^x\mathrm{d}\frac{x^2}{2}=\frac{x^2}{2}\mathrm{e}^x-\int \mathrm{e}^x\frac{x^2}{2}\mathrm{d}x.$$

显然在应用了一次分部积分法后被积表达式变得更复杂 (指数函数不变, 而幂函数在升幂), 意味着 u,v 的选取是不合适的, 故应选择幂函数为 u, 指数函数为 v'.

解   选取 $u=x, v'=\mathrm{e}^x$, 由分部积分公式有

$$\begin{aligned}
\int x\mathrm{e}^x\mathrm{d}x &= \int x\mathrm{d}\mathrm{e}^x \\
&= x\mathrm{e}^x-\int x'\mathrm{e}^x\mathrm{d}x \\
&= x\mathrm{e}^x-\int \mathrm{e}^x\mathrm{d}x \\
&= x\mathrm{e}^x-\mathrm{e}^x+C.
\end{aligned}$$

若幂函数的次幂数高于一次, 在应用分部积分法时有何不同呢?

例 5.3.2   计算不定积分 $\displaystyle\int x^2\mathrm{e}^x\mathrm{d}x$.

解   选取 $u=x^2, v'=\mathrm{e}^x$, 有

$$\begin{aligned}
\int x^2\mathrm{e}^x\mathrm{d}x &= \int x^2\mathrm{d}\mathrm{e}^x=x^2\mathrm{e}^x-2\int x\mathrm{e}^x\mathrm{d}x \\
&= x^2\mathrm{e}^x-2\int x\mathrm{d}\mathrm{e}^x \\
&= x^2\mathrm{e}^x-2\left(x\mathrm{e}^x-\int \mathrm{e}^x\mathrm{d}x\right) \\
&= x^2\mathrm{e}^x-2x\mathrm{e}^x+2\mathrm{e}^x+C.
\end{aligned}$$

可见, 如果被积函数是幂函数与指数函数相乘, 应用分部积分法时一般选取幂函数为 u, 且幂函数的次幂数决定了应用分部积分法的次数, 每应用一次分部积分法, 幂函数降幂一次.

第一种情形 若被积函数是幂函数 x^n (或多项式函数) 乘指数函数 e^x, 一般选取幂函数 x^n 为 u, 指数函数 e^x 为 v', 这样在后面的积分中幂函数会不断降幂, 从而简化积分运算.

事实上, 若指数函数为 $a^x(a > 0, a \neq 1)$, 积分方法也是一样, 因为 $a^x = \mathrm{e}^{x\ln a}$.

例 5.3.3 计算不定积分 $\displaystyle\int x^2\cos x\mathrm{d}x$.

【分析】 若选取 $u = \cos x, v' = x^2$, 则由分部积分公式有

$$\int x^2\cos x\mathrm{d}x = \int \cos x\mathrm{d}\left(\frac{1}{3}x^3\right) = \frac{1}{3}x^3\cos x + \int \sin x \cdot \frac{1}{3}x^3\mathrm{d}x.$$

显然幂函数在升幂, 三角函数无法去掉, 积分变得更加困难. 为此, 选择幂函数为 u.

解 选取 $u = x^2, v' = \cos x$, 由分部积分公式得

$$\int x^2\cos x\mathrm{d}x = \int x^2\mathrm{d}\sin x = x^2\sin x - 2\int x\sin x\mathrm{d}x$$

(继续将幂函数看作 u, 采取分部积分)

$$= x^2\sin x + 2\int x\mathrm{d}\cos x$$

$$= x^2\sin x + 2x\cos x - 2\int \cos x\mathrm{d}x$$

$$= x^2\sin x + 2x\cos x - 2\sin x + C.$$

第二种情形 若被积函数是幂函数 x^n (或多项式函数) 和正 (余) 弦三角函数的乘积, 考虑设幂函数为 u, 正 (余) 弦三角函数为 v', 目的是在后面的积分中使幂函数降幂.

例 5.3.4 计算不定积分 $\displaystyle\int x^2\ln x\mathrm{d}x$.

【分析】 本题若仿照例 5.3.1 和例 5.3.3 选取幂函数为 u, 对数函数 $\ln x$ 为 v', 显然积分会十分困难, 在第 3 章中我们没有探讨过 $\ln x$ 的原函数是什么, 为此设对数函数 $\ln x$ 为 u.

解 选取 $u = \ln x, v' = x^2$, 由分部积分公式得

$$\int x^2\ln x\mathrm{d}x = \int \ln x\mathrm{d}\left(\frac{1}{3}x^3\right)$$

$$= \frac{1}{3}x^3\ln x - \int \frac{1}{3}x^3\frac{1}{x}\mathrm{d}x$$

$$= \frac{1}{3}x^3\ln x - \frac{1}{9}x^3 + C.$$

例 5.3.5   计算不定积分 $\displaystyle\int x\arctan x\mathrm{d}x$.

解   同理, 因为不知道 $\arctan x$ 的原函数, 所以选取 $u=\arctan x, v'=x$, 由分部积分公式得

$$
\begin{aligned}
\int x\arctan x\mathrm{d}x &= \int \arctan x\mathrm{d}\left(\frac{1}{2}x^2\right)\\
&= \frac{1}{2}x^2\arctan x - \frac{1}{2}\int \frac{1}{1+x^2}x^2\mathrm{d}x\\
&= \frac{1}{2}x^2\arctan x - \frac{1}{2}\int \frac{x^2+1-1}{1+x^2}\mathrm{d}x\\
&= \frac{1}{2}x^2\arctan x - \frac{1}{2}\int \left(1-\frac{1}{1+x^2}\right)\mathrm{d}x\\
&= \frac{1}{2}x^2\arctan x - \frac{1}{2}x + \frac{1}{2}\arctan x + C.
\end{aligned}
$$

第三种情形   若被积函数是幂函数和对数函数 (或反三角函数) 的乘积, 就考虑设对数函数 (或反三角函数) 为 u.

例 5.3.6   计算不定积分 $\displaystyle\int \mathrm{e}^x\sin x\mathrm{d}x$.

解   选取 $u=\sin x, v'=\mathrm{e}^x$, 有

$$
\begin{aligned}
\int \mathrm{e}^x\sin x\mathrm{d}x &= \int \sin x\mathrm{d}\mathrm{e}^x\\
&= \mathrm{e}^x\sin x - \int \mathrm{e}^x\cos x\mathrm{d}x\\
&= \mathrm{e}^x\sin x - \int \cos x\mathrm{d}\mathrm{e}^x\\
&= \mathrm{e}^x\sin x - \mathrm{e}^x\cos x - \int \mathrm{e}^x\sin x\mathrm{d}x,
\end{aligned}
$$

将 $\displaystyle\int \mathrm{e}^x\sin x\mathrm{d}x$ 移项到等式左边, 解出 $\displaystyle\int \mathrm{e}^x\sin x\mathrm{d}x$ 得

$$
\int \mathrm{e}^x\sin x\mathrm{d}x = \frac{1}{2}\mathrm{e}^x\sin x - \frac{1}{2}\mathrm{e}^x\cos x + C.
$$

本题若设 $u=\mathrm{e}^x, v'=\sin x$, 结果会如何呢?

$$
\begin{aligned}
\int \mathrm{e}^x\sin x\mathrm{d}x &= -\int \mathrm{e}^x\mathrm{d}(\cos x)\\
&= -\mathrm{e}^x\cos x + \int \mathrm{e}^x\cos x\mathrm{d}x
\end{aligned}
$$

$$= -\mathrm{e}^x\cos x + \int \mathrm{e}^x \mathrm{d}\sin x$$

$$= -\mathrm{e}^x\cos x + \mathrm{e}^x\sin x - \int \mathrm{e}^x\sin x\mathrm{d}x,$$

将 $\int \mathrm{e}^x\sin x\mathrm{d}x$ 移项到等式左边, 解出 $\int \mathrm{e}^x\sin x\mathrm{d}x$ 得

$$\int \mathrm{e}^x\sin x\mathrm{d}x = \frac{1}{2}\mathrm{e}^x\sin x - \frac{1}{2}\mathrm{e}^x\cos x + C.$$

可见, 指数函数 e^x 乘正 (余) 弦三角函数求积分时, 设谁为 u, v 都可以. 但是由于设指数函数 e^x 为 v' 处理起来会更加简单, 故一般选取 $v' = \mathrm{e}^x$.

第四种情形 若被积函数是指数函数 e^x 与正 (余) 弦函数的乘积, 两函数可任取 u, v. 但在一般情况下, 指数函数 e^x 与其他函数相乘时, 通常将指数函数 e^x 设为 v', 其他函数设为 u. 可能多次用到分部积分, 每一次可都把指数函数设为 v', 其他函数设为 u.

若被积函数是单个反三角函数或者对数函数, 该如何积分呢? 这时可将反三角函数或者对数函数直接设为 u, 将 d 后面的积分变量 x 直接设为 v, 然后应用分部积分公式即可.

例 5.3.7 计算不定积分 $\int \arccos x\mathrm{d}x$.

解 设 $u = \arccos x$, 将 d 后面的积分变量 x 设为 v, 由分部积分公式得

$$\int \arccos x\mathrm{d}x = x\arccos x - \int \frac{-x}{\sqrt{1-x^2}}\mathrm{d}x$$

$$= x\arccos x - \frac{1}{2}\int \frac{1}{\sqrt{1-x^2}}\mathrm{d}(-x^2)$$

$$= x\arccos x - \frac{1}{2}\int (1-x^2)^{-\frac{1}{2}}\mathrm{d}(1-x^2)$$

$$= x\arccos x - \sqrt{1-x^2} + C.$$

同理可算得
$$\int \arcsin x\mathrm{d}x = x\arcsin x + \sqrt{1-x^2} + C.$$

例 5.3.8 计算不定积分 $\int \arctan x\mathrm{d}x$.

解 同例 5.3.7, 设 $u = \arctan x$, 将 d 后面的积分变量 x 设为 v, 根据分部积分公式有

$$\int \arctan x\mathrm{d}x = x\arctan x - \int \frac{x}{1+x^2}\mathrm{d}x$$

$$= x\arctan x - \frac{1}{2}\int \frac{1}{1+x^2}\mathrm{d}(1+x^2)$$

$$= x\arctan x - \frac{1}{2}\ln(1 + x^2) + C.$$

同理可算得 $$\int \text{arccot } x \mathrm{d}x = x\text{arccot } x + \frac{1}{2}\ln(1 + x^2) + C.$$

例 5.3.9   计算不定积分 $\int \ln x \mathrm{d}x$.

解   同上, 设 $u = \ln x, v = x$, 由分部积分公式得

$$\int \ln x \mathrm{d}x = x\ln x - \int \frac{x}{x}\mathrm{d}x = x\ln x - x + C.$$

第五种情形   当被积函数是单个对数函数或者反三角函数时, 将此函数设为 u, 将微分符号 d 后面的积分变量 x 直接设为 v.

以上五种情形归纳了两类函数相乘时如何选取 u, v 才能顺利应用分部积分法算得积分结果. 但是在实际的计算中, 我们还会遇到不完全符合上述五种情形, 也需要运用分部积分法的情形.

例 5.3.10   计算不定积分 $\int \sec^3 x \mathrm{d}x$.

解
$$\int \sec^3 x \mathrm{d}x = \int \sec x \sec^2 x \mathrm{d}x$$

$$= \int \sec x \mathrm{d}\tan x$$

$$= \sec x \tan x - \int \sec x \tan^2 x \mathrm{d}x$$

$$= \sec x \tan x - \int (\sec^3 x - \sec x)\mathrm{d}x$$

$$= \sec x \tan x - \int \sec^3 x \mathrm{d}x + \int \sec x \mathrm{d}x$$

$$= \sec x \tan x - \int \sec^3 x \mathrm{d}x + \ln|\sec x + \tan x|,$$

移项解出 $$\int \sec^3 x \mathrm{d}x = \frac{1}{2}(\sec x \tan x + \ln|\sec x + \tan x|) + C.$$

读者可同理求出 $\int \csc^3 x \mathrm{d}x, \int \sec^5 x \mathrm{d}x, \int \csc^5 x \mathrm{d}x$ 等.

【思考】   如何求 $\int \sec^4 x \mathrm{d}x, \int \csc^4 x \mathrm{d}x$?

例 5.3.11   计算不定积分 $\int \frac{\text{arccot } x}{2x^2}\mathrm{d}x$.

解 令 $u = \operatorname{arccot} x$, $v' = -\dfrac{1}{x^2}$, 即 $v = \dfrac{1}{x}$, 由分部积分公式有

$$
\begin{aligned}
\int \frac{\operatorname{arccot} x}{2x^2}\mathrm{d}x &= -\frac{1}{2}\int \operatorname{arccot} x\,\mathrm{d}\frac{1}{x} \\
&= -\frac{1}{2x}\operatorname{arccot} x - \frac{1}{2}\int \frac{1}{x(1+x^2)}\mathrm{d}x \\
&= -\frac{1}{2x}\operatorname{arccot} x - \frac{1}{2}\int \frac{1+x^2-x^2}{x(1+x^2)}\mathrm{d}x \\
&= -\frac{1}{2x}\operatorname{arccot} x - \frac{1}{2}\int \left(\frac{1}{x} - \frac{x}{1+x^2}\right)\mathrm{d}x \\
&= -\frac{1}{2x}\operatorname{arccot} x - \frac{1}{2}\int \frac{1}{x}\mathrm{d}x + \frac{1}{4}\int \frac{1}{1+x^2}\mathrm{d}(1+x^2) \\
&= -\frac{1}{2x}\operatorname{arccot} x - \frac{1}{2}\ln|x| + \frac{1}{4}\ln|1+x^2| + C.
\end{aligned}
$$

既然不是所有初等函数的原函数都能写成初等函数形式, 意味着有的函数虽然可积, 却无法写出积分结果, 即积不出来. 那么如果在被积函数中含有积不出来的函数时, 该如何处理呢?

例 5.3.12 计算不定积分 $\displaystyle\int \frac{\mathrm{e}^x(1+\sin x)}{1+\cos x}\mathrm{d}x$.

解

$$
\begin{aligned}
\int \frac{\mathrm{e}^x(1+\sin x)}{1+\cos x}\mathrm{d}x &= \int \frac{\mathrm{e}^x}{1+\cos x}\mathrm{d}x + \int \frac{\mathrm{e}^x\sin x}{1+\cos x}\mathrm{d}x \\
&= \int \frac{\mathrm{e}^x}{1+\cos x}\mathrm{d}x + \int \frac{\sin x}{1+\cos x}\mathrm{d}\mathrm{e}^x \\
&= \int \frac{\mathrm{e}^x}{1+\cos x}\mathrm{d}x + \frac{\mathrm{e}^x\sin x}{1+\cos x} - \int \left(\frac{\sin x}{1+\cos x}\right)' \mathrm{e}^x\mathrm{d}x \\
&= \int \frac{\mathrm{e}^x}{1+\cos x}\mathrm{d}x + \frac{\mathrm{e}^x\sin x}{1+\cos x} - \\
&\quad\quad \int \frac{\cos x(1+\cos x) - \sin x(-\sin x)}{(1+\cos x)^2}\mathrm{e}^x\mathrm{d}x \\
&= \int \frac{\mathrm{e}^x}{1+\cos x}\mathrm{d}x + \frac{\mathrm{e}^x\sin x}{1+\cos x} - \int \frac{\cos x + 1}{(1+\cos x)^2}\mathrm{e}^x\mathrm{d}x \\
&= \int \frac{\mathrm{e}^x}{1+\cos x}\mathrm{d}x + \frac{\mathrm{e}^x\sin x}{1+\cos x} - \int \frac{\mathrm{e}^x}{1+\cos x}\mathrm{d}x
\end{aligned}
$$

$$= \frac{\mathrm{e}^x \sin x}{1 + \cos x} + C.$$

例 5.3.12 中, $\displaystyle\int \frac{\mathrm{e}^x}{1 + \cos x}\mathrm{d}x$ 积不出来, 其原函数无法用初等函数表示, 故通过抵消的方式去掉. 事实上, 除了 $\displaystyle\int \frac{\mathrm{e}^x}{1 + \cos x}\mathrm{d}x$ 以外, 还有一些初等函数无法给出积分结果, 例如 $\displaystyle\int \frac{\sin x}{x}\mathrm{d}x, \int \frac{\mathrm{e}^x}{x}\mathrm{d}x, \int \frac{1}{\ln x}\mathrm{d}x, \int \frac{\cos x}{x}\mathrm{d}x, \int \mathrm{e}^{x^2}\mathrm{d}x, \int \frac{1}{\sqrt{1 + x^4}}\mathrm{d}x$ 等. 当遇到这些积不出来的函数时, 往往能通过抵消的方式将其去掉.

5.3.3 补充积分公式

下面将一些常常被当作公式来使用的积分结果也补充到常用公式表格中.

$(15)\displaystyle\int \tan x\mathrm{d}x = \ln|\sec x| + C = -\ln|\cos x| + C$	$(22)\displaystyle\int \arccos x\mathrm{d}x = x\arccos x - \sqrt{1 - x^2} + C$
$(16)\displaystyle\int \cot x\mathrm{d}x = -\ln|\csc x| + C = \ln|\sin x| + C$	$(23)\displaystyle\int \arctan x\mathrm{d}x = x\arctan x - \frac{1}{2}\ln(1 + x^2) + C$
$(17)\displaystyle\int \sec x\mathrm{d}x = \ln|\sec x + \tan x| + C$	$(24)\displaystyle\int \operatorname{arccot} x\mathrm{d}x = x\operatorname{arccot} x + \frac{1}{2}\ln(1 + x^2) + C$
$(18)\displaystyle\int \csc x\mathrm{d}x = \ln|\csc x - \cot x| + C$	$(25)\displaystyle\int \frac{1}{\sqrt{a^2 - x^2}}\mathrm{d}x = \arcsin\frac{x}{a} + C\,(a > 0)$
$(19)\displaystyle\int \ln x\mathrm{d}x = x\ln x - x + C$	$(26)\displaystyle\int \frac{1}{a^2 + x^2}\mathrm{d}x = \frac{1}{a}\arctan\frac{x}{a} + C\,(a > 0)$
$(20)\displaystyle\int \log_a x\mathrm{d}x = \frac{1}{\ln a}(x\ln x - x) + C$	$(27)\displaystyle\int \frac{1}{\sqrt{a^2 + x^2}}\mathrm{d}x = \ln|x + \sqrt{a^2 + x^2}| + C\,(a > 0)$
$(21)\displaystyle\int \arcsin x\mathrm{d}x = x\arcsin x + \sqrt{1 - x^2} + C$	$(28)\displaystyle\int \frac{1}{\sqrt{x^2 - a^2}}\mathrm{d}x = \ln|x + \sqrt{x^2 - a^2}| + C\,(a > 0)$

练习 5.3

1. 求下列不定积分:

(1) $\displaystyle\int x2^x\mathrm{d}x$;

(2) $\displaystyle\int x^2\mathrm{e}^{2x}\mathrm{d}x$;

(3) $\displaystyle\int x^2\sin x\mathrm{d}x$;

(4) $\displaystyle\int x^2\cos 2x\mathrm{d}x$;

(5) $\displaystyle\int \arctan 2x \mathrm{d}x$;

(6) $\displaystyle\int \ln(x^2 + 1) \mathrm{d}x$;

(7) $\displaystyle\int \frac{\ln 2x}{x^2} \mathrm{d}x$;

(8) $\displaystyle\int x^4 \ln x \mathrm{d}x$;

(9) $\displaystyle\int \frac{x^2}{\mathrm{e}^{2x}} \mathrm{d}x$;

(10) $\displaystyle\int x^2 \ln^2 x \mathrm{d}x$.

2. 求下列不定积分:

(1) $\displaystyle\int x \mathrm{e}^{\sqrt{x}} \mathrm{d}x$;

(2) $\displaystyle\int \csc^3 x \mathrm{d}x$;

(3) $\displaystyle\int \frac{\ln(\ln x)}{2x} \mathrm{d}x$;

(4) $\displaystyle\int \arcsin 2x \mathrm{d}x$;

(5) $\displaystyle\int \sec^5 x \mathrm{d}x$;

(6) $\displaystyle\int \frac{\arctan \sqrt{x} + \ln x}{\sqrt{x}} \mathrm{d}x$.

3. 已知函数 $f(x)$ 二阶可导, 求不定积分 $\displaystyle\int x f''(x) \mathrm{d}x$.

4. 已知函数 $f(x)$ 的一个原函数为 $\dfrac{1}{1 + \mathrm{e}^x}$, 求不定积分 $\displaystyle\int 2x f'(x) \mathrm{d}x$.

5. 已知 $\displaystyle\int x f(x) \mathrm{d}x = x^2 \mathrm{e}^x + C$, 求不定积分 $\displaystyle\int x f'(x) \mathrm{d}x$.

§5.4 有理函数积分

在计算不定积分时, 我们发现有的被积函数是 $\dfrac{f(x)}{g(x)}$ ($f(x), g(x)$ 是关于 x 的多项式) 的形式, 无法直接凑微分, 也无法应用换元法、分部积分等方法, 例如 $\displaystyle\int \frac{x - 2}{(x^2 + x + 1)(x + 1)^2} \mathrm{d}x$. 遇到这样的不定积分问题我们该如何求解呢? 本节将针对这类函数给出统一的求解方法——有理函数积分方法, 为此, 首先定义有理函数.

5.4.1 有理函数

我们将形如

$$\frac{P(x)}{Q(x)} = \frac{a_n x^n + a_{n-1} x^{n-1} + \cdots + a_1 x + a_0}{b_m x^m + b_{m-1} x^{m-1} + \cdots + b_1 x + b_0}$$

的函数叫做**有理函数**, 其中 $a_0, a_1, \cdots, a_n, b_0, b_1, \cdots, b_m \in \mathbf{R}, m, n$ 是正整数. 当 $a_n \neq 0$ 时, $P(x)$ 称为 n **次多项式**, 当 $b_m \neq 0$ 时, $Q(x)$ 称为 m **次多项式**.

【注意】 有理函数的原函数都是初等函数, 故可以通过积分计算出来.

把分子次幂数低于分母次幂数的有理函数称作**真分式**. 分子次幂数高于分母次幂数的有理函数称为**假分式**.

一般假分式可以转化为一个多项式和一个真分式的和, 而多项式是幂函数的线性组合, 容易积分, 这样有理函数的积分难点就是真分式的积分问题. 很多真分式直接积分很困难, 我们希望将其转化为几个简单的容易积分的分式和的形式.

5.4.2　有理函数积分

将有理函数 (真分式) 化为几个可积的 "分式和" 的方法:

(1) 若有理函数的分母中含有因式 $(x-a)^k$, 则因式可分解为

$$\frac{A_1}{x-a}+\frac{A_2}{(x-a)^2}+\cdots+\frac{A_k}{(x-a)^k},$$

其中 $A_1, A_2, \cdots, A_k$ 都是常数, k 为正整数.

特别地, 当 $k=2$ 时, 可以分解为 $\dfrac{1}{(x-a)^2}=\dfrac{A_1}{x-a}+\dfrac{A_2}{(x-a)^2}$.

(2) 若有理函数的分母中含有二次因式 $(x^2+px+q)^k, p^2-4q<0$, 则这一项可分解为

$$\frac{A_1x+B_1}{x^2+px+q}+\frac{A_2x+B_2}{(x^2+px+q)^2}+\cdots+\frac{A_kx+B_k}{(x^2+px+q)^k},$$

其中 $A_1, \cdots, A_k, B_1, \cdots, B_k$ 都是常数, k 为正整数.

【注意】　这里 $p^2-4q<0$ 要求二次因式 x^2+px+q 不可约, 即无法再分解成两个一次因式的乘积形式. 那么, 是否还存在其他次数不可约的多项式呢? 答案是否定的, 在实数范围内, 多项式不可约的最高次数为二次, 即多项式在实数范围内都可分解为一系列一次或二次不可约多项式的乘积.

例 5.4.1　求不定积分 $\displaystyle\int \frac{x-8}{x^2-6x+8}\mathrm{d}x$.

解　这是有理函数求积分问题, 被积函数的分母 $x^2-6x+8=(x-2)(x-4)$, 根据上面的法则可以将被积的有理函数写成

$$\frac{x-8}{x^2-6x+8}=\frac{A}{x-2}+\frac{B}{x-4},$$

对右侧通分

$$\frac{x-8}{x^2-6x+8}=\frac{A}{x-2}+\frac{B}{x-4}=\frac{(A+B)x-4A-2B}{(x-2)(x-4)}.$$

等式两侧分子相等, 根据多项式相等的充分必要条件是对应项系数相等的原则, 得到

$$\begin{cases} A+B=1, \\ -4A-2B=-8, \end{cases}$$

解得 $A=3, B=-2$. 所以

$$\frac{x-8}{x^2-6x+8} = \frac{3}{x-2} - \frac{2}{x-4}.$$

因此

$$\int \frac{x-8}{x^2-6x+8}\mathrm{d}x = \int \left(\frac{3}{x-2} - \frac{2}{x-4}\right)\mathrm{d}x$$

$$= 3\int \frac{1}{x-2}\mathrm{d}x - 2\int \frac{1}{x-4}\mathrm{d}x$$

$$= 3\ln|x-2| - 2\ln|x-4| + C.$$

例 5.4.2 计算不定积分 $\displaystyle\int \frac{1}{x(x-1)^2}\mathrm{d}x$.

解 根据前面的分解方法

$$\frac{1}{x(x-1)^2} = \frac{A}{x} + \frac{B}{x-1} + \frac{C}{(x-1)^2} = \frac{A(x-1)^2 + Bx(x-1) + Cx}{x(x-1)^2},$$

等式两侧分子相等有

$$1 = A(x-1)^2 + Bx(x-1) + Cx = (A+B)x^2 + (-2A-B+C)x + A.$$

根据多项式相等的原则有
$$\begin{cases} A+B=0, \\ -2A-B+C=0, \\ A=1, \end{cases}$$

解得 $A=1, B=-1, C=1$, 所以

$$\frac{1}{x(x-1)^2} = \frac{1}{x} + \frac{-1}{x-1} + \frac{1}{(x-1)^2},$$

故
$$\int \frac{1}{x(x-1)^2}\mathrm{d}x = \int \frac{1}{x}\mathrm{d}x - \int \frac{1}{x-1}\mathrm{d}x + \int \frac{1}{(x-1)^2}\mathrm{d}x$$

$$= \ln|x| - \ln|x-1| - \frac{1}{x-1} + C.$$

例 5.4.3 计算不定积分 $\displaystyle\int \frac{x-2}{(x^2+x+1)x^2}\mathrm{d}x$.

解 首先根据分解方法

$$\frac{x-2}{(x^2+x+1)x^2} = \frac{Ax+B}{x^2+x+1} + \frac{C}{x} + \frac{D}{x^2}$$

$$= \frac{(Ax+B)x^2 + Cx(x^2+x+1) + D(x^2+x+1)}{(x^2+x+1)x^2}$$

$$= \frac{(A+C)x^3 + (B+C+D)x^2 + (C+D)x + D}{(x^2+x+1)x^2}.$$

等式两侧分子相等得到
$$\begin{cases} A+C=0, \\ B+C+D=0, \\ C+D=1, \\ D=-2, \end{cases}$$

解得 $A=-3, B=-1, C=3, D=-2$.

所以
$$\frac{x-2}{(x^2+x+1)x^2} = \frac{-3x-1}{x^2+x+1} + \frac{3}{x} + \frac{-2}{x^2},$$

因此

$$\int \frac{x-2}{(x^2+x+1)x^2}\mathrm{d}x = \int \left(\frac{-3x-1}{x^2+x+1} + \frac{3}{x} + \frac{-2}{x^2} \right) \mathrm{d}x$$

$$= \int \frac{-3x-1}{x^2+x+1}\mathrm{d}x + \int \frac{3}{x}\mathrm{d}x + \int \frac{-2}{x^2}\mathrm{d}x$$

$$= -3 \int \frac{x+\dfrac{1}{3}}{x^2+x+1}\mathrm{d}x + \int \frac{3}{x}\mathrm{d}x + \int \frac{-2}{x^2}\mathrm{d}x$$

$$= -\frac{3}{2} \int \frac{2x+\dfrac{2}{3}}{x^2+x+1}\mathrm{d}x + \int \frac{3}{x}\mathrm{d}x + \int \frac{-2}{x^2}\mathrm{d}x$$

$$= -\frac{3}{2} \int \frac{2x+1-\dfrac{1}{3}}{x^2+x+1}\mathrm{d}x + 3\ln|x| + \frac{2}{x}$$

$$= -\frac{3}{2} \int \frac{2x+1}{x^2+x+1}\mathrm{d}x + \frac{1}{2} \int \frac{1}{x^2+x+1}\mathrm{d}x + 3\ln|x| + \frac{2}{x}$$

$$= -\frac{3}{2}\ln|x^2+x+1| + \frac{1}{2} \int \frac{1}{\left(x+\dfrac{1}{2}\right)^2 + \dfrac{3}{4}}\mathrm{d}x + 3\ln|x| + \frac{2}{x}$$

$$= -\frac{3}{2}\ln|x^2+x+1| + \frac{1}{\sqrt{3}} \int \frac{1}{\left(\dfrac{2x+1}{\sqrt{3}}\right)^2 + 1}\mathrm{d}\frac{2x+1}{\sqrt{3}} + 3\ln|x| + \frac{2}{x}$$

$$= -\frac{3}{2}\ln|x^2+x+1| + \frac{1}{\sqrt{3}}\arctan\frac{2x+1}{\sqrt{3}} + 3\ln|x| + \frac{2}{x} + C.$$

*5.4.3　三角函数有理式的积分

有理函数是两个多项式的商, 也就是变量 x 和常数经过有限次四则运算所得的式子. 同理, 由 $\sin x, \cos x, \tan x$ 等三角函数和常数经过有限次四则运算所得的式子称为**三角函数有理式**. 对于三角函数有理式的不定积分, 通过万能代换 $t = \tan\dfrac{x}{2}$ 可化成关于变量 t 的有理函数不定积分问题.

万能代换　令 $t = \tan\dfrac{x}{2}$, 则 $x = 2\arctan t, \mathrm{d}x = \dfrac{2}{1+t^2}\mathrm{d}t$, 这样 $\sin x, \cos x, \tan x$ 等都可以转化为关于 t 的表达式:

$$\sin x = \frac{\sin x}{1} = \frac{2\sin\dfrac{x}{2}\cos\dfrac{x}{2}}{\sin^2\dfrac{x}{2} + \cos^2\dfrac{x}{2}} = \frac{2\tan\dfrac{x}{2}}{1 + \tan^2\dfrac{x}{2}} = \frac{2t}{1+t^2};$$

$$\cos x = \frac{\cos x}{1} = \frac{\cos^2\dfrac{x}{2} - \sin^2\dfrac{x}{2}}{\sin^2\dfrac{x}{2} + \cos^2\dfrac{x}{2}} = \frac{1 - \tan^2\dfrac{x}{2}}{1 + \tan^2\dfrac{x}{2}} = \frac{1-t^2}{1+t^2};$$

$$\tan x = \frac{\sin x}{\cos x} = \frac{2t}{1-t^2}.$$

例 5.4.4　求不定积分 $\displaystyle\int \frac{\tan x}{1 + \cos x}\mathrm{d}x$.

解　令 $t = \tan\dfrac{x}{2}$, 则 $x = 2\arctan t, \mathrm{d}x = \dfrac{2}{1+t^2}\mathrm{d}t$, 于是有

$$\begin{aligned}
\int \frac{\tan x}{1 + \cos x}\mathrm{d}x &= \int \frac{\dfrac{2t}{1-t^2}}{1 + \dfrac{1-t^2}{1+t^2}}\frac{2}{1+t^2}\mathrm{d}t \\
&= \int \frac{2t}{1-t^2}\mathrm{d}t \\
&= -\int \frac{1}{1-t^2}\mathrm{d}(1-t^2) \\
&= -\ln|1 - t^2| + C \\
&= -\ln\left|1 - \tan^2\frac{x}{2}\right| + C.
\end{aligned}$$

例 5.4.5　求不定积分 $\displaystyle\int \frac{1}{\sin x - \cos x}\mathrm{d}x$.

解　令 $t = \tan\dfrac{x}{2}$, 则 $x = 2\arctan t, \mathrm{d}x = \dfrac{2}{1+t^2}\mathrm{d}t$, 于是有

$$\int \frac{1}{\sin x - \cos x} \mathrm{d}x = \int \frac{1}{\dfrac{2t}{1+t^2} - \dfrac{1-t^2}{1+t^2}} \frac{2}{1+t^2} \mathrm{d}t$$

$$= \int \frac{2}{2t - 1 + t^2} \mathrm{d}t$$

$$= \int \frac{2}{(t+1)^2 - 2} \mathrm{d}t$$

$$= \frac{1}{\sqrt{2}} \int \left(\frac{1}{t+1-\sqrt{2}} - \frac{1}{t+1+\sqrt{2}} \right) \mathrm{d}t$$

$$= \frac{1}{\sqrt{2}} \int \frac{1}{t+1-\sqrt{2}} \mathrm{d}(t+1-\sqrt{2}) - \frac{1}{\sqrt{2}} \int \frac{1}{t+1+\sqrt{2}} \mathrm{d}(t+1+\sqrt{2})$$

$$= \frac{1}{\sqrt{2}} \ln \left| \frac{t+1-\sqrt{2}}{t+1+\sqrt{2}} \right| + C$$

$$= \frac{1}{\sqrt{2}} \ln \left| \frac{\tan \dfrac{x}{2} + 1 - \sqrt{2}}{\tan \dfrac{x}{2} + 1 + \sqrt{2}} \right| + C.$$

例 5.4.6 求不定积分 $\displaystyle\int \frac{\sin x}{1 + \sin x + \cos x} \mathrm{d}x$.

解 令 $t = \tan \dfrac{x}{2}$, 则 $x = 2\arctan t, \mathrm{d}x = \dfrac{2}{1+t^2} \mathrm{d}t$, 于是有

$$\int \frac{\sin x}{1 + \sin x + \cos x} \mathrm{d}x = \int \frac{\dfrac{2t}{1+t^2}}{1 + \dfrac{2t}{1+t^2} + \dfrac{1-t^2}{1+t^2}} \frac{2}{1+t^2} \mathrm{d}t$$

$$= \int \frac{2t}{(1+t)(1+t^2)} \mathrm{d}t$$

$$= \int \frac{2t + 1 + t^2 - 1 - t^2}{(1+t)(1+t^2)} \mathrm{d}t$$

$$= \int \frac{(1+t)^2 - (1+t^2)}{(1+t)(1+t^2)} \mathrm{d}t$$

$$= \int \frac{1+t}{1+t^2} \mathrm{d}t - \int \frac{1}{1+t} \mathrm{d}t$$

$$= \int \frac{1}{1+t^2} \mathrm{d}t + \int \frac{t}{1+t^2} \mathrm{d}t - \int \frac{1}{1+t} \mathrm{d}t$$

$$= \arctan t + \frac{1}{2} \ln(1+t^2) - \ln|1+t| + C$$

$$= \frac{x}{2} + \frac{1}{2} \ln \left| 1 + \tan^2 \frac{x}{2} \right| - \ln \left| 1 + \tan \frac{x}{2} \right| + C.$$

练习 5.4

1. 求下列有理函数的不定积分:

(1) $\int \dfrac{x+1}{x^3+x}\mathrm{d}x$;

(2) $\int \dfrac{x-2}{x(x+1)^2}\mathrm{d}x$;

(3) $\int \dfrac{x^2+1}{x(x^2+x+1)}\mathrm{d}x$;

(4) $\int \dfrac{x}{x^2-1}\mathrm{d}x$;

(5) $\int \dfrac{1}{x^4+x}\mathrm{d}x$;

(6) $\int \dfrac{1}{1-x^4}\mathrm{d}x$;

(7) $\int \dfrac{x}{1-x^3}\mathrm{d}x$;

(8) $\int \dfrac{1}{x(x+1)(x-1)^2}\mathrm{d}x$.

2. 求下列三角有理式的不定积分:

(1) $\int \dfrac{1}{1+\cos x}\mathrm{d}x$;

(2) $\int \dfrac{1}{\sin x+\cos x}\mathrm{d}x$;

(3) $\int \dfrac{\tan x}{1-\cos x}\mathrm{d}x$;

(4) $\int \dfrac{2}{1+\sin x+\cos x}\mathrm{d}x$.

习　题　5

一、单项选择题

1. 下列不定积分计算正确的是 (　　).

(A) $\int (2x+1)\mathrm{d}x = x^2+x$

(B) $\int 3^x\mathrm{d}x = \dfrac{1}{3^x\ln 3}+C$

(C) $\int \ln x\mathrm{d}x = \dfrac{1}{x}+C$

(D) $\int \sin(-x)\mathrm{d}x = \cos(-x)+C$

2. 下列积分中不能使用凑微分法进行积分的是 (　　).

(A) $\int f(ax-b)\mathrm{d}x \quad (a \neq 0)$

(B) $\int xf(\ln x)\mathrm{d}x$

(C) $\int \mathrm{e}^x f(\mathrm{e}^x)\mathrm{d}x$

(D) $\int f(\cot x)\csc^2 x\mathrm{d}x$

3. 下列不定积分计算错误的是 (　　).

(A) $\int \sin x\cos x\mathrm{d}x = \dfrac{1}{2}\sin^2 x+C$

(B) $\int \sin x\cos x\mathrm{d}x = -\dfrac{1}{2}\cos^2 x+C$

(C) $\int \sin x\cos x\mathrm{d}x = -\dfrac{1}{4}\cos 2x + C$ (D) $\int \sin x\cos x\mathrm{d}x = -\dfrac{1}{2}\sin 2x + C$

4. 设函数 $f(x)$ 的导数为 $\dfrac{1}{2x}$, 且满足 $f(1) = 1 + \dfrac{1}{2}\ln 2$, 则有 (   ).

(A) $f(x) = 2\ln x + \dfrac{1}{2}\ln 2 + 1$ (B) $f(x) = \dfrac{1}{2}\ln 2x + C$

(C) $f(x) = \dfrac{1}{2}\ln 2x + C$ (D) $f(x) = \dfrac{1}{2}\ln|x| + \dfrac{1}{2}\ln 2 + 1$

5. 下列函数的原函数能用初等函数表示的是 (   ).

(A) e^{-x^3} (B) $\dfrac{1}{x\ln x}$

(C) $\dfrac{1}{\sqrt{1 + x^4}}$ (D) $\dfrac{\sin 2x}{x}$

6. 已知 $f(x)$ 是 $\dfrac{\ln x}{x}$ 的一个原函数, 且 $f(1) = 0$, 则不定积分 $\int xf(x)\mathrm{d}x =$ (   ).

(A) $\dfrac{1}{4}x^2\ln x(\ln x - 1) + \dfrac{1}{8}x^2 + C$ (B) $\dfrac{1}{4}x^2\ln x(\ln x - 1) + \dfrac{1}{4}x^2 + C$

(C) $\dfrac{1}{8}x^2\ln x(\ln x - 1) + \dfrac{1}{4}x^2 + C$ (D) $\dfrac{1}{8}x^2\ln x(\ln x - 1) + \dfrac{1}{8}x^2 + C$

7. 已知函数 $y = x^2 + b\,(b$ 为某一常数$)$ 在某一点处的切线方程为 $y = 2(x-1) + 2$, 则函数 $y = x^2 + b$ 的所有原函数为 (   ).

(A) $y = \dfrac{1}{3}x^3 - 3x + C$ (B) $y = \dfrac{1}{3}x^3 + 2x + C$

(C) $y = \dfrac{1}{3}x^3 + x + C$ (D) $y = \dfrac{1}{3}x^3 - x + C$

8. 设 $f(x)$ 连续可导, 则 $\int 2f'\left(\dfrac{x}{2}\right)\mathrm{d}x = ($ $)$.

(A) $2f\left(\dfrac{x}{2}\right)$ (B) $f\left(\dfrac{x}{2}\right) + C$

(C) $4f\left(\dfrac{x}{2}\right) + C$ (D) $2f(2x) + C$

9. 已知 $F(x)$ 是 $\cos\sqrt{x}$ 的一个原函数, 则 $\mathrm{d}F(x^2) = ($ $)$.

(A) $2x\cos x + C$ (B) $x^2\cos x + C$

(C) $2x\cos x\mathrm{d}x$ (D) $x^2\cos x\mathrm{d}x$

10. 设 $f'(\ln x) = x + 2$, 则 $f(x) = ($ $)$.

(A) $2x + \mathrm{e}^x + C$ (B) $2x - \mathrm{e}^x + C$

(C) $\mathrm{e}^x - 2x + C$　　　　　　　　　　　(D) $-2x - \mathrm{e}^x + C$

二、多项选择题

1. 已知 $F'(x) = f(x)$，则下列结论正确的是 (　　).

(A) $\displaystyle\int \mathrm{d}F(x) = F(x)$　　　　　　　(B) $\displaystyle\int F'(x)\mathrm{d}x = F(x) + C$

(C) $\displaystyle\left(\int f(x)\mathrm{d}x\right)' = f(x) + C$　　　　(D) $\displaystyle\mathrm{d}\left(\int f(x)\mathrm{d}x\right) = f(x)$

(E) $\displaystyle\int \mathrm{d}\left[\int f(x)\mathrm{d}x\right] = F(x) + C$

2. 已知 $F(x)$ 是 $f(x)$ 的一个原函数，则下列说法正确的是 (　　).
(A) 函数 $y = F(x)$ 的图形称为 $f(x)$ 的一条积分曲线
(B) 曲线 $y = F(x)$ 沿着 y 轴上下平行移动，可以得到 $f(x)$ 的无穷多条积分曲线
(C) 曲线 $y = F(x)$ 沿着 x 轴平行移动，可以得到 $f(x)$ 的无穷多条积分曲线
(D) 在横坐标相同点处，各积分曲线的切线相同
(E) 在横坐标相同点处，各积分曲线的切线相互平行

3. 下列说法正确的是 (　　).
(A) 连续函数一定有原函数
(B) 可微函数不一定有原函数
(C) 有界函数一定有原函数
(D) 初等函数都有原函数
(E) 初等函数的原函数都可用初等函数表示

4. 设函数 $F(x)$ 是函数 $f(x)$ 的一个原函数，则下列说法错误的是 (　　).
(A) 若 $f(x)$ 是连续奇函数，则 $F(x)$ 必为偶函数
(B) 若 $f(x)$ 是连续偶函数，则 $F(x)$ 必为奇函数
(C) 若 $f(x)$ 是有界函数，则 $F(x)$ 必为有界函数
(D) 若 $f(x)$ 是单调函数，则 $F(x)$ 必为单调函数
(E) 若 $f(x)$ 是初等函数，则 $F(x)$ 必为初等函数

5. 下列说法正确的是 (　　).
(A) 一个函数若可导，其导函数不唯一
(B) 一个函数若有原函数，其原函数不唯一
(C) 一个函数若可积，则其不定积分结果的表达式不唯一
(D) 一个函数若不可积，则该函数一定不连续
(E) 有理函数都有初等函数形式的原函数

三、计算题

1. 求下列不定积分:

(1) $\displaystyle\int \frac{2}{e^{-x}+e^x}dx$;

(2) $\displaystyle\int \frac{\ln x+1}{x\sqrt{\ln x}}dx$;

(3) $\displaystyle\int \tan^4 x dx$;

(4) $\displaystyle\int \frac{1}{\sin^4 x}dx$;

(5) $\displaystyle\int \frac{e^x}{e^x+2}dx$;

(6) $\displaystyle\int \frac{1}{x\ln 2x}dx$;

(7) $\displaystyle\int \frac{1}{x^2-4}dx$;

(8) $\displaystyle\int \frac{1}{(2x-1)(2x+3)}dx$;

(9) $\displaystyle\int \frac{1}{4x^2+4x+5}dx$;

(10) $\displaystyle\int \frac{x-8}{x^2+1}dx$;

(11) $\displaystyle\int 2^{\sin x}\cos x dx$;

(12) $\displaystyle\int \sin 2^x \cdot 2^x dx$.

2. 求下列不定积分:

(1) $\displaystyle\int \sin\sqrt{x}dx$;

(2) $\displaystyle\int \frac{\sqrt{x}-2}{x-4}dx$;

(3) $\displaystyle\int \ln(1-\sqrt{x})dx$;

(4) $\displaystyle\int \frac{1}{\sqrt{8-2x-x^2}}dx$;

(5) $\displaystyle\int \sqrt[3]{1+\sqrt{x}}dx$;

(6) $\displaystyle\int \frac{1}{\sqrt{x+2}+\sqrt[3]{x+2}}dx$;

(7) $\displaystyle\int \frac{x+1}{\sqrt{x^2+1}}dx$;

(8) $\displaystyle\int \frac{1}{x+\sqrt{x^2-1}}dx$;

(9) $\displaystyle\int \sqrt{x^2-9}dx$;

(10) $\displaystyle\int \frac{\sqrt{4-x^2}}{x}dx$.

3. 求下列不定积分:

(1) $\displaystyle\int \frac{a\ln x-a}{(\ln x)^2}dx(a\neq 0)$;

(2) $\displaystyle\int \frac{1}{\sqrt{1+e^{2x}}}dx$;

(3) $\displaystyle\int \frac{e^{\arctan x}}{(1+x^2)^2}dx$;

(4) $\displaystyle\int \frac{\arctan e^{2x}}{e^{4x}}dx$;

(5) $\displaystyle\int \frac{\ln x+2}{x(\ln x)^2}dx$;

(6) $\displaystyle\int \frac{1}{e^{3x}+e^x}dx$;

(7) $\displaystyle\int \frac{1}{1+\cos^2 x}dx$;

(8) $\displaystyle\int \sqrt{1+e^x}dx$.

4. 求下列不定积分:

(1) $\int \csc^4 x \mathrm{d}x$;

(2) $\int \sec^6 x \mathrm{d}x$;

(3) $\int \sin^2 x \cos^4 x \mathrm{d}x$;

(4) $\int \cos 3x \cos 2x \mathrm{d}x$;

(5) $\int \dfrac{x+2}{(2x+1)(x^2+x+1)} \mathrm{d}x$;

(6) $\int \dfrac{x+1}{x^2-5x+6} \mathrm{d}x$;

(7) $\int \dfrac{x-3}{(x+1)(x-1)^2} \mathrm{d}x$;

(8) $\int \dfrac{6x^2-15x+4}{(x+3)(x^2+2)^2} \mathrm{d}x$;

(9) $\int \dfrac{\mathrm{d}x}{2+\cos x}$;

(10) $\int \dfrac{1+\sin x}{\sin x(1+\cos x)} \mathrm{d}x$.

四、综合题

1. 求不定积分 $\int \max\{|2x|,2\} \mathrm{d}x$.

2. 设 $\int \mathrm{e}^x f(\mathrm{e}^x) \mathrm{d}x = \dfrac{1}{1+\mathrm{e}^{2x}}$, 求 $\int \mathrm{e}^{2x} f'(\mathrm{e}^x) \mathrm{d}x$.

3. 已知 $F(x)$ 是函数 $y = \dfrac{1}{\ln x}$ 的一个原函数, 求不定积分 $\int \dfrac{1}{\ln^2 x} \mathrm{d}x$.

4. 一棵树高 h m, 一个人站在树旁竖直向上抛出一块石头, 石头刚好到达树顶后又自由落下 (如下图), 从抛出到落回地面石头在空中的时间为 4 s, 不考虑空气阻力, 求树的高度.

第 4 题图

第 5 章考研真题解析及训练

部分习题参考答案

参 考 文 献

读者意见反馈

为收集对教材的意见建议,进一步完善教材编写并做好服务工作,读者可将对本教材的意见建议通过如下渠道反馈至我社。

咨询电话　400-810-0598

反馈邮箱　hepsci@pub.hep.cn

通信地址　北京市朝阳区惠新东街 4 号富盛大厦 1 座
　　　　　高等教育出版社理科事业部

邮政编码　100029

防伪查询说明

用户购书后刮开封底防伪涂层,使用手机微信等软件扫描二维码,会跳转至防伪查询网页,获得所购图书详细信息。

防伪客服电话　（010）58582300